海上的记忆与寻踪

李峻 叶朝良 张敏霞 主编

復旦大學出版社

感谢上海师资培训中心、上海市中小学（幼儿园）
中青年骨干教师团队发展计划的大力支持

序 言

博学杯历史人文素养展示活动由复旦大学历史系、上海市历史教育教学研究基地、复旦大学附属中学与复旦附中海外基金会联合主办,在2013年、2014年复旦大学附属中学校内小规模试验的基础上,于2015年10月22日拉开大幕。在2015—2017年的三年博学杯活动中,先后有千余名学生响应,600多篇论文提交,经过多个环节层层审核挑选,从中产生了一批优秀的论文,其中2015年获奖的论文成果编成《博学杯·2015:纪念世界反法西斯战争胜利70周年高中生获奖论文集》一书,已经由复旦大学出版社于2016年6月正式出版;2016年、2017年两年的获奖论文也结集成册,形成本书。

博学杯活动旨在探索提升高中生史学素养和能力的有效途径,引导学生在阅读与写作中寻史知真、释史求通、鉴史厚德。正如《博学杯·2015》一书"序言"所述,博学杯活动是响应时代召唤,参照国内外先进经验,为了促进21世纪人才的核心素养的培养而诞生的,同时也是基于上海高中生长文本阅读的匮乏,及由此带来的阅读与写作短板的现状而在高中历史教学领域进行的探索。通过历史学科独特的路径与方法既可以培养学生共有的必备性能力,又可以发展其特有的素养,更丰富与扩展其"素养清单"。

2016年博学杯主题围绕"中国近代历史上的个人:行为、作用和影响”展开，主要围绕中国近代史上的杰出人物的行为，及行为在当时产生的作用和对后世长远的影响而展开研究。在前期宣传、专家讲座、教师指导的基础上，学生共提交了108篇论文。由复旦大学、华东师范大学教授以及上海市资深历史教师组成的专家评审委员会进行匿名评审，最终选出12篇得奖论文，其中一等奖空缺，二等奖5篇，三等奖7篇。

2017年博学杯主题是“寻踪：上海历史文化地图”，主要关注从新石器时代以来就孕育的上海文化，寻访上海大大小小的历史遗迹，访谈形形色色的上海人。同样在前期宣传、专家讲座、教师指导的基础上，学生共提交了168篇论文。由复旦大学、华东师范大学、上海师范大学、上海社科院教授及研究员组成的专家评审委员会进行评审，最终选出18篇得奖论文，其中一等奖空缺，二等奖5篇，三等奖6篇，优胜奖7篇。

从书中收录的这两年的论文来看，高中生是很有思想和创造力的，只是需要给他们提供一个发挥聪明才智的平台，学生在参与过程中也得到了真正的成长，收获颇多。如复旦大学附属中学2018届的沈昕逸同学写了一篇文章“第一次写历史论文是怎样的体验”，回顾了自己“可谓是经历了重重艰难险阻”。她最初选了张学良，后又换成蔡锷、蔡元培等名人，但感觉都很难有新意，在与指导教师不断的探讨中，最终选择了沈寿这一冷门人物；然后艰苦地查找资料、拟定提纲，与指导教师交流，终于形成一篇高质量的论文。实际上，沈昕逸同学最大的收获并不是最后获奖的论文，而是在写作过程中增长的见识、能力和毅力，她感叹道：“花了多少力气，就有多少收获吧！历史论文真的不容易写，但是当你过上了那种忙到珍惜每一分、每一秒灵活切换自己的状态的生活之时，你一定会喜欢上它的！”

上海松江二中2019届胡寒冰同学认为过程最重要：“总体而

言，从立题到结束，研究前前后后花费了一个月的时间，我也付出了很大的努力。曾经研究算法和统计数据的过程着实令我头疼不已，然而解决问题的成就感也是平日里难以体会到的。在老师的指导和帮助下，我学会了如何正确地运用资料，提升了写作能力，培养了统计思维。比起研究成果，我认为这个过程更为重要，它确实是一段宝贵而美好的回忆。”

学生在写作的过程中才能触摸到“真正”的“历史”，这种体验是课堂教学和考试无法提供的。如复旦大学附属中学2019届刘歆宇同学说到：“在上海图书馆查找史料的过程中，我发现历史是非常有趣的。我第一次看到了史料《申报》的实物，看到了泛黄的一个世纪前的《申报》里的新闻时政、广告插画、招生说明等。这种历史的陈旧感同报纸上的往事给我带来的新鲜感混杂在一起，让我情不自禁地沉浸在这些历史记忆之中，看到了很多和钢琴、和我的论文没有关系的故事。”

博学杯活动还邀请了复旦大学、华东师范大学、上海师范大学、上海社科院等高等院校和研究机构的老师；以及上海市资深历史教师对学生获奖论文进行了点评，也收录于本书中。

2016年、2017年的博学杯活动已经远去，2018年博学杯活动（主题为“技术文明与全球史”）又已经到来。“逝者如斯夫，不舍昼夜”，教书育人的工作永远在路上，只要能够持续提供优良的土壤和养料，学生成长的天花板是可以不断突破，本书的产生就是一个证明！正如上海大学附属中学2018届李清泉同学所说的：“在真正写完一篇论文之前，我误以为‘论文’是学究的专属，是我仰望而不能企及的。然而，在我写论文的过程中，发现写论文必要的似乎不是个人的学问有多么高，而是你是否喜欢你论文的主题，是否愿意为了它做出力所能及的努力。自身专业能力的缺憾不是写不出论文的理由，也没有什么可害怕的，因为没有人天生就知道怎么写，能力可以在过程中慢慢积累。相反，我觉得这是拒绝尝试的借口，在迈出第一步之前就否定了自己，在新事物之前的彷徨和无知是正常的，没有人会因此嘲笑你，所以不要低估了自己，勇敢点，没人可以限制你的潜能。”

李　峻　叶朝良　张敏霞

2018 年 8 月

目　录

上篇：博学杯·2016
中国近代历史上的个人：行为、作用和影响

下篇：博学杯·2017
寻踪：上海历史文化地图

上篇：博学杯·2016

中国近代历史上的个人:行为、作用和影响

论林则徐暮年勘地戍边举措之历史影响

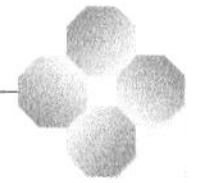

陈馨玥[*]

[摘要] 本文试图通过对林则徐发配新疆期间的勘地戍边举措进行分析,将林则徐的筹边思想和实践加以呈现。一些学者认为林则徐思想具有局限性,但笔者认为客观上他的体恤民情、强大国力的理念为后世留下了宝贵的精神和物质的双重财富,更凸显出暮年林则徐一系列建设举措对历史发展进程的重要推动作用和深远意义。

[关键词] 林则徐;塞防;兵农合一;南疆勘查;民族平等

道光十八年(1838 年)秋,林则徐被任命为钦差大臣,被派往广东禁烟,开启了他人生最重要的一篇,也揭开了中国近代史上重要的一幕。道光二十年夏,英军入侵,史称鸦片战争,林则徐带领军民英勇抗英,虽取得局部胜利,但在当时不抵抗政策下,鸦片

---

* 陈馨玥,复旦大学附属中学 2018 届学生。本文指导教师张敏霞、卫佳琪。本文获 2016 年博学杯历史人文素养展示活动论文二等奖。

战争失败。即使中途被道光突发圣旨调离抗英第一线，林则徐仍一路积极筹集枪弹和加固炮台，只是紧接着的一道革职发配新疆伊犁的圣旨，将他最后10年定格在了中国的西北、西南边疆。直至道光二十九年(1849年)，他因病辞官返乡。本文着眼于对林则徐流放新疆4年半期间勘荒垦地、兴建水利工程、维护民族团结和发现培养人才等一系列建设举措的分析，借以透视作为晚清知识分子代表的林则徐当时之精神状态，联系其所处的时代背景，通过考察各个群体对林则徐举措的反应，力求揭去表象，探讨这些举措对历史进程的作用和影响。

从笔者搜集的资料来看，以往的研究重点主要是思想领域的论述、生平传记的描述和林则徐主要书信、日记的归纳与整理。这些文章都从不同侧面论证了林则徐在新疆的主要思想进程、实践实效以及活动轨迹，尤其是茅海建所著的《天朝的崩溃》中，对林则徐封建士大夫思想的局限性在历史中的表现，作者进行了较为中肯的分析，也为笔者的研究思路提供了有力帮助。

一、林则徐流放新疆期间的各项举措

林则徐被道光皇帝贬黜新疆期间，提出了边境生产建设开发和筑牢边塞、防范沙俄的前瞻思想，为边疆的长治久安作出了不可磨灭的贡献。此种生产建设和边境防卫相结合的思想影响深远，直至今世。

(一) 初步形成塞防思想

林则徐流放新疆时间有一说是3年[1]，这是按照到达伊犁开始算起。其实应该从1841年6月28日道光皇帝的革职流放圣旨

---

〔1〕 石培华主编：《从林则徐到孙中山》，华东理工大学出版社2002年版，第5页。

起算，到 1845 年 12 月 4 日解除流放圣旨止，其间为 4 年半时间。[1]

1. 研究海防良策，治理开封顽水

为到达远在西北边陲的伊犁，林则徐卖掉在福州为父母购置的房产，凑足西行路费和生活费后，计划从杭州出发，经江苏、河南、陕西、甘肃过玉门关进入新疆，再至伊犁。当时的交通仅靠马车，林则徐走了五六千千米，历时 1 年 5 个月，其艰难程度可见一斑。

林则徐在《同庄赠诗六章，次余题萝月图韵。复叠前韵答之，并谢武林诸君赠行诗册》[2]中曾言："不信玉门成畏道，欲倾珠海洗边愁。"其中的一个"愁"字抒发了林则徐并不畏惧关外道路的艰险难行，却非常担忧国家东南战事进程的情感。此前，林则徐在禁烟抗英时，在对海上西方侵略者的行径的研究中，就注意到那时的沙俄也是蠢蠢欲动的，同时林则徐已经主持翻译了相关资料和书刊。当他流放途中经过镇江时，遇见魏源，在彻夜长谈后，两人观点的一致性，使得林则徐将他主持翻译的 8 万字《四洲志》书稿交于魏源整理，魏源后来将其充实成 100 卷 88 万字的《海国图志》，为中国了解世界开启了窗户。[3]魏源赠诗《江口晤林少穆制府》云："方术三年艾，河山两戒图"[4]，由此看出魏源和林则徐都认为当时的中国既要抗击东南的英军入侵，也要防范西北沙俄的威胁。林则徐和魏源这种东南海防和西北塞防齐头并进的军事观点是大胆、先进的，也影响了以后的左宗棠、李鸿章的塞防政策，后来的洋务运动、康梁变法和孙中山的三民主义也受此影响。

---

〔1〕 邵纯：《封疆大吏林则徐》，海峡文艺出版社 2015 年版，第 234、235 页。

〔2〕 周轩：《林则徐诗选注》，新疆出版社 1996 年版，第 69 页。

〔3〕 张惠民：《海国图志刍议》，《档案随笔》2008 年版，第 46—48 页。

〔4〕 周轩：《关于林则徐在新疆思想和实践的评价》，《新疆大学学报（哲学人文版）》2006 年第 6 期。

林则徐到达扬州，又将随身携带的手抄本《炮书》交于在此地任官职的恩师陈廷恩的儿子，期许其能借鉴此书以加强海防与水师的武装，从而抵御外侵。可见，林公一直为抗击英国侵略者的战事而忧虑，并期许通过各种渠道将自己认真研究的策略传递到强国抗英的一线。

1841 年春秋之交，黄河水泛滥，冲垮河南开封祥符一带的堤坝，以吞噬一切之势淹没河南、安徽六府十一县，水面浮尸无数，开封城被困。道光皇帝急命林则徐暂停遣戍之行，改道开封协助军机大臣王鼎一起去河南治水救灾。林则徐立即从仪征奔赴祥符堵口，发挥治水才能，将多年治水经验倾力发扬，和王鼎筑起"月牙堤"，至 1842 年春天才完工。虽然此堤现在已了无踪影，但对缓解当时的顽固水患起到了重要作用。[1]

2. 思虑内忧外患，重视塞防建设

林则徐与王鼎话别后，经洛阳到陕西继续西行的流放之路。内忧外患的心境下，加上过度劳累，林则徐过境西安时重病不支，只能暂住治病。待完全康复已是 3 个月之后的来年夏天。1842 年 8 月，林公告别体弱多病的夫人，由三子和四子陪同继续踏上遭贬发配之途。临行时，诵《赴戍登程，口占示家人》，如此境遇下，仍然满怀忘我之情为后人留下了经典名句"苟利国家生死以，岂因祸福避趋之"。纵观林公一生，无愧此句，也反映了他面对人生低谷时，没有绝望、没有颓废，宽慰家人的同时，抒发自己为了国家利益将生死置之度外的情怀。林公之后在流放之地一系列的惠民实干壮举再次印证了他在逆境中依然把国家和民族利益放在高位的博大心胸。

林则徐带着 20 箱书，在两个儿子的陪伴下乘马车启程，继遭

〔1〕 邵纯：《封疆大吏林则徐》，第 170—171 页。

"水势浩瀚"之大雨14天"追随",再经崎岖险峻山路15日到达兰州。陕甘总督率全体官员出城列队十里迎接这位"罪臣",如此悲壮奇观,说明人民心中林公是英雄,是真正的国之栋梁。沿途官民真诚的宽慰和鼓励更加坚定了林则徐的强国之梦。

盘桓兰州,林泽徐听闻朝廷与英"议和"。他虽然希望停息战事,国泰民安,可他更清楚西方"蚕食念犹纷"。在写给姚春木、王子寿的信中,他概括出剿夷的"器量、技熟、胆壮、心齐"[1]的八字要言,提出持久抗战的思想。前六字可以做到,但对于彼时的天国,满汉矛盾日益突出,边疆地区民族冲突时有发生,朝廷中派系之争"乐此不疲",如此种种都是无法实现"心齐"二字的。事实上在此信写就的10天前,1942年8月29日,丧权辱国的《南京条约》已经签订!当然,如此历史时局令封建士大夫林公非常困惑。而以我们现在的视野,鸦片战争的失败其实就是封建主义败给了资本主义。离开兰州,沿河西走廊一路向西,只靠马车,2个多月后林则徐到达边陲重地乌鲁木齐,此时奇观再现,不仅乌鲁木齐的官员,甚至昌吉、阜康、奇台、呼图壁等地的官员也纷纷跑到乌鲁木齐求见这位"废臣"。这也说明林则徐作为"废臣",虽然在官场已不可为,可他仍然用自己的爱国主义思想感染了周围的官员,并得到了多方官员的认可和尊敬。这也是近代各族人民前仆后继、誓不屈服地抵抗外来侵略的精神动力所在。4日后林公换车马去往流放地伊犁,林则徐在日记中写道:"田土膏腴,向产大米贩各处……人物之繁,不亚于兰州。玛纳斯河水其深处犹及马腹,夏日不知如何浩瀚矣。"[2]新疆除了高山、大漠、戈壁之外,有水处就有人居,有农耕、牧业。虽然较为荒凉,但诸如赛里木湖、

〔1〕 邵纯:《封疆大吏林则徐》,第177页。

〔2〕 林则徐全集编辑委员会编著:《林则徐全集》,海峡出版社2002年版,第493页。

博斯腾湖、喀纳斯湖不胜枚举，雪山和湖水相映，仍勾画出一幅幅美景。一路上，林则徐被新疆“绿洲经济”下的田土膏腴所震撼，这也是林公日后把爱国之情倾注于边疆建设和保卫祖国边陲的动力所在。

1842 年 12 月，林则徐一路西行拖着衰羸之体终于来到了新疆伊犁惠远城，与邓廷桢相见。3 年多前，邓廷桢作为两广总督身份，曾在广州天子码头迎接时为钦差大臣的林则徐，震古烁今的虎门销烟后，这两位功臣却同遭流放，侧面展现了中国近代史的又一幕悲剧。

（二）屯田戍边绘就边疆蓝图

身无官职的林则徐就此在新疆开启了新的“匡时济世”的征程。他把个人的不幸遭遇置之度外，以“天其以我为箕子，要使此意留要荒”[1]的胸怀，同布彦泰等地方封疆大吏密切合作，终于使“迢迢一片龙沙路”的边陲荒漠，变成“乡垄千顷”的塞外江南，为新疆经济建设与边防事业的欣欣向荣大发展作出了非常重要的历史贡献。

1. 强边御俄，实行“兵农合一”

林则徐刚到新疆，因为气候干燥，经常流鼻血，常常彻夜难眠。衰颓重病中，他并没气馁，认定“虽毡庐雪窖，心安亦可为家”[2]。当时的伊犁将军布彦泰并未因林则徐是流放的“罪臣”，而对其置之不理，反而送医送药，安排食宿，无不尽力。布彦泰出于对林则徐的敬重和信任，让林则徐掌管粮饷这样重要的事务，并特许林则徐有查阅衙署档案的权力。

前文曾提到林则徐在遣戍途中，基于他主持翻译《四洲志》时

---

〔1〕 周轩：《林则徐诗选注》，新疆大学出版社 1996 年版，第 132 页。

〔2〕 黄泽德：《林则徐信稿》，福建人民出版社 1985 年版，第 15—16 页。

对俄国历史的研究,以他曾有的海防经验敏锐地感受到新疆的边境并不是安定无忧之地。等林公踏上了新疆这片土地,经过对新疆边境、民情地理等大量档案资料的研究,再结合他早期在广东收集的有关沙俄的资料,这种忧沙俄之患的感觉更加强烈,也促成他抗英防俄的国防思想的成熟。他认为俄罗斯“终为中国患者”,因为新疆与沙俄接壤,绝不可掉以轻心。林则徐感到加强新疆边防建设迫在眉睫,极力主张“强边御俄”,保卫边防,他明确向伊犁将军布彦泰提出改“屯兵”为“操防”,实行“兵农合一”[1],充实边陲经济、军事实力。他提醒新疆驻军不要为暂时的和平而放松警惕,而要正视国事危艰,必须重视边陲防务,有备无患,真正起到平时保卫内地、战时抗御外敌的作用。因为,从1840年开始,随着资本主义的发展,沙俄侵华野心已不加掩饰,自彼得大帝开始的步步扩张领土之举并未停歇,反而愈演愈烈。俄国人还多次以“科学家”“考察团”“军事考察团”[2]的名义窜入中国,名为考察,实为打探地形,建立据点。1843年,沙俄入侵吉尔吉斯,侵略势力已扩展到新疆伊犁河畔[3],屡屡武力挑衅中国西北和东北边境。还游说政府开放边界,在这个背景下,道光皇帝发出了撤销已有百年之久的伊犁镇总兵建制的旨意:“将伊犁镇总兵裁撤,移置天津。”[4]鉴于此,布彦泰征求林则徐的意见,两人商讨后,都认为撤总兵就是向沙俄打开了大门,于是由林则徐执笔拟稿,布彦泰上奏,向道光帝历陈撤伊犁总兵建制之弊端,揭穿了沙俄侵略

---

〔1〕 周轩:《林则徐诗选注》,第257—259页。

〔2〕 常青:《林则徐对提高新疆历史地位的作用》,《新疆社会科学》1985年第2期。沙俄1941—1946年以各种名义派科学家、民间友好组织进入新疆地区,以“科学考察”之名考察风土人情,其实却进行着地形测量和地图绘制等非法活动,窃取情报;派高级军官和参谋人员窜入科帕尔附近,选择据点,实际在为下一步加紧对新疆的侵略做准备。

〔3〕 同上。

〔4〕 周轩:《关于林则徐在新疆思想和实践的评价》,《新疆大学学报(哲学人文版)》2006年第11期。

者的险恶用心，认为不仅不能撤，还应该加强伊犁总兵建制。最终保住了这里的防务力量，让沙俄的阴谋暂时没有得逞。同时林则徐还将他的军事思想传达给驻军首领，例如1843年2月，林则徐向赴任伊犁的开明阿（将任喀什噶尔领队大臣）赠诗中提醒道：不要认为“三载无边烽，华夷悉安堵”[1]，中外就太平了，而要看到外国侵略者的本性，长怀警惕之心，“将士坚一心，诅不扬我威”。开明阿上任后，立即勘查边境，绘制了《卡外舆图》[2]呈送林则徐，同时他主动与有云游讲经经历的当地阿訇（宗教主持）沟通了解各国夷部地土风俗，从而巧妙地将林则徐提倡的“以夷制夷”策略加以运用。

2. 兴修水利，勘查南疆垦地

垂暮之年的林则徐，顾不上疾病的折磨，拖着衰弱之躯，查阅大量的新疆屯田档案资料，不辞劳苦地实地查勘。他发现大片废弃垦地可以加以利用，如果种上农作物，既能自给自足，又能支援中央政府。虽无官名，无上奏权，但林则徐还是主动向布彦泰提出复垦阿奇乌苏废地，并提出结合自己多年的水利建设经验，只要解决水源，是可以复垦的，同时表示愿出资认捐承修阿齐乌苏渠和渠首龙口工程。于是布彦泰向道光帝上书称：“阿齐乌苏有废地一区……其所以废弃之故，系因当时未开水利，仅恃把燕岱灌田之水，暂行分灌，其势自难为继，今欲重行垦复，必将该地迤各屯原用之水，逐段开渠引而西下，递传转输，其极东须引哈什河水方可用之不竭。”[3]

在征得朝廷同意后，林则徐亲自带着兵民，在塞外的荒凉之

[1] 周轩：《关于林则徐在新疆思想和实践的评价》，《新疆大学学报（哲学人文版）》2006年第11期。

[2] 同上。

[3] 木合买提：《也论林则徐在新疆的水利建设思想及实践》，《伊犁师范学院学报（社科版）》2010年第1期。

地,挑沙子挖石头,用时4个多月,用工10万,终于修出一段6里多长、10余米宽、两三米深不等的渠首,解决了大湟渠的瓶颈问题,与旧湟渠终成一体。10余万亩土地安置了大量民户,使"民屯"推行获重大进展。其间通过林则徐倡导的各界人士"捐资出力""分段承修"的方法,整个大湟渠渠体得以整修,终于筑成了从喀什河引水流经阿齐乌苏贯通至惠远城西北的乌合哩里克河(今霍城县水定镇东南),至此整个湟渠走向基本定型,东西横贯伊犁河北岸的农田灌区初具规模,使乾嘉两代的未竟之业得成,这也是清代伊犁开屯以来最大的水利工程,成为造福伊犁人民的不枯竭的源泉。这条阿齐乌苏大渠全长430余里,是清代新疆各县垦区最长的灌渠,该大渠灌溉面积达20余万亩。在170多年后的今天,这条大渠(现更名为人民渠)载着滚滚的哈什河(今称喀什河)水,从东向西穿越伊宁县、伊宁市到达霍城县,灌溉面积已达80多万亩,如今仍是伊犁地区重要的农田灌溉方式之一。当地各族人民感念林则徐造福之举,仍亲切地称此大渠为"林公渠"。

当时的伊犁将军布彦泰非常赞赏他的实干精神,并上奏道光皇帝林则徐的功绩,认为人才难得,希望清廷能"弃瑕录用",但是道光帝置之不理,只是命令林则徐立即前往南疆勘测可耕之地,不仅要查清可垦之地的数量和灌溉情况,还要结合南疆地理情况、社情民意,拟定出实际可行的垦荒方案。当时新疆全境160多万平方千米,天山山脉东西走向跨越整个大疆南北。林则徐对于如此艰巨的任务,调整心态,以"但期甫陇成千顷"和"敢惮锋车历八城"[1]的决心,1845年1月,从伊犁出发,由大路经乌鲁木齐,折赴南疆查勘。在近10个月的南疆勘田行程中,他和全庆(后

〔1〕 周轩:《林则徐诗选注》,第269页。

半程全庆因病退出，林公独自完成）一起遍历库车、乌什、阿克苏、叶儿羌、和阗、喀什噶尔、巴尔楚克、喀喇沙尔、吐鲁番、哈密等地，对主要的八城土地情况一一丈量，提出灌溉规划、土地分配方案，并亲自书写奏稿，奏明伊犁将军，再由布彦泰上奏道光帝廷议。

3. 体恤民情，构建民族和谐

林则徐在疆期间，尤其是在近1年的跨越南疆勘查之行中，认识到搞好民族团结才是边疆稳定的前提。他在充分考虑民俗民情的基础上，提出了合理分配土地以利各民族生活安定、友好相处，共同开发、建设自己的边疆家园的建议。此举措在《御斋杂录》中的《哈密厅卷宗》有所记录。[1]

新疆是多民族聚居的地区，民族之间和民族内部矛盾也是客观存在的。林则徐在1845年3、4月间勘查垦地至叶尔羌到和阗途中，劝谕平息了两个回族山庄为争夺灌溉水源而发生的冲突。还及时帮助布彦泰，妥善解决了和阗数千人控告千户长不公案，有效维护了一方平安。林则徐在办完塔尔纳勘地后，准备回哈密的途中，数百军民拦车喊冤，状告伯锡尔君王欺压民众，林则徐还是有所顾虑的，毕竟他是戴罪之身，而且伯锡尔君王曾立下汗马功劳，为朝廷重臣，但正义之心使他站了出来，通过和伯锡尔君王的对质和询问，晓以大义，“无论南北疆各路，寸土皆属天朝”，掷地有声地迫使伯锡尔将霸占的东新庄万亩土地充公，分给百姓耕种。林则徐要求伯锡尔约束好下属，如再发生勒索和欺压百姓之事一律严办，大煞了不可一世的哈密王伯锡尔的威风，为民出了口恶气。回族诵林则徐“林公活我”。

---

〔1〕 肖忠生：《论林则徐在新疆的政绩》，《福州师专学报（社会科学版）》2000年第4期。

二、林则徐在实施各项举措时的困境分析

林则徐被清政府贬黜新疆期间，正是中国沦为半殖民地的开始，也是沙俄悍然侵略我西部边疆的前夜。他无官无职，却把士大夫的操守与事功淋漓尽致地体现在内忧外患的应对中。

（一）边境防御薄弱，军事人才短缺

伊犁自古以来是丝绸之路的重要交通要道之一，清朝时期的伊犁地区在整个新疆甚至在我国整个西北边疆中有着极其重要的战略地位，是重要的政治、军事中心。清乾隆年间就把伊犁设为新疆的都会，设伊犁将军府制。伊犁也是许多重臣、学者获罪的主要流放之处。嘉庆年间，就有洪亮吉、祁韵士和徐松等人先后被流放此地。他们在考察西部边陲后，写了多部专考，后综合成《西陲总统识略》，当时的伊犁将军松筠上表刚即位的道光皇帝，赐名《新疆识略》，这是本较详细反映新疆地志的著作，也是从那时开始用“新疆”称呼西域的。林则徐的好友龚自珍在1820年就著有《西域置行省议》，1829年朝考时写了《安边绥远疏》，提出了加强西部边防的主张。[1]伊犁地处祖国西北边陲，东北面与俄罗斯、蒙古国交界，西北面与哈萨克斯坦毗邻，可以说对于守好中国西部的大门是非常重要的。

鸦片战争后的中国抵抗力已是最弱，朝廷更是官吏腐败，民众生计维艰。当时的士大夫在被动接受了西方文化的冲击后，深感振兴旧的政教[2]的迫切，更有一种国家将沦亡于异族的恐慌。可实际上不论是官员还是民众都是不知所措的，并且本应担负起

〔1〕 王银珊：《论林则徐遣戍新疆时期的筹边思想》，《伊犁教育学院学报》2006年第3期。

〔2〕 蒋廷黻：《中国近代史》，上海古籍出版社2016年版，第62页。

御敌保卫国土的军队的武备废弛现象更令人失望之至。基本是国门洞开，毫无防备之措施。但是有少数清朝士大夫，在英人枪炮打开海防线的刺激下自我反省，有所觉悟，并力求转变。林则徐1843年10月写给李星沅的信中表述道："所论营务习气，弟前略有所闻。叹喟久之。军骄由于将懦，懦从贪生，骄从玩生，积重难返，比比皆是。虽有独清独醒之人，不能不权宜迁就，以避违众激事之过，此江河所以日下也。"[1]林则徐对于中国已经因海防不力导致鸦片战争失败而深感忧虑，所以在流放途中通过思考、观察边疆沿途地形和军事设施及驻军分布，敏锐发现边塞防御也是需要加强的。当时中国边疆还是较为和平的，所以驻军都是以屯田为要务，军事训练相对比较薄弱，战斗力不强，连朝廷为加强天津的军事力量也准备裁撤伊犁总兵建制。如此局面下何谈培养军事人才，可见不论是朝廷还是驻军都没有意识到帝国主义侵略边疆的脚步是在日益加紧的。

（二）经济文化落后，民族矛盾复杂

边疆地区在传统意义上是指陆路边疆地区，与东部"海疆"相对。它有两个比较突出的特点：一是经济文化发展相对落后，二是居民主要为少数民族。自古以来新疆就是一个多民族并存、历史文化丰厚、民族特色浓郁的地方。其特殊的地理位置和民族、宗教等因素，决定了新疆民族关系的复杂性和重要性。为了加强统治，清政府实行"因俗而治"的方针，在新疆实行了"军政合一，以军统政"的军府制。同时根据新疆的实际情况，在不同地区设置了不同的行政管理体制。

道光年间，清廷打破民族隔离政策，各民族相互来往，并开展贸易。但新疆的吏治逐渐腐败，特别是南疆的维吾尔族聚居地，

---

〔1〕 周轩、刘长明：《林则徐在新疆资料全编》，新疆大学出版社2009年版，第100页。

少数官员认为天高皇帝远，不仅对广大群众任意盘剥，而且在民族纠纷上也处理不当，只顾收取利益，境外势力乘机挑拨民族关系，造成民族矛盾比较尖锐。

（三）地区财政短绌，耕地不足缺水

当时面临鸦片战争失败后的巨额赔款，清政府财政极度紧张，当地旱情日益严重，使本来就靠中央政府拨款的新疆财政更加捉襟见肘，节省开支和解决粮饷成为当务之急。另外人口增长和耕地不足的矛盾也日益突出，此时的人口有62万之多，使清政府不得不采取在新疆就地“开拓利源，筹措兵饷，折抵经费”的措施。

1843年11月林则徐在给李星沅的信中写道：“但伊江亦见此气，而所患又不在水而在旱，凡近处之草场牧地，每以野火自焚，蒙回生计弥艰，考牧之事，殆不能不误矣。”[1]当地旱情非常严重，已经到了牧场经常发生自燃的现象。另一个值得关注的问题是人口增长和耕地不足的矛盾日益尖锐。当时南疆各地人口已比乾隆年间增加了1倍，达到62万。为了维持生计，部分少数民族在原来配额土地基础上，自发扩大开垦面积，由于没有规划，加上缺水，开垦好的耕地又会废弃，使得废耕之地一定程度上还增加了。

三、林则徐实施各项举措的效果

（一）民族团结，安居塞外江南

新疆地处亚洲内陆干旱区，灌溉短板制约着农业发展。林则徐在前期建设“大渠”时就意识到水利建设的重要性，当他勘查到吐鲁番时，就被当地的地下引水工程所震撼，此地下引水工程就是卡井（现称坎儿井），经了解后，林公知道此井起到了浇灌“高阜

---

〔1〕 周轩、刘长明：《林则徐在新疆资料全编》，新疆大学出版社2009年版，第104页。

之田”的重要作用。当时坎儿井仅在吐鲁番就有30余处，便极力主张将此工程推广到整个南疆。他鼓励民户自挖，于是伊拉里克等地也有60余处的卡井，后达到百余处。为防止水土流失，林则徐又从广东、福建等地引进了榕树、柳树苗等。一片绿树垂柳与沙漠交相辉映，当地民众感念之，建碑立祠纪念。同样他在新疆棉区推广棉纺车，把内地纺纱技术传授给当地人，促进了当地农业生产发展。这些成就的取得与林则徐的努力是分不开的，所以后人为纪念他，又称坎儿井为“林公井”，称树林为“林公林”，称棉纺车为“林公车”。

林则徐先后亲自勘查的八城垦地，达689 718亩，行程3万余里。另外，他还勘查验收了哈密扎萨克郡王伯锡尔交出的熟田、生地10 552亩，以及乌鲁木齐、伊犁等处近19万亩，以上共丈量886 789亩，就在这样的恶劣条件下，一位垂暮多病的60岁老人一步一步一地一地，勘水和勘地同时进行，日夜奔波，风餐露宿，在险象环生的考察途中，创造了清代新疆屯垦史上前所未有的勘荒查地奇迹。他的这一实干壮举，顺应了历史需要和边疆各族人民的需要。如今边疆风光美丽赛江南，林则徐是功不可没的。当时的伊犁将军布彦泰敬佩之情溢于“密陈”，“称平生所见之人，实无出其右者”；邓廷桢也在诗作中盛赞林公“八城户版输泉赋，千骑旃裘拥节华。载笔它年增掌故，羁臣乘传尽流沙”；道光帝也不得不承认“伊犁前办开垦事宜……林则徐查勘办理，尚为妥协……候朕施恩”[1]。

新疆实行改屯兵为操防和屯垦实边后，即允许换防兵丁带家属来南疆承担种植，允许北疆遣犯携家属在南疆定居，并招募内

〔1〕 木合买提：《也论林则徐在新疆的水利建设思想及实践》，《伊犁师范学报（社科版）》2010年第1期。

地汉民，直接将土地分配给当地维吾尔人耕种。当时，朝廷以惯例为由，将粮赋强定为按亩平分上税，对此，林则徐从体察民情出发，积极推动布彦泰奏请朝廷推行税负减免，实行富民安民政策。

林则徐还注意到民族间存在放高利贷剥削的现象。1845 年，林则徐在喀什噶尔发现汉回杂居地区，在此开商铺的 20 余户汉族人都放债给回族，并且利息很高，每 7 天就算 1 次利息，还不了就利滚利，恶性循环，造成汉回矛盾尖锐。〔1〕林则徐认为要维护好和谐的民族关系，必须打击这种恶意税负行为。林则徐建议政府重新制定税负，将原来的平分入管改为亩征 5 升，减轻了承重者的负担。在以后的 5 年中，南疆各城安置了维吾尔族农民 5 600 余户，每户分地七八十亩，甚至更多，有的地方还赊账提供耕具和种子等，极大地提高了各族人民建设边疆的热情，使大片荒瘠土地变为了良田。这一举措促进南疆社会农业生产的发展。同时，因为农业的发展，内地汉族民众进入南疆的数量增多，各族人民杂居共处，一起生产、一起生活，培养出了深厚的民族感情。

（二）驻军操防，保卫领土完整

屯垦、戍边是建设和保卫我国西北边疆非常实际可行的做法。林则徐发配之时，当时新疆还是处在一个相对平静期。清廷就下旨命令新疆各地要以垦荒种田为开发第一要务，于是军队在天山南北各路陆续开垦了一些荒地，掀起了屯垦的高潮，而边防实行固定的屯兵制，少部分兵力执行单纯的驻守任务，派大部分兵力去垦荒，使得实际战斗力大大削弱，没有起到军备应有的作用，长此以往，一旦外敌入侵，战斗力堪忧。林则徐“先天下之忧而忧”的士大夫情怀使他敏锐意识到这平静中的威胁，他向道光

〔1〕 肖忠生：《论林则徐在新疆的政绩》，《福州师专学报（社会科学版）》2000 年第 4 期。

提出:“请改屯兵为操防”,这是对新疆军事边防政策的一项重大改变。主要做法就是第一个阶段先把当地驻军分批,轮流开展操练边防战术和开展垦荒耕作的农职,形散神不散,练兵和屯田相结合,即提高了军事战斗力,也很好地解决了军队的供给。第二个阶段让司农的屯兵逐渐退出开垦事务,达到让所有屯兵回营专事操练防守的目的。把兵屯逐步过渡到由屯民管理,屯民的组成主要是屯兵的家属,也可以是迁移过来的内地民众,屯民供应军粮。通过这项改革,驻新疆的清军从繁重的农垦事务中脱离出来得以专事军事训练。后来的事实表明,此举极大地提高了清军在新疆的战斗力,为巩固北疆、防范沙俄的入侵作出了巨大的贡献。“兵农合一”,如遇战事立即为兵,平时亦可以助垦地之农,使军队和当地民众能和谐相处,尤其是在多民族的新疆有着十分重要的现实意义。这项措施终于得到了清政府的认可,并成为以后边防军队主要的戍边战略。

1849年10月,林则徐陪伴夫人灵柩回归家乡。在过长沙时,林则徐召见了左宗棠,这对年龄相差30岁的忘年交一见如故,林公的戍边思想深深影响了左宗棠,“终为中国患者,其俄罗斯夫”的结论是林则徐结合研究外情资料和新疆3年实地考察得出的结论,历史也证明是符合客观实际的。第二次鸦片战争后,通过若干不平等条约,短短几十年,沙俄就侵占了中国150余万平方千米的土地。[1]1847年,浩罕指使七和卓作乱南疆,攻占喀什噶尔、英吉沙、叶尔羌。被清边防军迅速平定。1865年浩罕反动军官阿古柏侵略南疆,并建国,严重践踏我国主权,左宗棠谨记林公策略,在各族人民的支持下,将其一举剿灭,收复南疆大片国土。这再次证明了林则徐的高瞻远瞩。

---

〔1〕 周新国、高奋强:《林则徐与新疆史地研究》,《中国边疆史地研究》2004年第1期。

林则徐如此兵农思想及其实践，其实是近代激烈的民族矛盾在激起了民众爱国情怀后的有的放矢。在外敌侵略者面前只有大胆地利用民资、民力，兵农合一，才能增强军力、增强国力。打击外敌入侵，有效延续了屯垦戍边的实践意义，对于军事装备落后的封建王朝实在难能可贵，更为近代国防开了先河。新中国组建延续至今的新疆建设兵团就是“兵农合一”制度基础上的再继承、再升华。

四、结语：林则徐对提高新疆历史地位之正面作用

流放新疆开启了林则徐人生的最后10年，暮年的他遭遇暮年中仍沉睡的清王朝，整个官场、王朝一团混沌，他却揽救世之责于己身，锐身赴难，知难而进，明知这是一条注定无尽坎坷的不归路，仍义无反顾。

本文通过分析林则徐被贬新疆4年半的实干措施，希望能呈现一个真实的林则徐，尤其是对于一个封建士大夫，在仕途的高点，突然被流放边疆，此时的行为多少能反映出他的人格本性。林则徐从接到贬黜圣旨开始，就像大多被无辜流放的官吏一样失意，这从林则徐、邓廷桢和伊犁将军、参赞等11人在邓廷桢的双砚斋做东坡生日会上林则徐所作的《寅腊月十九日嶰筠前辈招诸同人集双砚斋做东坡生日诗以纪之》中可以看出，诗中林公以东坡的遭贬境遇相对比，引用东坡“谪所一生过也得”来自我宽慰、自我调适。终归在偶尔的对皇帝的幻想中，林则徐很快调适了颓废的情绪，作为“废臣”仍然关心禁烟成效，并将整理的军事思想发送到前方战线。把“居庙堂之高则忧其民，处江湖之远则忧其君”的儒家士大夫情怀，倾注于边疆建设中，在暮年中将单纯的利民、裕民、养民、惠民举措升华到“兵农合一”的卫邦大战略中。

林则徐暮年以多病之躯，为边疆建设殚精竭虑，他的汗水随着他的足迹浸润了西北边陲的山山水水，作为废臣完成了大规模的勘查南疆垦地工作。虽然此举有些史料上认为是为了让皇帝再次起用他来增加砝码，确实，道光帝在林公完成修建齐乌苏大渠后，并未将其召回，而是命他继续勘查新疆南疆之荒地。作为曾经的官吏，林则徐自然对皇帝的命令言听计从，更觉得这是皇帝对自己的信任，如果能完成此项重托，他认为自己定能重启仕途。即使如此，笔者也认为无可厚非，毕竟作为一个处于如此历史境地中的朝廷废臣，还能以民生为重，认认真真地历时1年多才完成查勘荒地的任务，并为后世留下了非常翔实的土地数据是不争的事实。

1850年11月5日，重病的林则徐奉旨奔赴广西，怎奈沉疴已重，出发后17天即病逝途中，可谓“春蚕到死丝方尽，蜡炬成灰泪始干”。此时任广州领事的英国人包令在看到群众自发吊唁林公、涕泪交加的真情时，也称赞林则徐“忠诚地、几乎不间断地为他的国家服务了36年”，“他太伟大了，不会被人遗忘”等。〔1〕再回顾前文中提到的林则徐流放途中，每到一处就有官员和百姓自发前往欢迎、送别，在疆实干时，官员的信任和百姓的认可，说明林公的一系列举措都是符合当时民众需要的。

蒋廷黻认为林公总不肯公开提倡改革。“他让主持清议的士大夫睡在梦中，他让国家日趋衰弱，而不肯牺牲自己的名誉去与世人奋斗，林文忠无疑是中国旧文化最好的产品。”〔2〕以现实政治价值观来评判历史人物，从“阶级局限”和“时代局限”角度考虑，这个评判是否客观值得商榷，这是我们立足于现实的阶级层面的

〔1〕 刘存宽：《浅谈外国人对林则徐的认识》，《北京工业大学学报》2001年第1期。
〔2〕 蒋廷黻：《中国近代史》，第30页。

认知。

笔者认为林则徐和近代许许多多知识分子一样,是在西方的"船坚炮利"的冲击中,缓慢地醒悟着,可当时天朝的大多数人还沉睡着,仅靠少数士大夫似懂非懂的觉醒,是不能阻挡天朝走向末路的,这是历史的宿命,也是那个时代知识分子的宿命。让一个身处乱世的封建官吏能放眼几百年之后,跳出阶级和时代局限,未免理想化了。对于林则徐的评判,应该站在历史的客观立场,充分理解他当时的行为是为了国家和人民的安康,为了社会稳定,不是沽名钓誉,不是为了一己私利,矫情粉饰太平。如果他的行为符合中华民族传统道德价值要求,是推动历史前进的,就不要苛求他的全面性了。林则徐并非完人、圣人,但也不能认为他是沽名钓誉、愚忠奉上的馋臣。因为对于一位经世致用的士大夫来说,忠君报国是毕生所追求的,而他在流放新疆期间的各项举措无疑对发展这个地区政治、经济、文化和提高边防的历史地位起到了非常积极的作用,这是不可否定的。

[专家点评]

对于中学生的史学习作,我所看重的首先是能否在中学历史课的基础上提炼出有价值的"问题"。而在该"问题"的引导下,如能结合相关的基础史料以及既有的研究成果阐述对此的看法,即值得充分肯定。以此来看本文,大致能符合我对于中学生史学习作的期待。

林则徐在鸦片战争期间所扮演的角色,是中学历史课重点讲述的内容,该生能由此进一步追踪林则徐发配新疆期间所开展的勘地戍边,就问题的提出来说,无疑是具有一定价值、也是值得鼓励的。以此为切入点,该生致力于搜集与之相关的基本史料,并多方查阅既有的研究成果,以此作为对该"问题"的解答,也可以说大致遵循了史学研究的基本路数。尤其值得肯定的是，该文主要围绕下列几点展开：（一）林则徐流放新疆期间的各项举措；（二）林则徐在实施各项举措时的困境分析；（三）林则徐实施各项举措的效果。这也构成了一篇学术论文应有的结构，表明作者大致能够基于较为完整的架构，揭示其所要分析的主题。

对于中学生的史学习作，自然不能有更高要求。经历这样的尝试，该生如能获得超出习作本身的收获，真切体会到“过程”比“结果”更为重要，当更有意义。史学训练需要长期的积累，本文所展现的一些不足，如对文献的把握不够完整，未能较好地做到通过史料的征引来阐述自己的看法，这些都需要长期的训练才能解决。不过，文字表达以及标点方面的问题，倒是现在就应该重视的。

——复旦大学历史系教授　章　清

李秀成占领苏州时期所行内外贸易政策评价
——兼论李秀成的早期洋务实践

陈子健*

[摘要] 1860年李秀成攻占苏州后,太平天国政权迅速得到巩固,太平天国在这一地区的统治进入了一个相对稳定的阶段。苏州由于地近上海,外商活动十分频繁,李秀成的贸易政策不可避免地受到其影响。本文主要以李秀成在苏州所推行的税卡制度与一些对外贸易的政策为基础,参考当时相关记载对李秀成所行政策的记述和评价,探讨其内在思想。而他的萌芽阶段的洋务思想是其中的一部分,他的早期实践有助于反映洋务思想在中国的萌生与最早的发展。

[关键词] 李秀成;贸易政策;洋务思想

---

* 陈子健,复旦大学附属中学2018届学生。本文指导教师张敏霞、卫佳琪。本文获2016年博学杯历史人文素养展示活动论文二等奖。

一、引言及文献综述

1860年6月2日[1]，李秀成占领了中国南方的商业重镇苏州。此时，太平天国运动已经转入低潮，军事活动仅限于长江下游。而清政府的江南、江北大营刚被攻陷，战斗力还未恢复。江南进入了一个相对平稳的时期。因此，李秀成的身份也从军事统帅转变为地方官员。在太平军攻城略地的过程中，苏州的经济受到了严重的干扰和破坏。但之后，李秀成就着手促进经济的发展，企图以此积累财富，稳定民心，达到稳固统治的目的。

目前，对于李秀成经济政策的研究不多，主要有董蔡时的《略论李秀成在苏州地区的根据地建设》[2]，从经济、社会等多个方面对李秀成的制度进行了系统阐述，涉及面较为宽泛。也有一些在文章中略有提到的，如王天奖的《太平天国的商业》[3]等。王明前的《太平天国政治的"儒家化"轨迹》[4]将"李秀成地方建设新思维"作为太平天国"儒家化"的例子之一，并将此作为太平天国政治理念的一大进步。钟文典的《谈李秀成的"洋务观"》[5]赞扬了李秀成对外来事物的开明态度。对于太平天国的贸易政策，有邱飞的《太平天国时期宁波进出口贸易》[6]、高小亮的《太平天国的税关与海关研究》[7]，这两篇文章分别从数据统计和史料记载

[1] 罗尔纲：《忠王李秀成自传原稿笺注》，中华书局1955年版，第125页。

[2] 董蔡时：《略论李秀成在苏州地区的根据地建设》，《江苏师范学院学报（哲学社会科学版）》1980年第1期。

[3] 王天奖：《太平天国的商业》，《文史哲》1962年第2期。

[4] 王明前：《太平天国政治的"儒家化"轨迹》，《厦门大学学报（哲学社会科学版）》2008年第2期。

[5] 钟文典：《谈李秀成的"洋务观"》，《苏州大学学报（哲学社会科学版）》1983年第2期。

[6] 邱飞：《太平天国时期宁波进出口贸易》，浙江大学硕士学位论文，2010年。

[7] 高小亮：《太平天国的税关与海关研究》，苏州大学硕士学位论文，2009年。

的角度对相关时期太平天国的贸易政策进行了阐述。对于李秀成的军火贸易和洋务实践,有蓝振露的《试论太平天国的军火进口贸易》[1]、许金芳的《太平天国对外军火贸易》[2],两文主要从外国方面的史料出发,讨论太平天国与外国通过军火贸易建立起的联系,但缺少以李秀成个人为切入点的研究。

经济政策,对于苏南地区来讲,最主要的就是贸易政策。而贸易分对内贸易和对外贸易。对内贸易上,李秀成主要实行的就是通过设置税卡来征收关税,同时对贸易的商品加以检查的税卡制度。对外贸易上,李秀成也对外商采取了相当高的开放态度,使得对外贸易处于一个繁荣的阶段。但李秀成在对外开放的同时,也有与外国互相利用的内在目的。本文从这两点着手,分析李秀成的贸易政策。此时,清政府的洋务运动还在萌芽时期,而在李秀成的一些实践中已经有洋务的影子。本文还将就此探讨洋务思想在一个地方官员身上的萌芽。

二、社会经济之恢复及相关问题之考证

苏州是当时全国性的贸易中心。苏州地区的贸易并不是独立的,而是与其他地方有着很强的联系。因此,需处理好苏州的贸易,就必须为客商提供一个比较好的环境。李秀成占领苏州时,天气极度寒冷,这一年由于是闰三月,所以四月中旬已经过芒种节气,但是,此时天气情况却"阴寒特甚",人们还穿着棉衣。大雪和冰雹"久不济",清军的一部分军士甚至饥寒交加、体力不支

〔1〕 蓝振露:《试论太平天国的军火进口贸易》,《史学月刊》1991 年第 6 期。
〔2〕 许金芳:《太平天国对外军火贸易》,《安徽史学》1993 年第 2 期。

而死。[1]战争也对商业造成严重破坏。在《同治十年元长吴三县为丝业公所整顿行业规条出示晓谕碑》中就记有太平军攻克苏州时,丝业公所的丝行商人“遭兵四散”[2]。在这种双重作用下,恢复经济更显得紧迫。

李秀成是农民出身,深知粮食安全的重要性。上文提到过,1860年这一年,长江流域气候异常寒冷。这个时候军饷和普通百姓的粮食供给都成了问题。七八月的时候,李秀成的进军计划暂时告一段落,他回到苏州后做的第一件事就是发放口粮。虽然在苏州他的征税计划并没有完成,但他还是慷慨地给予城内的百姓口粮,按照户口[3]的人头发放粮食。[4]李秀成还发行“挥条”[5](如图1)来规范口

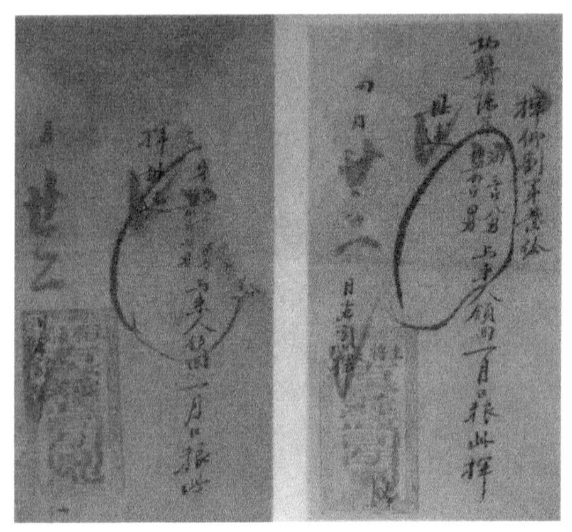

图1 李秀成发放的“挥条”图

[1] 参见潘钟端:《苏台麋鹿记》,中国史学会编:《中国近代史资料丛刊——太平天国》(五),上海人民出版社1957年版,第271页。

[2] 原碑藏苏州碑刻博物馆。碑文转引自段本洛:《关于太平天国后期的商业政策问题》,《苏州大学学报》1983年第2期。

[3] 在进入苏州伊始,李秀成就按照太平天国的“门牌”制度进行了户口普查,称为“造册”。参见李秀成:《劝苏郡四乡百姓举官造册谕》,中国史学会编:《中国近代史资料丛刊——太平天国》(一),上海人民出版社1957年版,第724页。

[4] 参见潘钟端:《苏台麋鹿记》,中国史学会编:《中国近代史资料丛刊——太平天国》(五),第275页。

[5] “挥条”是一种功能类似于粮票的文书。上面记有领粮者的身份、姓名、所领粮的种类(除了粮食以外,发放的物资还有盐和油等)、数量和领粮的时间。领好粮食后,在上面画圈(也可能是用红笔打勾)表示。相关文物藏苏州博物馆忠王府。

粮的发放。一些城外的游民也来到城门外希望得到救济粮,太平军没有给他们粮食,但也接济给他们一些钱财,一共发钱10万余串。城内无家可归的难民,太平军也每日给他们施舍一点粥饭。[1]李秀成的粮食主要是来源于太平天国公款筹集的粮食,也可能有一部分将领自己贴了钱。[2]李秀成向百姓发放粮食的政策,显然在1860年这个特殊的年份里是最好的笼络民心的政策。此外,李秀成也对私人经营的大米等粮食实行免税的政策。[3]对于重点商品免税,在当时的中国应该还是很新颖的政策,这也反映出李秀成具有促进经济发展的意识。

社会治安是李秀成在最初遇到的另一棘手问题。刚占领苏州城时城内出现了一些暴力事件。据李秀成自己的说法,这是城外的蛮民趁机作乱,抢劫百姓。他还表示,他的手下本来要以暴制暴,悉数剿灭的,但他坚持通过招抚的手段,甚至暴民拿着土枪指着他,他也不还击,最终使得暴民归顺了他。[4]

但是,也有记载反映在城内施加暴力的是太平军官兵。这种说法也很详细:太平军入城第一个晚上,就杀死了许多平民,陈尸在十字路口,来达到耀武扬威的目的,但是尽管如此,很多苏州市民仍不和太平军合作,平江路一带还有许多人投水而死。太平军将他们斩尽杀绝,城里的河浜被丢弃的尸体堵塞得不能流动。[5]

---

〔1〕 参见李秀成著,罗尔纲笺注:《忠王李秀成自传原稿笺注》,中华书局1955年版,第128页。

〔2〕 李秀成曾经与太平天国的"诸王诸兄"开会,在会上,他要求诸位将领凡是手头有一点金银的都换成粮食,"勿留金银,买粮为首"。参见同上书,第130页。

〔3〕 参见[英]呤唎著,王维周译:《太平天国革命亲历记》,上海古籍出版社1986年版,第397页。

〔4〕 参见李秀成著,罗尔纲笺注:《忠王李秀成自传原稿笺注》,第122页。李秀成的这段话从语言表达上看很可能出于标榜自己,有编造之嫌,但却能真实地反映他的思想。

〔5〕 参见潘钟端:《苏台麋鹿记》,中国史学会编:《中国近代史资料丛刊——太平天国》(五),第276页。

这其中也包括部分太平军入室抢劫百姓财物[1]或是借着开设“女馆”的名义抢夺民女[2]的案件。

可以确知的是,第一,李秀成表面上是重视治安的,他在占领苏州14天以后发了安民告示,即《劝苏郡思乡百姓举官造册谕》,且他在给绍兴亲属的信中也强调“如何守地,如何安民,必得稳固妥善”[3]。从另一侧面也说明这14天里苏州的治安应当已经非常混乱了。据记载,李秀成对于侵占民女的太平军通过明察暗访的方式调查明白,并将他们枭首示众。[4]第二,苏州在被李秀成占领后治安问题严重,百姓伤亡确实很多,对于这一点,刚入主苏州城的太平军有相当明显的责任。

特别值得注意的是,李秀成在占领苏州的过程中不但没有像洪秀全那样强制性地让百姓加入拜上帝教,而且对苏州原有的宗教文化秩序没有进行很大的破坏。记载中唯一有关太平天国破坏宗教的例子是《苏台麋鹿记》中所说的,太平军烧毁了苏州护龙街(今人民路)一座规模很大的关帝庙[5],将里面的神像破坏殆

〔1〕 参见汪德门:《庚申殉难日记》,《太平天国史料专辑》,上海古籍出版社1979年版,第2—3页。太平军部分官兵在汪德门愿意同太平军合作的情况下抢走了他家里的银两(汪德门的住宅后被太平军占为营地,事见同书第11页《徐研渔笔记》,其本人于是年8月17日因痢疾去世)。

〔2〕 太平天国在天京建立相对稳定的政权后,制定了“男女别营”的政策,《太平条规》第五条规定“要别男女营,不得授受相亲”。据中国史学会编:《中国近代史资料丛刊——太平天国》(一),第155页。天京在这个问题上是相当严格的,但是苏州并没有系统地贯彻这个规定,这就给了打着“设立女馆”的名义侵犯民女者可乘之机。

〔3〕 李秀成:《谕姪容椿男容发书》,罗尔纲:《太平天国文选》,上海人民出版社1956年版。

〔4〕 参见谢绥之:《燐血丛抄》,《太平天国史料专辑》,第392页。

〔5〕 参见潘钟端:《苏台麋鹿记》,中国史学会:《中国近代史资料丛刊——太平天国》(五),第273页。此条记载,也是可疑的。因为在这一记载后,作者继续写道,太平军在城内四处点火,从护龙街到临顿路、平江路、十全街、养育巷、葑门、胥门等地皆被焚。这显然是编造的。因为之后太平军所占据的当地大户人家的宅第都在这些地区,而忠王府的前身拙政园本身也就在临顿路和平江路之间。所以,笔者认为,太平军应当确实烧了一些房子,但应该是个别的行为(如在进入苏州当日就烧掉了江苏巡抚衙门),并没有大规模地纵火。

尽。从现实情况看，苏州的古迹报恩寺塔、苏州双塔、玄妙观甚至文庙都未受到根本性的破坏。

李秀成作为太平天国后期最为出色的将领之一，在“天京事变”后使得太平天国政权得以继续维持，与他对苏南地区情况的熟悉显然是分不开的。但是，这种熟悉不是一下子建立起来的，而是在摸索中形成的。李秀成作为农民起义军将领，他当然不可能在占领城市伊始就采取行之有效的城市管理措施，而是对太平军采取了一种放纵的态度，同时李秀成当时还没有行政建制的计划，他的主要精力仍旧集中在进军浙江和上海方面，无暇顾及苏州的问题，于是导致苏州治安混乱，太平军声名狼藉。李秀成其实已看清了形势，采取了强硬的措施，维持住了苏州的稳定，其中也反映了李秀成由军事将领向地方官员的逐渐转变。作为地方官员的李秀成，贯彻了孔孟之道下中国传统治国理念中对“人民拥护”的重视，即“得道者多助”。孟子说：“民为贵，社稷次之，君为轻”，又说“明君制民之产”，强调仁慈的统治者应当关心百姓的生活。李秀成自然受到了这一观念的影响，非常重视民心的巨大作用，因而他严惩了滋事的太平军，但由于同样的原因以宽容的态度对待作乱的蛮民。一系列的维稳措施使得苏南地区的生产得以恢复，黎民百姓仍旧可以按照以往的生活方式生活下去。苏南地区在当时是全国的粮仓，对于储备不多的太平天国来说，苏州的稳定就相当于有了稳定的后方来支援前方的战争。这对于新生的“苏福省”来说，无疑是有益的。在苏州，城市与农村的关系非常紧密，许多市民其实都是附近农村的农民移居到城市中的，农村的地主也偏好在城市置业。因此，苏州城稳定了，苏州的民心有了，那么就意味着附近大片农村地带的稳定。

买卖街的设置是太平天国城市政策的一个通行惯例，也是太平天国的主要商业制度。为了对商业活动进行更好的管理，太平天国往往在城外划定一个区域，将商业活动限制在一定区域内。在苏州，李秀成也设置了买卖街。具体的选址是他委任的苏州市政的负责人熊万荃确定的。买卖街设立的最初目的在于将城中百姓与军事人员隔离开来，以防发生冲突。熊在同乡官勘察讨论后，设立了山塘买卖街。最终以军队在上塘，居民在下塘，在上、下津桥和渡僧桥三处设立关卡，"俾兵民不得互越"，于是"山塘虎丘之腹里湖田一带，听民居住，间设铺户谋生"。这些工作限期3日完成。[1]"于是山塘成集，名为买卖街。"[2]

山塘街位于京杭大运河与苏州护城河的交界处，处于交通要冲，在这里设立市场，不仅便于来往的商人，也便于苏州的市民出城做买卖。因此，山塘街的设置对于苏州经济的发展是相当有益的。据记载，山塘街的买卖相当热闹，以至于人们途经这里，都忘记了正身处战乱时期。[3]至此，苏州的经济得到了一定程度的恢复。

三、苏南之厘金制度及其作用

由于那时商人往往驾船四处经商，并不拘于一地，因而商业税的征收成为难题。李秀成在苏南地区实行了厘金制度。据记载，商人在某一征地缴纳了税款后，获取一张凭证[4]，之后一路上都不必重复缴税，直到目的地，商人才再次纳税。[5]这种制度不仅

---

〔1〕 潘钟瑞：《苏台麋鹿记》，中国史学会编：《中国近代史资料丛刊——太平天国》(五)，第275页。

〔2〕 同上书，第300页。

〔3〕 参见沈梓：《避寇日记》，转引自李秀成著，罗尔纲笺注：《忠王李秀成自传原稿笺注》，第129页。

〔4〕 《受天军主将发给苏州客商卡票》太平天国壬戌十二年十一月卅一日，中国史学会编：《中国近代史资料丛刊——太平天国》(一)，上海人民出版社1957年版，第876页。

〔5〕 [英]呤唎著，王维周译：《太平天国革命亲历记》，第397页。

符合苏南地区客商云集的实际情况，也促进了商人的商业活动。据记载，税卡的工作效率也是非常高的：

> 最近太平天国境内所设各税卡，其中包括监督一人，帮办一人，和能干的检察员数人，以及书记、司秤若干人。外国人经常往来之地则多半另增译员一两名。[1]

而清政府的厘金制度又是什么情况呢？清政府在1853年为在战争地区谋取军费，同样对过路商贾征收厘金。但清政府普遍采取的是到卡纳税的制度，也就是说，商人每过一卡，都必须再次缴税，导致商人在进行贸易时承受巨大的交通成本。此外，清政府税卡的管理也相对混乱，人员组织也没有一定的章程，据记载“大江南北抽厘，收捐太杂，出入总数，毫无稽核”[2]，此外，清政府直到光绪年间才出现了类似于李秀成所发“卡票”的“四连票”作为票据。从比较中，我们可以看出李秀成的制度更为健全。实际上，在后来的统计中可以看出江苏在所设税卡的数量和分级管理制度方面在太平天国之后仍然在全国是先进的（光绪年数据）。[3]

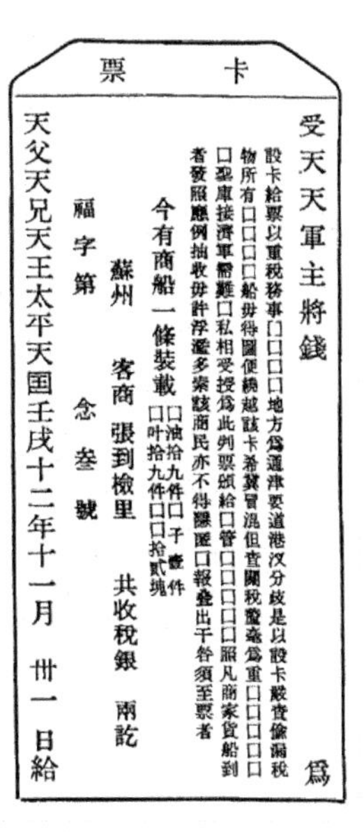
卡票
受天天軍主將錢　爲
設卡給票以重稅務事□□□□地方爲通津要道港汊分歧是以設卡嚴查偷漏稅
物所有□□□□船毋得圖便繞越該卡希冀冒混但查關稅釐毫爲重□□□□□
□犁庫接濟軍需難□私相受授爲此列票頒給□管□□□□□照凡商家貨船到
者發照照例抽收毋許浮濫多索該商民亦不得隱匿□報叠出干咎須至票者
今有商船一條裝載　□油拾九件□千壹件　□叶拾九件□□□拾貳塊
蘇州　客商　張到檢里　共收稅銀　兩訖
福字第　念叁　號
天父天兄天王太平天国壬戌十二年十一月　卅一　日給

图2　受天军主将钱桂仁发给苏州客商卡票（摄于苏州博物馆）

但是以上仅仅是呤唎的一家之言。呤唎的身份是外国人，又

〔1〕［英］呤唎著，王维周译：《太平天国革命亲历记》，第397页。
〔2〕罗玉东：《中国厘金史》（上册），商务印书馆1936年版，第28页。
〔3〕罗玉东：《中国厘金史》（上册），第82页。

受到了李秀成的重视。呤唎获得了由李秀成亲自签发的“路凭”。“路凭”规定沿途太平军检查人员放行勿阻，并且在需要时给予米粮油盐柴等接济。[1]因此，必须参考其他的记载。涤浮道人的《金陵杂记》也有“抽税之后，给以船票一张，如遇他军，可验票放行”“船尾并大书粉字某关查过字样”[2]的记载，但《自怡日记》却记载从常熟至浙江，“所贩米有七处完税”[3]。由此推断，这个政策确实普遍存在，但在执行上却存在一定问题。从《受天军主将发给苏州客商卡票》来看，太平天国的税卡对于船上装载货物的统计还是很细致的，这种高效的税卡是真实存在的。此外，从卡票又能看出，税卡的征税对象并不明确，不能断定是针对“船”收税还是针对“商品”收税，这就造成了实际操作中的随意性。实际上，即使是同一种商品，也存在不同的征税标准。这里以生丝为例来考察（见表1）：

表1　记载中生丝的三种税率统计表[4]

税率	地点	来源
每包6两	苏州	1860年9月15日《北华捷报》
每包4元	吴江芦墟卡	呤唎：《太平天国亲历记》
每包3元	乌镇下塔庙卡	沈梓：《避寇日记》

因此，也必须承认，李秀成的政策仍处于草创时期，存在着很多问题。这方面清政府则做得更好一些。清政府由户部颁订了统一的章程，并规定了统一的税率，但这已是太平天国覆灭一年

---

〔1〕《李自成发给呤唎路凭》，苏州博物馆藏。路凭是李秀成管理和方便外国商人来苏经商的一种制度，目前苏州博物馆还藏有类似文物四件。

〔2〕中国史学会编：《中国近代史资料丛刊——太平天国》（四），第636页。

〔3〕龚又村：《自怡日记》，《太平天国史料丛编简辑》（第四册），中华书局1961年版，第415页。转引自严军：《关于呤唎对太平天国商业税评价的思考》，《杭州师范学院学报》1990年第5期。

〔4〕高小亮：《太平天国的税关和海关研究》，苏州大学硕士学位论文，2009年。

之后之事。[1]此外，李秀成还有一个严重的缺陷在于政策的持久性上。李秀成本人由于还负责军事上的任务，1862 年开始就征战四方，无暇顾及苏州的情况。他把苏州的政局交给了亲信慕王谭绍光、护王陈坤书，他们在苏州并没有将李秀成定下的秩序维持得很好。到李秀成回到苏州时，苏州的商业又陷入了混乱之中。甚至太平军内部也失去主心骨，人心不齐，导致最终苏州的太平军小首领杀死谭绍光后投降了李鸿章。

李秀成的政策不仅给太平天国创造了良好的局面，使得太平天国的经济秩序有所改观，而且其政策的细致性和正规化也是值得赞许的。当然，政策不会是李秀成一人制定和执行的。因此，这一时期的良好局面还必须归功于各关卡的官员，如李秀成的亲信慕王谭绍光亲自控制的吴江芦墟关，规定“照例抽收，毋许浮滥多索”[2]，这个关卡设立仅 3 天，就“利获千金”[3]。税卡制度确实为苏州受战争破坏的经济带来了复兴。苏州的商业从李秀成刚接手时“遭兵四散”[4]转变为一片繁荣的局面。山塘街是进入苏州的税卡，据记载，那里“列货云屯，流民雨集”“初不知其为乱世也”[5]。当然，上文也提到过，李秀成的制度并未因他的失败而停止，他所设的税卡在之后仍在发挥着作用，“同治八年到光绪二十年，江苏收入乃各省之冠”[6]，这与李秀成打下的基础是分不开的。

---

〔1〕 罗玉东：《中国厘金史》（上册），第 30 页。

〔2〕《受天军主将发给苏州客商卡票》，太平天国壬戌十二年十一月卅一日，中国史学会编：《中国近代史资料丛刊——太平天国》（一），上海人民出版社 1957 年版，第 876 页。

〔3〕 柳兆薰：《柳兆薰日记》，《中华文史论丛》编辑部编：《太平天国史料专辑》，上海古籍出版社 1979 年版，第 150 页。

〔4〕《同治十年元长吴三县为丝业公所整顿行业规条出示晓谕碑》，苏州碑刻博物馆藏。转引自段本洛：《关于太平天国后期的商业政策问题》，《苏州大学学报》1983 年第 2 期。

〔5〕 王韬：《粤逆崖略》；沈梓：《避寇日记》，转引自李秀成著，罗尔纲笺注：《忠王李秀成自传原稿笺注》，第 129 页。

〔6〕 罗玉东：《中国厘金史》（上册），第 164 页。

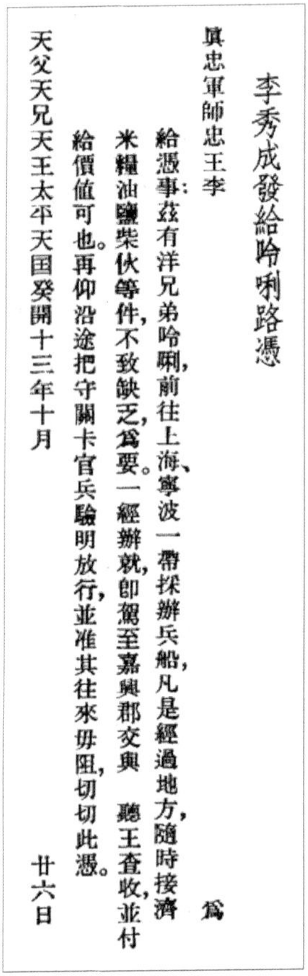

李秀成發給呤唎路憑

眞忠軍師忠王李　爲
給憑事：玆有洋兄弟呤唎，前往上海、寧波一帶採辦兵船，凡是經過地方，隨時接濟
米糧油鹽柴伙等件，不致缺乏，爲要。一經辦就，即駕至嘉興郡交與　聽王查收，並付
給價值可也。再仰沿途把守關卡官兵驗明放行，並准其往來毋阻，切切此憑。
天父天兄天王太平天国癸開十三年十月　廿六日

图3　李秀成发给呤唎的路凭图(原件现藏苏州博物馆)

四、建立中外平等贸易的尝试：成果与不足

从在涉外的税卡专设译员可以看出李秀成是相当重视对外贸易的。即使到洋务运动时，外语人才在中国还是罕见的。而李秀成在第二次鸦片战争时就已经认识到外语人才的重要性，这实属可贵，这就反映了李秀成已经具有对外开放的思想。

李秀成的对外贸易确实有其先进之处。他在占领沿海各埠的时候，很快恢复了对外贸易。上海与苏州交界的所有税卡都为外国人提供服务。在太平天国占领范围内来往的外国人，都持有通行证，以备在进出城门时查验。[1]呤唎同样也获得了由李秀成亲自签发的“路凭”。这样的制度给外国人带来了好感：

外国人不论什么时候走入他们的境内都会受到尊敬，他们对于那些访问他们的外国人的尊敬和关切，就是他们的诚意的充分证明。[2]

[1]　[英]呤唎著，王维周译：《太平天国革命亲历记》，第399页。

[2]　艾约瑟、杨笃信、马可望、何尔：《太平天国对待外国人的态度及其成功的前景》，《教会杂志》1860年7月16日，转引自[英]呤唎著，王维周译：《太平天国革命亲历记》，第229页。

据呤唎在书中所言,李秀成"谦虚亲切""举止尊严而坚毅",接见英方人员时"从王位上站起来,用英国礼节来与我们握手"[1]。李秀成善于通过与外国军官、商人的私交来加强与外国的关系,这也是他外交智慧的一部分。因而江南一带的外国商人多与李秀成做生意。从实际数据看,生丝的出口量在1860—1861年达到了前所未有的81 136包,比1858年的数字增长了约33.5%,而茶叶的出口量也从1858年的0.8亿多增长到1863年的1.18亿余。[2]可见,李秀成的贸易成果颇丰。

李秀成在处理贸易争端上,同样注意维护自己一方的利益。《柳兆薰日记》中记载了英国商船因未交税而被拘押的事例:"闻芦川毛公关上,红夷丝船过亦要完税,拘夷二人。"[3]他所指的应是英国丢得乐舰长在苏州角直镇太平军税卡拒绝完税被太平军处罚一事。为此,当时的太平军指挥官万某特地向英方照会:

> 法律规定,一切商人经过税卡,均须缴付一定税金。今贵国商人拒不纳税,竟欲强过税卡,而贵国官员又前来侵扰,强欲索还金钱,此类行为实属失礼之至……特此奉闻。[4]

综上所述,李秀成占据苏南时期,中国的对外贸易不但没有因为战乱而萧条,反而因为得当的政策,得到了一定的发展。正如呤唎所言:

> 太平天国已经将清政府对待"外夷"和"洋鬼"的闭关政

[1] 参见[英]呤唎著,王维周译:《太平天国革命亲历记》,第三章。

[2] 同上书,第697页。

[3] 柳兆薰:《柳兆薰日记》,上海古籍出版社编:《太平天国史料专辑》,上海古籍出版社1979年版,第191页。

[4] [英]呤唎著,王维周译:《太平天国革命亲历记》,第321页。

策和排外政策一变而为亲善友好的政策了。[1]

但是，李秀成在中外（主要是中英）之间建立平等贸易关系的努力终于在帝国主义的攻击下失败了。这其中的首要原因是李秀成的贸易并不是和可靠的外国商人进行的，其中大多数都是走私者，因此并没有保障。李秀成曾认为与外国建立了紧密的贸易往来，就能维持住和平。但最终结果证明这只是他的一厢情愿。这也启示我们，没有平等的外交，就没有平等的贸易。

五、洋务思想的萌芽及早期实践

李秀成鼓励对外贸易的目的除发展经济外，另在于通过拉拢外国，为自己的军事行动谋取利益。

进入苏州伊始，李秀成就谋划起对上海的占领计划。为此，他在1860年7月致函上海的英、法、美公使，希冀能获得他们的帮助："敢烦贵国各大臣劳步下降，一同各国来苏面商国是，虽结今日之新盟，实联昔时之旧谊。"[2]但是由于没有得到任何答复，李秀成的外交努力并没有取得成果，但这却为他与外国人打交道积累了经验，同时对外国的情况有了更深的了解。

虽然在外交上没有成果，但李秀成仍然希望利用外国先进的军械壮大自己的力量。李秀成的部下长期向来境内经商的外国商人购买枪炮，对此，呤唎是这样记录的：

---

〔1〕［英］呤唎著，王维周译：《太平天国革命亲历记》，第262页。

〔2〕李秀成：《天朝九门御林忠义宿卫军忠王李致书大英国钦差大臣》，转引自王庆成：《太平天国与上海：1860年6—8月李秀成、洪仁玕的外交活动》，《近代史研究》1994年第1期。

图 4　记载美国(花旗)商人和英国军舰携枪炮输入苏州的信件(摄于苏州博物馆)

> 到我们船上来的太平军都迫切要购买枪炮,但是遗憾的是我聚起的全部枪支交给他们也不到半打。许多士兵拿着被枪击损坏的枪到我们船上来,我们的机师给他们修理,获得丰厚报酬。[1]

其实李秀成很早就意识到了先进的军械对于战争的重要性。《李鸿裔手录问辞及忠王答语》中,李秀成说:“洋人助贼五年始,贼中初亦不解用洋枪洋炮,以其器精细不易用也。”[2]在占领苏州后,李秀成不断通过地下地上途径谋取军火,形成了太平天国与外国的军火贸易链。原常胜军领队白齐文投归太平军后,慕王谭绍光曾派他赴上海购买洋枪军火,并示意他能买到多少枪支,就让他带多少部队。[3]1862 年 4 月上海一家洋行 1 个月间就卖给太

---

〔1〕 [英]呤唎著,王维周译:《太平天国革命亲历记》,第 60 页。

〔2〕 李秀成著,罗尔纲笺注:《忠王李秀成自传原稿笺注》,第 205 页。

〔3〕 王崇武、黎世清译:《太平天国史料译丛》,神州国光社 1954 年版,第 66 页。转引自许金芳:《太平天国对外军火贸易》,《安徽史学》1993 年第 2 期。

平军步枪3 046支、野炮795尊、火药484桶即10 947磅、子弹18 000发、炮盖450多万个。[1]这些枪炮大大扩充了李秀成的实力。据英国人马淳所云，"苏州城中可能有三万支外国枪，叛军中四分之一的兵士佩带步枪和来福枪，忠王的一千名卫队完全佩带来福枪"[2]。

李秀成装备了洋枪洋炮的军队，在实战中也发挥了一定作用。李鸿章在给曾国藩的信件中记载了1862年李秀成进攻湘军营垒的情况："苏贼天辟山炮，专恃洋枪，每进队必有数千杆冲击，猛不可当。"对此，曾国藩在回信中也谈道："贼之火器精利于我者百倍之多……殆我精锐不少。"[3]因此，可以肯定李秀成确实在洋枪洋炮的帮助下取得了一些成果。

可以说是李秀成在购买外国军火的同时也意识到外国售给他的军火很多是他们淘汰下来的款式，和外国实际使用的武器有一定的差距。因此他建立了一些制造枪支弹药的工厂，尝试自己生产。有苏州学者就通过考察在苏州的马大箓巷发现了太平军的军械所。[4]在清军占领苏州后，李鸿章在太平军军械所的基础上建立了苏州炮局，作为中国第一座使用机器的兵工厂，在洋务运动初期发挥了作用，尤其给之后的江南制造局提供了经验。为了更好地汲取外国的经验，李秀成还直接聘请外国人作为兵工厂的管理人员。例如太平天国设在昆山的一座大型兵工厂，就是由

---

〔1〕 C. A. Montalto de Jesus, *Historic Shanghai*, Shanghai Mercury, 1909, p.145。转引自许金芳：《太平天国对外军火贸易》，《安徽史学》1993年第2期。。

〔2〕 王崇武、黎世清编译：《太平天国史料译丛》，第72页。转引自蓝振露：《试论太平天国的军火进口贸易》，《史学月刊》1991年第6期。

〔3〕 李秀成著，罗尔纲笺注：《忠王李秀成自传原稿笺注》，第288页。转引自许金芳：《太平天国对外军火贸易》，《安徽史学》1993年第2期。

〔4〕 王国平、张燕：《论晚清苏州工商业的发展与城市空间的拓展》，《史林》2016年第1期。

两个英国人管理的。[1]李秀成甚至还安排曾在华尔手下后投降的洋人白齐文住在自己家中[2],可见他对外国人才的重视。但是,李秀成幕府中的外国人,基本都是战争投机者,虽然他们掌握不少李秀成急需的技术,但这也制约了李秀成洋务实践的进一步发展。此外,李秀成在总结自己失败教训的时候也承认,自己没有招揽到“读书人”的支持,而官军正因为读书人多,才取得胜利。确实,李秀成缺少人才这一问题成了他失败的一个关键因素。

但这不代表李秀成不重视人才。在手工业发达的苏南地区,李秀成非常注重吸收能工巧匠。在对李鸿章、曾国藩的招供中,他谈道:“取到其炮,取到其车炮架,寻好匠人,照其架式,一一制造。”[3]他的这一思想,在洋务运动的草创时期,直接为曾国藩所继承,他在试办洋务时说:“外国兵器若能陆续购买,据为己有……购成之后,募覃思之士,智巧之匠,始而演习,继而试造。”[4]两者具有明显的相似性。

从这种联系中可以看出李秀成与曾国藩、李鸿章之间确实有着微妙的关系。尽管李秀成最终被他们处死,但从李秀成的供词中,可以发现他们之间并不是普通的战胜者与俘虏的关系。李秀成在自述中出总结自己一生的成败之外,在最后就未来的事情给曾国藩、李鸿章提了不少建议,其中包括太平天国的善后,也包括“夷务”的处理。

---

〔1〕 郭廷以:《太平天国史事日志》(上),上海书店1986年影印版,第645—649、994页。转引自沈嘉荣:《论太平天国推进中国近代化的历史功绩》,《历史教学》1992年第11期。

〔2〕 李秀成著,罗尔纲笺注:《忠王李秀成自传原稿笺注》,第204页。

〔3〕 同上书,第199页。

〔4〕 曾国藩:《曾国藩全集·奏稿》(三),岳麓书社1994年版,第1603页。

天朝之根巳去，能收服此等之人齊來，免大清心腹之患再生，中堂及中丞大人名成利獻，
早日完功收服，乘閒發何防。 爲今慮者，洋鬼定變動之，爲中堂恩厚，我亦險之。 鬼子到過
天京，與天王敍過，要與天王平分地土，其願助之。 天王之不肯云：「我爭中国，欲想全國，
事成平分，天下失笑；不成之後，引鬼入邦」。 此語是與朝臣談及，後不肯從。 鬼云：「爾天王
兵而難乘，不及洋兵萬人。 有我洋兵三二萬衆，又有火舟，一手而平」。 鬼云：「我萬餘之衆
打入北京，後說和，今上少國凡，爾不與合，爾天朝不久，待回我另行舉動」。 此這鬼頭與天
王不肯，然後與及談。 今天朝之事巳定，不甚費力，要防鬼反爲先。 此是真實之語。 今其來
勤，老中堂早定計去廣東先行密中多買其大礮回，先有其礮，其礮其碼子存貯多多，防在要
隘。 礮位要大，要買其洋鬼礮架，有其礮，無其礮架不能。 買礮爲備隘口者總三四千斤卽可，
太大不必買他，他十五三十斤重碼，而何將礮而銅針保水面之堅，難我有我国之廣礮之好，
實無他礮之強。 取到其礮，取到卑礮架，將好匠人，照其樣式，一一製造。 那時將我中国廣礮
製造多多，以一數十匠人，以十數百匠人，我国人人可悉，製用此物者人多，那時我亦利害
製之。 大西礮架，我在太倉拾得礮様，衆輕製造，與一樣無差，今南京城內有此樣。 又要買其
三四百斤之大銅礮廿餘條，亦是有早路用之礮架，還集我藍變通明用礮之人，在閩地方密
中敎練，仍用礮子對一面高山，平處立起把子，敎練礮手，練久而成百發百中之好手，出重
工食，給與其費。 欲與洋鬼子爭衡，務先買大礮早備爲先，與其有爭是定。 我天朝巳末，我乃
大清民供，亦願軍民之好，免以驚勤我大国人民，見中堂惜深義厚，說直明言，並未半言虛
語。 現今廣東人衆近在海，知洋鬼之來情，知其鬼利情節之人，查尋數人爲用，去辦此物，非
廣東之人不能。 現今仍然買動洋鬼通敵數人，同作生意，可到廣往來，好買其礮。 買此礮上
海寧波來有，東省是鬼之舊根，此處要用者亦彼處之來，到廣東香港所買便也。 欲同步戰之
利，到香港要密買其鬼之摇槍，此礮每條貪銀十兩半斤之上下，鬼與我步戰，其定用手槍，
甚打過我買洋槍，故其來少用摇槍，我買有是用，實有利便甚也。 恐嘗如此，我與其戰過
方悉。 其今由我国來，亦是先天之定數，下民應劫難，如其此劫，何生天王而亂天下，何我不
才而佐他乎？ 今巳被拿在禁，非因天意使然，我亦不知我前世之來歷，天下多少英雄才子，
何不爲此事而我獨爲，實我不知之也。 如知(下原缺)

图5 《忠王李秀成自传原稿》中记载的李鸿章审讯李秀成的片段

李秀成向曾、李指出日后对他们最大的威胁是西方势力。要想取胜，就必须拥有洋人的枪炮轮船。接下来李秀成细致地分析了火炮的一些专业技术，如组装、使用、弹药的贮藏等，其中提到了大量的专业术语，占到了相当大的篇幅。个中原因，从文本中发现，李秀成知道曾国藩从广东秘密购买洋炮进行试验的事情。显然苏南的李秀成不可能得到这样的机密，推断是曾国藩就此事提问，他才加以回答的。这从一个侧面反映出，李秀成办“洋务”，确实学到了一些西方技术，并有制造的经验，从另一个侧面又反映出，洋务派确曾受到李秀成的指导。李鸿章向李秀成的提问还包括“洋人帮助你守备金陵，是他们自愿前来，还是你请他们来？”“白齐文来金陵否？”间接证实了天京保卫战确有洋人介入李秀成军中。而“洋人可否久住中国？”“官兵战胜洋人”的途径等则与之后的政策制定紧密相关。洋务运动是在太平天国覆灭之后才全面开展的，其中李秀成发挥着推波助澜的作用。

六、余　论

太平天国经过十几年的发展,到李秀成的时候,已经出现了很多困难的局面,李秀成成为太平军的主帅也是临危受命。在这种情况下,他仍然从实际出发,制定了一些适应时局的制度。他的贸易制度具有开创性意义,但由于自身水平和太平军基础不稳、资本不足等,很多制度还存在着问题,但假如与太平天国诸如《天朝田亩制度》《资政新篇》这些企划来说,已经算是很有实践意义了。

同时,李秀成还善于与外国人打交道,他利用了外国人务实的性格,促进了中国与外国的贸易往来,改变了太平军甚至中国人在外国人眼中的形象。他进行洋务实践,为后来的洋务运动积累了经验和教训,并以供状的形式,通过曾、李加以延续和发展。他的失败也给后来者带来启示,引发曾、李思考中外之间到底应当建立怎样的关系。

[专家点评]

太平天国史研究,国内外学术界成果丰硕,起点很高,难度很大。论文在前人研究的基础上,尝试作新的研究,勇气可嘉。作者努力收集相关史料,注意借鉴前人成果,重点评述了李秀成占领苏州时期所行内外贸易政策,视角有新意,布局合理,对史实的辨析认真细致,史料运用得当,并有自己的思考和见解,注释规范,体现作者有一定的史学素养。

论文尚显稚嫩:一是对已有成果的梳理,应充分重视前沿研究动态和近年出版信息,如周育民研究近代中国财政、厘金、税卡的专著论文和新版多卷本《罗尔纲全集》;二是应充分了解和利用新见史料，太平天国史研究可资利用的新见史料甚多，如罗尔纲等主编的多卷本《太平天国》（中国近代史资料丛刊续编）等，不应忽略，否则难有创获；三是有些论断欠准确，如“李秀成的身份也从军事统帅转变为地方官员”“苏州是当时全国性的贸易中心”“李秀成在中外（主要是中英）之间建立平等贸易关系的努力终于在帝国主义的攻击下失败了。这其中的首要原因是李秀成的贸易并不是和可靠的外国商人进行的，其中大多数都是走私者，因此并没有保障”，均可再研究、再推敲。

——复旦大学历史系教授　戴鞍钢

浅论近代东西文化逆差下的中美交流开拓者戈鲲化

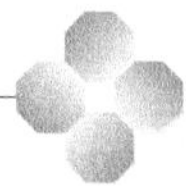

唐玥晨*

［摘要］ 晚清时期的西学东渐潮流将西方文化大量输入中国，反之，中国的文化输出却少之又少。在如此巨大的东西文化逆差下，戈鲲化只身进入美国进行汉语教学，他是文化传播的先驱者，也是中美交流的开拓者。本文的撰述，是想以戈鲲化的矛盾心态为例，试图了解晚清知识分子的困惑与选择；从他的赴美教学的传奇故事，将研究视角从东西政治力量角逐转移到文化交流上；从他的异域教学的经历，感受到一个积弱之国背后的文化张力。

［关键词］ 戈鲲化；东西文化逆差；中美交流

* 唐玥晨，复旦大学附属中学2018届学生。本文指导教师张敏霞。本文获2016年博学杯历史人文素养展示活动论文二等奖。

一、西学东渐下的新知与旧学

戈鲲化，字砚畇，一字彦员，安徽省休宁县人，出生于1836年。戈鲲化一出生便迎来了封建与改革并存的时代，一方面是传统的封建制度与儒学思想，另一方面是门户开放后西方思想的传入，两者共存的矛盾与冲突对戈鲲化的成长和思维方式有着不可忽视的影响。在这样的矛盾中，戈鲲化不仅对本国文化抱有坚定的信念，也感慨于西方思想，并以一种宽容的心态去对待。

青年时期的戈鲲化参加过科举考试，中过秀才，但是他的功名仕途之路并不顺利。他"曾捐得宁波候选同知，蓝顶戴，属九品官中的第五品"[1]。也和当时许多读书人一样，为了生活去做幕僚。其在《人寿集自序》中说："余弱冠，读书不成，从军幕府。"22岁时，他进入湘军总兵黄开榜军中做幕僚[2]，经历了湘军与太平军之间的许多战事，也曾在战争中饱受流离之苦。1863年前后，戈鲲化任职于美国驻上海领事馆，担任译文抄员和翻译教员，其间有密集的跨文化交流。在2年期满后，他移居宁波，又任职于英国领事馆，颇受中外双方赞赏。[3]在此期间，戈鲲化多与领事馆任职的西方人士来往，从事洋务事业，曾教过一位英国学生和一位法国学生。[4]

尽管是科举制度下走出的文人，戈鲲化没有被制度所限制，

---

〔1〕 江志伟：《戈鲲化：登上哈佛讲台的中国第一人》，《江淮文史》2009年第3期。

〔2〕 E. B. Drew to C. W. Eliot, from Ningbo, July 28, 1879, Harvard University Archives（以下简称HUA），UAI. 20. 877.

〔3〕 据《人寿集》所记载："黄树堂和戈鲲化于《四十生日自述》中云：'魏绛和戎一纸书，便教中外各安居。'注'公每遇中外交涉事件，力持大局'。又附录夏献钰之诗：'帷幄运筹严体制，调停中外靖兵戎。'注：'君于某案，守正不阿，中外悦服，口碑道载。'"

〔4〕 *Boston Daily Advertiser*, Feb. 15, 1882.

他的知识架构出于儒学却也新于儒学。他有一种作为知识分子的责任感,虽身在领事馆,但也会关心着人民的疾苦,而不是一味地争名逐利。"宁波有一座浮桥,为西方人所造,当地凡过桥者每人需交税四钱,西人一年即可收入万余贯。戈鲲化在领事馆工作,深知其内情,于是建议知府陈政钥募集资金,从西人手中买了下来,从而造福当地百姓。"〔1〕这样一种对民生的体察,以及对社会的关注,体现在他的诗集中,也体现在他的精神里。

戈鲲化曾在《四十生日自述》中写道:"强仕年华正此时,桑蓬有志负心期。"〔2〕诗句中流露出的不仅仅是对自己无法跻身于上层知识分子仕途的痛苦,也表现出了他在时代中的挣扎与矛盾。1844 年宁波开埠以后,成为当时重要的对外口岸,与外国商户贸易往来十分频繁,人们的思想也逐渐变得开放起来。"早期传教士美国浸信会的玛高温于 1843 年来到宁波,其后又有英国女传教士爱尔德赛、美国浸信会的罗尔梯等先后来到宁波,进行传教、办学,传播西方文化。另外,当时宁波为了配合西学的传播,出版事业非常兴盛,1845 年美国长老会在传教士柯理的提议下,将印刷所从澳门迁到宁波,命名为'华花圣经书房',随即大量出版各种书籍杂志,涉及历史、科学、文化知识等各个领域。"〔3〕

在这样一种社会环境的影响下,西方的思想大量传入,与戈鲲化原本的儒学观念产生矛盾。就是这样一种挣扎于矛盾中的经历,为日后的赴美教学留下了契机。工业革命给当时的西方国家带去了先进的技术和资本主义的蓬勃发展,与此同时,这些科学技术和工艺制造也零星地传入了中国。感慨于西方文化"入

---

〔1〕 张宏生:《戈鲲化:从徽州走向世界》,载《徽学》2000 年卷,第 298 页。

〔2〕 夏红卫:《文化交流逆差下的跨文化传播典范——中国执教美国第一人戈鲲化的传播学解读》,《北京大学学报(哲学社会科学版)》2004 年第 1 期。

〔3〕 熊月之:《西学东渐与晚清社会》,上海人民出版社 1994 年版,第 167—171、308 页。

侵”给中国带来的变化，戈鲲化耳闻目睹后将其所思所感阐发于诗中，写下《偶乘火轮车放歌》：“我今坐向吴淞口，旋转卅幅同一枢。暗设机关夺造化，繄车之人真仙乎。在地疾走轶奔马，在天健行迈踆乌。”[1]他感发于火车的构思精妙，却将其归于奇技淫巧，认为原本发明火车的创意出自中国却没能得到发展，被西方后来者居上：“轩辕皇帝善物物，偶见飞蓬制为车。后来周公众巧聚，指南远服僸任侏。木牛流马辇军饷，葛相意造此权舆。中国失传泰西出，曰英圭黎尤杰殊。采煤铸炭实车腹，气之所鼓雷霆驱。”[2]尽管戈鲲化得出他的结论：“然而百利一大害，覆辙每遭肝脑涂。所以圣人摈不用，宇内坦荡有康衢”[3]，但这样保守的话似乎不该由他说出。他的评价主要从技术层面来阐述，也并不是不分青红皂白地否定，还带着一丝开放的态度。诗中的赞誉是他对西方先进技术的接受，而对于中国发明技术的过高认知是受到了传统保守观念的影响，两者的针锋相对是文化的碰撞，也是一对既对立又统一的矛盾。在这样的矛盾下，戈鲲化渐渐萌发出了对于西方思想以及传统儒学文化的独特见解，也为他赴美教学创造了良好的先决条件。

戈鲲化的仕途之路并不顺利，虽然他胸有大志，也有被章鋆评为“天才踔厉，尤好吟咏”[4]的文学天赋，但却始终没能走上封建社会知识分子的理想道路。对于戈鲲化来说，唯有他所创作的诗才是最值得称道、能给他带来慰藉的东西之一。无论是“遇游宴，必命题为诗”[5]的热情，还是“数年以来，积数百首”[6]的数

---

〔1〕 张宏生：《中美文化交流的先驱》，江苏凤凰出版社2016年版，第7—8页。
〔2〕 同上书，第7页。
〔3〕 同上书，第8页。
〔4〕 李扬帆：《另一种孤独的先行者：戈鲲化在哈佛》，《世界知识》2006年第22期。
〔5〕 张宏生：《中美文化交流的先驱》，第63页。
〔6〕 同上。

量繁多,无不表明了戈鲲化对于诗的热衷与自豪。对于戈鲲化来说,诗不仅仅是他对社会批判与革新观念的表达方式,更是他接受西学与传播思想的渠道。西方的理念、东方的文学,两者相结合,促成了时代发展中的先驱者。

民为本,这是戈鲲化立足于社会的思想,也使他将目光投向社会的各个层面,从而能够对社会的一些阴暗面有所感慨,有所揭露。《纵博》中写道:“快意豪情莫与京,逢场兴剧藐输赢。牧猪奴戏原轻贱,况破家资业未精。”〔1〕《嗜赌》也言:“短榻横眠趣味多,一灯遑问夜如何。膏肓深入医无术,谁言烟魔胜病魔。”〔2〕戈鲲化作为一个文人,着眼于当时社会上赌博的盛行,将自己的见解与情感融入诗中。诗中不仅仅是对于赌博行为危害性的描述,更是有着他自身对赌博者的劝诫与无奈。的确,光凭他一人的力量与声音是微不足道的,但在当时——那个思想相对保守的时代,敢于直言指明社会问题之所在,敢于为百姓生存发声的又有几人呢?或许正是这样一种批判精神,使得戈鲲化能以自己独有的视角来看待西学的传入,来看待整个社会。

二、东学西渐的开拓之路

(一)欧风美雨中的开眼看世界

19 世纪 60 年代是西学东渐的时代,随着通商口岸的打开,随着洋务派的维新变法,西方先进的技术与思想逐步影响着当时人们的意识形态与思维方式。戈鲲化便是其中一员,他有着对西方文明的震撼,也有由此所引发的思考。正如他在《三续甬上竹枝

〔1〕 李扬帆:《另一种孤独的先行者:戈鲲化在哈佛》,《世界知识》2006 年第 22 期。
〔2〕 同上。

词》中所言：其一“琛赆招来海国商，甬江北岸屋相望。分明一幅西洋画，楼阁参差映夕阳”〔1〕。其二“千里邮程达上洋，轮船一夜快非常。不须艳说滕王阁，风送才人过马当”〔2〕。其三“印板分明尺素裁，新闻市价一齐开。沿门遍递争先睹，《申报》今朝又早来”〔3〕。其四“又新街接日升街，纸醉金迷色色佳。要使游人心目炫，东西洋货巧安排”〔4〕。或评建筑房屋，或赞邮递之快速，或言报纸之重要，或叙街坊之繁荣，是西方文明传入后的产物，是当时百姓的日常生活所必需，也是戈鲲化对西方思想的接受。

自古便有“女子无才便是德”的传统思想，宁波虽为思想开放较早的通商口岸之一，清代的妇女也逐渐开始接受教育，但是此类落后的观念仍大量存在着。就这一所见所闻，戈鲲化提笔写下《客问》之一：“垂鬟女子态娉婷，弱质娇姿正妙龄。都说无才便是德，不教幼读《女儿经》。”〔5〕诗言志，戈鲲化以诗为载体，将西学观念融入社会现实，提出他的所思所想。毫无疑问，转变人们的世界观是困难的，尽管过程是艰辛的，但戈鲲化是尝试者。

《申报》是戈鲲化发表诗文的重要载体之一。《申报》创刊于1872年，作为当时新型的信息传播载体，有一定的影响力，使戈鲲化的诗能为更多人所知，也给予文化的传播与接受一个新的平台与空间。“光绪丙子五月九日（公历1876年5月31日），《申报》上刊载了内自讼斋主人和戈鲲化四十生辰自述的四首诗，其中说：‘鲰生久切瞻韩意，介绍先凭尺幅诗。’这位内讼斋主人和戈鲲化并不认识。”〔6〕《申报》在当时是文人交流的阵地之一，也足以

---

〔1〕潘莉：《宁波古代竹枝词与宁波民俗》，《浙江万里学院学报》2011年第3期。
〔2〕李扬帆：《另一种孤独的先行者：戈鲲化在哈佛》，《世界知识》2006年第22期。
〔3〕潘莉：《宁波古代竹枝词与宁波民俗》，《浙江万里学院学报》2011年第3期。
〔4〕同上。
〔5〕张宏生：《戈鲲化：从徽州走向世界》，《徽学》2000年卷，第299页。
〔6〕刘永文：《晚清报刊小说研究》，上海师范大学博士学位论文，2004年。

说明戈鲲化发表的诗文具有足够影响力与传播度。戈鲲化以人寿主人的笔名,曾在《申报》上发表过《牛痘引证说》上下两文。牛痘种植作为西方的先进技术和理念被引入中国,却引发社会各界对其认知的巨大差异,一些传统中医师对此理论方法予以驳斥。而戈鲲化积极投身于这场"辩论"中,从正反两个方面,在文章中分析力证种痘法的优势,表达了其支持西方先进理念的鲜明立场:"切勿轻听浮言,因循自误。"[1]戈鲲化所褒扬的不仅仅是牛痘种植这项技术,由此更是传达出他对于西学的认可与坚定。

这是属于戈鲲化的个性,是他思想进阶的里程碑,也是他作为探索者的精神。就如同一个个同心圆,戈鲲化已然站立在圆心的位置,他是西学东渐过程中的中国人走向现代的代表,西学思想以及开眼接触世界的行为通过圆周一步步延展出去,背负着兴民智的责任,传递着时代中的新潮流。西学东渐以兴智,而戈鲲化的东学西渐之路,也始于此。

(二)赴美执教的机遇与挑战

16 世纪至 19 世纪之间,由于世界范围内新航路的开辟,耶稣教会派遣大批传教士来华,他们在向中国传递西方文化的同时,也在一定程度上丰富了西方对于中国的认知,于是汉学研究在欧洲国家发展迅速。特别是到了 19 世纪,法国的法兰西学院和东方现代汉语学院开设了有关中国历史与文化的讲座,英国汉学家理雅各(James Legge,1814—1897)在牛津大学开设中国语文课程,德国柏林大学于 1833 年也开设汉语课程……[2]相比较而言,汉学研究在美国的起源就开始得比较晚,1877 年前还未开设任何中文讲座以及汉学研究。

---

〔1〕 郑翠斌:《清末政治漩涡中的御史(1894—1911)》,河北师范大学博士学位论文,2013 年。

〔2〕 莫东寅:《汉学发达史》,文化出版社 1949 年版,第 94、106、122 页。

鼐德是美国商人兼驻华外交官。1862 年中英《天津条约》的签订增开了营口（牛庄）为通商口岸，鼐德作为营口最早的美国商人之一前往经商。“他与兄弟阿尔伯特·鼐特（Albert M. Knight）等一起创办了营口旗昌洋行，主要经营进出口贸易兼佣金代理业务，代理十余家欧美和日本轮船、保险及其他公司或厂商的业务。”[1]15 年在华经商、担任驻地领事的经历使其获得了独到的眼光，鼐德出于对美国在华利益的考虑，有远见地提出了在美国重视汉语教学的必要性，在他向当时的哈佛大学校长查理斯·依利奥特（Charles W. Eliot）的信中给出了有关设立中文教授的建议。

鼐德以其从商经验得出结论，认为那些前往中国的美国人犯了极大的错误，那就是在他们到达中国的时候，对中国的语言一无所知。中国在过去的几年中正飞速发展变化着，中美之间的商业、外交，乃至各方面的利益往来会越来越频繁，其重要性不言而喻，所有这些使从前的错误更加令人痛心。希望能采取某些措施，把中文教学引进哈佛大学。[2]这与依利奥特校长的观点不谋而合。凭借教育家的敏锐直觉，他意识到美国在华利益对汉语人才的需求与人才的缺乏之间有着巨大反差，这一计划将为在华从事各行各业的青年人提供良好的发展机会，在与有经验的商人以及学校校董会商讨过后，依利奥特给鼐德回信表达了他对于此计划的支持。[3]鼐德的初衷本在于通过汉语教学提高美国年轻人在中国任职的机会以及增强他们进行商业贸易的能力，以此促进中美两国的各方面往来。这是一次出于商业目的的尝试，却使得美国人看到了完全不同于西方文化的制度与思想，也将汉学真正地

---

[1] 黄光域：《外国在华工商企业辞典》，四川人民出版社 1995 年版，第 741 页。
[2] Francis P. Knight to W. Eliot, from Boston, Feb. 22, 1877, HUA, UAI. 20. 877.
[3] C. W. Eliot to F. P. Knight, from Boston, March 10, 1877, HUA, UAI. 20. 877.

带向了世界的舞台。

由于理念太过创新，鼐德的方案在美国引起了不小的争论，也并不是所有人都能像依利奥特校长及鼐德那样具有文化和商业上的远见。“据信没有人对了解这门既古怪又精细的语言表示兴趣。”[1]《纽约时报》的评论或许是片面的，但也在一定程度上反映了当时美国人，甚至是西方文化对中国和中国文化的不了解与偏见。这样的文化逆差也是赴美执教的戈鲲化所需要面对的难题。

三、文化开拓的张力与融合

（一）有意的传播，无意的交流

从一定程度上来说，戈鲲化是传统中国文化教育下的文人，尽管他有着对于西方思想与理念的包容性，但是他对于本国文化、对于母语的自豪感使他不仅仅满足于做一名语言教师，更想以一名文化的传播者的身份走进美国，走进西方的生活圈。诗是他的语言，而行为服饰是非语言，两者共同伴随着戈鲲化进入了美国社会，他身上的每一处细节与每一句言语都渗透着他对于传播者责任的认识。或许对于戈鲲化，他是语言与文化的传播者，却也在无意识中成为文化交流的开拓者。

这一次的赴美教书不仅仅对于戈鲲化来说是一次新的尝试。当时的美国人心目中也未曾对中国有一个清晰的认识，以至于戈鲲化赴美后的相当长一段时间里班上只有一位学生——George Martin Lane，是哈佛大学的拉丁文教授，戈鲲化为其取名为“刘

---

〔1〕 *The New York Times*, Nov. 25, 1879.

恩"[1]。纯粹是出于对语言的兴趣偏好，这位已极富盛名的教授进入了戈鲲化的汉语教学课堂。初来乍到，戈鲲化在教授中文的同时也在向刘恩学习英语。1881年，戈鲲化赠诗刘恩："未习殊方语，师资第一功。德邻成德友，全始贵全终。"[2]这一次，诗仍是作为载体，表达了他对刘恩这样一位亦徒亦师亦友者的感谢，却也不仅仅只是感谢，戈鲲化似乎很愿意以自己中国人、诗人的身份去向别人分享他的诗、他的精神。

在戈鲲化眼中，诗不仅仅是文字，更是一种文化、一种精神。他的一位美国朋友卡迪斯(Benjamin R. Curtis)在回忆起戈鲲化时，曾这样说道："我写信邀请他一同出席纸莎草俱乐部的一次聚会，他举止庄重地坐在首席，用英语流利正确地作了自我介绍，接着，他用中文朗诵了一首写在手稿上的诗，然后坐了下来，从容不迫。在场的每一个人都被深深打动，他们热烈鼓掌，他重又起身，背诵了一首自己写的诗，复又深深鞠躬，表示谢意。"[3]诗"可以兴，可以观，可以群，可以怨"[4]。诗与戈鲲化一样来自东方，戈鲲化将这样一种东方的文化通过朗诵的形式带入美国社会，也让美国人感到一种文化的平等与包容。

在戈鲲化的课堂上，他所使用的教材《华质英文》(*Chinese Verse and Prose*)也是他自己所编著的。借助于诗歌的形式，戈鲲化将自己理解的诗歌的美感与音律，自身的观念与情感融入其中。从未有人探讨过西方人如何学习东方文化，而戈鲲化独树一帜的诗歌教学更是一种革新。《华质英文》中的诗歌皆为戈鲲化个人所作，其中的每一篇均标注有平仄及英文注解。翻译的西方

---

〔1〕 *George Martin Lane*, HUA.

〔2〕 张宏生:《中美文化交流的先驱》,第297—300页。

〔3〕 Benjamin R. Curtis, Kun-Hua Ko, *Boston Daily Advertiser*, Feb. 22, 1882.

〔4〕 《论语·阳货》,《四书集注》本。

语言似乎无法完全地表述出诗歌中的音律与节奏,而戈鲲化通过对于平仄的教学,使音律能在两种语言中共通,能在两种文化中共通。他在教学上所做的远远不止这些,而其中的每一处细节都蕴含着他所负有的责任,或许这些举动本出自无意,但却有意地为中美文化交流留下了印记。

而除了这些语言上的文化交流之外,戈鲲化的非语言上的传达似乎更是"无声胜有声"。穿着清朝官服上课、出席活动,戈鲲化的"绅士学者"气度似乎在其中一点点体现。无论是他对服饰礼仪的坚持,还是在美国显得格外与众不同的长辫,他的礼教服装无一不是坚守着中国的文化。这样浓郁的民族特色使得他的学生们认为他是神秘的,却也是受尊重的汉语老师。从日常的一言一行中,戈鲲化不仅仅教授中文,更是以自己为代表,展示着这样一种来自中国的文化习俗与观念。他以中国的礼仪待人,以中国的诗歌教学,却也尊重西方的习俗,教授西方的学生,两者集于一体。在戈鲲化身上,我们看到了古老文明与现代文明的一次次交汇。

(二) 近代文化逆差中的开创与徘徊

"1879 年 8 月,戈鲲化携妻儿和一名佣人、一名翻译抵达哈佛,学校将他们安排在剑桥街 717 号的一栋小楼里。"[1]戈鲲化将仆人安顿在二楼,而自己一家却住在狭小的阁楼上,对此他认为是尊卑之分,仆人不能住在自己的头上。[2]他作为一个典型的东方人,仍是与西方思想有着传统上的矛盾,儒家思想与学说在他身上留下了深深的烙印,但这并不妨碍他对于新事物的接受。在这样一个时代背景下,他的前往本身就是一种文化传播,而他自身所具有的文化自豪感也使得两种截然不同的文化有了交融的

---

〔1〕 高思原:《哈佛大学第一位中国教授》,《教师博览》2001 年第 11 期。

〔2〕 *Chinese Students at Harvard*, HUA.

萌芽。

戈鲲化的教书之旅并没有延续很久，从这一天起直到1882年，去往美国后的第三年，他就因为肺炎病故。他的葬礼被安排在哈佛纪念教堂，这是一次完全按照西方礼仪安排的葬礼，或许生前的戈鲲化没有想到，他的一生会在远离家乡的美国结束，但哈佛对于他的离去的重视也恰恰是对他的认可。哈佛神学院院长埃福里特（C. C. Everett）在葬礼上致辞："我们以好奇的心情期待着他的到来，我们尝试进入他的生活。我们认识到，我们经常听到的渊博的学识确实深有内蕴，因此当我们遇到他时，我们就比以前所想象的更平等地对待他。我们发现，还有很多东西值得我们学习，那就是人与人之间兄弟般的关系。他使我们认识到以前从来没有意识到的东西，即人性的完美。"[1]埃福里特甚至将戈鲲化的品质类比为"圣人"孔子，哈佛燕京图书馆如今也仍然悬挂着戈鲲化的两幅照片，戈鲲化在文化上的传播可以说是成功的。他将中国的传统文化与思想带入西方社会中，这样的进入不像是一个闯入者，而是真正地、受到认可地逐渐融入思想中。在他身上，美国人看到了中国这个古老国家的另一面，戈鲲化以其独有的意识形态与诗歌赢得了现代文明的尊重。

3年的中美文化交流，使很多美国人的心中都留下了戈鲲化的身影，留下了中国文化的烙印，戈鲲化对于中美文化交流的开启是具有重大意义的。尽管在他的身上仍能看到儒家文化的影子，但也正是这样的文化融合使得诗歌、梅花笺的文化价值在这次传播中有了更好的体现。在文化逆差中前行的戈鲲化无疑是艰难的，但他作为文化输出的开拓者，徘徊于其中，却又以其独有的方式开创了真正的文化交融。

---

〔1〕 *Boston Daily Advertiser*, Feb. 17, 1882.

四、结　　语

近代以来,中美两国之间的文化交流处于长期的极不对等的单向交流模式之下。由于资料缺失、英年早逝等一系列原因,戈鲲化一直是寂寞的,不仅当时没有更大的影响,乃至如今仍然鲜为人知。他所处的时代可以说是西方文化大量输入中国的时期,戈鲲化也的确是一位忧国忧民的知识分子,但是他却在无数世人学习西方的同时赴美教书,这背后折射出的既是他作为知识分子的担当,也是他在矛盾中的选择。

西学东渐的时代带给他矛盾和困惑,却也使得他感慨于民生国计,更是踏上赴美教书之路。当他先于同时代的人站在异国他乡的土地上,将自己的思想与观念融入诗中,融入日常生活的点点滴滴,他作为文化传播者的身份是成功的。无论是他所编撰的《华质英文》,还是与哈佛师生之间的情谊,这是文化交流中的相融,也是戈鲲化赋予自己的责任。戈鲲化的赴美教书,以诗为载体,以己为传播者。

从今天来看,我们更推崇其中的文化共存及互补的特点,也对戈氏这样一位孤独的先行者有了更多的敬意。他的无意识下的有意义之举动,使近代美国社会逐渐开始认可了一种异质文化的存在,感受到了一抹自遥远东方传来的声音和色彩。

[专家点评]

此文的选题有两点值得称道:一是立足于“跨文化者”,主人公一方面熟知中国文化精髓,另一方面又对西方文化不陌生,从而担当起“译介”异质文化之责。在当前方兴未艾的全球史研究中,对于“跨文化者”的研究恰恰是一个新热点。人们从中发现了文化全球化进程中的渠道及其复杂性。不少外国研究者已经对清末民初中国现代化进程中的那些“跨文化者”——如买办、翻译、外交使节等——做过研究，中国研究者也曾关注过早年留美幼童的发展史。此文则进一步开拓了一个新群体，即近代较早进入西方高校的中国传统知识分子。二是大量使用“诗”来解读主人公的心境和行为。以诗证史的方法并不新，但在实际历史研究中也不太多见，因为它必须既依赖于丰富材料，又对研究者的古文功底和解读能力提出挑战。作者能够找到主人公在不同阶段的诗，且附之以背景解读，布局合理，有一定的说服力。整篇文章结构合理，文字流畅，注释规范，是一篇较优秀的学术论文。

此文的不足之处在于：第一，缺少学术史回顾，无法说明此研究与以往学者之间的关联性；第二，尽管作者引用了一些罕见的一手档案材料，但还未学会如何使用自己的语言来表述一般性知识，而是大量使用二手著作中的论述；第三，对于单一人物的评价，往往需要寻找一个特定的时空点来加以定位，换言之，从历史纵向与横向角度来思考人物之价值。而作者对戈鲲化的评价只是就事论事，读者看不出他作为一个群体中的独特性和普遍性，也不知道他在中外文化交流的历史长河中所拥有的地位。这不得不说是此文的一大遗憾。

——华东师范大学历史系教授　孟钟捷

教 育 兴 国

——浅谈张謇与早期现代教育

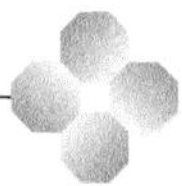

徐鸿诚*

［摘要］ 清末状元张謇身处晚清民初之世。面对前所未有的变局，他竭尽全力探索兴国救亡的途径，并努力将救国之道付诸实践。本文主要关注张謇与早期现代教育之间的关系，分析张謇教育兴国的教育思想，通过展现张謇的一系列教育实践活动，思考他的教育事业在当时的作用及在后世的影响，试图探索以张謇为代表的知识分子的所作所为与晚清时代变局之间的联系。可以说，张謇提出的教育兴国理念及其所实行的一系列教育实践正体现了他作为知识分子的担当精神。

［关键词］ 张謇；教育兴国；早期现代教育

晚清的中国社会经历了前所未有的剧变，作为国家之命脉的教育自然也发生了巨大变化。从“独尊儒术”至“中体西用”，从科

---

* 徐鸿诚，复旦大学附属中学2018届学生。本文指导教师王雯。本文获2016年博学杯历史人文素养展示活动论文二等奖。

举制度至新式学堂，晚清中国的教育之路其实也影射着中国艰难的现代化进程。在这风云激荡的时代，欲图通过兴办教育来振兴中华者不乏其人，但像张謇那样执着于教育事业并造福一方、垂法后世的可能也不多见。

1853 年张謇生于南通，41 岁时成为清末状元。他在大办实业的同时深感政局不稳对国家的危害。他认为误学就是误国，学生理应发愤读书[1]，因而决意“教育救国”。此后的 20 多年中，张謇以实业资助教育，不断创办学校，从普通教育、师范教育、职业教育到特殊教育、社会教育、慈善教育等均有涉及。他认为“非人民有知识，必不足以自强。知识之本，基于教育”[2]，而教育的意义在于“造就独立人格，实非奴隶之人才”[3]。可以说，救亡图强是张謇的终生抱负，而教育是张謇认为可用于实现这一抱负的途径之一。

本文试图探究张謇的教育思想，陈述张謇的教育实践，阐述其教育事业的作用与影响，以使一位“伟大的现代化先驱”与晚清民初教育间千丝万缕的联系昭然展现于读者眼前。

一、张謇的教育思想

张謇自幼接受传统教育，深受其熏陶，故即使后来力主向西方学习，但他的教育思想还是有着深深的传统文化的烙印。同时他又积极吸收西方教育的优胜之处，将西方教育作为范本改革中国的传统教育。但无论是继承原有思想，还是吸取外来理念，张謇教育思想的核心仍在于教育兴国。当时列强紧逼，国难方炽，

〔1〕 王敦琴主编：《张謇研究精讲》，苏州大学出版社 2013 年版，第 7 页。
〔2〕 曹从坡、杨桐：《张謇全集》（第 3 卷），江苏古籍出版社 1994 年版，第 384 页。
〔3〕 曹从坡、杨桐：《张謇全集》（第 4 卷），江苏古籍出版社 1994 年版，第 221 页。

深厚的爱国热情激励张謇从一切有利于国家的角度考察时局的弊病，并以兴国自强为宗旨思考改革的途径。张謇的教育思想即由此应运而生。

（一）普及教育、立国自强——张謇教育思想的核心

1894 年中日甲午战争爆发，中国战败。次年 4 月，中国与日本签订丧权辱国的《马关条约》。张謇为之痛心疾首，在日记中记下"和约十款，几罄中国膏血，国体之得失无论矣"〔1〕之语。此后他为署理两江总督张之洞撰写《代鄂督条陈立国自强疏》，其中集中表达了他对于如何在战败签约之后挽救国家的思考。该疏开篇就提出这项和约中的割地驻兵之事，就像"猛虎在门，动思吞噬"，认为赔款的危害又使中国"气血大损"，倘若再不力图补救，大局将不堪设想。〔2〕在疏中，张謇将"广开学堂"列在八项重要事项之中，仅在训练陆海军和发展军工业之后，其重要性可以想见。

张謇提出外洋各国之强不仅仅是"由于兵"，更是"由于学"。中国要想与列强并驾齐驱，人才培养是不可或缺的。"立国由于人才，人才出于立学"〔3〕，办学的重要性由此可见。张謇认为西方大国的人才都选自专业学校，所以没有所用与所学不统一的问题。现今中国与西方诸国"交涉日深"，如果仍然因循守旧，那么凭借原先的"固陋之才，浮游之技艺"〔4〕是不足以抵御外侮的。所以，张謇提出"应请各省广设学堂；自各国语言文字以及种植、制造、商务、水师、陆军、开矿、修路、律例各项专门名家之学，博延

〔1〕 转引自沈行恬编注：《张謇教育文论选注》，第 4 页。

〔2〕 张謇：《代鄂督条陈立国自强疏》，沈行恬编注：《张謇教育文论选注》，南京师范大学出版社 2016 年版，第 3 页。

〔3〕 同上书，第 3—4 页。

〔4〕 同上书，第 4 页。

外洋各师教习”，并主张派遣才学优秀的学生赴洋深造。[1]

在张謇看来，兴办教育、广开学堂是立国自强的途径之一。在科举教育的大背景之下，晚清的中国多的是纸上谈兵、思想陈旧的进士举人，而少的是有实干能力和专业知识的学术精英。旧式的教育制度培育不出能应对全新挑战的人才，所以当时的中国若不立即改革教育，与西方接轨，确有迫在眉睫的亡国之危。面对当时的社会困境，张謇认为兴办教育、广开学堂可成为立国自强的途径之一。他以此救国的视角审视当时教育的弊病，并提出了普及教育的理念。而这一理念在其《变法平议》一文中也有涉及。

《变法平议》一文作于1901年，即在作《代鄂督条陈立国自强疏》之后6年。这6年中发生了百日维新、义和团运动及八国联军侵华等诸多重大历史事件，社会动乱进一步加剧。清王朝在气息奄奄之际不得不宣布推行新政，允许官员、士绅提出革新建议。张謇因此积极响应，写下了《变法平议》一文，并再次在其中提出了“普兴学校”的主张。文中说：“国待人而治，人待学而成。必无人不学而后有可用之人，必无学不专而后有可用之学。”[2]其中“无人不学”即是普及教育。张謇将教育的普及作为培养专业人才的前提，而又将培养专业人才作为救国兴国的前提，所以极其重视“普兴学校”。

值得注意的是张謇主张推广的是新式学校，而非原先的私塾。虽然张謇是末代状元，在科举之途中穷尽半生，最终夺得科举考试的桂冠，但他却极力反对科举制度，也反对私塾教育。他认为初等教育应是“国民教育”，其程度应该“视国民之生活程度

---

〔1〕 张謇：《代鄂督条陈立国自强疏》，沈行恬编注：《张謇教育文论选注》，第4页。
〔2〕 张謇：《变法平议》，沈行恬编注：《张謇教育文论选注》，第14页。

为变迁”,而科举制度及私塾教育则不适于“国民之生存”[1]。清末新政时期,各界立宪呼声四起,张謇也在其《致端方函》中以普及初等教育为立宪的准备。他认为私塾乃是个人教育,其弊端在于无法养成“公共心”,而小学则可以通过集体的方式使得大众获得“同等教育”,在未成年之时就“养成公共之习惯”,有助于立宪的开展。[2]

张謇身处晚清动荡之时,中华危亡之机。作为一个无时不抱着“国家兴亡,匹夫有责”的责任心的传统知识分子[3],他自然拳拳以拯救中国为己任。因此,他的一切思想都有着鲜明的爱国主义色彩。追溯其教育思想的源头,是一片赤诚的教育救国之心,也是他身为传统知识分子面对晚清大变局而提出的诉求之所在。

(二)古为今用、并包中西——张謇教育思想的特征

张謇心目中理想的教育自然是能为国家输送大量专业人才的现代教育,但这并不意味着他对于中国古代教育一概摒弃。事实上他对于古代的“成周学制”大加赞赏,并撰《学制宜仿成周教法师孔子说》一文表明自己的观点,此文开头便大赞“成周学制”,认为“中国学制较有依据者,莫备于成周”[4]。随后以《礼记》中相关记载为依据,分析“成周学制”中所授之课、普及教育及其年龄等细节,并处处以成周的教育比拟晚清改革后的教育,如言《学记》“理论合于师范养成教员之用”,又言“塾”犹如今天的“初级小学”,“庠”犹如今天的“高等小学”,“序”犹如今天的“中学及高等之学”,“学”犹如今天的“京师大学”。他还尽量将礼、乐、射、

---

[1] 张謇:《变法平议》,沈行恬编注:《张謇教育文论选注》,第168页。

[2] 同上书,第168—169页。

[3] 张孝若:《最艰难的创业者——状元实业家张謇传》,新世界出版社2016年版,第132页。

[4] 张謇:《学制宜仿成周教法师孔子说》,张謇著,张孝若编:《张季子九录·教育录》(第十一册),中华书局聚珍仿宋1932年版,第14页。

御、书、数六艺迁合当时课程，如谓“加减乘除及《九章》”都是“数”，又谓“书即今所谓国文”。张謇如此附会，用意无非是要说明新式的教育实与成周教育相符，并且希望可以借助成周学制来批判科举教育，鼓吹新式教育。所以他在下文中接着说：“然则成周普通教育，该于六艺。今世好古君子，辄曰保存国粹。国粹者六艺也。”[1]他还尖锐地批判以读经为教育，认为孔子的时代只有《易》《诗》《书》三经，其中《易》不用来教授，《诗》的教授在成童以后，而《书》更是“政治家言”，乃是“专家之学理，入官之预备”[2]，所以要求初等小学的儿童在普通科学之外还要读经是不可取的。张謇认为在晚清兴办新式教育、剔除旧教育的遗风即是践行孔子的教育之道。

张謇借助成周学制和孔子教育来推崇新式教育，一方面充分展现了他对于古代传统教育的部分认可——毕竟他有着传统的教育背景，古典文化在其思想上留下了深深的烙印；另一方面也是古为今用，全力倡导新式教育的体现。这是因为孔子是中国古代世界的精神权威，其学说与思想在士人、学生之间广为流传，其言语与行为对于黎民百姓更是深有影响。借助孔子来推崇新式教育，可帮助朝野士子及广大群众尽快接受这一新鲜事物。其实张謇所提倡的新式教育是向西方、日本学习而来的，因而《学制宜仿成周教法师孔子说》实与“泰西近古”说暗合，即所谓“援外以入于中，一若反求诸己而不必乞邻者”[3]。从这个角度来看，张謇的“成周学制”的构想非但是古为今用，而且是并包中西。“张謇创办的新式教育……在形式和内容上有许多是借鉴西方教育

---

〔1〕 张謇：《学制宜仿成周教法师孔子说》，张謇著，张孝若编：《张季子九录·教育录》（第十一册），第15页。

〔2〕 同上书，第16页。

〔3〕 钱锺书：《管锥编》（三），中华书局1979年版，第970页。

的。”[1]此语诚然。试观张謇在《代鄂督条陈立国自强疏》中建议开设的科目,如外语、制造、水师和开矿等,即知张謇所提倡的新式教育实是对西方教育的学习与借鉴。

但张謇又非不顾国情、全盘接受西方教育。他认为西方的方法与制度不一定和中国国情相符合,对于其中好的部分应学习借鉴,对于其中不好的部分也可以“析而讨之,比之斟之”[2],以此征验自己的利病得失。怀着这样的想法,张謇产生了古为今用、并包中西的教育思想,其兼容并蓄的魄力确也成为张謇教育思想的特征。

二、张謇的教育实践

在张謇众多的成就中,实业和教育是尤为后世称道的两大方面,而这看似不同的两大领域在张謇的半生事业中相辅相成,得到有机的统一。“以实业辅助教育,以教育改良实业”[3],张謇创办实业的目的是兴办教育,又以教育服务实业。他认为实业、教育二事之间有“至密至亲之关系”[4]。所以张謇创办的新式学校多与实业有关,其实业教育的思想与其教育实践多有关联。

事实上,张謇办新式教育并非其突发奇想,1885 年至 1896 年间,张謇陆续主持过多个旧式书院,包括“赣榆选青书院、崇明瀛洲书院、金陵文正书院、安庆经古书院”[5]。在金陵文正书院期间,张謇开设西学堂,吸纳西方的教学方法——“本学堂专教汉文、英文、翻译、算学”,“功课:月终总试一次,二个月小考一次,六

〔1〕 王敦琴主编:《张謇研究精讲》,苏州大学出版社 2013 年版,第 149 页。

〔2〕 转引自王敦琴主编:《张謇研究精讲》,第 156 页。

〔3〕 曹从坡、杨桐:《张謇全集》(第 4 卷),第 214 页。

〔4〕 张謇著,张孝若编:《张季子九录 · 教育录》(第十一册),第 17 页。

〔5〕 沈行恬编注:《张謇教育文论选注》,第 11 页。

个月大考一次。优者记功奖赏，劣者记过示罚，以资鼓励”[1]。这无疑是新式教育的一次尝试，为他日后成功开办各类学校奠定了基础。

（一）“兴学次第”之首——开设通州师范学校

张謇真正意义上的独立办学自通州师范学校始。其所以首先创立师范学校的缘故的确值得深究，而如何创办又成了一大问题。梁启超在1895年的《变法通论·论师范》中就提出如果要改变旧习，首要任务就是创立师范学堂。可以说，这样的思想非张謇一人独有，但在当时国内无例可援，外国也未见有对师范的重视（如日本设立法、医等六科，都有博士、学士之位，唯独师范专业没有）。张謇在光绪二十九年（1903年）《师范学校开校演说》中明确指出，“欲求学问而不求普及国民之教育则无与，欲教育普及国民而不求师则无导。故立学校须从小学始，尤须先从师范始”[2]。而早在光绪二十三年（1901年），张謇提交的革新建议《变法平议》[3]中已经详细地阐述了办学的顺序关系和方法，开办“普兴学校”，引进西学“酌变科举”，学制上“先学画图（注：指工程、科学等，非现在美术课）”，然后“译书分省设局”在各地方开办分校，国家“权设文部总裁”，给学成的学生依据分数颁发凭证“明定学生出身”……这就犹如办学章程一样，详细全面。从张謇首选师范的思路可以看出，其在接受外来教育思想方面也是有所取舍的。

确定了办学方向，解决了办学方法，接下来面临的问题就是办学经费的来源。张謇于光绪二十八年四月向当时的两江总督

---

〔1〕 沈行恬编注：《张謇教育文论选注》，第11页。

〔2〕 张謇：《师范学校开校演说》，张謇著，张孝若编：《张季子九录·教育录》（第十一册），第17页。

〔3〕 沈行恬编注：《张謇教育文论选注》，第13页。

刘坤一提交《呈报通海请立师范学校公呈》,刘坤一赞同“首重师范”,但因“在官费绌”,希望张謇“就地筹设”[1]。官府不愿出资实属遗憾,但也因而“促成”了中国第一所独立设置的师范学校——通州民立师范学校。

获准成立师范学校后,张謇邀约南通及周边地区的社会贤达和地方士绅共议开办章程,制定校规,筹建管理团队。张謇一边忙于学校的筹建,一边忙于纱厂的生产,常常奔波于通海、宁、沪等地,不辞辛苦。此时纱厂的生意蒸蒸日上,张謇兴实业办教育的想法得以实现。从 1902 年 5 月递交《呈报通海请立师范学校公呈》至 1903 年 4 月发表《师范学校开校演说》,历时不足 1 年。有资料记载:“由张氏在所办纱厂任事以来储积的公费,计六年本息几 2 万元,兼各方面的捐助,又可得万元,遂决定西千古佛寺旧址设立通州师范学校。于光绪二十八年五月开工,经营改作,担土填河,拓地 41 亩有奇,先后兴建屋、楼、廊、厅等,可容生徒 30 余人,次甲(1903 年)四月落成开学。”[2]

西式学堂不同于中国旧式学堂。面对全新的师范学校,如何顺利管理的确有待探索。在开校不到一个月的时候,他踏上了东渡日本的考察之途。张謇在《东游日记》中详细记录了这 70 天的考察见闻。其中与师范教育较有关系的当属嘉纳约之行,因为他在此行中访问了那里的高等师范学校。据他记载,学校中不仅有常规教室,还有手工教室,专教金工、木工、陶工、漆工。那里为了教授实业,“有与人之规矩,不徒恃口舌之空里也”[3]。这些考察见闻无疑为他发展通州师范学校提供了宝贵的经验。

---

〔1〕 转引自沈行恬编注:《张謇教育文论选注》,第 24 页。
〔2〕 马伯煌:《张謇的教育思想与实践》,《上海社会科学院学报》1990 年第 4 期。
〔3〕 沈行恬编注:《张謇教育文论选注》,第 58 页。

(二)"学必期于用,用必适于地"——创办职业教育

张謇职业教育的指导思想是以教育改良实业,以实业的发展为职业教育的出发点。他最早于1906年提出职业教育,希望能够在中国实业界包括"纱厂、油厂、面厂、皂厂、蚕馆、书局"等各方面开设"工艺学校",使得各方寒门子弟在其中就业学习,"增知识强精神,以我新世界"[1]。因对于大生纱厂的"纺织须棉,须增产棉地","有棉产地,须讲求改良棉种及种法"有所感悟,他于1907年在通州师范附设农科,为垦牧公司培养农垦技术人员。在大生一厂、二厂成功以后,因纺织需要纺织的专门人才,又设立南通专门纺织学校。这是中国最早的棉纺织高等学校。为配合刺绣、发网等手工艺品的生产和出口,又在女子师范里开设女子传习所;为发展蚕桑、丝绸业,又开办了女子蚕桑讲习所。

到1920年前后,除了通州师范设有的测绘科、农科、蚕科,女师曾附设的手工传习所外,张謇还陆续创建了商业学校、银行专修科、工商补习学校、镀镍传习所、女子蚕桑讲习所、女工传习所等。张謇随后又办了宣讲传习所、清丈传习所、巡警教练所、交通警察养成所、监狱学传习所,共20个左右不同专业的职业学校。这些大大小小功能互异的职业学校为当时社会提供了一大批具备良好专业知识和技能的人才,有力推动了南通及其周边地区的发展。

"学必期以用,用必适于地。"张謇以其"实业与教育迭相为用"的思想与实践,在仅有百万人口的南通创建多元化的职业技能学校或半工半农的短期学习班,学用结合、校地互动,这在当时的国内是绝无仅有的。张謇倾己之力所做的智力投资也收到较好的效果。据记载,在大生三厂的兴建中,全部机器的安装均由

---

[1] 沈行恬编注:《张謇教育文论选注》,第94页。

纺织专门学校的实习生独立完成。

（三）“学校之后盾”——大兴社会教育

张謇育人强国的政治抱负是一个“大教育”的理念，这是因为他深切认识到开设博物馆、图书馆及开办剧院等社会教育措施对于传承文化和普及教育的重要作用。1905 年，张謇在向学部递交的《上学部请设博览馆议》中提出：东西方各个国家，开化大都晚于我国，但近代以来，“政举事理”，成为文明的先导。考察其中的缘故，可见国家振兴的根本原因是“教育之普及，学校之勃兴”。但是凭借少数“授学有秩序，毕业有程限”的学校，其所养成的人才，还不能成为“通儒”，不足以继“绝学”。而图书馆、博物院等设施，却可“以为学校之后盾”〔1〕。张謇认为办博览馆（博物、图书二馆合并而成），“上可以保存国学，下可以嘉惠士林。若荷施行，天下幸甚”〔2〕。然而提议未被采纳。无奈之余，张謇只得在通州师范学校率先设立博物苑。3 年后，张謇上《请建图书馆呈》。这一次，呈书又被搁置。直至 1912 年，因战乱使南通城内神庙毁损时，张謇才改建南通城南岳庙旧址为图书馆。建成后，张謇为馆藏图书的收集大费心思，“博彩陈编，广弆旧集，捐购所得，近十万卷”〔3〕。因借抄《汉书地理补注》感动地方贤达，“将与二三同志各所藏，先著汇弆救虎阁，以永其传”〔4〕。除自建图书馆，张謇对推动国家博物馆、图书馆的建设也不遗余力。国民政府的成立使张謇看到了希望，于是上书国民政府，详细陈述建馆的迫切性以及地址、陈列品、布局和管理等各方面事宜。

民间艺术的传播也是文化的传播，自然也属于教育范畴，因

---

〔1〕 沈行恬编注：《张謇教育文论选注》，第 92 页。
〔2〕 同上书，第 93 页。
〔3〕 同上书，第 221 页。
〔4〕 同上。

而也成为张謇关注的对象。"教育以通俗为最普及,通俗教育以戏剧为易观感,他不具论。……夫教育既求及于普通社会,而普通社会之人,职务余闲求消遣娱乐之地,多以剧场为趋的。……今欲引普通社会之趋于高尚,因而发其劝惩之观感,则不当沿伪习陋,其作用须求合于通俗之教育……"〔1〕于是便有了1919年建造的更俗剧场。剧场极具现代化特征,无论是外形设计还是内部管理都有着全新的风貌。此外,张謇曾邀请许多名角来此表演,更使更俗剧场成为雅俗共赏广受欢迎的现代剧场,并使其与博物馆、图书馆等社会教育设施一并成为学校教育的后盾,为教化民众、开启民智作出了巨大贡献。

三、张謇教育事业的作用与影响

张謇为教育事业作出了不懈努力,终于也建立了赫赫功勋。他所兴办的各类学校培养了大量的人才,这些人才为当时中国社会的发展提供了动力。同时,他的教育事业也提升了南通及附近地区的文明水平,与其他实业一起使南通改头换面,成为"近代第一城",并为后世的发展奠定了良好的基础。

(一) 人才生于教育

教育的目的在于培养人才。张謇倾尽全力发展新式教育,其最显而易见的作用亦在于培育了大量的人才。即以上文所言通州师范学校为例,据《江苏省南通师范学校校友录》的统计,通州师范自开办至张謇去世,共培养师范本科毕业生997人,讲习所学员411人,简易科学生27人,共计1 435人。"这些毕业生遍及全

〔1〕 沈行恬编注:《张謇教育文论选注》,第307页。

国多个省份,他们具备真才实学,赢得各方赞誉。"[1]张謇兴办的通州师范学校的确为当时的中国输送了许多师范人才,对于中国教育的进一步发展产生了深远的影响。

当然,张謇的教育功业不止步于师范教育,其素所重视的职业教育亦取得了卓越成绩。即以张謇于1912年创办的南通私立纺织专门学校为例,据统计,该校自1912年至1944年共招17届学生,培养384名毕业生。虽然毕业生人数不算多,但他们都具备良好的专业技能,颇受企业与社会的欢迎。"毕业生广泛分布于全国,不仅为南通本地的纺织业作出极大的贡献,还服务于上海、无锡、天津、汉口等大中城市的大纺织厂,成为众多企业的管理者或业务、技术骨干。南通大学纺科也因此被誉为'中国纺织工程师的摇篮'。"[2]当时还有许多海外华侨和南洋、朝鲜等国的学子慕名而来远道求学。纺织学校取得的优良成绩自无待言。

在师范教育与职业教育之外,张謇兴办的社会教育也取得良好成绩,为提升地区文明水平作出了巨大贡献。以南通博物苑南馆为例,其中分天产、历史、美术三部,"所值不下五十余万元,可见其陈列之富矣"[3]。这些丰富的展品主要供学校师生、研究者及游客参观,为他们近距离领略各科实物提供了机会。张謇为博物苑撰联:"设为学校庠序以教,多识草木鸟兽之名。"博物苑确实不负期望,达到了预期的展览博物、开启民智的效果。

张謇所创办的更俗剧场对于传播现代通俗文化亦极有作用。它摒弃了传统戏园子的陈规陋习,倡导文明观戏的新风,又上演各种积极有益的戏剧及电影,寓教化于文娱之中,有效提升了社

〔1〕 王敦琴等:《张謇与近代新式教育》,人民出版社2015年版,第38页。数据统计亦转引自此。

〔2〕 同上书,第66页。数据统计亦转引自此。

〔3〕 陈翰珍:《二十年来之南通》,南通县自治会,1929年,第99页。转引自王敦琴等:《张謇与近代新式教育》,第89页。

会文明水平。

（二）恩泽施于乡里

张謇一生以兴国救亡为务，但对于一个人来说，倘若不是身居要职、举足轻重，那么他无论如何也不能通过一己之力力挽狂澜。张謇不入政界，不掌大权，虽然为声名远播的清末状元，又是一呼百应的实业家，但他对于整个国家的贡献可能是微不足道的。张謇自己或许也认识到了这一点，所以将兴实业办教育的救国理念付诸家乡南通的现代化建设，以期在南通实现自己的抱负。为此他不辞辛劳鞠躬尽瘁，终于使南通改头换面，从一个江北小城一跃成为人文荟萃、人杰地灵之地。“南通一隅，入其乡，则道路治焉，地力尽焉，百工勤焉，学校备焉。”[1]

在中国近代文化科教史上，南通创办了第一所师范学校、第一座民间博物苑、第一所纺织学校、第一所刺绣学校、第一所戏剧学校、第一所中国人办的盲哑学校和第一所气象站“七个第一”，因而被称为“中国近代第一城”。而这些堪称是张謇的功劳。个人之力也许不足以决定国家的命运，但却可以改变地区的命运。他使南通率先走上了现代化之路，不仅使其面貌焕然一新，而且为中国现代化提供了许多宝贵的经验，使南通成为其他城市的楷模。他的功业在当时即熠熠生辉，却又不止步于当时。即使时光推演、岁月变迁，他的所作所为在后世仍产生着持久的影响。

“南通今天取得的成绩，虽不能说是归因于张謇，然而张謇种下并遗传至今的地方文化基因的作用，确是不可低估的。”[2]自张謇逝世以来，南通涌现了多位艺术大师和两院院士。现在

---

〔1〕 转引自王敦琴主编：《张謇研究精讲》，第141页。
〔2〕 同上。

的南通也身负多个身份，如文明城市、卫生城市、园林城市、历史文化名城等。而张謇在南通地区建设中作出了不可估量的巨大贡献。

四、结　　语

张謇以清末状元的身份从事实业，又以实业家的身份兴办教育。其所兴办的教育的范围之广，自小学、中学，至师范学校，至职业学校，再至博物馆、剧院，无所不包，应有尽有。称赞他为中国早期现代教育的先行者，或伟大的教育家，他都可以毫无愧色，泰然当之。他身处国家危亡之机，因为坚信教育对增强国力大有裨益，所以他通过兴办教育的途径立国自强。具体方法则是以实业兴办教育，以教育服务实业，使实业与教育两者相辅相成，相互促进，形成良性循环。

张謇把理想的教育看作一个宏大的体系，认为其中不应只有学校教育和职业教育，还应有社会教育。社会教育包涵极广，其媒介既有博物馆、图书馆等学术场所，又有剧院、公园等娱乐设施。在张謇看来，这些设施虽然各异，但在为学校教育提供资料与支持并提升大众文明水平方面却是相同的。张謇的教育观不囿于学校教育一隅，而是广泛关注各种教育，力图建立一个大教育体系。这种独特的教育观念在今日也极有借鉴价值。

可以说，张謇教育事业的深层次意义在于他体现了作为一个传统知识分子的担当精神。他身处国难方殷之世，目睹了中国在近代历史上的惨败与屈辱。面对着空前的民族危机，他挺身而出，倾尽全力以救国于危难。其间体现出了他的真挚浓厚的爱国热情及责无旁贷的责任感与使命感。

[专家点评]

学术界关于张謇、张謇与中国近代的教育这些论题已有相当的研究，因此确切地说该文是老题新作，具有相当的难度。该文比较好地整合了学术界已有的研究，并围绕论题作了相当认真的梳理和阐发，对中学生而言是不容易的。该文主要评述张謇对中国早期现代化教育的思想贡献和实践成果，在论述的过程中比较多地运用张謇本人的文集和关于教育的著述作为资料依据，论从史出，史论结合，这是一种较为踏实的史学研究态度和方法，值得肯定，这也使该文论述和观点建立在比较真实、可靠的基础上。文章较为准确地梳理、概括了张謇教育思想的核心，比较完整地罗列了张謇教育实践事例。整篇文章结构布局完整，论述逻辑周延合理，文字表达较为准确、语句通顺。引用和注释都比较规范，对中学生而言，应是一篇不错的习作。

希望作进一步改进的有：第一，既然认真地作一篇论文，就当认真地作一些该选题相关研究的学术史回顾和评述，这样就比较规范，应该养成这样的习惯；第二，论文比较好地梳理和分析了张謇早期的教育思想和实践，但对于设定的“试图探索以张謇为代表的知识分子的所作所为与晚清时代变局之间的联系”这一目标，本文并未达到，即就张謇论张謇，缺乏宏观和比较的视野。

——上海师范大学历史系教授　高红霞

马相伯教育理念的形成及对时代的影响

张正涛*

［摘要］ 马相伯是中国近代教育史上的著名人物。天主教徒和洋务运动的参与者这些身份是他能成就教育事业的重要因素,再加上他自身的开明思想和民族本位情结,使他在近代教育发展中独树一帜。在教育模式还十分局限的年代,他开创了一种更加自由和科学的教育模式,为当时十分陈腐的中国教育界带来了一股新风,有承上启下的意义,对处于新旧交替时代人们的思想转变起到了助推作用。马相伯的经历是我国近代教育发展的缩影,探索当年教育家的所作所为对我们今天仍有启示作用。

［关键词］ 马相伯;中国近代;高等教育

教育是兴国之本,这在号召科教兴国的今天已是一个共识。而从历史的角度看,教育对社会的推动作用应当倍加重视。对社

* 张正涛,复旦大学附属中学2019届学生。本文指导教师李峻。本文获2016年博学杯历史人文素养展示活动论文二等奖。

会的认识与先进思想，往往由教育者推及受教育者，最终少数人的思想变成多数人的思想，以至于影响、改造整个社会。中国近代史上的几次革新思潮，无不是教育发展带来的结果。

若要了解中国近代的教育发展史，便绕不开马相伯。他是中国近代教育事业的先行者之一，一生跨越百年，亲身见证了中国历史的大变化与大转折，自己也以一位卓越教育家的身份在其中起到了重要作用。笔者认为，马相伯在教育史乃至整个近代史上的地位是不可忽略的，研究他对于了解近代史具有很大意义。作为一名学生，笔者对这位被称为“爱国老人”的教育家在历史上的事迹产生了兴趣，因此本文对他在历史上的行为和影响进行了探究。

翻阅资料，从学术上研究马相伯的文章并不多。有关马相伯教育事业的历史著作、论文，大多着眼于其教育功绩，而对其在办学理念和办学方法的归纳，似有泛化之嫌。[1]笔者认为，将马相伯的教育举措放在清末民初的大背景下，与当时的教育发展情况进行对照，会使我们对马相伯教育举措的意义有更好的理解，能够更好地判断马相伯在近代历史潮流中的位置。马相伯身上的多重文化背景亦有值得探讨的地方，将其教育举措与其早年身份、经历对应，能让我们更清晰地认识其思想来由，并有助于我们通过马相伯而窥得近代教育发展的全貌。

---

〔1〕 黄书光的《论马相伯在中国近代高等教育史上的地位》（载《高等教育研究》2003 年第 6 期）着力于马相伯教育思想的归纳和其先进性分析，并提出了世界性与民族性的融合，这是马相柏教育思想的一大亮点，但笔者认为该文没有非常深入地从历史发展的角度来看待马相伯的历史地位。另有王建平的《马相伯教育思想研究》，角度、主旨类似。姑举数例。薛玉琴的《马相伯研究七十年》（《杭州师范大学学报（社会科学版）》2008 年第 6 期）对之前 70 年的马相伯研究作了回顾，指出了其不足，如雷同地选择静态描述的方法，笔者表示认同这也对本文有一定启发。

一、马相伯的教育活动概述

光绪二十九年(1903 年)年初清政府颁布了“癸卯学制”,这是中国近代第一个由国家颁布并在全国范围内实施推行的系统学制。在此之前,管学大臣张百熙、荣庆曾上书奏请派张之洞一同商讨办学事务,在奏请中说道:“学堂为当今第一要务。”[1]可见当时中国的政治家已经认识到了发展教育事业的重要性。同年的二月初三(3 月 1 日),在徐家汇老天文台的余屋,一所新建立的学校“震旦大学院”正式开学了,这所新成立的学校成为中国近代第一所私立大学。这所学院的院长和创办人正是时年 63 岁的马相伯,马相伯的名字也由此被人铭记。

(一)马相伯早年之教育实践:民族责任初体现

马相伯,名建常,字相伯,祖籍江苏丹阳,于清道光二十年三月十八日(1840 年4 月 17 日)出生在丹徒(现属镇江)一个信奉天主教的家庭,一出生便接受了天主教洗礼,成为天主教徒的一员。马相伯兄弟共 5 人,其中 2 人早夭。马相伯之宗教身份,对其后期事业的发展产生了影响。马相伯 8 岁到 11 岁在家塾中读书,后一个人来到上海,到法国耶稣会办的圣依纳爵公学求学。马相伯在 14 岁时就有在校任助教的经历,据他自己讲是由于自己有高于一般人的国学功底。[2]马相伯 30 岁获得神学学位,1874 年后开始在圣依纳爵公学任教长兼教务。他真正的教育实践,可以说是从这时开始的。

---

〔1〕 戴亦明:《张之洞的教师教育思想》,《宁波大学学报(教育科学版)》2004 年第 2 期。

〔2〕 马相伯口述,王瑞霖笔录:《一日一谈 · 我的幼年》,上海书店出版社 1999 年版,第 29 页。圣依纳爵公学后改称徐汇公学、徐汇中学。

晚清的同治年间，科举犹未衰，于是就出现了一个看似有些怪异的现象，不少入教会学堂的学生仍要参加科举考。对此，马相伯不反对，反而每逢举办考试必亲自送考。“余虽为教徒，而对于学生的中国经史子集之文的讲习，尤为注意。”〔1〕传统文化的影响表现在一个信仰天主教的人身上，不能不说是一种奇特的混合。而这种矛盾也将贯穿他之后的教育活动中，为他与耶稣会之间的纠葛埋下伏笔。

1870 年，马相伯因筹款救济灾民一事遭教会“省过”惩罚，兄长马建勋上门问罪方得自由，这是马相伯与教会结怨之始。后教会担心马相伯的教育态度会把学生变成异教徒，打发他专任研究天文的职务，又改派他专门译书。1875 年后，马相伯与教育的直接关系就告一段落。后来，他遂脱离教会转而从事洋务，凡二十三年。

这只是马相伯早年在教育领域的一些小实践，跟他以后大刀阔斧的实践相比，似乎不足一谈。但其中还是有一些有趣的地方：马相伯为何要支持学生科考这看似反常的举动，与他后来的反对经学的言论似有矛盾，但又与他后来身上表现出来的强烈的民族意识和社会责任感相一致。笔者以为马相伯的行为既是传统的烙印，更重要的是表现出了他“经世致用”的观点。他身上的民族责任感是由于当时国家危亡的背景而表现得更为强烈的。科举在当时仍是一个普通知识分子能够学以致用的唯一途径，因此马相伯希望掌握了一定知识技能的学生能尽快走入社会的高层，将自己的所学应用到国家的事业上。

（二）毁家兴学：从震旦到复旦

洋务运动期间，马相伯追随李鸿章等人投身外交与实业。20余年后的光绪二十五年（1899 年），在洋务运动失败的阴影里，马

〔1〕 马相伯口述，王瑞霖笔录：《一日一谈·我的幼年》，第 33 页。

相伯辞官回沪，暂时结束了政治生涯。洋务运动后，“教育兴国”的愿望在马相伯心中燃起。光绪二十六年(1900 年)，马相伯将长兄马建勋留下的 3 000 亩田产捐给法国耶稣会作为办学基金，法国耶稣会收受了捐献，可办学一事却石沉大海。光绪二十八年(1902 年)初冬，南洋公学发生了“墨水瓶事件”[1]，学生集体退学，在南洋公学任教的蔡元培介绍部分学生向退居在徐汇的马相伯私下求学拉丁文，马相伯善于教学，名声渐响。随着“癸卯学制”等一系列有关教育制度的举措出台和社会人士对教育热情的增强，马相伯抓住契机，终于实现创办一所大学堂的愿望。

马相伯提出震旦的教学信条：崇尚科学，注重文艺，不谈教理；又以“广延通儒，培养译才”为宗旨，摒弃传统经学教育。学制两年。震旦教学信条是马相伯教育理念的最直观表达。

但由于震旦创办的资金靠教会名义上的资助，它本质上仍受到教会的牵制。光绪三十一年(1905 年)春，耶稣会干预震旦教务，让马相伯无病“养病”，委任法国神父南从周为总教习，另立办学规章。原先宽松的学术氛围被带上了浓浓的教会气息，使学生大为不满，摘下校牌，全体退学，而马相伯站在学生一边，并决定与震旦脱离关系。马相伯在张謇、严复和袁希涛等名流的支持下，在江湾另行筹建“复旦公学”，取“恢复震旦”之意，于当年中秋节(1905 年 9 月 13 日)正式开学。马相伯任校长兼法文教授，并

〔1〕 墨水瓶事件：1902 年 11 月 5 日，南洋公学五班上课时，文科教习郭镇瀛发现师座上有一只洗净的墨水瓶，认为这是学生有意捉弄他，便严词追查。五班有一学生诬告此瓶是伍正钧所放。13 日，校方应郭教习的要求，公告开除无辜学生伍正钧，从而引起了五班学生的反对。与校长申辩、力争仍无效后，学生集体退学以示抗议。校长汪凤藻知道后，不问情由，宣布开除五班全体学生。全校学生大哗，当即自行推出代表，请求校方收回成命。校长不允。在此情况下，全校学生决定以全体退学来表示抗议，明确提出反对对学生采用专制武断手段。校方请出受学生尊敬的特班班主任蔡元培先生来调解。蔡元培说服学生方暂缓行动，当晚前去拜见公学督办盛宣怀，而盛却以“别有要事”辞而不见。几经交涉至 16 日晨，仍无成效，全校学生乃以级为序，高呼“祖国万岁”的口号，走出南洋公学，蔡元培亦辞职。参见俞可：《海上教育家》，文汇出版社 2010 年版，第 23—24 页。

聘在美国留过学的华侨李登辉任教务长。复旦公学的大部分课程直接用外文授课，历史、地理、数学诸科则用中文。

洋务运动后的马相伯，有了更清醒的社会认识和更明确的教育理念：倡导自由（宗教上的、政治思想上的），倡导民主，倡导中与西、文与理的综合，这些都可以从他的所做中看到。

（三）辛亥革命后：继续推动新时代教育

1911 年辛亥革命爆发，中华民国取代清王朝。起初时局较为混乱，学校办学不得不中断，马相伯为之奔走，得到孙中山等人支持，学校才得以继续运行。马相伯因德高望重，被孙中山聘为南京第一任市长，之后转任江苏都督府内务司长并代理都督。辛亥后教育事业得到一定的整顿和发展。由蔡元培推荐，马相伯在北京短暂地代理了北京大学校长，缘于当时北大资金实缺，而北京大学局势混乱，他以学校抵押借款，引发了学生的误解，不久辞去了这一职务。这次不成功的经历有政治背景的客观原因，人脉和资金对于办学至关重要，而北京的政治状况非马相伯所熟谙。马相伯之后历任北京政府政治会议议员、参政院参政、平政院平政等职，其间经历袁世凯称帝等历史事件。1925 年，北京公教大学在罗马教廷的支持下创办，该大学次年改称辅仁大学，马相伯是发起人之一。

马相伯与震旦之间的关系并未完全割断。1908 年，马相伯曾为震旦建新校舍募捐。1912 年，震旦首届文、理科学生毕业，国民政府邀请马相伯代行授予学生学位，他欣然应允。1928 年前后，由于租界即将被收回的传闻，耶稣会打算将校址迁往越南，为马相伯家属所知。马相伯的学生于右任出面干涉，这才作罢。马相伯还曾不遗余力地捐助上海启明女中和北京培根中学。卸任复旦校长后，马相伯仍在中国大江南北为教育作着幕后的贡献。

二、多重身份经历对马相伯教育理念的影响

（一）私塾教育到教会教育：多重文化背景下的教育观

一个教育家的水平很大程度上与他自身的受教育程度相关。马相伯幼时入私塾读儒家经典的 7 年使他具有良好的国学功底。这可能是他作为教士却仍有鲜明民族情怀的原因，也让他在传播西方科学文化时不忘要求学生有选择地继承本国传统文化。马相伯 11 岁后在上海的圣依纳爵公学学习，继入小修院、大修院，攻读法文、拉丁文、希腊文、哲学、神学、数理、天文等西方教育体系下的学科门类。教会学校是当时新式教育的代表，使他接触到大量传统私塾教育接触不到的自然科学知识。马相伯毫不掩饰他对自然科学的喜爱，晚年回忆自己琢磨数学的情景，极尽生动。[1]同治十三年（1874 年），他任耶稣会编撰。在此期间，他研究哲学、数理及天文，述有《数理大全》等书百卷，是一位著作颇丰的学者。他的知识背景，是与旧式读书人截然不同的。

兼有中西的学问，或谓之具有“双重背景”，不仅仅让马相伯学识丰富，还让他能够对中西文化进行充分比较，对中西文化有辩证的认识。与西式教育的对比使他看清八股文“奴隶之学”的性质。他在震旦学院的开学演说词中就对八股制艺进行了批评，在教学实践上，不让学生像那些旧式私塾中的子弟一样学习死板的经学考据。国学的涵养又使他站在民族的本位上，不像那些西方传教士一样盲目地排斥中国传统文化。他曾说：“一国有一国的文化精神，尤其是我国有数千年的历史，当自家知道发扬

〔1〕 见马相伯口述，王瑞霖笔录：《一日一谈·我的幼年》，第 31 页。

它！”[1]复旦、震旦的课程中始终对国文有较高的要求，甚至《复旦公学章程》中写道：“有意唾弃国文，虽录取亦随时摈弃。”[2]

传统中国人向来缺乏对自然科学的重视。接受过西式教育的他，对科学的力量认识得更多。“崇尚科学”，表现在震旦的课程设置上：震旦刚成立时设文学、质学两科，而这质学，就是如今所谓的自然科学。由于马相伯自身接受了较为完整的“西化”教育，他在教育中传播西方科学文化不是本着“中学为体，西学为用”的目的，他的大学，是学术性的，不是技术性的，从而使他的事业有了超过一般洋务派所兴办实业的高度。

（二）参与洋务运动：由官场及课堂

参加洋务运动的经历也对马相伯教育思想的发展至关重要。1876 年，马相伯离开教会，同年便成为其兄马建勋的密友、山东布政使余紫垣的幕僚。接着，他由李鸿章委派，再往山东调查矿务。后来又担任一些外交工作，先后去日本、朝鲜、美国、法国和意大利等国。

尽管马氏对洋务抱有热情，但终其始末，他是不得意的。他的建设性建议屡屡碰壁，甚至受人非议。1886 年，李鸿章创办海军，扩充洋务，因军械处给的银子太少而在马氏兄弟（马相伯、马建忠）面前大发牢骚。马相伯了解到一些美国商人愿意借款给中国振兴实业，因此就建议李鸿章向美国商人借款，组织银行，不仅可以解决兴办实业所缺的经费，还可以为各项新政提供经费。李鸿章觉得这个办法很好，决定派马相伯到美国去洽谈借款事项。马氏兄弟要求李鸿章禀明政府，但李鸿章认为这在他权力范围之内，并打了一个申报给美国总统。李鸿章到美国后受到国宾待

---

〔1〕 刘永平：《回忆马相伯先生的爱国言行》，北京出版社 1986 年版，第 128 页。

〔2〕 俞可：《海上教育家》，第 6 页。

遇，因美国资产阶级正渴望输出资本，所以短期内就有20多家银行愿意向清政府提供巨额贷款，总金额高达5亿美元，远远超过原先商定的借款数额2 500万两银子。于是与美国商人商定以5 000万美元为正式借款，以3亿美元为银行存款。马相伯随后打电话请示李鸿章，不料朝廷内外纷纷指责李鸿章出卖国家利益，中饱私囊。李鸿章回电说："朝议大哗，舆论沸腾，万难照准。"[1]马相伯进退维谷，只好装病不见客，随后悄悄离开美国转赴欧洲。此事的失败也是甲午海战中中国未有强大的海军、中国的中央银行（大清户部银行）推迟了16年在1904年才设立的原因之一。马相伯回国路上又听说了不少清朝外交界的丑闻，感慨清朝外交的失败"半由于满廷官吏懵然于国际情势，因应无方，动辄得咎"[2]。

可以想象，马相伯毅然由圣转俗，是对这场好似能改变国家命运的运动抱有很大希望的。可现实让他看到了中国人整个思想层面的守旧、死板和对空虚形式的盲目崇拜。洋务运动中的所见所闻让马相伯对于国际局势和官场有了更深的了解，刺激了马相伯的民族认同，也让他对国人思想中的根源性问题有了更多的思考。从马相伯在政治上的成就看，他不算一个优秀的政治家，倒是和他一起参与洋务运动的弟弟马建忠后被认为是早期维新派的代表人物。可马相伯的脑海中也有较为强烈的政治愿望，而这会渗透到他对学生的教育中去。马相伯对社会改造的观点或多或少影响了下一代的学子。

另外，参与洋务运动对马相伯积累人脉也非常重要。办学校需要高费用、大场地，经费从何来，场地从何来，这不是一般人能

---

〔1〕 参见马相伯口述，王瑞霖笔录：《一日一谈·借款》，第67页。
〔2〕 刘永平：《回忆马相伯先生的爱国言行》，第128页。

执掌的。人言马相伯在洋务运动这一失败的运动中浪费了最好的壮年,这恐怕有失偏颇。

三、各方对马相伯教育事业的态度

(一)教会的猜疑和反对

马相伯以教会人员的身份开办学校,尤其是开办震旦学院时很大程度上凭教会的资助,可以说,没有教会的支持,他的教育事业绝难成功。可是教会又不时阻挠他的事业。从开始接受捐款却不办学到改制震旦,教会对马相伯办学的态度,犹疑不定。

光绪三十一年(1905 年),法国耶稣会欲改震旦学院由私立学校为教会学校,由此矛盾爆发。教会强迫马相伯无病而“养病”,并委任法国神父南从周为总教习,从而“尽改旧章,别定规则”。按照法国教会学校的路线重新组织震旦后,学生大哗,全体退学,使人觉得,这是当年“墨水瓶事件”的重演。震旦的首届学生未能毕业。

理解这一切先从外国传教士在中国兴办学堂的目的入手。“我们的学校和大学,就是设在中国的西点军校。”教会大学圣约翰大学校长美国人卜舫济曾这样说。[1]从这个例子我们可以看到,外国传教士办学,并不为了“救中国”,而在于控制中国未来的社会领袖和知识精英,以把握中国未来的发展方向。其目的可说是基于西方人利益的一种文化扩张。而马相伯则不同,始终站在民族本位的立场。天主教是他的信仰,但马相伯认为没有理由强迫它成为所有人的信仰。他传教,也倡导用宗教信仰来开导中国人,但教育的目的本身却绝不是为了宣扬一种宗教或者灌输一种文化。

马相伯反对教育为宗教服务,这就使马相伯与教会的分歧从

---

〔1〕 顾卫民:《基督教与近代中国社会》,上海人民出版社 1996 年版,第 375 页。

根本上难以和解。震旦学院不强迫学生接受宗教课程。颂唱圣歌、早晚祷告、做礼拜这些一般教会学生必须执行的义务,在这里皆成了不必要的行为,甚至出现了学生张灯结彩纪念孔子诞辰的情况。马相伯的办学与西方传教士们想达成的目的越来越背道而驰,他们必然起而反对。

(二)清政府的忌惮

马相伯的办学理念与当时大多官府资助下创办的新式学堂也存在着矛盾。1902 年的《钦定学堂章程》关于各级学堂办学宗旨这样写道:"均以忠孝为本,以中国经史之学为基,俾学生心术壹归于纯正,而后以西学沦其知识,练其艺能,务期他日成材,各适实用,以仰副国家造就通才,慎防流弊之意。"[1]可见清政府对新式学堂的要求是"中体西用",根本目的仍是要维护封建统治的利益。马相伯治理下的学校,不专谈政治,但也不排斥政治。他不是革命党,但他的学生却常是热忱的革命分子。对于维新思想以及后起的革命思想,他都抱有好感,对于革命青年则予以生活、学术上的帮助。

一生敬服马相伯的于右任就曾是一个革命青年。1904 年,25 岁的秀才于右任以一部"半哭半笑楼诗集"讥讽时政,被指称为革命党,受到朝廷缉拿。那时于右任正在河南开封应试,陕西巡抚升允派人追到开封。于右任的同乡李雨田获知,赶紧命人通知于右任,他才有幸逃到上海。马相伯得知于右任的事迹和潦倒的现状后,马上派人联系他,免去他的宿食费和学费,让他在震旦学院就读。他告诉于右任:"我这是在尽国民一分子的义务,为子作东道主。"[2]马相伯让于右任改名换姓,以"刘学裕"的学名进入震

---

〔1〕 可参见赵尔巽等:《清史稿》,中华书局 1977 年版,第 3132 页。
〔2〕 俞可:《海上教育家》,第 26、27 页。

旦学院，这对于右任不仅是师长之恩，更有救命之恩。

另外，《奏定学堂章程》中的某些规定是直接与震旦的做法相抵触的，如“私学堂禁私习兵操”[1]，但马相伯却有着更大的勇气，坚持自己的理念。虽然清政府想以章程和政策来约束办学思想，但是对于学校真正的政策执行，清政府也无可奈何。

（三）名流与同代教育家的支持与赞助

清廷固也明白教育的重要，但前面已说了，他们认为是“技”的重要，是学洋以维持这个庞大旧体制的苟延残喘。新学人士就不同，他们与马相伯或多或少在思想上有认同感。

震旦大学创办时，梁启超著文说：“今乃始见我祖国得一完备有条理之私立学校，吾欲狂喜。”[2]而教育家蔡元培，对马相伯崇敬有加。蔡元培后来提出了“兼容并包”的教育理念，我们今天看来，与马相伯所践行的教育方针是一致的。

一些活跃在当时文化界的人们成为马所办大学的初期校董。复旦初建，马相伯聘请社会名流严复、曾铸、张謇等28人担任校董，协助筹集建校基金并共同管理学校。被誉为清末西学东渐第一人的严复亲笔写了《复旦募捐集捐公启》，又在之后任复旦的总教习，在马相伯卸任后短暂任复旦第二任校长。

辛亥革命后，以孙中山为代表的国民政府也对马相伯的教育事业给予了支持。辛亥革命期间光复军司令部占用了位于吴淞的复旦校园，学校只得临时迁至无锡。后来由于政局不稳定，学校经费几度断绝，师生流离，随时可能停办。复旦学子于是找到时任临时政府交通部代部长的校友于右任，请他帮助在上海复校。作为国民党的元老人物之一，于右任联合邵力子于1912年年

---

〔1〕 陈学恂主编：《中国近代教育史教学参考资料》（上册），人民教育出版社1986年版，第532—551页。《奏定学堂章程》内容即前所谓“癸卯学制”。

〔2〕 梁启超：《祝震旦学院之前途》，《癸卯新民丛报汇编》，第819页。

初向临时大总统孙中山递交了一份呈条,请求拨徐家汇李公祠作为复旦新校舍。尽管临时政府本身经费紧缺,但孙中山仍欣然答应,同时还专门拨出一万银元作为复校经费,让复旦一次严重的危机得以化解。同年,复旦成立了史上第一届校董会,孙中山先生被邀为校董之一。这是孙中山以革命领袖的身份仅有的一次出任私立学校的校董,而这也被看作是复旦的荣誉之一。

马的事业在新派人物那儿获得了支持,归根到底还是他自己的思想也属于新派一流。通过梳理我们知道,教育家马相伯已不是一个传教士或洋务官员,他得到的阻挠、他得到的支持,正是他与时俱进的例证。

四、结　　语

谈马相伯教育事业的意义不妨从当时社会的教育状况看。客观上,马相伯开始大力投身教育的时代,中国的教育是在蓬勃发展的,1905 年中国废除了科举制度,而不同于古代教育的新式学堂与外国传教士所办的教会学校都在兴建。可见,中国教育面临的困境也是巨大的。

当时教育的主体主要由两方面构成。一面是洋务运动后由被称为“实业家”的半官半商们在中国大地上建起的新式学堂。其中,由盛宣怀创办的中国近代最早的新型师范学校南洋公学可作为一个典型例子。从教学内容看,南洋公学仍以中国经史、孔孟之道为主,对于自然科学类的教育,实际应用型学科占了绝大多数。从思想自由度看,南洋公学严禁学生集会、议政,比如《新民丛刊》是改良派梁启超主持创办的宣扬君主立宪的刊物,在当时学生的禁读之列,学生的思想自由度要比震旦学院小得多,其中教师的思想观念新旧不一,并且两派互相斗争。接触到各种新思想的学生对学校守旧做法的不满由来已久,这才有了轰动一时的“墨水瓶事件”。即使是南洋公学这样被认为是新式学堂典范的学校,亦带有明显的旧时代的烙印。

另一面是在中国各地发芽的教会学校。从当时的整个时代背景来说,教会学校是中国教育事业中一支庞大的势力。据中国早期基督教领袖余日章1915年的统计,中国官立学校与教会学校的比例是五比一〔1〕,而教会大学在中国早期高等教育事业中尤其占了很大的比重。

前面已经论述到,教会学校创办的原始目的,大都不在启迪民智,而是借传播科学文化以达到控制中国未来的社会领袖和知识精英、把握中国未来的发展方向的目的,教会学校势力过大,实际是存在危机的。蔡元培就曾说:“一有教会学校开办,就要宣扬某种宗教教义,就产生新的效果,造成新的影响,从而与我国传统教育相抵触。中国的教会忽视了中国的历史、文学及其他重要学科,正自行建立另一套与中国国家教育制度相并行的教育制度。不过总有一天会证明,这种教育制度是为中国的国家教育制度所不能相容的。”〔2〕蔡元培对教会学校极力排斥,或有时以偏概全,但他的顾虑和指出教会学校的问题,却是不错的。

总的来说,两种旧式的教育都不能给学生带来真正的思想自由,对于文化的传播,又都带着某些明显的阶级或身份立场。马相伯办学的困难,一是经费与场地,二是要避免落入这两种模式的窠臼。他效仿西欧之大学院私人办学,区别于政府控制下的各种公学,结果与教会产生不可避免的冲突。他试图走出教会的阴影,又办出名为“公学”实为新派思想大熔炉的复旦公学。马相伯

〔1〕 顾卫民:《基督教与近代中国社会》,第379页。

〔2〕《中国教育的历史与现状——在世界教育会联合会第二次大会上的演说词》,蔡元培著,文明国编:《蔡元培自述》,人民日报出版社2011年版。

终其教育生涯,就是在这两种教育的夹缝中找到一条自己的道路。总体来说,马相伯是通过什么实现这一点的呢?在笔者看来,就是兼容并包。他自述自己创立震旦的目的是“藉以收容四方思想不同派别不同的有志青年”[1],他使学校与官府脱离、与教会脱离,他将各种思想不同的教师和学生统一在一个大屋檐下,将“自由”思想作为最高的标准。马相伯创建震旦后8年、创建复旦后6年,民国才成立。之后,蔡元培等人为中国新教育制度的确立作出了巨大的贡献,中国教育局面为之一新,教会学校渐渐出现非基督化的倾向(当然,马相伯对此也有复杂的态度和回应,在此不述)。这一切与马相伯的所作所为是不是有联系呢?相信是有的。这样看来,他的教育事业在历史上有承上启下的意义。

马相伯出入于政、教、中、西,为民国教育的发展开创风气,带着爱国精神与自由思想开创全新教育事业,他可谓清末民初教育变革中的枢纽性人物。今天的中国,教育仍需要革新,我们不能忘了教育的本源,是自由思想,是自由学术,是自由国家,要有宏远的眼光,这是马相伯给我们的启示。

[专家点评]

张正涛同学的文章结构合理,史料翔实,基本能够在历史的大势中把握马相伯先生办学的意义,反映了他良好的历史感,作为一篇中学生的习作,是很难得的。

但文章选择的角度稍微偏大,对中学生来说,很难完全驾驭好,所谓“大处着眼,小处着手”,这是在今后的习作中要注意的。

——复旦大学历史系教授　李宏图

〔1〕 马相伯口述,王瑞霖笔录:《一日一谈·从震旦到复旦》,第77页。

思想会通与文化救国：近代家国危亡与社会转型中的严复

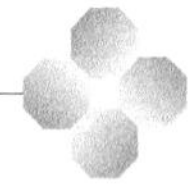

陈致远*

［摘要］ 严复在救亡图存和社会文化转型进程中，力图会通中西学术思想，致力于文化救国。他在西方社会科学学术翻译、现代教育体系建设和现代体育教育发展等方面，都作出了杰出贡献。严复的文化思想与实践，深刻地影响了近现代中国乃至当代中国。

［关键词］ 严复；文化救国；翻译；教育；体育

在福州城的中轴线上，有一片著名的近代建筑——三坊七巷，曾任复旦公学校长的严复就出生在这里。自鸦片战争始，旧中国在家国危亡的旋涡中越陷越深。许多知识分子满怀爱国热情，在不同方向上展开救国的探索。在救亡图存和民族文化转型的艰难历史进程中，作为那个时代代表性人物之一的严复，留下

* 陈致远，上海市复旦附中浦东分校2017届毕业生。本文指导教师朱幸福。本文获2016年博学杯历史人文素养展示活动论文三等奖。

了其不可替代的历史印记。他融会中西文化的志向，改造民族思想、教育、身体的实践，真挚而深层的爱国热情，产生了不可磨灭的影响，值得我们缅怀和思索。

一、翻译西学、会通中西以启民智

从英国留学归来后，严复对政治时局的分析并未得到当局赏识，才干与抱负无法施展，就转而持续而深入地阅读被统称为“西学”的西方学术思想著作，其融会中西的思想学术品质也逐步成型。

强国之心和爱国之情，是严复从事西学翻译、融会中西古今思想的动力。严复从海军专业人员转而介入西学翻译之时，并非没有西学著作被翻译进入中国。英国传教士李提摩太在1870年就来到中国，并成为维新变法的“精神导师”。基督教美国传教士林乐知在1860年来华，先后翻译了《欧罗巴史》《万国史》等著作。但传教士们的政治文化立场和价值取向并不是建立在中华民族主体之上的，只有由中国人融会中西思想、翻译介绍为自己民族国家所需要的西方新学，才能满足文化救国的真正需求。严复将西学翻译作为一项文化工程来看待，不仅自己投身翻译，还在北洋水师开设译局，尽可能地推广西学翻译，以启民智、强国力。1903年严复拟定的《京师大学堂译书局章程》中明确将“开瀹民智”列为“翻译宗旨”的第一条：“一曰开瀹民智，不主故常；二曰敦崇朴学，以棣贫弱；三曰借鉴他山，力求进步；四曰正名定义，以杜庞杂。”[1]严复的西学翻译与思想改造工程，从开始就是爱国情怀主导下的融合体。

从总体上看，严复的西学翻译工程打开了不同于传统文化的

〔1〕 严复：《京师大学堂译书局章程》，王栻主编：《严复集》（第一册），中华书局1986年版。

另一个世界，为救亡图存的中国提供了丰富的思想资源，也为救亡图存提供了理论上的可能。1895 年，严复先后在天津《直报》上发表《论世变之亟》《原强》《救亡决论》等一系列文章。这一批文章清晰地勾勒出严复在家国危机的巨大紧迫感下着手翻译的历史场景。《天演论》是严复的第一本译著，它以“物竞天择，适者生存”为核心观点，描绘了人类社会发展的本质性规律，实际上推翻了传统文化中的“轮回”思想。严复所翻译的《天演论》《法意》《群学肄言》《名学浅说》等这些西方新学著作形成了一个新的知识体系，它在知识背景、文化观念、理论思维、逻辑推理等方面，不同于以“四书五经”为代表的中国传统社会政治学说，更鲜明地体现出归纳和实证的精神。但严复的文化汇通和思想迻译，还是主张吸收中国思想文化传统的合理部分，以利于更深、更广地推动西学为人们所接受，并将这种融会中西的思想文化结晶导入中国的文化转型和政治变革中。这种会通和翻译，以融入中国传统学术、影响中国文化、开启中国民智为宗旨，包括西方哲学、社会学、法学、伦理学、经济学、教育学等诸多学科名著在内的西学迻译，寄托了严复对危机中的国家民族文化所需要的想象，以及建立在这种想象之上重塑崭新之国家文化的努力。

严复注意到西学翻译和文化变革所面临的阻力，更加注重实践中的策略和实效。例如，严复虽然大力鼓吹“自由”观念、抨击中国的君主专制，但对个人自由的肯定糅合了传统儒家思想观念和西方自由精神的理论，从而将西方的自由精神与传统儒家的“为仁由己”“成己成物”相结合，形成了一种“具有中国特色”的自由主义观念。[1]严复倡导温和、稳健地进行思想文化变革和政

〔1〕 黄克武：《严复与近代中国的文化转型》，《华东师范大学学报（哲学社会科学版）》2011 年第 1 期。

治改革，不主张激进。他意识到即刻废除中国君主专制的巨大困难，“然则及今而弃吾君臣，可乎？曰：是大不可。何则？其时未至，其俗未成，其民不足以自治也”[1]。这种清醒而稳健的态度，源于他在融会贯通中西文化时所具备的宽阔视野和缜密心思。在推广西学过程中，严复还采用了不同的方法策略。首先，严复的西学翻译使用了知识分子乐见的古典文体。严复所提倡的“信、达、雅”一直是翻译界遵循的原则，他在翻译时选择当时知识分子通用的典雅文言，目的就在于能为士大夫阶层所乐意接受，让这些对普通民众来说较为深奥的思想理论，能够借由士大夫的接受、喜爱和呼吁，引起民众的注意。从客观上看，选择典雅的知识分子语言，在当时也是不得已的。在大多数民众不识字的环境中，士大夫语言也是融合中西文化、实现观念传播最便捷的途径。另外，严复在办报时不仅翻译西方学术思想，还引入西方小说以增强文化认同。严复于 1897 年 10 月 26 日在天津创办了《国闻报》，这份报纸以“通外情为要务”，主要是将西方的思想文化、社会政治，乃至于自然科学的知识翻译发表，拓宽当时民众接受西学的途径，改变公共文化空间中“新学”与“旧学”的比例格局。有趣的是，《国闻报》还将一些西方小说翻译出来随报赠送，在介绍西方人文社会科学、自然科学的同时，严复将“小说”也作为“开民智”的有效途径，这显然是注意到了小说对民众价值观念、思想观念、文化观念所具有的隐形却又强大的影响。

“民智者，富强之原。此悬诸日月不刊之论也。”[2]围绕国富民强之主题，以翻译西学、会通中西来启民智，是严复文化思想与行为的主体。

---

〔1〕 严复：《辟韩》，王栻主编：《严复集》（第一册）。

〔2〕 严复：《原强修订稿》，王栻主编：《严复集》（第一册）。

二、“破旧学之拘挛”：严复的现代教育观

纵观严复一生,他留洋归国后就逐步从海军专业人员演变为教育者,教育家的色彩日见浓烈。1879 年 8 月,严复回国后到福州船政学堂任教;1880 年李鸿章调严复到北洋水师学堂任总教习,1889 年严复任北洋水师学堂会办,次年升任总办;1906 年,严复任安徽高等学堂监督;1906 年年底,严复同时兼任复旦公学校长;1912 年 3 月,严复任京师大学堂总监督,5 月,京师大学堂正式更名为北京大学,严复也随之改任校长,同年 10 月,多种因素压迫下的严复辞去北京大学校长职务。严复曾说:“今吾国之所最患者,非愚乎?非贫乎?非弱乎?则径而言之,凡事之可以愈此愚、疗此贫、起此弱者皆可为。而三者之中,尤以愈愚为最急。”〔1〕以改造教育来系统性地治疗愚昧,是国家制度层面上的改革。由教育改革以造合格之人才,以合格之人才巩固新式教育制度,参与救亡大业,构成了严复教育维新的逻辑主线。1898 年严复在《拟上皇帝书》中说:“夫人才者,国之祯干也。无人才则所谓标、本之治皆不行。”〔2〕以改造教育实现文化救国,严复的贡献不单止于他是现代教育体系建构的先行者,更为重要的是,他还提出了许多具体的教育改造思想,并将之导入彼时中国的教育实践之中。

严复倡导教育变革,与其留学西洋的教育背景和中国危亡的时代背景息息相关。早在 1895 年,严复即开始批评旧中国的八股制度,在 1898 年发表的《道学外传》中,严复将八股之士描绘成“面带大圆眼镜,手持长杆烟筒,头蓄半寸之发,颈积不沐之泥,徐

---

〔1〕 严复:《与〈外交报〉主人书》,王栻主编:《严复集》(第三册)。

〔2〕 严复:《拟上皇帝书》,王栻主编:《严复集》(第一册)。

行偻背，阔颔扁鼻，欲言不言，时复冷笑，而号为先生长者其人者”，他痛批旧中国传统的政教体系只能造就这批“以钱财为上帝，以子孙为灵魂，生为能语之马牛，死作后人之僵石，悯恻不暇，安用讥评”[1]的废人，如不对教育制度进行根本性、系统性的改革，那么必然无法培育出应对危亡时局的人才。严复认为，德育尚公、体育尚武、智育尚实，三者皆是强国之要素，而尚实的智育所扮演的角色尤为重要。

严复在《论今日教育应以物理科学为当务之急》一文中，将物理科学（严复所说的“物理”包括化学、生物、天文、地理、生理、心理诸学科）置于教育体系的核心。严复宣称，“夫物理科学，其于开瀹心灵，有陶炼特别心能之功既如此，而于赠广知识，其关于卫生保种，大进实业又如彼”，“惟此一学，可转变吾人之心习，而挽救吾数千年学界之流弊”[2]，《与〈外交报〉主人书》一文详细展示了严复引进以“物理”为核心的西方近现代知识系统的教育改革方案。这种方案认为，在初级阶段，应当降低传统旧学的比重，改变传统以背诵为主的教育方法，从最浅显和普通的西学教育入手，培养学生的理解能力和逻辑推理能力；到“中学堂”阶段，西学和西方语言就成为课程学习的主干，“一切皆用洋文授课”，“课中洋文功课，居十之七，中文功课，居十之三”；到了高等学堂阶段，“中文有考校，无功课；有书籍，无讲习，听学者以余力自治之”。“不通语言，则出洋无益；不了科学，其观物必肤。”严复指出，以西学为主要资源改造旧有教育体系，方能从根本上救国强国：“中国此后教育，在在宜著意科学，使学者之心虑沉潜，浸渍于因果实证之间，庶他日学成，有疗病起弱之实力，能破旧学之拘挛，而其于

[1] 严复：《道学外传》，王栻主编：《严复集》（第二册）。
[2] 严复：《论今日教育应以物理科学为当务之急》，王栻主编：《严复集》（第一册）。

图新也审，则真中国之幸福矣！”[1]严复在安徽高等学堂时的课程改革，就明显地实践了这种教育思想。传统国学教育在2年之后就转向自学为主，西学成为安徽高等学堂教育的重心，西学的教授也全用外语。我们看到，严复的教育思想明显地区别于传统的伦理之学和德性之学，注重格物致知和学以致用，终极目标仍是为了在实质上解决中国积贫积弱、落后挨打的困局。

注重西学实用性一面，使得严复的教育思想较为重视专门性人才的培养。传统科举制的教育和选拔出的人才，往往出现实践能力弱、陷于道德空谈的问题。为解决这一痼疾，严复提出了“治学治事分途”的策略。严复说，“观理极深，虑事极审，宏通渊粹，通贯百物之人，授之以事，未必即胜任而愉快。而彼任事之人，崛起草莱，乘时设施，往往合道，不必皆由于学”[2]，教育因此不能仅提供单一的人才培养方案，而从国家建设对人才需求结构看，更需要多元化、专业化的人才。严复指出：“农工商各业之中，莫不有专门之学。农工商之学人，多于入仕之学人，则国治；农工商之学人，少于入仕之学人，则国不治。”[3]批判旧的教育体制，倡导引入以西方近现代自然科学为基础的教育内容，推动西语教学，注重人才培养的专门性和人才结构的合理性，构成了严复教育救国的主要内容。

三、“练民筋骸，鼓民血气”：严复的体育思想和实践

严复会通中西思想、实现文化救国的蓝图里，包括思想改造和教育改革，还包括发展体育，三者缺一不可：“夫如是，则一种之

[1] 严复：《与〈外交报〉主人书》，王栻主编：《严复集》（第三册）。
[2] 严复：《论治学治事宜分二途》，王栻主编：《严复集》（第一册）。
[3] 同上。

所以强，一群之所以立，本斯而谈，断可识矣。盖生民之大要三，而强弱存亡莫不视此：一曰血气体力之强，二曰聪明智虑之强，三曰德行仁义之强。是以西洋观化言治之家，莫不民力、民智、民德三者断民种之高下，未有三者备而民生不优，亦未有三者备而国威不奋也。”[1] 近代中国积贫积弱、被动挨打，国民也被扣上“东亚病夫”的帽子。国民的身体和国家的形象之间有着天然的比喻关系，“盖一国之事，同于人身。今夫人身，逸则弱，劳则强者，固常理也。然使病夫焉，日从事于超距赢越之间，以是求强，则有速其死而已矣。今之中国，非犹是病夫也耶？”[2]要实现救国的目标，同样必须改变民众对体育的观念，让民众重视躯体锻炼，为强国打下更坚实的基础，这也可以说是体育救国论。

发展体育的思想虽着眼于救国，但发展体育的直接效果则是体质的强化。为了减少观念改变过程中的阻力，严复搬出了传统文化中重视强身健体的部分：“是以君子小人劳心劳力之事，均非气体强健者不为功。此其理吾古人知之，故庠序校塾，不忘武事，壶勺之仪，射御之教，凡所以练民筋骸，鼓民血气者也。”[3]在这样的历史背景下，强身健体就成了“古已有之”的古训。在严复看来，国民体质是国家富强的基本条件，若无“鼓民力”，则“开民智”与“新民德”也无从谈起，“故教育之要，必使学子精神筋力常存朝气，以为他日服劳干事之资。一言蔽之，不欲其仅成读书人而已”[4]。严复在执掌北洋水师学堂之时，将从英国引入的足球列入正式教学项目，北洋水师学堂还开展了拳击、田径、体操、游泳等体育课程，将强军与健身紧密结合，将“健身”导向“尚武”。

〔1〕 严复：《原强修订稿》，王栻主编：《严复集》（第一册）。

〔2〕 同上。

〔3〕 同上。

〔4〕 严复：《实业教育——侯官严复在上海商部高等实业学校演说》，王栻主编：《严复集》（第一册）。

严复还注意到了妇女增强体育、改变体质的重要性。在《原强修订稿》里，严复痛陈中国礼俗“沿习至深，害效最著者，莫若吸食鸦片、女子缠足二事，此中国朝野诸公所谓至难变者也”，“是鸦片、缠足二事不早为之所，则变法者，皆空言而已矣”[1]。如果不改变传统文化中女性的躯体观，改变女性不能活跃于社会公共空间的传统观念，那么，半个中国的体质都将无法得以提升，并将直接影响后代的体质。

总体上看，严复发展体育的观念以达尔文的进化论为基础，是其“物竞天择、优胜劣汰”理念的再强调。他所倡导的现代体育理念和实践，有力地促进了现代体育在中国的传播。

四、“密勿勤劬，死而后已”：严复的爱国精神及其当代意义

严复的文化思想与实践，对中国的政治、思想、文化都产生了重大影响。如1895年译出、1898年出版的《天演论》，在辛亥革命前10多年动荡而复杂的时期产生了极大影响。据传，《天演论》仅在清末就流传着30多种不同的版本，对家国存亡满心焦虑的爱国青年，无不将之视为文化良方而争相阅读。

鲁迅生动地再现了《天演论》对自己的巨大冲击：“看新书的风气便流行起来，我也知道了中国有一部书叫《天演论》”，“翻开一看”，“哦！原来世界上竟还有一个赫胥黎坐在书房里那么想，而且想得那么新鲜？一口气读下去，‘物竞’‘天择’也出来了，苏格拉第，柏拉图也出来了，斯多噶也出来了”。即使本家长辈搬出奏章加以训斥，鲁迅仍然“一有闲空，就照例地吃侉饼、花生米、辣

[1] 严复：《原强修订稿》，王栻主编：《严复集》（第一册）。

椒，看《天演论》”〔1〕。胡适将严复翻译《天演论》作为近代中国思想文化转型中的标志性事件加以肯定：“严复是介绍西洋近世思想的第一人……自从《天演论》出版以后，中国学者方才渐渐知道西洋除了枪炮兵船之外，还有精到的哲学思想可以供我们的采用。”〔2〕而这种“开风气之先”对当时的中国来说，无疑是迈向解决民族危机和社会转型的关键性的第一步。梁启超认为，“西洋留学生与本国思想界发生关系者，复其首也”〔3〕。严复用西方人文社会和自然科学的丰富资源来批判帝制、重建文化，用他自己的话说就是“意欲本之格致新理，溯源竟委，发明富强之事，造端于民”〔4〕。今天，我们还能从严复对自己文化事业的自信、自勉中感受到他的爱国热忱：“复今者勤苦译书，羌无所为，不过闵同国之人，于新理过于蒙昧，发愿立誓，勉而为之。”〔5〕“其所以报答四恩，对扬三世，以自了国民之天责者，区区在此。密勿勤劬，死而后已，惟爱我者静以俟之可耳。”〔6〕

当代中国正经历着我国历史上最为广泛而深刻的社会变革，也正在进行着人类历史上最为宏大而独特的实践创新。中国积贫积弱的时代已经过去，民族复兴的进程不可阻挡。推动中华民族伟大复兴，需要进一步深化教育改革，实现从教育大国到教育强国的转变；需要进一步增强创新驱动，推进创新型国家建设；需要进一步更新人才观念，培养和造就一大批德、智、体、美全面发展的新型实用人才。所有这些，都是走在伟大复兴道路上的当下

〔1〕 鲁迅：《朝花夕拾 · 琐记》，《鲁迅全集》（第二卷），人民文学出版社 2005 年版。

〔2〕 胡适：《五十年来中国之文学》，欧阳哲生编：《胡适文集（3）》，北京大学出版社 1998 年版。

〔3〕 梁启超：《清代学术概论》，上海古籍出版社 1998 年版。

〔4〕 严复：《与梁启超书》，王栻主编：《严复集》（第三册）。

〔5〕 严复：《与张元济书》，王栻主编：《严复集》（第三册）。

〔6〕 严复：《与梁启超书》，王栻主编：《严复集》（第三册）。

中国必须着力解决的问题。严复的思想和行动，无疑都能给我们以伟大启迪。有研究者指出："严复移植的斯密之思想种子，虽然没有在'革命世纪'的中国发芽生长，却在改革开放的中国迎来了迟到的市场经济开花结果的季节。"[1]此，适其时也！

［专家点评］

近代中国广大知识分子在救亡图存和民族文化转型的历史过程中，从不同方向、途径、方法进行了艰难曲折的探索。严复在中国近代社会变迁和文化转型的时代洪流中是一位走向世界、回归中国的历史伟人，他在历史中挣扎、反省、奋进，为挽救近代中国危亡的斗争作出了独特的贡献。

今天，我们在回溯历史、追思前辈志士仁人时，应该怎样认识严复？怎样评价严复的历史地位及其作用、影响？陈致远同学的文章对严复一生的思想和实践作出了独到的审视和阐述，文章比较精炼概要，从三个方面进行了论析，主旨鲜明，重点突出，分析基本到位，富有启发性和现实感，体现了作者较好的史学素养。

从严复一生的思想和实践出发，论文着重论述了严复在翻译西学、会通中西文化、启迪民智方面所作的杰出贡献。严复是近代一位最重要的翻译家，"有新时期西学第一人"之誉，1905 年由商务印书馆出版的、他翻译的《天演论》在中国思想文化界产生了震撼性的反响。他一生所发表的众多译作使广大读者打开眼界，激发了探索外部世界的热情。

第一，本文不限于历史事实的陈述，更着重于从历史表象中揭示严复呼应时代号召的人生抱负、生命贡献和精神内涵。论文

---

〔1〕 高力克：《陶铸国民：严复与中国启蒙运动》，《学术月刊》2014 年第 12 期。

强调指出追求国富民强是严复思想和实践的主题；强国之心和爱国之情是严复从事西学翻译、会通中西古今思想的动力；借鉴他山，力求进步是文化事业的宗旨，这些评说画龙点睛，揭示了严复一生的精神血脉与思想灵魂。论文还强调严复的文化立场和价值取向都从民族和国家的实际需要出发，服从于文化救国的崇高目标。这些评说告诉我们，在近代中国凡是要有所作为的知识分子最首要、最根本的前提就是要热爱自己的祖国和人民。

第二，论述了严复批判旧教育制度、倡导引入西方近代自然科学为基础的教育内容、推动西语教学、注重人才培养的专门性和人才结构的合理性等为主要内容的教育救国理论和实践。指出严复的教育变革理论和实践，其终极目标是为了救国强国，改变中国积贫积弱、落后挨打的困局，突出了严复教育救国的宗旨，特别强调严复教育改造的核心是培育应对危亡时局的人才，培养德、智、体合格的人才。同时对严复教育改造的具体办法和措施作了介绍，增强了历史具象感和真实感。

第三，叙述了严复体育思想与实践的历史贡献。严复会通中西思想、实现文化救国的蓝图里，包括思想改造、教育改造和发展体育。严复主张振兴中华必须实现“三强”，一曰血气体力之强，二曰聪明智虑之强，三曰德行仁义之强，提倡“德育商公，体育尚武，智育尚实”。本文作者在论述严复体育教育思想和实践时，十分强调当时体育的重要目标是强“血气体力”，强身救亡卫国，形成了严复文化救国、教育救国、强身救国思想实践体系的核心意蕴和宏大目标。

本文深切地体现了作者对严复的思考与感悟，可说借对严复的评说抒发了自己的爱国主义的家国情怀。

本文也存在可商榷之处，文中介绍严复的教育改造的思想与实践时，曾说严复主张“中学阶段西学与西方语言就成为课程学习的主干，一切用洋文授课”，本文作者对此偏颇之语，不予评说，给人以正面肯定的感觉，似可斟酌。

——华东师范大学教师教育学院副教授　李月琴

以沈寿改革的刺绣行业看刺绣艺术转型

沈昕逸*

［**摘要**］ 沈寿是清末民初的刺绣大师，曾因技艺杰出而受到慈禧太后亲笔赐名、担任清廷绣工科总教习工作；她突破传统观念，改革传统刺绣行业，其独创的独具中西融合之美的仿真绣作品也多次获得国际声誉，既使中国刺绣得以走向世界，也使刺绣成功转型，从生活用品向艺术品成功过渡。本文以沈寿为典型分析时代变局、心态变化、刺绣行业的传承创新、期望困局，探析刺绣传统技艺在晚清社会中西文化碰撞融合大背景下的发展状况和出路。

［**关键词**］ 沈寿；刺绣；社会转型

沈寿于1874年出生在中国四绣之首苏绣主要发源地——江苏吴县阊门海虹坊。沈寿原名沈云芝，字雪君，号雪宧。自幼捻

* 沈昕逸，复旦大学附属中学2018届学生。本文指导教师张敏霞、卫佳琪。本文获2016年博学杯历史人文素养展示活动论文三等奖。

针学艺，已天赋异于常人；婚后，受朝中官僚所托，与另几位刺绣高手一同赶制寿屏，进献给慈禧太后，被赐“福”“寿”，而后，清廷任余觉为农工商部绣工科总理，沈寿为总教习；同年，沈寿夫妇一同代表官方赴日考察美术教学；1911 年在天津开办女红传习所，后投奔张謇，前往南通先后担任女红传习所教员、所长、织绣局局长。其著名作品，如《耶稣临难像》，获 1915 年美国国际博览会一等奖；《意大利皇后爱丽娜像》分别在南洋劝业会和意大利都朗国际赛会中荣获一等奖和世界至大荣誉最高级之卓越优等奖（仅 3 人可获得），并作为国礼送给意大利皇后。沈寿的作品在南洋劝业会等各种展会上获奖，共获得 138 块金牌、银牌，可见其绣技高超。[1]

学术界对于沈寿的研究相对较少，主要在王秀娟的《苏州绣娘与苏州社会》[2]、朱培初的《中国的刺绣》[3]、陈佐的《沈寿：一代刺绣艺术大师》中提及[4]，分别从苏州绣娘的整体发展、沈寿的人生历程作了描述和讨论，其他不一一列举。而本文主要以沈寿为典型样例，通过考察其成长历程、思维方式、价值观念的转变，以此为切入点探析刺绣这一民间传统文化和技艺在晚清社会中西文化交杂冲击大背景下的发展出路，力求有所突破。

一、变局中沈寿的心态变化

清代苏绣，进入全盛时期。朝廷设苏州织造衙门，督造与差派锦、缎、刺绣等物品，以满足皇室生活和官绅商贾的要求，苏绣

〔1〕 沈寿口述，张謇整理，王逸君译著：《雪宧绣谱图说》，山东画报出版社 2004 年版，第 5 页。

〔2〕 王秀娟：《苏州绣娘与苏州社会》，上海师范大学硕士学位论文，2006 年。

〔3〕 朱培初：《中国的刺绣》，人民出版社 1987 年版。

〔4〕 陈佐：《沈寿：一代刺绣艺术大师》，苏州大学出版社 2010 年版。

艺术由此走向繁荣。至清代末期,绣庄数量迅速发展[1],已有绣庄150多家,绣工4万余人。[2]可以说,在12岁之前的沈寿,是在一个十分浓郁的传统刺绣文化气氛中成长起来的,此时在她身上更为凸显的是作为一个刺绣从业者对苏绣基本针法的灵活运用,她的刺绣由于被家庭条件和年龄所局限以闺阁绣和贴补家用为主要特点。

12岁时,沈寿(当时仍名沈云芝)走出海红坊,孤身前往城西的木渎古镇,投奔由她外婆所开的专业刺绣机构——宋三元绣庄,在执教严苛、性格开放的外婆的引导下及日复一日锲而不舍的磨炼下,她的绣品逐渐开始"举重若轻,风韵独饶""能巧俱备,空际传神"至"化板为活,信手生风"。更重要的是,云芝受外婆影响,坚定了"刺绣天下"的包容融合艺术理念和追逐风潮的艺术心态[3],从这段学艺开始,沈寿已经不局限于苏州的刺绣特点了,开始向江南直至各地游学,以提高自己对于刺绣技能的灵活运用和融合。

1893年,沈云芝与余觉结婚。余觉虽以经商为业,却也精通书画。[4]余觉在《余觉沈寿夫妇痛史》中提到,"余则以笔代针,吾妻则以针代笔,十年如一日,绣益精,名益噪"[5]。可见余觉个人的书画造诣,以及由于家庭教育形成的对绣品优秀画作的广泛采纳、绣稿风格的多次变换也使沈寿得以不断尝试新的刺绣针艺,最终也为沈寿夫妇的绣品形成自己独特的优势打下扎实的基础。

---

〔1〕 肖东发、袁凤东:《特色之乡、文化之乡与文化内涵》,现代出版社2015年版,第15页。

〔2〕 张仲实、葛桂林、吴泽林、原庆余:《绣花技艺》,清华大学出版社1992年版,第17页。

〔3〕 成向阳:《历史圈我是达人》,山东教育出版社2014年版,第278页。

〔4〕 耿纪朋、郑小红:《沈寿与余觉关系考略》,《艺术时尚》2014年第3期。

〔5〕 余觉:《余觉沈寿夫妇痛史》,中国国家图书馆藏,石印本,页数不详。

更需要注意的是，轰轰烈烈开展的洋务运动已带动了民族资本企业的新生。该时代的绣娘、商人的社交圈早已与封建时期的社交圈大相径庭，对于从事商业、善于社交的余觉便更具有优势。其社交范围很广，下至民间工匠，上到王公大臣，特别是与文人雅士都有广泛的交游，使他能够迅速知道艺术界的思想潮流和大众的审美取向[1]，在之后事业的瓶颈期也因此得到了不少支持。

纵观沈寿的刺绣史其实也折射出了时代的变化，以《意大利皇后爱丽娜像》的绣稿完成过程为例。该绣稿是由吴公素寄回国内，再由余觉把照片放大，摹画到缎面上，施色成油画风格才最终完成。[2]由此可推得，首先，汉人官僚在晚清政治格局中开始逐渐占据上风，比如出使意大利的吴公索即余觉好友；其次，出使意大利也反映出1840年之后英国炮火打开了大清国门，至此中国与西方的交流愈加频繁；最后，油画等原本在明末西学东渐时已经引入，可惜辐射面有限；但伴随着西方话语逐渐在中国占据上风，所以以油画为风格的绣稿也一时之间成为上层社会的流行品，这也折射出了转型期的中西文化交流。同样，1915年获得国际声誉的耶稣像也是余觉精心分析西方世界信仰基督，最后尝试作为刺绣选题切入点而得到广泛关注，继而取得极大的成功。[3]即可说明，民国初年，原有的中国传统的精神权威开始遭人诟病，在参加世界展览时人们会下意识地去迎合西方人的审美和价值观，所以会采用西方的精神信仰，并且试图融入中国工艺。一方面试图保留中国特色，另一方面为了能扩大自身的文化影响力也不得不依附于西方特色。

沈寿在社会地位上的提升也变相带动了苏州绣娘的地位，也

---

〔1〕 耿纪朋、郑小红：《沈寿与余觉关系考略》，《艺术时尚》2014年第3期。
〔2〕 同上。
〔3〕 同上。

使得刺绣行业得到了官府的支持。慈禧太后见沈寿夫妇送的寿屏格外精致,尤其是对人物的刻画也极为出彩,便询问一旁的载振绣品来源,载振不仅一一作答,同时趁机进言,建议在京师开办绣工所,专门教授皇家子弟绣艺,得到了慈禧的赞同。[1]讨了太后欢心的载振高兴之余,特授余觉商部四等商勋,同时还给了余觉夫妇600两银子作为川资,派他们到东洋日本考察绣务。[2]

从官员的进言、慈禧的认同中可以看出沈寿的职业获得并不是一时偶然性的产物,其中确有政府的支持。晚清变局初期刺绣的发展不再闭门造车,刺绣的学界交流开始向东洋进一步发展。洋务运动不再是简单的官方活动,还有手工艺的交流。从此,沈寿的眼界有了进一步的拓宽,她所关心的不仅仅是对于个人的刺绣,而且是希望由自己开始对刺绣这一传统行业作出进一步的改革,使中华民族的传统技能——刺绣,由此开始走向世界。刺绣也不再仅仅作为贴补家用的劳动工具,这一技艺在艺术领域中的价值也开始有了进一步的提高,绣品开始向艺术品方向发展。

二、传承与变迁:晚清时期的刺绣发展

近代以来,随着上海的兴盛,苏州丧失了作为江南经济中心和文化中心的优势地位,可是苏州刺绣,因为建立在苏州经济和文化等因素的基础上,不但没衰弱,反而随着海外市场的拓宽,而愈加兴旺发达。[3]但是在当时的大背景下,顾绣等其他绣艺相继没落,刺绣的传统地位受到挑战。刺绣行业必定需要改革和创新

---

〔1〕 江苏省政协文史资料委员会、苏州市政协学习和文史委员会合编:《江苏文史资料》第128辑《苏州文史资料》、第27辑《苏州艺苑名师》,江苏古籍出版社2000年版,第134页。

〔2〕 潘文龙:《苏州名人故踪》,苏州大学出版社2012年版,第120页。

〔3〕 王秀娟:《苏州绣娘与苏州社会》,上海师范大学硕士学位论文,2006年。

才能维持它的传统地位，而沈寿正是扮演了这样一个引领和发展的角色。

随着沈寿的经历以及阅历的丰富，她对当时“中国刺绣板滞，难得画神，更加设色少”的现状愈加不满，继而力求在自己作品中改变这种墨守成规的状况。[1]1904年赴日考察之行让她看到：“日本刺绣的优势在于绘画刺绣相得益彰的辅助和运用，于是绣作的美观程度就由于对色彩的敏感度的提高而进一步提高；更重要的是，绣品中以西洋画为标本的作品对技艺的要求更高、更精细，一般以数年时间运用千余种色线绣的美术绣而创作完成。”[2]于是结合西洋、中国、日本各自的优势与不足，沈寿决定各取其长，以中国刺绣技法，尤其是染色、染线的技艺为基础，以西洋画作为绣稿，希望以此为新的突破口，期望能使中国刺绣蓬勃发展，直至赶超日本，这也为沈寿之后创作仿真绣埋下了伏笔。

赴日归来的沈寿，已经完全不是与她母亲、姐姐类似的单纯的苏州绣娘了。她被任命为清宫绣工科总教习，她从绣娘这个为生计所困的职业中逐渐抽身出来，成为苏州绣娘中有地位、有能力、有固定收入的一个典范。

1906年1月，沈寿夫妇返苏州待命。因当时清廷忙于应付沙俄侵占喀什噶尔和孙中山在东京成立同盟会等事，无暇顾及设置绣工科之事。在缺少政府的关心和支持的背景下，沈寿夫妇决定化被动为主动，先在本地移植日本做法，创办两位一体的“福寿夫妻绣品公司”和“同立绣工学校”。可是，创办公司和绣校并不容易，幸好在筹措经费时，得富商刘柏生资助三四千金才得草草创业[3]，于市中心马医科巷觅得花园住宅一幢总共28间房间，也就

---

〔1〕 引自 https://m.doc88.com/p—6621991384228.html，2018年2月14日。

〔2〕 孙佩兰：《吴地刺绣文化》，南京大学出版社1997年版，第104页。

〔3〕 1914年任工商部次长的刘厚生之兄。

是后来的绣园。“同立绣校”每期招生四五十人,学校收费很低,边教边绣,半工半读,所绣作业便成为“福寿夫妻绣品公司”的商品。把教育事业和经济实体合二为一,是沈寿日后办学所遵循的重要原则。[1]

然而,理想往往很美好,现实却总是残酷的,绣校和公司很快由于资金原因以失败告终。以资金来源即绣工科时积累的薪金为例,1906 年 4 月初,余觉、沈寿从苏州带去绣校原班人马 8 人,去绣工科担任总理、总教习。薪俸由部按年度拨付:第一年总共 200 两,余觉沈寿各 50 两,其余为 8 人均分。第二年增加到 300 两,余觉、沈寿各 75 两,其余仍为 8 人均分。第三年又增加到 500 两,夫妇各 120 两,那年已添聘科员,但各人所得仍有增长。[2]薪金虽不少,但是由于受传统观念的影响,沈寿的薪金绝大部分都交与余觉保管,而余觉花钱大手大脚,加上家里还有几位小妾,所以两人积累的资产依旧很少。

可见在那个传统观念盛行的年代,即使薪金富足如沈寿,晚清绣娘依旧不得不依附于男性的经济力量,无法独自开办学校。以沈寿为典型的绣娘,面对的困境不仅仅是西方商品倾销造成的刺绣行业不景气,更是面对着女性地位低下的传统观念,这也是晚清刺绣业的困窘。

1909 年,清廷下谕批准由陈琪、端方等开明官僚组织的、以官商联办形式举办的南洋劝业会,其主要目的是“通过会展奖劝农工”“振兴实业”[3]。会场内共设 34 个展区,包括各省展馆、专业馆、实业馆,另外还有暨南馆展览华侨展品,参考一馆、参考二馆

---

〔1〕 江苏省政协文史资料委员会、苏州市政协学习和文史委员会合编:《江苏文史资料》第 128 辑《苏州文史资料》、第 27 辑《苏州艺苑名师》,第 135 页。

〔2〕 陈佐:《沈寿:一代刺绣艺术大师》,第 204 页。

〔3〕 潘文龙:《苏州名人故踪》,第 121 页。

展示外国展品等。[1]参展品既包括瓷器、玉雕、刺绣等可以着重展现民族特色的传统产品，同时也包括南洋侨商产品和外国参考馆展品，如纺织、皮箱、玻璃等，则为一时之新奇。说明当时也是把刺绣作为一项拿得出手的门面手艺。展区一方面是传统文化的代表，另一方面来自西方的新奇之物也折射出当时带来的冲击。

在这次南洋劝业会上，不仅仅使沈寿得以一饱中外不同文化差异而展现的各自的美，也不仅仅是由于她著名的作品《意大利皇后爱丽娜像》获一等奖，也不仅仅是她生命中的一位知音——张謇，就在这里与她相识；南洋劝业会是对于中西优秀文化的一次集合展示，有人说："观展一日，胜读书十年。"作为南洋劝业会主要负责人之一的张謇在这里体现出来的实业救国的目标也通过博览会深深地打动了沈寿，甚至让她的心中也从此有了一个信念：要博采众长，因为光凭自己本国的优秀技艺并不足以推广至世界，要适当依托于西方的力量。

三、期望与困局：沈寿的刺绣教学

1911 年辛亥革命推翻帝制，绣工科的学员都系皇亲国戚女子，纷纷出逃，导致皇家主办的绣工科不复存在。沈寿夫妇在慌乱中随逃亡人群逃至天津避风头，然而等来的却是清朝的灭亡。由于所带银两不够生活，夫妇二人决定靠刺绣特长谋生。于是，余觉设法向当地的张都督求助，借得天津市郊经纬路种植园内一处房屋，于次年筹办自立女工传习所，对外张榜招收学徒，自己也在天津各处寻求刺绣加工业务，以增加收入解决一干人员的生活

[1] 夏维中、张铁宝、王刚等南京市地方志编纂委员会办公室：《南京通史》（清代卷），南京出版社 2014 年版，第 513 页。

费用。可是一方面，沈寿虽名声在外，但前来报名学绣的生源不多，开始只有10多名。后来虽有增加，但仍然不足，收的学费又有限，维持生活依旧艰难。而另一方面，余觉连日对外奔波刺绣业务却收效甚微，由于天津遗老遗少较多，做着总想复辟的“美梦”，生活方式仍比较传统，加上人心惶惶〔1〕，带给传习所的就是工艺要求不高的加工业务而已，最多偶尔碰到外国传教士订做欣赏品刺绣。〔2〕

在这种情况下，沈寿将希望寄托于以绣养学、以学促绣，开办“自立女工传习所”，却仍以失败告终。她认识到在这样一个非和平年代，没有政府的支持，单凭刺绣手艺也仅能交付房租而已，并不足以维持生计。使她得以支持办所的另一个重要原因是友人张謇的关心。张謇一直坚定实业救国的理念，对刺绣事业的发展也十分重视和肯定。比如在他获悉美国国际博览会的消息后，还让女工传习所的刺绣作为参展项目之一，发动全所师生为参赛做准备。

最终，由于沈寿与张謇的南洋劝业会的机缘，夫妇二人放弃了待遇更好而且路途相对更远的四川而选择向张謇求助，来到南通继续自己的刺绣生涯。〔3〕到了南通后，沈寿发现南通早有发展刺绣事业的计划，女子师范内附设手工传习所多年，有编织、刺绣等班级，目前正在扩建。沈寿若来南通担当所长职务，可以带一帮有经验的刺绣教师和画师协助工作〔4〕，于是在这里扎根下来。

南通女工传习所建立于1914年。据女工传习所第14期学员庄锦云先生回忆：刺绣为当时学员的必修专业课程。有只学刺绣

〔1〕 陈佐：《沈寿：一代刺绣艺术大师》，第34页。
〔2〕 同上书，第32页。
〔3〕 潘文龙：《苏州名人故踪》，第121页。
〔4〕 陈佐：《沈寿：一代刺绣艺术大师》，第35页。

的速成班，也有学习其他科目的班级。设有语文、数学、体育、音乐、书法、绘画等课程供学生学习，按照不同的年级进行分科，比如以绘画为例，就分成国画、水粉、绘画。除了音乐、数学以及家政每周一节课外，其余科目均为每周两节。而学员大部分时间都是在学习刺绣，张謇不定时邀请了名家来教授刺绣。学员入学首先要到速成班，学习实用品刺绣，掌握基础绣技，然后才能正式进入相应班级。当时传习所学制从低到高分为普通班、中级班和高级班，高级班专攻油画肖像绣，也就是仿真绣技术，由沈寿亲自教授。学校半工半读体现出这不是完全的学校教学，而是实业与教学相结合；另外教学产物成为商品，使绣工们的技艺对于提高物质生活有所帮助，人们也就愿意从事这一职业，刺绣于是走向兴盛，更多的刺绣学校也就发展起来了。

但同时要注意到，该绣校似乎又不仅限于是职业学校，它也安排少量文化课的学习。不仅如此，从南通女工传习所对于刺绣技艺循序渐进的学习可以看出它首先给南通绣娘这个人群提供了维持生计且较有优势的技能——从这一点来看，刺绣首先仍是作为一种民间工艺来看待。但随着学员们刺绣水平的提高，对于文化课科目的学习既使学员们感受到了基础的“通识教育”，而且知识水平的提高对刺绣这一职业、技能的理解的提高也有一定帮助，而且更重要的是，它通过提供受教育的机会、提供职业突破了社会对于传统女性地位的限制，使学员们能够有内在的信心去变得独立、自信。而从刺绣技艺中的“苏绣”、沈寿独创的“仿真绣”来看，不至于落得后继无人的尴尬境地，中国传统中这样一个不传统的文化得以鲜艳存活至今。刺绣，从沈寿开始，因为有了艺人之间彼此交流、借鉴、提高、融合、创新的机会，发展速度也逐渐变快，开始向艺术欣赏的领域发展。

但是，在当时的大背景下，必然也有自己的不足。兴办南通绣校之后,南通的刺绣行业的地位得到提高,但从大局上看刺绣行业的地位改变不大。另外可以推得伴随着军事入侵后,西方的经济文化也逐渐侵入中国,从根本上改变了中国千百年来的传统手工业,包括原本自成一脉的纺织、刺绣等手工业体系,也给国民的审美意识带来了冲击。当时西方文化的盛行导致西方审美逐渐成为人们追求的主流价值。在这种社会氛围下,晚清以来尤其民国初期的刺绣行业受到了巨大冲击,除了刺绣图案等开始呈现出中西交杂风格,国民对待传统工艺的态度也发生了转变。

四、余论:新旧出路

沈寿作为清末民初杰出的刺绣大师,她的苏绣风格的作品获得以慈禧为首的清皇室的赞誉;并且,随着她与日本的交流,逐渐自己摸索、开创了仿真绣的艺术蓝本,同时在国际上享有相当高的声誉。刺绣开始不仅仅是为生活所迫的技能,而是成为观赏性的艺术;从较为呆板公式化的“闺阁之技”,开始焕发出全新的面貌。更为重要的是,中西文化在她所创立的“仿真绣”中开始有了明显的交流碰撞,而这是中国人主动尝试的碰撞,可以说非常具有时代意义。通过仿真绣既颠覆了西方人对中国传统刺绣艺术的理解;同时,由于刺绣艺术本身的生活性、观赏性比较容易深入人心,影响也更大。“仿真绣”是中国传统艺术活跃于世界、具有时代特征的一个榜样,鼓舞国民发扬“匠人精神”,同时善于融合文明,使之鲜活存在。

刺绣技艺随着时代发展面临挑战,但随着女性地位的提升、中西技艺的融合,从沈寿开始,刺绣一步步逐渐走向繁荣,今天,中国刺绣艺术馆、苏州刺绣博物馆、南通刺绣博物馆、中国刺绣艺术馆等种类繁多的博物馆的建立标志着,刺绣这一传统文化在当今世界依然未失去它的价值。

［专家点评］

沈昕逸同学在本文开篇就表示，希望通过考察一代刺绣大家沈寿的成长历程、思维方式、价值观念的转变，以此为切入点探析刺绣这一民间传统文化和技艺在晚清社会中西文化交杂冲击大背景下的发展出路，并且力求有所突破。无论是论文选题还是研究抱负都是值得肯定的。但通观全文，作者可能还是主要集中在对“沈寿的刺绣”的研究。刺绣是传统女红之一，也是历代中国女性参与经济生产、创造物质财富的重要手段之一。本文研究的时段，正是中国传统家庭纺织工业受到欧洲传来的机器化生产的冲击，几无利可图，仅余刺绣一业勉力支撑的时代，如果作者能够在这一背景之下分析中国的民间文化与技艺的新旧转型，恐怕能够更好地明白“晚清刺绣”的业态与变化。

因此，本文的选题仍嫌过大，刺绣历史悠久，变化亦多，即使晚清时期，因地域不同，也有诸多流派，从沈寿一人来看晚清刺绣之进退短长，可能还是有点太过“野心勃勃”了。这是一篇有关物质文化的论文，可惜文章还只是停留在对文字记录的梳理与分析之上，如果能够将“女红”的物质性在论文中有所关照与展示，文章将会更有新意。

——复旦大学历史系教授　陈　雁

臻于至善，玉树芝兰
——论李善兰科技活动的贡献及影响

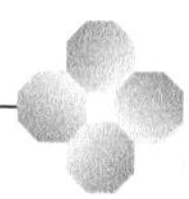

李哲铭*

[摘要] 自清末以来，许多学者在富民强国之路上不断进行着探索。作为近代中国科技先驱的李善兰以富民强国为己任，在数理科技方面作出了巨大的贡献，产生了深远的影响。李善兰的科技活动主要表现在对西方数学、天文学和植物学的传播，尤其是在数学上有创造性的贡献。本文试图论述李善兰的科技活动的贡献和影响，来管窥近代中国人在科技方面的追求和贡献。

[关键词] 科技先驱；李善兰；贡献；影响

一、引　言

自鸦片战争以来，西方的坚船利炮使中国的仁人志士意识到

* 李哲铭，复旦大学附属中学2018届学生。本文指导教师叶朝良。本文获2016年博学杯历史人文素养展示活动论文三等奖。

了科技救国的重要性，一大批"睁眼看世界"的中国人开始了探索富民强国之路。近代中国科技先驱李善兰无疑是他们之中非常显眼的一人。他怀揣着科技救国的伟大理想，不仅以翻译西方著作、在京师同文馆教授算术、著书等方式向国人系统地介绍了西方的科技成就，还系统性地研究数学，对诸多理论进行整理与归纳。此外，他独辟蹊径，自主创新，对中国数学有着创造性的贡献。他被誉为中国近代史上第一位数学教授，同时也是中国近代史上第一位拥有以自己名字命名的恒等式的数学家。

二、李善兰科技活动的贡献与影响

清代在中国科学史的发展中具有重要的历史地位。当时的科技工作者们在传承和发扬中国古代传统科学的同时，不断向西方学习、讨教经验，并组织了大批有生力量，开展了诸如翻译西方科学著作等活动。

李善兰在科学方面有着非凡的成就，尤其是在数学方面，有着创造性的贡献。因而当时数学界称李善兰"仰承汉唐、荟萃中西、取精用宏、兼综条贯"[1]。

李善兰，生于1811年1月2日，卒于1882年12月9日，原名心兰，号壬叔，海宁人。[2]出身于书香门第，其父李祖烈是当地的名儒。李善兰从小就受到良好的教育，再加上天资聪颖，所读之书过目即可成诵，并且文字表述上有着扎实的基础。

（一）第一阶段——求学

李善兰10岁那年，在父亲的书房里玩耍，翻到了《九章算术》

---

〔1〕白寿彝总主编：《中国通史》（第十一卷）（下），上海人民出版社1999年版，第1557页。

〔2〕《苞溪李氏家乘》（卷六），1800年自刻本，祠堂藏版，海宁市图书馆珍藏。

一书，心向往之，“窃取阅之，以为可不学而能，从此遂好算”[1]。弱冠之年偶遇中译本《几何原本》的前六卷，爱不释手，经过自学而“通其义”[2]。第一次到杭州参加科举落榜，却偶得古书《测圆海镜》和《勾股割圆记》，尤其对《勾股割圆记》十分感兴趣。此书记载了原作者提供的九种方法，李善兰在仔细研读后觉得其中几种方法有欠缺，经思考，产生了一些心得。对这些著作的认真研读无疑为其今后对西方科技著作的翻译和对数学的自行研究打下了相当坚实的基础，产生了深远的影响。

鸦片战争过后，李善兰定居浙江，经常与当地的学者交流，探讨一些数学方面的疑难问题，并常常将自己学到的数学知识运用到实际生活中，做到活学活用、触类旁通。在海宁，他参加了“鸳湖吟社”。社友们经常结伴游历，好不欢乐。一次行至东山，李善兰一时兴起，当即问同行的友人可知东山之高，友人们面面相觑，一时语塞。李善兰告诉友人，尽管自己之前从来没有到过东山，也没有听说过东山之高，“而唯以勾股形之对应成比之算耳”[3]。李善兰在向好友们道明了自己用来测算东山高度的数学方法后，好友们将信将疑。后来他们请教了久住东山的樵夫，又翻阅了资料典籍，发现均与李善兰计算出的高度相差无几，不禁暗自钦佩李善兰的数学功底。曾有好友余楙讲述李善兰常“露宿山顶，不顾夜寒，只为测象纬躔次”。这无一不是李善兰运用数学知识于实际的真实写照。

在嘉兴，他结识了知名数学家顾观光、汪日祯等人。汪日祯与李善兰一见如故，并借《四元玉鉴》三卷给李善兰。善兰见之大

---

〔1〕 李善兰:《则古昔斋算学自序》,1867 年。
〔2〕 李善兰:《几何原本续译原序》,1857 年。
〔3〕 赵茜:《近代科技先驱李善兰的西方科技著作翻译》,《兰台世界》2014 年第 28 期。

悦，对该书“深思七昼夜，尽通其法”，著作《四元解》由此写成。[1]自此，李善兰在江浙地区的数学界声名鹊起。

1851年，其拜访数学家戴煦。戴煦在指数、对数以及无穷级数方面有着很深的造诣，在这些方面李善兰也有自己的研究。两人一见如故，彼此学习，相互探讨，同创共进。李善兰和戴煦在数学方面有着多次的交流。戴煦认为，李善兰所著《对数探源》与自己的著作《对数简法》解法有别但是结论一样。并且赞扬李善兰写的《弧矢启秘》很有新意。[2]此外戴煦还认为，《外切密率》一书的完成，多亏李善兰的殷勤督促，功不可没。

（二）第二阶段——译书

李善兰在目睹了西方列强对中国的践踏、蹂躏和摧残后，清醒而深刻地意识到西方的强盛与科学技术的进步密切相关，因此他立志科技救国，并明确了科学与数学的重要性。此时的李善兰，对西方科技文化有着强烈的学习愿望。在1852年的夏天来到了上海，在墨海书馆结识麦都思（Walter Henry Medhurst，1796—1857）、伟烈亚力（Alexander Wylie，1815—1887）、艾约瑟（Joseph Edkins，1823—1905）和韦廉臣（Alexander Willamson，1815—1887）等几位西方知识分子。李善兰在墨海书馆这个西学文化重镇开始了长达8年同这些外国友人合作翻译西方科技著作之旅。

1.《几何原本》后九卷

明末科学家徐光启和意大利传教士利玛窦合作翻译了《几何原本》前六卷，由于种种原因，后九卷一直没有译本，阻碍了当时中国数学的发展。徐光启说：“续成大业，未知何日？未知何人？

---

〔1〕 王淑君：《近代数学家李善兰的辉煌成就》，《兰台世界》2013年第24期。

〔2〕 邓红梅：《中国近代数学的起步与西方化》，《青海师范大学学报（哲学社会科学版）》1999年第1期。

书以俟焉。”[1]

伟烈亚力带了十五卷的英文版《几何原本》来到中国，想完成利玛窦未完成的事业。但伟烈亚力在数学方面的水平并不高，尽管会讲一些中文但对英译中的数学术语的汉字表述不确切。与李善兰的结识令他欣喜不已——李善兰正是他需要的合作对象。于是，两人于1852年开始了续译工作，至1856年完成后九卷翻译工作。历经250年的接力，这部“西方古往今来最伟大的著作”终于有了完整的中译本。此译本的表述简洁易懂，深入浅出，给中国数学界带来一股清流，书中的理念和方法大大推动了当时中国科技的进步。

2.《代数学》十三卷

《代数学》(*Elements of Algebra*)由英国数学家德·莫尔甘(De Morgan Augustus,1806—1871)于1835年所著，主要介绍了一系列初等代数问题。此书中李善兰学习借鉴了大部分欧洲通用的代数符号，如括号(( ))、等号(=)、大于(>)、乘号(×)、除号(÷)、因为(∵)、所以(∴)、根号($\sqrt{\ }$)等，但将“+”“-”号分别译作“⊥”“丅”，阿拉伯数字换成“一”“二”……[2]1859年上海出版了我国第一本用符号书写的数学著作中译本——《代数学》。

3.《代微积拾级》的整编

1859年李善兰记录兼整理了《代微积拾级》。该书的主要内容是解析几何和微积分方面的知识。李善兰和伟烈亚力在翻译此书时，创造了许多名词，例如“代数”“微分”等。但其在翻译过程中仍保留有很浓厚的东方汉字特征，如符号“d”译作“彳”；将符号“∫”译作“禾”。

---

〔1〕 杨自强:《近代科技翻译第一人》,《文史天地》2009年第1期。
〔2〕 王淑君:《近代数学家李善兰的辉煌成就》,《兰台世界》2013年第24期。

这本书其实是属于基础数学知识的范畴，但是作为微积分传入东方的标志，在中国数学发展史上有着重大意义。

4.《谈天》十八卷

《谈天》这本著作也是李善兰与伟烈亚力一同翻译的。原著是英国天文学家约翰·赫歇尔(John Herschel，1792—1871)所著的《天文学纲要》(*Outlines of Astronomy*)。此书在西方一印行，就因其对天文现象和科学理论的生动形象的描述和诙谐幽默的语言而受到了大众的追捧。李善兰从小就对天文学有着很大的兴趣，在看到这本书后，思想上受到了很大的启发。在伟烈亚力的介绍下，李善兰当即取了一个让中国读书人颇感亲切的名字——《谈天》。说它让中国读书人颇感亲切，那是因为战国时期伟大的浪漫主义诗人屈原曾作《天问》，通篇是对于天地、自然和人世等一切事物现象的发问，而《谈天》顾名思义，可以当作是对几千年前的屈原的一声回应。

《谈天》毫无保留地向中国人介绍了开普勒的行星三大运动定律以及哥白尼的“日心说”。《谈天》一经刊发便受到了社会各界的认同，“文人谈天说地，以不知此二书为耻”[1]。《谈天》起到了启发民智的作用。人们不再拘泥于现有的天文知识，而是通过学习西方天文知识，了解到日月星辰的真实面貌。[2]

5.《植物学》八卷

《植物学》是由李善兰与韦廉臣一起翻译的。原著是英国植物学家林德利(John Lindley，1799—1865)所著的《植物学纲要》(*Elements of Botany*)。这本书为中国植物学的发展奠定了基础。

该书详细介绍了植物学基本理论知识，并且图文并茂地讲述

---

〔1〕 熊月之：《西学东渐与晚清社会》，上海人民出版社1994年版，第511页。

〔2〕 刘金沂：《中国天文学的转折——李善兰和〈谈天〉的历史地位》，纪念李善兰逝世一百周年学术讨论会，1982年。

了实验操作的技巧与方法,着重强调实验的重要性。这些理论对当时的国人来说,显然是闻所未闻的。前人对于植物的研究,大多是与中医紧密相连的,如上古时期的神农尝百草,孙思邈编撰《千金要方》,李时珍编撰《本草纲目》等。他们对于植物的认识仅仅在于有无毒性、能否药用、药用法则,与普通植物学有很大差别。可以说,《植物学》在中国的出版标志着近代西方普通植物学在神州大地上的传播。此外,中国发行的《植物学》中译本流传到了日本,在日本的科学界引起了不小的反响,产生了重大影响,甚至整本书被收录于《日本科学史经典原著全集》。[1]

6. 其他译著略述

1852年至1859年,除了上述几本西方科学作品的译著外,李善兰与志同道合的外国友人还对其他许多西方科技作品进行译著,此处再简列几例。

《初等力学》(*An Elementary Treatise on mechanics*)是由李善兰与英国人艾约瑟一起翻译的。原著作者是惠威尔(William Whewall,1794—1866)。[2]该书被译为《重学》二十卷,为了使国人能够更好地理解书中的思想,李善兰特地单独整理出圆锥曲线内容自成一卷,作为附录。

李善兰与傅兰雅一起翻译牛顿原理三册,取名《奈端数理》。《奈端数理》就是牛顿(Isace Newton,1642—1727)名著《自然哲学的数学原理》(*Mathematical Principles of Natural Philosophy*)。该书内容虽然是西方比较深奥的学术知识,但由于李善兰刻苦钻研,

---

〔1〕 罗见今、王森、张升:《晚清浙江数学家群体之研究》,《哈尔滨工业大学学报(社会科学版)》2010年第3期。

〔2〕 白寿彝总主编:《中国通史·清时期》(下),上海人民出版社1994年版,第1815页。

他基本掌握了书中的知识[1]，可惜的是未能译完。

7. 简评

1852年至1859年，是李善兰一生中潜心翻译的8年，是与外国友人合作交流的8年，是自身学术水平大步前进的8年。李善兰与西方知识分子对西方科技著作的合译为中国近代科技的发展奠定了坚实的基础，流传下来的那一本本中译本是李善兰留给我们后人的一大精神财富。这都积极地起到了促使国人抛却旧思想、迎接新思维的作用，直接对当时的中国学术界、对整个知识分子阶层进行了启蒙，使国人耳目一新，也促进了中西方文化的融合。他的科学救国的思想激励着当时许许多多的仁人志士加入到翻译西书、学习西方科学技术、“师夷长技以自强”的行列中来。

（三）第三阶段——教书、著书

1861年，京师同文馆兴建，主要教授翻译课程。后来，由于社会发展的需要，同文馆添设了多项课程。李善兰经郭嵩焘推荐，在1868年任天文算学总教习。从此，他13年如一日，潜心钻研数学教育和数学研究，直至逝世。

李善兰可以说是中国近代史上第一位数学教授，他共教授学生100多人，学生均学有所成，或在外省工作，或在同文馆教书。[2]李善兰的这些学生，在传播近代科学，尤其是数学知识方面起到过重大作用，如：贵荣、熊芳伯等。京师同文馆的总教习丁韪良就曾经当面感谢李善兰在同文馆作出的贡献，他的很多学生都是同文馆的骨干，比如贵荣就担任了副教习的职务。李善兰的弟子还聚在一起，把老师教授他们的讲义和自己的研究发现集结起

---

〔1〕［英］傅兰雅：《江南制造总局翻译西书事略》，转引自王渝生：《李善兰：中国近代科学的先驱者》，《自然辩证法通讯》1983年第5期。

〔2〕高红成：《李善兰对微积分的理解与运用》，《中国科技史杂志》2009年第2期。

来，编译成了《算学课艺》。这本书在后来成为同文馆算学方面的主要教材。丁韪良还认为，能够使得中国的算学振兴于世界的人，非李善兰莫属。[1]

李善兰在担任总教习职务之后，选《测圆海镜》这本书作为同文馆算学方面的基础教材，并附有题解以帮助学生能够更好地理解书中的思想。李善兰多次对这本书进行修编，并扩充了“勾股容圆”问题的种类。在1867年出版的《则古昔斋算学》中收录了李善兰20余年来的各种著作，这是对李善兰数学造诣的最大肯定。该书所论述内容，虽比西方同等成果研究较晚，但也是我国数学家们独立完成的研究结果。

李善兰在晚年的时候，身体过于肥胖，心力衰竭，时常步履艰难，走路需要搀扶，他却不顾自身的疼痛，依然带病教学、做研究、著书。据史料记载，一天，李善兰在高徒熊方伯等三位同学的搀扶下前往京师同文馆授课，在上课途中他想起身写板书，不料重重地跌倒在地爬不起来。事后，李善兰在课前就会准备好几张大纸，上面提前写好画好想要讲述的图和重要文字，上课的时候只需要用一根长棍指引就可以了。

在去世前几个月，李善兰的病越发严重了，身体也越来越虚弱，已经无法正常走动和上课了，于是便待在家里写书。1882年夏，贵荣带着几名同学去李善兰家看望恩师。李善兰正忙于编撰《造整数勾股级数解法》。“某自知时日之不余，故书某之已思于短日，否则埋之九泉，不可不谓惜哉！”[2]由此可见李善兰认真研究的态度。

---

〔1〕 徐传胜：《中国第一部微积分学的译著者》，《中学数学教学参考》2000年第10期。

〔2〕 李善兰：《造整数勾股级数解法自序》，1882年。

（四）第四阶段——成就

1. 组合数学上的一些成果

李善兰在《垛积比类》中应用“开方作法”，在组合数学方面取得了一定成果。李善兰通过研究得到了以下式子：

$$\sum_{k=0}^{p} l_k^p = (p+1)!$$

其中 l_k^p 被称为“第一类李氏数”。与之对应的“第二类李氏数”为 L_k^p。李善兰对 l_k^p 和 L_k^p 进行组合，得到了大批等式。

由于“李善兰恒等式”的产生，使他成为中国近代史上第一个拥有自己名字命名的恒等式的数学家。“李善兰恒等式”用英文字母书写如下：

$$\binom{n+q^2}{q} = \sum_{k=0}^{p} \binom{q}{k}^2 \binom{n+2q-k}{2q}$$

其中 $$\binom{l}{r} = \begin{cases} 0, \text{当 } l < r \text{ 时} \\ \dfrac{l!}{r!(l-r)!}, \text{当 } l \geqslant r \text{ 时} \end{cases}$$

可惜的是他没有给出“李善兰恒等式”的证明。

数学家杜澜·巴尔(Paul Turan)于1954年访华，做了四场报告，其中有一场报告题目为《李善兰恒等式的证明》。由此可见，外国数学家对“李善兰恒等式”的重视程度。

2. 极限思想

① 李善兰的极限思想

与外国友人一起翻译了部分西方著作使李善兰产生了极限思想。《代数学》和《代微积拾级》这两本书中都有关于极限的论述。他编撰的《代数学》，其内容仅限于初等代数的知识，对于某些极限的求解是困难的。[1]《代微积拾级》中，他充分利用极限思想，自行推导出了与其之前应用传统数学得到的积分公式的类似结论。

② 李善兰的极限思想的创新之处

极限思想其实在我国古代就已经存在了。据考证最早使用极限思想的中国古代数学家是魏晋时期的刘徽。他在实践中发现了圆面积的计算公式。

李善兰采纳了刘徽在极限思想方面的部分观点，并给出了一系列的代数组合公式，以至于其中部分积分公式与现代数学积分理论中的一些结论非常相似。[2]

西方的极限思想持续发展，但核心问题“无穷小量倒是什么”一直未能被数学家们彻底解决。当柯西（Cauchy，1789—1857）解决了无穷小与 0 的关系后，维尔斯特拉斯（Weier-strass，1815—1897）给出了极限的静态定义。

李善兰对西方的极限理论是有着自我见解。李善兰用自己的语言对极限作出了形象化描述，而非原著那样的数字化描述，从中可以看出李善兰对极限思想的理解及对西方极限理论的解释有了较深刻的看法。

李善兰发现《代微积拾级》中有许多等式与《对数探源》中的结果基本一致。下举一例——

$$\text{《代微积拾级》}: \ln\frac{n}{n-1} = 2\left[\frac{1}{2n-1} + \frac{1}{3}\left(\frac{1}{2n-1}\right)^3 + \frac{1}{5}\left(\frac{1}{2n-1}\right)^5 + \cdots\right]$$

〔1〕 张必胜：《数学史在高等数学教学改革中的意义研究》，《高师理科学刊》2014 年第 5 期。

〔2〕 [美]莫里斯·克莱因：《古今数学思想》，上海科学技术出版社 2002 年版，第 158 页。

李善兰在研究西方数学之后，其研究成果能够融入西方数学的相关理论当中。当然，这是由于李善兰对西方数学知识的积累在应用中不断地与中国传统数学的相互融合。

3. 微积分思想

① 李善兰的微积分思想

《方圆阐幽》一书中李善兰构建的微积分体系初步完成。李善兰创造性地发明了“尖锥术”。这是一种通过构造定面积或定体积的几何图形，发现它们的自身性质的算法。这种方法可以用来解决许多疑难问题，比如高阶次方、幂指数应用等。据笔者考证，当时他虽没有微积分的知识，但他独立创造的“尖锥术”实际上已经得到定积分的部分公式。

这种方法是一种无限分割的办法，然后累加得和。其实质就是对幂函数求定积分的公式以及多项积分值累加法则。

例如：

$$\int_0^h Kx^n dx = K\int_0^h x^n dx = \frac{Kh^{n+1}}{n+1},$$

$$\int_0^h f_1(x)dx + \int_0^h f_2(x)dx + \cdots + \int_0^h f_n(x)dx$$
$$= \int_0^h \left[f_1(x) + f_2(x) + \cdots + f_n(x)\right]dx。$$

② 李善兰的微积分思想的创新之处

通过了解西方微积分思想与李善兰的微积分思想，笔者作出了以下较粗浅的比较：首先，李善兰与西方对于微分中的微元理解不同。李善兰主观上把微元看作点，因而他认为微元实际与被积分量是处在同一层面的。以牛顿为首的西方微积分思想家认为“无穷小不是有限的，但绝非0，不过有时可以看成0罢了”。西方是通过一点的变化率而求出面积的，因此从西方微积分的角度,微元比积分量低了一个维度。其次,二者求积分的方法不同。西方微积分思想有两种方法。其一从几何学方面入手,给出定义。其二先解决了“最小量与0的问题”再求积分。而李善兰利用“尖锥术”的求和极限来给出积分运算定义。最后,二者对于定积分方面是存在区别的。西方微积分思想家对于定积分是通过一种分割、求和、取极限的步骤得到的,而李善兰则是通过自创的“尖锥术”得到的。

三、结　　语

李善兰数学方面的成就,使他成为中国近代史上第一位数学教授,也是中国近代史上第一位拥有以自己名字命名的恒等式的数学家。在1852年来沪之前,他在自己的家乡浙江学习、研究中国古代数学和天文历算,打下了坚实的数学和天文基础;1852年至1859年的8年中,他作为一名翻译家在上海墨海书馆与西方知识分子合译出了许多西方科学著作,硕果累累;此后在曾国藩幕府中担任幕僚,恰逢洋务运动,京师同文馆的兴建以及广东巡抚郭嵩焘的上疏举荐给予他任天文算学总教习的职务的机会,在当时培养出了众多科技人才。晚年,他虽任职高位,但从未中断过学术研究工作,并在数学方面一直有着创造性的贡献。

李善兰是近代中国社会中“科技救国者”的一个缩影。当时的“救国者”有很多,有通过外交来救国的,如黄遵宪;有通过实业来救国的,如荣德生;有通过改革来救国的,如王韬、郑观应。还有这样一批“科技救国者”,他们无私奉献,以翻译西方科技著作、传播西方现今科学技术、自行研究创新等方式救国。他们披荆斩棘,开辟草莱,使近代科学技术在我国生根发芽,为今后中国的科技发展打下坚实基础;他们传播科学,启发民智,显著改变我国教育的落后面貌，为我国培养了诸多科技人才。

李善兰是时代的代表。作为中国近代科技先驱，李善兰不愧对他的名字，“臻于至善，玉树芝兰”，中国科学在他的努力与带领下有了长足的发展。作为西学东渐中举足轻重的人物，李善兰为中国近代教育和西学传播作出了不朽的贡献，产生了深远的影响，他的行为和思想值得我们去学习。

［专家点评］

西学东渐及其在近代中国的推进，以及包括李善兰在内的诸多历史人物的贡献，国内外学术界已有很多研究。论文整合前人成果，重点论述了李善兰科技活动的贡献及影响，思路清晰，纵横布局，结合李善兰的生平和从事科技活动的经历，分门别类地介绍了其对近代中国科技进步所作的贡献及影响。其中注意并论及李善兰与中外友人的交往和切磋，注释规范，参考文献的编列认真，作为高中生的史学论文，应该称许。

论文总体显单薄：其一，以大约1万字的篇幅，要涵盖李善兰的生平、科技活动及其贡献和影响，难以做到如作者预期的“深入描述”；其二，在篇首应增补对前人成果的梳理，以明确自己研究的起点，这是史学研究论文不可或缺的部分，也是基本的要求；其三，应重视对相关史料的收集和运用，不宜过多依赖转引他人的研究成果，否则就明显削弱论文的研究色彩，止步于归纳和铺陈前人已有成果；其四，应拓宽视野，努力依据史料，加强对李善兰所处时代和社会环境的刻画，诸如李善兰的科技生涯是否一帆风顺，有否遭遇非议、责难、阻挠，他是否有过犹豫，均可从“知人论世”的角度有所考察论析，以求更为凸显李善兰科技活动的贡献及影响的历史价值。

——复旦大学历史系教授　戴鞍钢

浅谈袁世凯政府时期的尊孔读经运动

王隽泠*

[摘要] 民国初期,社会无序,财政困窘,多数民众仍然认同传统的儒家思想。袁世凯兴起尊孔读经的复古之风,希望借助儒家思想改善社会治理的无序状态。反对者认为此举与民主共和理念相悖,是复辟帝制的前奏。支持者认为振兴以儒教为代表的传统文化是挽救当时社会人心涣散的良策,开明的权威政治是社会转型期规范秩序的必由之道。双方都错失了转型期社会发展的机遇。虽然尊孔读经体现了袁世凯务实的风格,但缺乏民主共和的信念,使袁氏最终走上了独裁的不归路。

[关键词] 袁世凯;尊孔读经;治国理念

中华民国成立后,临时政府教育总长蔡元培颁布了《普通教育暂行办法通令》等法令,取消了各级各类学校的经学课。自此,

* 王隽泠,复旦大学附属中学2018届学生。本文指导教师刘先维、卫佳琪。本文获2016年博学杯历史人文素养展示活动论文三等奖。

儒家经典不仅失去了可以致用的场所和服务对象,同时也失去了过去的独特地位和典范价值,成为文史学科中的一部分。

蔡元培辞职后,袁世凯却反其道而行之,推行尊孔读经。长期以来,人们普遍认为其目的就是为了称帝。过往以尊孔读经为主题的研究[1]主要以介绍社会各阶层对尊孔读经的反馈和认识,分析当时的主流思想为主等,一般也大都认为袁世凯推动尊孔读经的目的在于为复辟帝制铺垫。本文回顾当时的政治、经济和社会背景,分析这一运动的动因和正反双方的观点,认为尊孔读经并不是仅仅为了禁锢民众的思想,它还体现了民初各种治国理念间的碰撞和袁世凯的务实独裁。

一、袁世凯尊孔读经的动因

1912 年 9 月袁世凯发布《通令国民尊崇伦常文》,要求国民“尊崇伦常”,倡导“礼教”[2]。这一举措表明政府认为孔子思想与共和政体并不矛盾。次年 10 月,《天坛宪法草案》第 19 条规定:“国民教育,以孔子之道为修身之本。”这是在法律上确立孔子的教育地位,为下一步尊孔打下法律基础。1914 年 9 月 28 日,袁世凯亲率政府各部总长进行民国首次官方祭孔活动,同时全国各

---

〔1〕 宋淑玉的《近代中国尊孔读经的历史考察》回顾了中国近代史上历次尊孔读经的历史轨迹。宋淑玉的《民初尊孔读经问题辨析》主要分析尊孔读经与袁世凯复辟帝制的关系。田海林的《辛亥革命前后儒家文化的命运——对清末民初“尊孔读经”问题的考察》借尊孔读经探讨了儒家文化在清末民初由盛到衰的命运转折。马勇的《辛亥后尊孔读经思潮平议:以严复为中心》以严复为对象,分析他对尊孔读经的认识,探讨在社会转型期传统儒学的定位问题。韩华的《民初废除尊孔读经及其社会反响》主要介绍社会各界对蔡元培废经的反响,展示传统文化在社会转型期的曲折命运。张勇的《浅析民国初年的尊孔读经》和刘家富的《倪嗣冲与民初的“尊孔读经”运动》通过主要参与者的思想行为分析,研究尊孔读经运动背后的动因。洪明的《读经论争的百年回眸》回顾近百年来四次关于读经的论争,探讨中西文化的融合。

〔2〕 《中华民国史档案资料汇编》第三辑(文化),江苏古籍出版社 1991 年版,第 12 页。

省将军、巡按使也在各自下辖的省会城市的文庙祭孔。

1915 年 1 月,袁世凯发布《颁定教育要旨》,将“法孔孟”列入教育宗旨。次月颁布《特定教育纲要》,要求单独设立读经科,大学设立经学院,按经分科,各省设立经学会,为中小学校培训经学教员。这两份文件为儒家文化重回课堂奠定了基础。1915 年 7 月,《国民学校令》第十三条中明确将读经列入教学科目,通过法律确定读经的教育地位。

至此,政府主导的尊孔读经运动开展起来了。

(一) 混乱无序的政府因素

辛亥革命后的中国,百废待兴。然而,当时的中国社会无序、变乱迭起,面临严重的治理危机。据不完全统计,从 1912 年到 1914 年,全国兵变 30 余起,涉及 15 个省市,民变 20 余起,也涉及 15 个省市。[1]

此时需要建立政府的政治权威,维系乡村社会的管治体系,从而稳定社会秩序。在传统中国,国家事实上存在着两种社会力量,一种是“官制”秩序或国家力量,而另一种是乡土秩序或民间力量。[2]国家力量依靠官僚体系和国家暴力机器保持运转,乡村社会依靠伦理道德、传统风俗习惯维持其延续。

从官制秩序看,以袁世凯为代表的北洋派和以孙中山为代表的革命党是当时影响中央政府控制权的两派最大的政治力量,他们之间形成互相牵制的格局,导致统一的国家权威未能建立。

革命党推袁世凯为总统,同时通过《临时约法》限制袁世凯的权力。但民国成立后头两届内阁,即唐绍仪和陆徵祥内阁分别只持续了 3 个多月和 2 个月。原因就是权力冲突影响了政府效率,

---

〔1〕 韩信夫、姜克夫:《中华民国大事记》(第一卷,1912—1914 年),中国文史出版社 1997 年版,第 45 页。

〔2〕 张静:《基层政权——乡村制度诸问题》,浙江人民出版社 2000 年版。

夹在革命党和袁世凯两股势力之间的内阁，无法独立行使行政权，不得不辞职了之。

在政府层面，中央失去对地方的控制。辛亥革命后，各省政府利用联邦制的口号乘机纷纷“独立”，他们拥有绝对的军事、财政、行政与人事权力。为了维护自己的既得权益，“它们无意放弃其自然增长了的特权，包括指挥省的军队、截留税收、挑选地方的和省的官吏”[1]。各省都督反对政府提出的军民分治政策，主张维持现状。因此，袁世凯政府的首要任务就是加强中央政府的权力，他明确宣布：“我做总统一日，决不能一日不谋统一。”[2]袁世凯企图利用尊孔读经重建社会价值权威，进而扩张他作为大总统的权力，为建立以他为中心的中央政府的政治权威奠定基础。

从乡土秩序看，乡绅阶层的权威被瓦解。乡绅是指在乡村社会有影响力、凝聚力的人物，他们不是官员，但身份地位高于一般民众。过去，他们在乡村宣导政府政令并以身作则，带头执行。政府依靠乡绅稳定当地社会，完成国家要求的征税纳捐等强制性任务，乡绅则利用官方增加自身权威和荣耀。这些人饱读儒家经典，并以此为修身立命的典范。西方民权思想以及教育理念对儒学的冲击，动摇了乡绅作为道德教化载体的地位，导致了乡村社会的政治失序。

袁世凯企图通过尊孔读经稳固乡绅地位，通过乡绅的桥梁作用增进农民对国家政权的合法性的认同感，巩固社会上下层的联系纽带，从而加强政府在农村的控制力和影响力。

（二）捉襟见肘的财政问题

清政府财政困窘，教育投入不足。民国初年，中央财政极度

---

〔1〕［美］费正清编，杨品泉等译：《剑桥中华民国史》（上卷），中国社会科学出版社1994年版，第237页。

〔2〕《时报》1913年2月16日。

紧张,教育经费严重不足。从1913年到1916年,中央教育经费实际支出占财政支出的比例始终徘徊在1%左右[1],政府投资的新式学堂大大低于适龄学生的需求,且学费昂贵。相比之下,以儒家经典为主要教学内容的私塾数量众多,学费便宜,能补充新式学堂的不足。

1907年,全国新式学堂共有33 605所,相比预算数28万所,仅占12%;入学儿童仅占适龄儿童的3.19%。如果考虑到实际每校30名,与预算的100名学生相比上述比例会再打折扣。1912年,全国儿童平均入学率仅为1%。[2]

在初等教育领域,私塾的数量远超于政府投资的新式学堂。据江苏1909年年底统计:"苏属地区,共有新式小学校800余所,学生37 000余人,而私塾则达7 000余所,几九倍之,估计每所学生十人,学生亦倍之。"[3]直到1916年江苏省报教育部称"已经改良"的私塾略计10 108所,塾生有157 076人,还有未改良的私塾存在。[4]

相比私塾"每季纳脩数角"的花费,新式学堂费用昂贵,下层百姓无法承担。"初等学堂学费至少须五角,多且一元或二元",且"耗费多,历时久"[5]。以上海为例,"中学堂每学期学费十五元,膳宿费二十五元,课业用品费五元,共银四十五元;高等小学堂学费十二元,膳宿费二十三元,课业用品费四元,共银三十九

〔1〕 商丽浩:《政府与社会:近代公共教育经费配置研究》,河北教育出版社2001年版,第106页。

〔2〕 金阿宁、王海胜:《近代中国私塾改良动因论析》,《北方论丛》2011年第4期。

〔3〕 王树槐:《中国现代化的区域研究:江苏省(1860—1916)》,"中央研究院"近代史研究所,1985年,第260—261页。

〔4〕 韩华:《民初废除尊孔读经及其社会反响》,《社会科学战线》2006年第4期。

〔5〕 庄俞:《论小学教育》,载《教育杂志》第一卷1909年第2期。

元；高等小学堂学费三元，课业用品费一元，共银四元"[1]。而当时，"一般子弟之父兄，终岁所入，不满二百金者，十居八九"[2]。这些费用是贫贱之家无法承担的。

因此，一方面，在政府主推的新式学堂供应不足的情况下，大量私塾的存在可以补充新式教育资源的不足；另一方面，相比私塾，新式教育成本高，将一些原来能接受教育的人排斥在外。国人历来认为教育与家庭、个人的前途关系密切，故十分重视教育，剥夺下层人民的受教育权利容易导致社会动荡。此外，如不能利用私塾，大量塾师的就业也是个问题。由于私塾主要讲授儒家经典，因此尊孔读经可以增强私塾的教学地位。

（三）抱新怀旧的社会现象

在革故鼎新之际，中国多数人的思想意识和价值观念还停留在儒家思想的模式里，在社会生活中沿袭儒家伦理习俗，并自觉、自发地维护孔子权威。如1912年的《申报》就认为人民缺乏对民主共和制度下权利义务的认识，所以今日之共和，第有其表面已，风俗习惯尤未改革。[3]

在乡村社会，乡民尊崇讲授儒家经典的私塾，抗拒新式学堂。一个原因是新学堂的投资远甚于老式私塾，地方政府为了办理新式学堂，不得不从民间抽学捐税积累资金，加重了民众负担。另一个原因是民众还认为新式学堂败坏了社会风气，冲击了他们的信仰，所以在一些地方出现了民众反抗新式学堂的社会风潮。如1909年江苏丹阳发生乡民暴动，焚毁新式学堂。1910年江苏宜兴乡民也要焚毁新式学堂，值得深思的是当时有乡绅将新式学堂的

[1] 朱有瓛主编：《中国近代学制史料》（第二辑上册），华东师范大学出版社1986年版，第461页。

[2] 《论宜多设徒弟学堂》，《东方杂志》第2卷第11期。

[3] 张静如等：《中国现代社会史》，湖南人民出版社2004年版。

牌匾换成书院后,学堂免遭毁损。[1]

同时,一些新式学堂存在着师资力量严重不足、质量低劣的现象。“陆师学生派充师范,八股专家支持讲习”的情况屡见不鲜。[2]培养的学生学业成绩不佳,品德也下降。[3]部分学生“日言爱国而学堂之公物不惜毁坏,满口合群而同学之生徒时相攻击”[4]。他们“入家庭则礼节简慢,遇工农者流尤讪诮而浅之”[5]。由此,人们普遍认为新式教育重视知识教授而忽视品格培养,纷纷怀念起儒家经典对人的道德教化作用。

民初政治和教育领域的剧变带来了人们对新秩序的怀疑和迷惘,民间对孔子和儒教的尊敬以及新式教育的负面因素使人们得出结论:完全照搬西方那一套不适合中国社会,儒家经典必须得到应有的重视。

二、“尊孔读经”引发的治国理念碰撞

从1912年的《通令国民尊崇伦常文》到1915年的《国民学校令》,尊孔读经渐行渐近,围绕着它的争议始终不断。争锋焦点就在于当中国社会从封建专制转为民主共和时,应该如何定位以“德治”为核心的传统文化的作用。

(一)背叛共和的逆流之说

在反对者看来,尊孔读经的背后是专制集权,它所塑造的政

---

〔1〕 徐阳、司洪昌:《新式学堂的设立和乡村社会的抗拒》,《教育史研究》2006年第4期。

〔2〕 王忍之等编:《辛亥革命前十年间时论选集》(第一卷下册),三联书店1960年版,第537页。

〔3〕 刘鹗书:“高等小学之学生,考其程度,即为初等小学;中学校之学生,考其程度,俨然高等小学”,而大学招考之学生,“阅其文及科学造诣,竟有不及高等小学校优秀之儿童”。引自《学校招生问题之商榷》,《都市教育》1915年第2期。

〔4〕 《普及教育议》,《东方杂志》第3卷第3期。

〔5〕 庄俞:《论小学教育》,《教育杂志》1909年第2期。

治伦理与民主共和理念格格不入，是中国社会现代化的巨大阻力。同时袁世凯推行尊孔读经的过程也充分体现了他独裁专制的本色。

蔡元培在废经之初就提出“忠君与共和政体不合，尊孔与自由思想相违”[1]。因此他主张禁止读经，培养具有独立人格的公民。在陈独秀看来，袁世凯提倡尊孔读经是恢复帝制的危险前奏，他一针见血地指出：“孔教与帝制，有不可离散之因缘”[2]；“信奉孔子是假，维护统治是真”[3]。《申报》则认为简单的食古不化、形式主义的祭天祀孔并不能有效地改善民众的道德水平，“有谓祭天祀孔可以化人俗，我则不信，试问民国以前之人俗何如?”[4]蓝公武1915年发表文章概括了反对派的观点，从国家组织、经济、法治、教育、人格观念五个方面对比儒家思想和现代化发展要求，指出儒教“无一不与近世国家之文化相反……足以为今日进步之阻者”[5]。而改革的出路不在道德教化，而在科学和革新。

袁世凯发布尊孔读经政令时的独断专行也遭到质疑。罗永绍、郑人康等22名议员提出“关于祀孔典礼之命令，以为违背约法之信仰自由”的质问。[6]陈燮枢、胡翔青等议员也提交《为祀孔典礼之命令，不交国会议决由》质问书，批评政府发布的政令没有按法律规定的程序经过议会讨论。同时指出，孔子学说和儒家经典虽然有道德教化作用，但许多理念与民主国家政体背道而驰，

〔1〕 蔡元培：《对于新教育之意见》，《临时政府公报》第十三号（1912年2月11日）。
〔2〕 陈独秀：《独秀文存》，安徽人民出版社1987年版，第71页。
〔3〕 郑学稼：《陈独秀传》，台北：时报文化出版公司1989年版，第960页。
〔4〕 《祭天祀孔》，《申报》1914年1月31日。
〔5〕 蓝公武：《辟近日复古之谬》，《大中华》1915年1月。
〔6〕 《中华民国史档案资料汇编》第三辑（文化），江苏古籍出版社1991年版，第3—4页。

必须重新诠释,才能彰显共和精神。[1]

反对者虽然承认儒家思想并非一无是处,但由于它和集权专制政治的同构和互补,倡导“尊孔读经”往往不自觉地暗示着回归集权专制。他们担心尊孔读经被变成专制者独裁的工具用来帝制复辟,扼杀新生的共和国。

(二)稳定秩序的良策之论

支持者认为儒家思想是中国的“国性”,是维系中国社会的命脉,振兴以儒教为代表的传统文化是挽救当时社会人心涣散的良策,“以德治国”是巩固和建设中华民国行之有效的方法。当时的中国需要的不是自由主义,而是开明的权威政治,这是转型期规范社会秩序的必由之道。

黄兴是第一个提出用伦理道德为政治服务的革命党人。1912 年 5 月针对当时社会上的不良倾向,他在给袁世凯、唐绍仪和蔡元培的电报中疾呼:“孝弟忠信、礼义廉耻为立国之要素,即为法治之精神……应通令全国各学校教师申明此意。”[2]支持者中最坚定的是康有为,在《通令国民尊崇伦常文》发布后,康有为就授意其学生陈焕章等在上海成立孔教会,企图借助西方教会体制的方式来重构儒家,使之上升为国教。其成员认为儒家思想在历史上被专制帝王利用,是统治者断章取义,站在自己的角度诠释经典,罪不在孔子和儒家学说。而孔教会主张的是站在民主共和原则的基础上发挥儒家思想的积极作用,以此改善当前社会世风日下造成的无序状态。

1913 年 8 月,孔教会初具规模,严复和梁启超等人便联名上书国会,建议将孔教定为国教。严复含蓄地表示,人们不能期望

---

〔1〕《中华民国史档案资料汇编》第三辑(文化),第 5 页。
〔2〕黄兴:《致袁世凯等电》,《黄兴集》,中华书局 1981 年版,第 193 页。

一般老百姓对道德、法律、民主有深刻认识后，再遵循这些规范，所以社会需要树立权威价值。[1]他站在世界文明对比的高度肯定了儒家经典的作用，指出道德教化对中华文明和中国社会的重要性，并以共和并不改变道德评判标准对反对者的“宗旨与时不合”一点进行了批驳。[2]梁启超则认为新式学堂“成为物的教育，失却人的教育”[3]。过多的专项教育占用了学生的精力和时间，使得他们不再关注社会，不再注重自身的修养的提高，失却了君子之风。此外，他认为孔教的“教”应该解释为教化，而不是宗教。儒家文化通过现代诠释后，完全能够在新政体下规范社会秩序。

与此同时，“副总统黎元洪、山东都督靳云鹏、浙江都督朱瑞、河南都督张镇芳、安徽都督倪嗣冲等十余省的都督或民政长官先后通电要求将孔教定为国教之议写入宪法”[4]。其中张勋早在1912年就向袁世凯呈文[5]，呼吁尊崇孔教。当时主政安徽的倪嗣冲向袁世凯递交了“倪嗣冲致大总统呈”，提出了自己对尊孔读经的实施建议。[6]这些人都是主政一方的管理者。由于当时社会对民主、共和、法治的认识有限，加上这些人思想传统，所以袁世凯提出尊孔读经对他们来说是正中下怀。

拥护尊孔读经者虽然也意识到对传统儒教经典进行改造的必要性，但是少有人致力于此，更谈不上形成系统的思想体系。他们空谈观念，行动上食古不化，鲜有与时俱进的举措，更没有把

---

[1] 王栻主编：《民可使由之》，《严复集》（第二册），中华书局1986年版。

[2] 洪明：《读经问题论争的百年回眸》，《教育学报》2012年第8期。

[3] 梁启超：《饮冰室合集》（文集之三十六），中华书局1989年版，第35页。

[4] 左玉河：《民国初年的信仰危机与尊孔思潮》，《郑州大学学报（哲学社会科学版）》2012年第1期。

[5] 张勋：《上大总统请尊崇孔教书》，《孔教会杂志》第1卷第1号。

[6] 《中华民国史档案资料汇编》第三辑（文化）。

重点放在结合当时的社会实际，改造和诠释儒家经典，使其和民主共和的原则相适应，这就注定了这场运动失败的命运。

（三）观念碰撞的思维局限

综观正反双方的立场，反对尊孔读经者主要从民主共和的政治理念以及法治的实践出发，认为袁世凯以集权专制的方式推崇威权政治，违背当前治国理念；支持者则从伦理道德的典范作用和社会治理的现实出发，认为民主共和并没有给出如何使当时社会实现有序的解决方案，希望借助传统文化确立价值权威，规范秩序。这两种不同的治国理念确有针锋相对之处，但也不完全是互相排斥的，寻找有效的结合点应该是双方共同关注的。

民主政治的必要条件是市场经济、中产阶级、社会教育、公民意识，而这些都是当时中国所缺乏的。传统文化是中华民族固有的特性，如果这种民族特性能够作为载体和媒介，则从西方近代文明中借鉴过来的民主、共和、法治的理念更容易被社会吸收和巩固。因此，在国家失序、政府影响力羸弱的情况下，以开明专制为杠杆、传统文化为中介推动中国现代化的策略，在社会发展逻辑上有其合理性。

但是，简单地认为在民智未成熟时集权治国，待民智成熟后过渡到民主法治则有欠考虑。如果当权者目光远大，思路清晰，集权制度固然可以提高效率；但是没有法律和制度的保障，当权者可能走向帝制，以德治为核心的尊孔读经无法提供保障民主共和的方案。因此，寻找一条从德治到法治的道路才是发展的必然。

遗憾的是，反对者过于强调民主，缺乏用法律规范社会秩序的见解和措施；赞同者没有认识到以德治国只能是暂时的，依法治国才是必然。中国最终因此错失了发展的良机。

三、“尊孔读经”背景下的袁世凯的角色

袁世凯推行尊孔读经是希望借助儒家思想加强民众对国家的责任感，同时巩固他的个人权威，改善社会治理的无序状态。儒家思想是群体本位的价值观，在这个体系里个体不能独立存在，家族、国家是超越个体的绝对价值，个体必须依附于这些价值之下，否则难以生存。这种价值观一方面有助于构建和谐的社会关系，形成民族向心力；另一方面，它也是统治者维护集权专制的思想武器。相对于西方民权思想，儒家思想重义轻利，强调尽义务，道义优先，轻视个人权利，在政治上推崇德治和集权；而西方民权思想功利倾向更明显，重视个人权利，主张法治和民主。所以袁世凯希望用尊孔读经来化解西方民权思想给当时中国社会带来的消极后果。

应该说袁世凯注意到了儒家思想对于传统社会强大的整合作用。结合当时的政治、经济、社会因素，以及他的处境，袁世凯提出尊孔读经是务实的。“在一定程度上找到了中国问题的症结，不失为合乎中国国情的一种选择。”[1]

袁世凯试图将礼和仁义与守法和法治类比，建立两者的联系，然后借孔孟的仁义学说来规范国民的爱国心和日常行为。但由于袁氏的思想局限，没有深入探索来找出一条使得中国社会从德治逐渐走向法治的道路。

袁世凯利用“尊孔读经”重建中国人信仰体系，恢复社会秩序的主张虽然在一定程度上合乎中国国情，但最终还是难逃失败的

〔1〕 马勇：《辛亥后尊孔读经思潮平议：以严复为中心》，《福建师范大学学报(哲学社会科学版)》2004年第2期。

命运,他本人权利欲膨胀,野心太大是主要原因。从1913年10月当选为正式大总统,到1914年5月其主导的约法公布,袁世凯建立了总统独裁体制。谙于权术的袁世凯,既醉心于率领百官祭孔所带来的帝制权威的幻象,又迷惑于推动尊孔读经过程中看到的社会对民国反感的一面。他忘记了帝制权威早已被辛亥革命打碎。内心深处的帝王意识使他在压力和诱惑之下忘记了效忠中华民国宪法的初心,利令智昏,复辟帝制,走上了穷途末路。

由此可见,袁世凯并不信仰民主共和,他相信的是专制集权。虽然表面上接受共和,但作为一个没有接受民主、法治思想的封建官僚,袁世凯无法适应民主体制对权力的约束。所以他感叹自己深受临时约法束缚,"对于内政外交及紧急事变,几无发展伸缩之余地"[1]。袁世凯的目标是建立一个以自己为中心的强大的中央政府。

因为内心缺乏对民主共和坚定的信仰和理念,袁世凯混淆了道与术、目标与手段,对尊孔读经定位错误。建立一个民主、共和的中国是终极目标,尊孔读经只是一种将本国国情与目标相结合的策略,在实施过程中必须根据民主、共和、法治的原则对其进行扬弃和重新诠释,否则就是本末倒置。袁世凯没有参透这一点,反而利用尊孔读经在专制的道路上越走越远,这不能不说是他本人和中国的一个悲剧。

[专家点评]

选择袁世凯政府时期的"尊孔读经"运动作为探讨的主题,从选题上来说是有一定价值的。这既是历史上反复出现的问题,也

〔1〕 费正清编,杨品泉等译:《剑桥中华民国史》(上卷),中国社会科学出版社1994年版,第252页。

是具有一定现实意义的问题，聚焦于此，当有助于正在学习历史的中学生更好地理解百年前所发生的一幕，也有裨于结合历史问题思考当下思想文化领域的一些动向。难能可贵的是，该生对于此问题，努力阐述自己的理解，既梳理了袁世凯之所以提倡“尊孔读经”的动因，还具体检讨了“尊孔读经”引发的与治国理念的碰撞，最后还具体分析了“尊孔读经”背景下袁世凯的角色。内中所具体列出的一些面向，表明该生努力紧扣特定的历史时空，结合政治、经济、教育等环节去“理解”这段历史。

必须强调的是，就中学生的史学习作来说，“过程”比“结果”无疑更为重要。除了所提出的问题具有一定的价值，更重要的是通过这样的研究，获得史学的一些基本训练。本文所列出的参考文献颇不少，既包括相关的基本史料，还有不少既有的研究成果。如果作者能够仔细阅读这些基本文献，则所获得的收获自然远超过习作本身。实际上，如何在前人研究的基础上通过对史料的阐述表达对历史的理解，是史学的基本要求，以此来衡量此文，自然还有一定距离。于中学生来说，自然不能提出更多的要求，原本这就是需要长期的积累才能达到的。

——复旦大学历史系教授　章　清

浅析李鸿章与晚清铁路的引进与推广

杨晨瑶*

［摘要］ 作为西方工业革命产物之一的铁路在被引入中国时遇到了巨大的困难，这困难不仅来源于国内保守派的抗议，兼有众列强时时想插手分一杯羹的隐患。作为背后的主要推手，李鸿章一边费尽心思，力排众议，终于让铁路在中国落户；一边严防死守，紧盯着列强不让其有可乘之机。以少胜多历来少有，李鸿章却带着他为数不多的同道者一起在一片骂声中辟出一条铁路来。负债累累的清廷无力兴修铁路，李鸿章试图从列强虎口里斡旋出资金。然而即便李鸿章有救国的雄心壮志，他也无法撼动专制制度的枷锁。诸如李鸿章这样的有识之士也只能在矛盾挣扎中尽他们的努力来挽救大清王朝最后的余晖。

［关键词］ 李鸿章；晚清社会；铁路

* 杨晨瑶，复旦大学附属中学2018届学生。本文指导教师张敏霞。本文获2016年博学杯历史人文素养展示活动论文三等奖。

鸦片战争以后，天朝的大门被列强的坚船利炮轰开，也打破了清王朝通过闭关锁国来实现“天朝上国”的美梦。西方先进技术的引入掀起了轰轰烈烈的洋务运动，使中国军事、生产等诸多领域有了长足的进步。“近年，中国受西洋文明之激荡，旧日陆路交通的情形，逐渐有本质上的改变。向来以车马为主要的工具者，至是渐以火车、铁路代之，更以汽车及国道辅火车铁路之不足。”[1]李鸿章在看到西方的经济之繁荣后，潜心研究了其厚积薄发的原因，由此他看到了铁路的重要性，尤其是在甲午战争之后，日本的强势震惊朝野，也更加坚定了李鸿章引入铁路的决心。本文从唐胥铁路的修建来考察李鸿章在中国铁路引进与发展中所起到的推动作用。晚清铁路引进与推广过程中的戏剧性，也从侧面体现了晚清复杂的社会环境，同时也折射出晚清士大夫在面对变局时的精神风貌。

一、唐胥铁路修建始末

铁路初诞生于工业革命后的英国。在乔治·史蒂芬逊设计建造出铁路时，受到了国内许多人的抗议，说这东西会带走人和动物的生命、会破坏田园风光。但在资本主义经济和资本主义制度的蓬勃发展之下，铁路很快就为英国人所接受，成为英国走向城市化和工业化的重要推动力量。

而当时的中国，正处于清政府的专制统治之下。绵延千年的古旧的制度紧紧束缚着中国人的思想，使中国在全世界都飞速发展的背景下鲜无建树；八股文的思想灌输使中国文人对于新事物避之不及，只想安于现状。在这样的背景下，想要引进铁路，无疑

〔1〕 白寿彝：《中国交通史》，中国文史出版社2015年版，第220页。

面对着重重阻难。

铁路知识是19世纪40年代由外国传教士首先介绍到中国。在第二次鸦片战争期间,以英国为代表的外国资本主义国家就希望能在中国发展铁路事业。当时各列强刚刚经过工业革命,工业化所带来的经济、政治等综合国力的显著上升让他们野心不断扩大,其中交通的工业化,也即铁路的发明、发展与使用对于生产与交换规模的进一步扩大起着不可忽视的推动作用。1863年,上海怡和等27家外国商行联名上书,要求清政府兴修铁路。1868年,英、美在与清政府进行的修改天津条约的谈判中亦涉及铁路修建的内容,企图获取在华修筑铁路的特权。然而对于列强的再三请求,清廷都拒不接受。

当时李鸿章的想法大抵与保守派官员无异,反对在华修建铁路。倒不是因为抵制铁路,只是认为铁路耗资巨大,以大清国力尚无力兴办,要先发展数十年再办,且考虑到若是用了百姓的土地来修建铁路,势必会引起百姓的愤怒;要是让外国人来兴办,李鸿章又顾忌其会进一步控制中国的经济与政治,于是铁路一事便被搁置下来。

1876年,外商在上海擅自修建的吴淞铁路轧死了1名中国百姓,引得本就暗怀不满的清廷趁机要求收购铁路。铁路收购后李鸿章坚持“另招华商股份承办”[1],此时李鸿章对于铁路的认识已更加明了,有想要修筑铁路的想法了,也逐渐有路权意识,坚持铁路的经营管理权必须掌握在中国人的手里,不允许外国人插手中国铁路的修建。然而由于保守派官员的激烈反对,这条第一次在中国出现的铁路最终被掘毁,铁轨与车辆都被沉到台湾打狗港中。

---

〔1〕 宓汝成编:《中国近代铁路史资料》(第一册),中华书局1984年版,第47页。

而真正让李鸿章认为，中国必须要有铁路的，还是因为他看到了明治维新后的日本是那么强盛。曾经中国不屑一顾的弹丸之地，明治维新后竟然暗藏了侵华的野心。李鸿章能感觉到日本对于中国的威胁，也震惊于这样的发现。“闻该国自与西人订约，广购机器兵船，仿造枪炮铁路，又派人往西国学习各国技艺”〔1〕，又辅以军工企业与民用企业的不断建立，李鸿章感到中国现有交通的力不从心，故之后，铁路成为李鸿章洋务运动的另一重心。

中国的第一条自建铁路——唐胥铁路，建成于1881年。其实早在1872年10月，李鸿章在给亲信、同为洋务派官员的丁日昌的信中，就明确提出了要在中国修建铁路。1874年，日本侵犯台湾，更是让李鸿章坚定了修建铁路的决心。同年12月，他就以直隶总督兼北洋大臣的身份向清廷递上了《筹议海防折》。这份凝练了他早期近代化思想的奏折中就将铁路一事列于高位。“有内地火车铁路，屯兵于旁，闻警驰援，可以一日千数百里，则统帅尚不至于误事，而中国固急切办不到者也。”〔2〕这是清政府重臣中第一份要求修筑铁路的有分量的奏折。

然而当时朝廷中保守派占据绝大多数，铁路一事并未如李鸿章所愿。刘锡鸿(举人，1848年)就是反对铁路建设的代表人物之一。他曾出使英国与德国，有很多机会体验到现代西方科技的优越性，也很清楚地看到了这些先进的科技在西方国家所产生的积极作用，但他认为这些革新给中国却只会带来麻烦。英使威妥玛曾劝他说“创造铁路为中国目前急务”，然而刘锡鸿对于铁路一事极为不屑，以中国“立教尚义不尚利，宜民不扰民”推辞，并提出在华修建铁路，不但于中国无益，且“有害于英”，担忧百姓众怒难

---

〔1〕 李鸿章：《李文忠公全集·奏稿》(卷十七)，时代文艺出版社1998年版，第53页。

〔2〕 梁启超：《李鸿章》，红旗出版社2015年版，第293页。

平,“遂得借共杀英人为名”[1]。

但李鸿章没有放弃。1878 年,为了解决国内生产所必需的用煤问题,李鸿章让唐廷枢在直隶(今河北)省成立开平矿务局,到 1881 年正式投产。李鸿章以运输煤矿为借口和契机,多次上书清廷,要求在唐山至胥各庄段铺设铁路。当时清廷迫于国内用煤压力,不得不同意这项工程,并聘请开平矿务局的英籍工程师金达(C. W. Kinder)为总工程师。1880 年秋冬,唐胥铁路正式动工。然而,有学者对此表示怀疑,因迄今未见李鸿章的相关奏折、朝廷的谕旨和守旧派阻挠的证据,唐胥铁路很可能是在朝廷并不知情的情况下修建的。这种观点更加凸显出当时中国对于铁路有多么抵制。

“诧所未闻,骇为妖物”[2]的顽固派官员们极不想让铁路出现在中华大地上。很快他们就找到了突破口。“行车未久,都中言官复连奏弹劾,谓机车直驶,震动东陵,且喷出黑烟,有伤禾稼。奉旨查办,旋被勒令禁驶。”[3]铁路破坏风水一说向来为保守派大肆宣扬,这样传统又保守的思想是决计无法接受“轰轰”行驶、使得地震如雷的机车与铁路的。李鸿章只得以退为进,提出用骡马拖载货车,才得到清廷的首肯,保下这条铁路。而这荒谬的现象也正折射出李鸿章引进铁路的举步维艰。

唐胥铁路是中国人自办并正式试运营的第一条铁路,有着重要的历史意义。虽然它仅长 9.7 千米,但毕竟行驶了中国自制的第一台机车,确定了中国铁路的标准轨距,并造就了中国早期的铁路工人。

1891 年,李鸿章在山海关设立北洋官铁路局,是为清政府最

[1] 刘锡鸿:《英轺私记》,湖南人民出版社 1981 年版,第 25 页。
[2] 李孟符:《春冰室野乘》,山西古籍出版社 1995 年版,第 228 页。
[3] 宓汝成编:《中国近代铁路史资料》(第一册),中华书局 1984 年版,第 121 页。

早设立的官办铁路机构，是中国第一个官办铁路机构。

二、铁路背后的动荡时局

在对待铁路的态度中不难看出清廷对于来自西方的先进事物的抵触，或许在他们眼里，这根本不是什么先进，而是不可理喻的颠覆行为。清廷好似还未从“天朝上国”、万国供奉的美梦中醒来，总觉得中国的理念是绝对正确的，中华大地上的东西都是最好的。刘锡鸿在日记中写道：“我中国历代圣君贤相，才智非逊于西洋，而卒无有刳天剖地，妄矜巧力，与造化争能，以图富强者，盖见理深而虑祸远，非如英人之徒知计利。”〔1〕

于是，兴办洋务一事便变得极为困难与被动。当世界上其他国家都像踩着风火轮般飞速发展的时候，中国却如龟行般缓慢。本就落后一步，又不像日本及时迎头猛追，还赶上了第二次工业革命。中国无法掌控自己的命运仿佛已成了定局。

对于李鸿章提出的要在华引入铁路一事，清廷中的保守派官员无疑高高举着反对的大旗。保守派代表人物内阁学士张家骧以“恐洋人深入内地，借端生事；恐民不乐从，徒滋纷扰；恐虚糜帑项，赔累无穷”〔2〕为由，坚决反对在中国修建铁路。他们甚至列举出修筑铁路的“三大弊”“九不利”“五害”，归纳起来就是“资敌”“扰民”“争利”以及败坏社会风气与官民道德等，指责李鸿章、刘铭传等“直欲破坏列祖列宗之成法以乱天下”。这样激烈而又彻底的反对与指责，能够反映出当时在中国，还只有极少数人能跟得上工业革命后划时代的变化。鸦片战争轰开了中国的国门，却

〔1〕 刘锡鸿：《英轺私记》，第26页。

〔2〕 铁道部档案史志中心编：《中国铁路历史钩沉》，红旗出版社2002年版，第14页。

没有惊醒中国人的思想。小农经济所带来的极强的惯性,让中国民众不想要改变生存现状。若是能够偏安一隅、维持现状,就足够中国人生存,而不去谋求什么变法以图强了。就像鲁迅先生说的那样,若是黑暗封闭的房间里只有一个你清醒的人,你是会把大家都叫醒试着出逃,还是无望地又沉沉睡去?李鸿章无疑是选择了前者,做那个少数人,试图救中国出泥潭。

连着几个不平等条约的签订,被剥削严重的清廷国库空虚,洋务运动又已经花掉了不少的库存,对于兴修铁路所需的费用,清廷哪怕有心,却也无力了。李鸿章也明白这一点,早早就做好了要借外债的打算,“悉知各国铁路,无一非借债以成”[1]。然而就中国现状而言,它既没有借外债的经验,又没有令人放心的信誉。富得流油的众列强倒是乐意借,可是中国根本不敢从列强手里拿钱,哪怕它双手捧到了门前,中国唯恐一不留神就被占了主权。所以李鸿章在处理借外债一事时如履薄冰,他怕“洋人之把持而铁路不能自主”,所以“不准洋人附股”[2]。李鸿章还强调“一切招工购料,与经理铁路事宜,由我自主,借债之人毋得过问”[3],牢牢地将铁路的控制权掌握在自己手里。在债务偿还方面,李鸿章三令五申“宜议明借款与各海关无涉”[4],不让列强从中国海关关税中妄自占利。这样的小心周旋,折射出中国当时夹缝中求生存的危机四伏的现状。

可列强想要占据中国路权的心思早在 19 世纪 60 年代就已不加遮掩,甚至在 1864 年英国工程师就“帮”中国做好了“中国铁路网”计划,便是李鸿章如此周全的提防也顶不住绝对实力的差距。

---

〔1〕 李鸿章:《李文忠公全集·奏稿》卷三十九,第 25 页。
〔2〕 同上书,第 29 页。
〔3〕 同上书,第 27 页。
〔4〕 李鸿章:《李文忠公全书·译署函稿》卷十二,第 4 页。

1908年，张之洞为了粤汉铁路和川汉铁路的修建筹集资金时，与英、法、德三国共同签订合同借款。然合同草案签订不久后，美国政府直接向清政府施压，要求加入借款。张之洞生前与之不断周旋，未能让美国如愿。张之洞病故后，清政府顶不住美国政府的压力，最终同意美国加入合约。被日本控制的南满铁路、被俄国控制的中东铁路、被德国控制的胶济铁路、被法国控制的滇越铁路，“各国承办或中外合办之铁路所在，外人侵略的力量即随之加强”〔1〕。纵然李鸿章及其他官员处处小心，可是实际国力的差距让列强的入侵几乎是无所顾忌，最多是找个好听的理由。中国的路权，还是没能握在中国人的手里。

自中国初修铁路始，到清亡以前，官修铁路共计十三线，商办共四线。除官商办铁路之外，尚有中外合办及由外人承办之铁路。〔2〕30年左右的时间，中国铁路能够发展至此，李鸿章功不可没。然而局势所逼，铁路在晚清并未得到良好的重视与发展，这确实是不争的事实。不只是铁路，还有许多西方技术如电报等的引进都承受极大的险碍。

三、时局中的仕人困境

李鸿章领导的洋务运动在中国近代史上留下了浓墨重彩的一笔，身体力行地实践“师夷长技以自强”，思想之先进，总是让人忘了他是个从小习圣贤书、写八股文出身的传统的中国仕人。他没有留过洋，唯一一次离开中国还是一场背着棺材的外交之行。他能够在国家危难之际挺身而出，担起国难的重担，并带领着中

〔1〕 白寿彝：《中国交通史》，第229页。
〔2〕 同上。

国向他所完全陌生的领域走去，实属不易。

李鸿章对于西学只是一知半解而已，他知道工业革命让西方变得强大了，中国再也不是万国朝拜的那个中国了，此时中国应该向西方学习。于是他在保守的中国掀起了洋务的浪潮，带领中国走出近代化的第一步。李鸿章如此懂得变通，却也是如此顽固迂腐。他不愿触碰清廷统治的根基，也身在其中陷于派系之争，甚至洋务派内部的权力争夺。

有说法称，甲午之战是李鸿章一人在与整个日本对抗。这种说法存在着夸大之嫌。

李鸿章算得上是中国仕人中做得出色的。当时清廷中多的是同李鸿章拥有相同教育背景的人，几次战争加之外国传教士的进入，他们对于西学有所耳闻，却也只是知其皮毛，腐败的制度紧紧地束缚着他们的思想。中国的传统文化培养不出工业革命所需的技术型人才，他们也盼着中国好，但翻遍了圣贤书，却不得其法，只能眼看着中国没落下去。李鸿章仕于国家危亡之际，他一生都不能忘情于政治，也没有忘情于救亡图存。这种体验其实是晚清时期很多知识分子的共同宿命。

诚然，学界对于李鸿章褒贬不一。他带领中国走向了一个新时代，却也有很多让人诟病、令人不齿的行为，但至少他在中国近代化进程中、在中国铁路的发展中所起的重要作用无可比拟。

作为中国近代史上饱受争议的人物，李鸿章对于中国经济社会发展、现代化进程等方面所作出的贡献是不可否认的。梁启超所著的《李鸿章传》在军事、外交、经济等方面一一作出了罗列和叙述，主要以正面观点来评述李鸿章对于中国发展的推动与促进作用。诚然，李鸿章固然有受人诟病的决断，他囿于派系倾轧的小气，但对于一个在中国传统教育体系下成长起来的中国仕人，他所做的已称得上是前无古人。在中国近代铁路的发展中，更是留下不可磨灭的印记，学者曾鲲化先生评价他说："我国路界唯一之元勋，其合肥李文忠公鸿章乎！"[1]从晚清铁路引进及推广中，可以看出以李鸿章为代表的部分士大夫群体的觉醒与探索，然而这些力量在面对这个陈旧的社会时显然力度不够，但是他们在矛盾挣扎中前行，努力地让晚清迈向近代化之路。

[专家点评]

此文围绕李鸿章在中国近代铁路引进推广中的作用而展开。其长处在于：既看到了李鸿章在晚清知识分子群体、官员群体中的独特性，亦即对西方新鲜事物的敏锐观察与大胆利用，且对列强通过铁路来控制中国之野心抱有警惕感，又分析了他作为过渡时代的政治家，无法、也无力撼动传统体制的局限性。文章采取了层层剖析的结构，从史实到时局分析再到仕人困境，由表及里，有一定深度。作者还参阅了李鸿章全集，从一手材料中引申观点。这是值得赞许的。整篇文章注释规范，是一篇不错的学术论文。

此文的不足之处在于：第一，文字功底不佳，不仅有一些错别字，而且用词不准确，语言感觉不佳；第二，只关注到李鸿章与朝中人士的斗争，却没有进一步展开李鸿章与列强之间的斗争，未能看到他作为中国近代史上处理外交事务之关键人物的重要性；第三，文章的结构不平衡，第三部分过于简单，未能进一步延伸和论述。

——华东师范大学历史系教授　孟钟捷

[1] 曾鲲化：《中国铁路史》(一)，台北：广文书局1958年版，第42页。

试论李鸿章之“以夷制夷”外交思想的得失

余仕哲*

［摘要］ 李鸿章是一位觉醒于晚清民族危机又身居高位的重臣，其在历史各个时期被赋予了不同的面貌——“中兴名臣”“不学无术”“卖国贼”等。本文通过运用案例分析法论述李鸿章在“以夷制夷”外交思想指导下的行动及其作用和影响的复杂多面性。本文在关注客观结果的同时也指出了当事人的主观动机，着重分析了造成影响的内外原因，有助于更加全面客观地了解李鸿章和其人的“以夷制夷”外交思想。

［关键词］ 李鸿章；以夷制夷；《中日修好条规》；《中俄密约》

虽然李鸿章所生活的时代在1个多世纪之前，但是由于他在晚清中国社会的转型过程中居于举足轻重的地位，学界已对其进

* 余仕哲，上海市复兴高级中学2017届学生。本文指导教师付文治。本文获2016年博学杯历史人文素养展示活动论文三等奖。

行了不少研究，学术专著方面，如梁启超的《李鸿章传》、吉林出版社出版的《李鸿章全书》等。而李鸿章主事清廷外交30余年，外交生涯已成为他人生不可分割的一部分。他在外交中所用的方法、体现的思想不仅对当今外交人员有参考价值，更是那个年代中国了解西方、学习西方的一个侧面。本文以李鸿章在19世纪70年代和90年代的两次外交活动为基础，通过公函、奏折和具体条约内容等文献资料进行比较分析。

一、“以夷制夷”思想含义和起源

“以夷制夷”是清政府在后期推行的主要外交政策，指的是利用各个列强之间的矛盾来使他们互相制衡，最终让局势朝有利于中国的方向发展。《后汉书·邓训传》中言：“议者咸以羌胡相攻，县官之利，以夷伐夷，不宜禁护。”然而类似的远交近攻、伐交伐谋的手段早已被应用于国与国之间的争斗中，例如春秋战国时期诸侯国之间的合纵连横、三国时期蜀国的联吴抗魏等，所以李鸿章不能算是此种思想的首创者。然而在“晚清”这一特定历史背景下，李氏关于“以夷制夷”思想在国际外交舞台上的实践与应用有着许多不同以往的特点，本文将结合李鸿章外交生涯中的两则具体案例进行分析。

二、“以夷制夷”思想的实践案例

（一）自主外交的尝试：19世纪70年代中日建交

说到中日建交，则必须谈及中日双方此时的背景：自1868年明治维新以来，日本社会在逐步走向资本主义的同时，也走向帝国主义，意图通过武力扩张达到称霸天下的目的。1869年，明治天皇发布《宸翰》(御笔信)称:“朕安抚尔等亿兆,终欲开拓万里波涛,布国威于四方,置天下于富岳(富士山)之安。”显示出了当时日本的侵略野心,并更有所谓“大陆政策”,分六步称霸世界。然而这样的扩张行为势必与亚洲传统宗主国中国发生冲突,于是日方决定先行派出使者进行试探。

反观中方,此时清帝国在经历两次鸦片战争后已与欧洲列强签订了一系列不平等条约。其中沙皇俄国因为与中国有着绵长的陆上接壤线,历史上多次入侵我国而成为强大且直接的北方威胁,更有《伊犁塔尔巴哈台通商章程》《瑷珲条约》《天津条约》《北京条约》等不平等条约为其侵略“保驾护航”。出于国家安全起见,清政府急需在国际社会上,尤其是在亚洲,寻找一个盟友,而此时中国东邻日本的崛起即便在欧美各国也都有目共睹,并且其正欲与“老大哥”接触。而1870年天津教案后英法两国联手施压的行为进一步催促着清朝政府向外寻求盟友。总之当日使来访后,清廷内逐渐产生了“联日”的呼声,而李鸿章本人就是此种意见的支持者。

1870年(同治九年),日本外交官柳原前光率领代表团访问中国。“他们一行先到上海,然后转至天津,时在9月下旬。由李鸿章和署三口通商大臣成林与之会面。”〔1〕然而一开始总理衙门并不愿意与日本签订条约,因为以往被迫签订种种不平等条约的惨痛经历让中国官员对于“条约”二字在心理上产生了反感和抵触的情绪。可日方代表会面时表现出的恭敬态度让李鸿章十分满意。在一封回复总理衙门的公函中他写道:“日本委员柳原前光等五人……于初八日午刻来见,礼貌词气极恭谨。”日使又以“英、

〔1〕 董丛林:《刀锋下的外交:李鸿章在1870—1901》,东方出版社2012年版,第12页。

法、美诸国强逼该国通商,伊国君民受其欺负,心怀不服而力难独抗”为由,鼓动中国与之结盟:“惟思该国与中国最为邻近,宜先通好以冀同心协力……”这段话情理兼具,当下即说动了李鸿章。在同函中他评论道:“日本距苏、浙仅三日程,精通中华文字,其兵甲较东岛各国差强,正可联为外援,勿使西人以为外府。”〔1〕显然李鸿章自己也认识到了与日本联合的可行性,以及其在地缘政治方面对于中国的重要意义,并表达了对于“西方势力控制日本”的担忧。这让他在之后一段时间内保持了“亲日”的态度,并最终使得中日在1871年9月13日订立《中日修好条规》。其中第二条特意写明:“两国既经通好,自必互相关切。若他国偶有不公及轻藐之事,一经知照,必须彼此相助……”〔2〕这强烈地显示了修约双方(主要是中方)的主观诉求。

因此李鸿章“订立《中日修好条规》”这一行为的原始动机是好的,体现了他在“新型”外交(条约)时代“主动求变”的积极态度和“与日本建立平等条约关系的愿望”〔3〕。而且李氏不仅充当了中日外交的桥梁,还在议约过程中据理力争,没有将日方企图的“一体均沾”片面最惠国待遇写入文本,对此应予以肯定。当然此次与日本建交实质上还有“联日治俄”这样“联某治某”的外交手腕,是李鸿章外交思想中“以夷制夷”思想的具体体现。那他这样亲近日本的影响如何呢?

1874年,日本由于《中日修好条规》没有实现其预期目的,借口“琉球渔民在台湾被土著杀害”一事出兵台湾。对此虽然清廷

〔1〕 顾廷龙、戴逸主编:《致总署　论天津教案》,同治九年九月初九日,《李鸿章全集·信函》(二),安徽教育出版社2008年版,第99页。

〔2〕 王铁崖编:《中外旧约章汇编》(第1册),生活·读书·新知三联书店1957年版,第318页。

〔3〕 王瑛:《李鸿章与晚清中外条约研究》,湖南人民出版社2011年版,第84页。

有下谕旨“调拨久练洋枪队”“均乘坐轮船赴台”[1]等武力举措，但是李鸿章的着眼点仍在于与日方谈判。经过反复交锋，他认识到日方的目的“实在占地、贴费二端”[2]。同年10月31日，《北京专条》签订，以50万两白银、承认日本侵略行为是“保民义举”换取日本退兵。虽然“破财消灾”换来了短暂的“和平”，但清政府的软弱无能、主事人的避战求和造成了极其恶劣的影响，不仅大清在欧美列强心目中地位下降，而且日本也自此露出了其凶恶的本来面目，不断向中国侵略扩张。直至1895年《马关条约》签订，李鸿章彻底放弃“联日”的梦想。

作为“联日”一系列外交活动的主事人，李鸿章对这一战略的失败有着不可推卸的责任。首先，在与日本通商缔约之初，李鸿章即犯下了主观臆断的错误。他认为：“庚申、辛酉之后，苏浙糜烂，西人胁迫，日本不于此时乘机内寇，又未乘危要求立约，亦可见其安心向化矣。”[3]事实上庚申年(1860年)明治天皇刚被立为皇储，辛酉年(1861年)日本明治维新(1868年)还未开始，此时日本还与列强保持着不平等条约，又怎能顾及侵略他国？而到了19世纪70年代，日本侵略方针已定，李鸿章仍以旧例揣度人心。其次，在他眼中，虽然日本“近在肘腋，永为中土之患”，但只要“设法联络牵制之”即可“消弭后患，永远相安”。[4]即使他认识到了日本“该国入寇与否，似不在立约与不立约”这一真知灼见，却又因为妄自尊大和侥幸心理，错误地认为只要派遣大使、领事等“平素

[1] 顾廷龙、戴逸主编：《附同治十三年六月初八日密谕》，《李鸿章全集·奏议》(六)，第69—70页。

[2] 顾廷龙、戴逸主编：《致总署　论台事归宿》，同治十三年七月十六日，《李鸿章全集·信函》(三)，第84页。

[3] 顾廷龙、戴逸主编：《遵议日本通商事宜片》，同治九年十二月初一日，《李鸿章全集·奏议》(四)，第216—217页。

[4] 顾廷龙、戴逸主编：《遵议日本通商事宜片》，同治九年十二月初一日，《李鸿章全集·奏议》(四)，第216—217页。

窥其底蕴，与之联络”即可防止日本与西方列强勾结，以实现“联东方形势”。[1]如此设想确实美好，可当日本气势汹汹地前来讨要割地赔款之时，他才说出“洋人论势不论理，彼以兵势相压，而我第欲以笔舌胜之，此必不得之数也”[2]的漂亮话，但又有何用呢？这番迟来的悔悟真是可叹可哀！

（二）《中俄密约》的签订以及从“联日”向“联俄”的转变

1896年6月3日李鸿章代表清政府与俄国签订的《中俄密约》往往被人视为其一生中最重大的外交失误，然而沙俄这样的北方威胁又怎会被清廷视为盟友而争取呢？

据梁启超著《李鸿章传》中记载：“乙未（1895年——笔者注）三月，李鸿章将使日本，先有商于各国公使商议。俄使喀希尼曰：‘吾俄能以大力拒日本，保全中国疆土……’李乃与喀希尼私相约束……”[3]又总理衙门的公文电报称“俄国必极力劝成两国和议”[4]。与之呼应的是《马关条约》签订后不到1个月，就发生了俄、法、德三国干涉还辽事件。然而意图或吞并或瓜分中国的列强哪里会有这样的“好心”——俄使喀希尼的话其实还有下半句：“……惟中国必须以军防上及铁路交通上之利便以为报酬。”甚至清朝政府在取回本属于自己的辽东半岛的时候还要向日本支付3 000万两白银的“赎辽费”。因而俄国的野心不仅在于赢得清朝政府的好感，还在于遏制日本从甲午之后的中国谋取更多暴利，可谓一举两得；清朝政府此时刚经历甲午战争、《马关条约》之痛，

---

〔1〕 顾廷龙、戴逸主编：《致总署　议日本换约》，同治九年十一月二十八日，《李鸿章全集·信函》（二），第147—149页。

〔2〕 顾廷龙、戴逸主编：《致总署　论台湾兵事》，同治十三年五月十一日，《李鸿章全集·信函》（三），第57页。

〔3〕 梁启超：《李鸿章传》，百花文艺出版社2016年版，第116—117页。

〔4〕 顾廷龙、戴逸主编：《附　许使寄译署》，光绪二十一年二月十六日，《李鸿章全集·电报》（六），第79页。

期望在国际社会上获得更多同情和支持,并急切渴求与他国建立军事同盟来应付眼前的威胁。于是“联俄制日”这样的新外交方略得到不少清朝官员的认可,如张之洞电报上奏说:“若以贿倭者转而贿俄,所失不及其半,即可转败为胜……如肯助我攻倭,胁倭尽废全约,即酌量划分新疆之地以酬之,许以推广商务……”〔1〕表明了愿意牺牲部分国家主权换取军事同盟的意图。

1896年3月4日(农历一月二十一日),李鸿章以74岁高龄离京踏上访问欧美的旅程,此行他还有个秘密任务——与沙俄结盟。而之前李鸿章由于签订《马关条约》等种种原因被迫投闲隐居,正处于人生最低点,是俄方点名要求李鸿章前往圣彼得堡参加沙皇尼古拉二世的加冕典礼才让他重返外交舞台。自此李鸿章开始了其外交生涯中另一次“以夷制夷”的尝试。同年4月27日(农历三月十五日),李鸿章抵达俄国敖德萨港,三月二十一日俄方即开始洽谈与《中俄密约》有关的内容:“俄户部微德来谈东三省接路。”〔2〕(俄方欲借道中国修筑西伯利亚大铁路)此后李鸿章不断用加密电报与北京直接联系,同时也保持着中俄双方的接触。四月初一日的电报中首次透露了《中俄密约》的拟稿,与后来的定稿相差不大。〔3〕经过反复磋商,6月3日(农历四月二十二日)两国代表在《中俄密约》上“画押盖印”〔4〕,中俄军事同盟建立。

虽然《中俄密约》在形式上是平等条约,李鸿章在取得清政府

〔1〕 梁启超:《李鸿章传》,第117页。

〔2〕 顾廷龙、戴逸主编:《寄译署》,光绪二十二年三月二十一日戌刻,《李鸿章全集·电报》(六),第241页。

〔3〕 顾廷龙、戴逸主编:《寄译署》,光绪二十二年四月初二日辰刻,《李鸿章全集·电报》(六),第245页。

〔4〕 顾廷龙、戴逸主编:《寄译署》,光绪二十二年四月二十二日午刻,《李鸿章全集·电报》(六),第251页。

全权授权后自愿与沙俄政府缔结此条约，但从结果来看中俄双方履行了不对等的义务。尤其是《中俄密约》中的第四条："今俄国为将来转运俄兵御敌并接济军火、粮食，以期妥速起见，中国国家允于中国黑龙江、吉林地方接造铁路，以达海参崴。惟此项接造铁路之事，不得借端侵占中国土地，亦不得有碍大清国大皇帝应有权利，其事可由中国国家交华俄银行承办经理。至合同条款，由中国驻俄使臣与银行就近商订。"以及第五条："俄国于第一款御敌时，可用第四款所开之铁路运兵、运粮、运军械。平常无事，俄国亦可在此铁路运过境之兵、粮，除因转运暂停外，不得借他故停留。"[1]这两条不仅将铁路修筑权交于俄方，更是给了沙俄在调兵过境之外出兵占领中国东北的机会。之后俄国借"军事同盟"之名，与清政府相继签订《合办东省铁路公司合同》《旅大租地条约》《新疆省合办金矿合同》……通过大大小小的不平等条约夺取了中国东北地区的管辖权。而条约中所承诺的军事方面互助，俄方则完全没有执行，反而在1900年派遣侵略军参加八国联军，又以保护中东铁路为借口派出17万多人入侵我国东北地区，控制了东三省全境。这样的惨痛结果无疑宣告了李鸿章操办的联俄外交的失败。

至此，李鸿章一生中两次重大的以夷制夷外交均以失败告终。清政府非但不能通过寻求国际盟友自救，还因为列强的"帮助"加深了半殖民地半封建的社会性质。既然如此，"以夷制夷"外交思想是完全失败的吗？它的影响又怎样发人深省？本文最后一节将对此进行详细论述。

---

〔1〕 王铁崖编：《中外旧约章汇编》(第1册)，第650—651页。

三、“以夷制夷”失败的内外原因

总体上，李鸿章运用“以夷制夷”外交思想的影响是负面大于正面，具体表现在签订不平等条约、加深中国陷入半殖民地半封建社会的程度。但如前文所证，他这些行为往往又有着建立和平外交、维护国家主权等良好的主观意愿。

首先，从用词角度来看，以夷制夷的“夷”字凸显出这种思想中仍有传统华夷秩序、朝贡体系的残余。这决定了它与时代要求不符，因为华夷秩序和朝贡体系存在的基础是中国对周边地区国家保持强势。而事实上鸦片战争之后的农耕文明的中国已经难以适应工业时代的世界，加上日本这样的新兴工业文明强国在当时的历史环境下必然会通过挑战前地区主宰——中国来争取区域霸主地位，所以 19 世纪中期至 20 世纪初的外部时代背景决定了“以夷制夷”思想的不合理。

其次，“以夷制夷”的思想中含有“坐山观虎斗”这样置身局外获利的期望，但“以夷制夷”与欧洲近代外交思想中的均势外交类似，而均势外交是拥有强大实力的大国利用小国和弱国谋取地区均势，并总体上保持自身强势的外交策略（参考英国“光荣孤立”政策）。然而当时的中国并不具备亚洲地区绝对强大的实力，故“以夷制夷”外交失去了成立的前提条件。加上洋务主事官员又必须维护“天朝上国”的体面，所以“以夷制夷”外交思想在实践过程中出现了偏差，例如李鸿章在寻求“联日治俄”和“联俄制日”时出现的误判。以上这些是清政府实施“以夷制夷”外交失败的内因。

最后，从李鸿章本人角度来看，他是一个典型的旧式官僚，自幼接受传统的儒家教育，虽然师从曾国藩学习了明清两代的“经世致用”学说，但思想行事方面仍未跳出窠臼。梁启超曾精辟地论述了李鸿章的局限：“李鸿章实不知国务之人也，不知国家之为何物，不知国家与政府有若何之关系，不知政府与人民有若何之权限，不知大臣当尽之责任……”究其原因是他不了解西方文明：“以为吾中国之政教文物风俗，无一不优于他国，所不及者惟枪耳、炮耳、船耳、铁路耳、机器耳……”[1]所以洋务运动始终着眼于枪炮、轮船、铁路、机器等“器物层面”，未能触及本质。事实上“以夷制夷”外交可以视为19世纪中期洋务派改革的一部分，它是运用新外交手段（例如条约）建立适合当时国际环境的外交关系的尝试。然而李鸿章运用“以夷制夷”思想所进行的外交努力多是为了达成“求和”这类比较短浅的目标。也许李鸿章等洋务官员认为中国只要将洋务运动所打开的局面保持下去，民族工业自然能发展起来，中国可以在不改变原有几千年的中央集权君主专制的前提下，顺畅地从农业社会过渡到工业社会，所以他们极力主张避战，宁可割地赔款也要防止战争进一步扩大。然而他们所未预见到的是一味忍让不会换来同情与和平，因为在强权政治时代实力才是一切。所以不少洋务派官员终其一生为国家东奔西走，却背上了至死难脱的罪名。

其实李鸿章对他的无能心知肚明，又深感无力回天：他将摇摇欲坠的晚清比作“破屋子”，把自己比作“裱糊匠”，一生只是在修修补补。或许他在为自己的失败开脱，又或许他的悲凉是那个时代中国的一道缩影。历史留给了晚清一道两难的选择题，却没有留下太多的时间。“以夷制夷”外交在那个时代的失败留下了许多物质和非物质遗产，给19、20世纪中国的近代化进程造成了不可磨灭的影响，所以时至今日仍有研究价值。

---

〔1〕 梁启超：《李鸿章传》，第75页。

[专家点评]

余仕哲同学的习作敢于直接触碰晚清的“大人物”李鸿章，勇气可嘉。在选材角度、史料梳理、行文表述等方面都有可取之处，作为一篇中学生的习作，是能够得到很好的论文训练的。

但作为中学生，选取著名历史人物或历史事件进行研究，需要更加小心，如果有更新颖的角度或更前沿的理论视角，那么在学术上将更加有价值。当然，学生习作要求不能太高，重要的是学习的过程。

——复旦大学历史系教授　李宏图

徐寿与中国近代化学启蒙

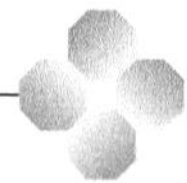

张家齐*

[摘要] 本文以时间为线索，描绘了在晚清通西学之才稀缺的社会环境、知识与西方断层的学术环境与科学特色的个人教育共同作用下，催生出的伟大化学家徐寿一生艰苦卓绝、颇有造诣的化学翻译事业。列举图表，分析了其译著在引进道尔顿原子论、为化学元素创造汉字等方面，相较于同时期化学著作的显著突破与成就。阐明了化工和教育行业在他的理论基础上所得到的长足发展，以及徐寿个人的科学追求的较高时代意义与价值。

[关键词] 徐寿；近代化学；翻译

徐寿(1818—1884)，清末化学家、翻译家，中国近代化学的启蒙人之一。他早年参加科举考试，后来转而研究科学技术等有利于国计民生的实学。1861年，曾国藩在安庆开设了以研制兵器为

* 张家齐，复旦大学附属中学2018届学生。本文指导教师张敏霞、卫佳琪。本文获2016年博学杯历史人文素养展示活动论文三等奖。

主的安庆内军械所,并征聘了徐寿与其子徐建寅。1866年4月,在徐寿与华蘅芳主持下,金陵机器制造局制造出中国海军的第一艘蒸汽动力船——“黄鹄”号。1868年,徐寿在江南制造局设立翻译馆,从此他将余生献给了翻译西方科技著作的事业。徐寿翻译的科技书籍有《器机发轫》、《化学鉴原》及续篇与补篇、《化学求数》、《化学考质》、《法律医学》等[1],其中大约一半是化学著作。他一生在机械、造船、化学等领域都有较高造诣。本文主要介绍其在化学翻译领域的行为及影响。

一、科学在呼唤——翻译西方著作之缘由

(一)“求强”的晚清局势

19世纪40—50年代,西方资本主义国家的侵略与扩张纷至沓来。第二次鸦片战争过后,面对中国数千年未有之变局,一股革新的思潮在清政府的廷臣疆吏中涌动。19世纪60年代,洋务运动就此拉开帷幕。60年代中叶至70年代,是洋务运动围绕军事技术摸索西学的“求强”时期,将“练兵制器”作为革新的重点,增强军事实力基础以抵御国外的进逼。于是,以曾国藩、李鸿章开设的安庆内军械所、江南制造总局为代表的军工制造企业在全国范围内兴起。《格致汇编》中记载:“凡与格致[2]有涉者,如数学、律吕、几何、重学、化学、矿产、医学,靡不穷源竟委焉。尝言格致之理,必藉制器以显,而制器之学,原以格致为楷。”格致是研究世界万物变化规律的学科,具有很高的逻辑性、引导性和实用性。因此,欲富国自强,必练兵制器;欲练兵制器,必先明格致之理。

〔1〕 赵尔巽:《清史稿·列传二百九十二》,吉林人民出版社1995年版,第10530页。
〔2〕 数学、物理、化学等自然科学的总称。

当时让西学得以进入中国的唯一媒介，便是中文。在一份奏折中，曾国藩极言翻译的重要时代意义："盖翻译一事，系制造之根本。洋人制器，出于算学，其中奥妙，皆有图说可寻。特以彼此文义扞格不通，故虽日习其器，究不明夫用器与制器之所以然。"〔1〕只有将西方研究成果先翻译成中文，才有可能让更多的中国人学习到系统的科学技术知识、方法和精神，并在洋务运动过程中加以利用，达到"求强"的目标。

然而，洋务派的代表，以曾国藩、李鸿章、张之洞、左宗棠四人为例，他们皆科举考试出身，既不明格致，又不懂洋文，对于西方科学体系了解甚少。洋务运动的兴办，需要更多懂得西学的中国人才。李鸿章在《江苏巡抚李鸿章致总理衙门原函》中，翔实地分析了中西方"制器"之间存在的差异，说明了传统科举制已不足以为朝廷提供全方位的人才资源，更是强调了科技人才在洋务运动中的关键地位：中国文武制度，远高于西人之上，但"独火器万不能及"。这是中国制器上的缺陷所致啊！儒者明理，匠人习事，功效不能相并。……他以为，中国欲自强，就要找寻到"制器之器"，应专设一科取士。〔2〕

晚清力图"求强"，希望能凭借洋务运动扭转自己的困境。而在兴办洋务的过程中，引进西方技术人才显得尤为重要。所以在这段格致之学"借制器以显"的时期，翻译以及科技人才的地位得到了重视，这也成为徐寿等近代科学家登上历史舞台的良好契机和铺垫。

（二）中西化学之鸿沟

1789 年，法国科学家拉瓦锡（A. L. Lavoisier，1743—1794）出

---

〔1〕 曾国藩：《曾国藩全集·奏稿》（下），河北人民出版社 2016 年版，第 239 页。

〔2〕 蒋廷黻：《中国近代史》，中国华侨出版社 2016 年版，第 54 页。

版《化学概论》,以钟罩实验的事实为依据,全面批判了英国化学家罗伯特·波义耳(Robert Boyle,1627—1691)提出的燃素学说,开创了定量化学时期,使化学研究开始沿着正确的轨道发展。1803 年,英国化学家道尔顿(John Dalton,1766—1844)提出近代原子论;1811 年,意大利科学家阿伏加德罗(Amedeo Avogadro,1776—1856)提出分子学说,对于宏观物质变化的探究渐渐迈入微观世界,也促进了后续门捷列夫元素周期律的发现。截止到 1869 年,西方学者已发现共计 63 种新元素[1],同年门捷列夫编制并发表了第一张元素周期表。总之,19 世纪中后期,西方化学已突破瓶颈,正日新月异、突飞猛进地发展。

西学东渐之前,化学在中国的传播一直属于口耳相传的"经验化学",源于生产生活,并无理论支持。17 世纪中叶,西方化学知识开始传入中国,墨西哥传教士石铎琭(Petrus Pinuela)引进了西方医药学《本草补》。[2]然而,明末清初进入中国的只是零星的化学常识,没有系统性。加上清末闭关锁国的政策,更是封闭了与西方世界沟通的窗口,滞后了科技的进步。这与洋务运动中制定的"求强"目标所需要的化工理论、实践基础还有较大差距,与西方化学发展进程之间更是判若鸿沟。

科技跟不上发展的需求,中西方仅在化学这一领域就存在着较大的差距,双方的认知以及方法论都有着截然不同的思维方式,两者之间的缺口急需一批有识之士来填补。这也是使化学研究在当时得到知识分子关注的一大客观因素。

(三)徐寿执着的科学之梦

徐寿幼年在私塾学习儒学思想,9 岁时参加童子试。幼娴帖

[1] 王琳:《近现代化学元素名称研究》,辽宁师范大学硕士学位论文,2015 年。
[2] 赵匡华:《中国化学史》,广西教育出版社 2003 年版,第 2 页。

括，习举业，继以为无裨实用，遂专究格物致知之学。[1]徐寿的幼年，也曾经历传统儒学的熏陶，可八股与诗文并不是他追求的目标。20岁时青年徐寿曾“居恒与人谈议，所有五行生克之论，理气肤浅之言，绝口不道”[2]，又书铭于座右：“毋谈无稽之言，毋谈不经之语，毋谈星命风水，毋谈巫觋谶纬。”在那个封建与迷信盛行、科学与技术被当作“奇技淫巧”的社会环境中，他毅然决然放弃科举转而研究科学。这一座右铭所透露出的精神，正是他对于真理的渴望与追求和对于迷信的鄙夷与厌恶。

徐寿29岁时结识了比自己年轻了15岁的华蘅芳[3]，共同的志向使他们二人成为科学道路上的挚友。他们结伴自学格致之学，动手操作实验，“遂在家中自制格致器，以试其书中理法”；他们相互砥砺，共同进步，遇到疑问双方必会争论一番，“偶有疑难，两人断断，日夜不休，必求涣然冰释而后已”。与当时的一些夜郎自大的守旧学者不同，徐寿与华蘅芳在汲取了中国古代自然科学遗产的基础上，又学习了西方的近代科学知识。[4]徐寿矢志不渝的科学之梦与雄厚扎实的格致学习基础，使他备受曾国藩赏识，后来入其幕府。这也是他在化学、造船等领域取得卓越成就不可或缺的个人因素。

在中国社会环境、中西学术环境与个人受教育背景等因素的多重作用下，徐寿在江南制造局开启了他为之奋斗毕生的翻译与科研事业。

---

〔1〕 孙孝恩、修朋月：《徐寿、华蘅芳与近代科技》，《史学月刊》1983年第5期。

〔2〕 朱松乔：《双星耀江南　科技救中华——徐寿、华蘅芳在江南制造局与格致书院业绩述要》，《船史研究》2005年第19期。

〔3〕 华蘅芳（1833—1902），清末数学家。

〔4〕 孙孝恩、修朋月：《徐寿、华蘅芳与近代科技》，《史学月刊》1983年第5期。

二、徐寿的化学翻译生涯

(一)过程与方法

“咸丰十一年,曾文正公以研精器数、博涉多通荐于朝,奏特旨访求,从此表襮于时。”此后数年,徐寿在安庆内军械所潜心设计蒸汽轮船,并于同治六年在安庆成功建造出我国首艘国产轮船“黄鹄”号。“徐君父子已有此能,则于制造与格致之学,可谓精明而无其右者矣。然其心犹未足,以为见闻尚浅……以后徐君决意久居上学,以便与西士考证西学,故请曾文正公派于江南新设制造局内。”[1]在证明了自己的机械制造之理后,时年50岁的徐寿的科研激情仍在涌动着。

同治六年(1867年),徐寿调至上海江南制造局,转向研究西学。1年后,徐寿在江南制造局建设翻译馆,翻译馆设在局里的西北角,共有24间工作房,每人1间,既相对独立,又方便交流。此后,他又委托傅兰雅向英国订购50余本科技类书籍和1套化学仪器。然而此时西方口译者只有傅兰雅1人,为扩充翻译规模,又聘请外国译员玛高温、金楷理、伟烈亚力等。由徐寿主持整体工作,分设“翻译格致化学制造各书提调一人,口译二人,笔述三人,校对图画四人”[2]。在口译、笔述人员的合作之下,各项翻译工作迅速展开。

翻译馆内翻译西方科学史籍,仍然沿用明末以来的口译笔述的传统方法。对此,傅兰雅在《江南制造总局翻译西书》中有具体描述:“至于馆内译书之法,必将所欲译者,西人先熟览胸中而书

---

[1] 张子高、徐根:《徐寿父子年谱》,《中国科技史杂志》1984年第4期。

[2] 张美平:《江南制造局翻译馆的译书活动及其影响》,《中国科技翻译》2009年第22卷第4期。

理已明，则于华士同译，乃以西书之义，逐句读成华语，华士以笔述之。”[1]这种翻译方法需要一位会说汉语的外国人将书籍的内容口述，中国译者再用文言文记录下来。有时，外国译员找不到合适的词来表达的时候，只能借助手势、表情。傅兰雅也描述了翻译过程中遇到的重重困难：“若有难言处，则与华士斟酌何法可明；若华士有不明处，则讲明之。”确实，即便已经层层筛选，译书之人皆为出类拔萃之人才，但西士对于文言、华士对于西文都不甚了了。可以想见，徐寿作为翻译馆的统筹与主持者，他的工作是何等艰难而富有挑战。

1871 年至 1907 年间，江南制造局翻译馆共译书 23 类，160 部，1 075 卷。徐寿与傅兰雅始终是翻译馆的核心和骨干，根据表 1、表 2，两人分别是出版译著最多的口译人与笔述人。仅凭这一点，便能读出两人对于翻译事业呕心沥血的付出与矢志不渝的热爱。1875 年前后，翻译馆中几个重要的笔述人先后调离。1880 年时，又回到了仅傅兰雅 1 人作为口译人的局面。后因经费（见图 1）不足、洋务运动重心转移、主要创始人徐寿辞世等多方面原因，翻译馆遭到冷落，逐渐走向衰败。20 世纪初，翻译馆开始渐渐淡出人们的视野。

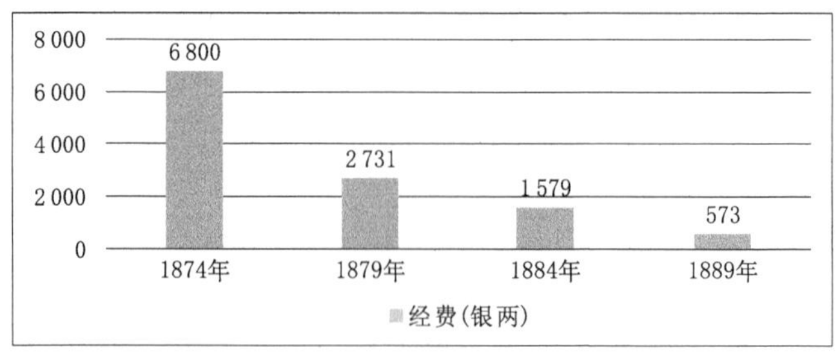

图 1　江南制造局翻译馆译书经费

[1] 张美平：《江南制造局翻译馆的译书活动及其影响》，《中国科技翻译》2009 年第 22 卷第 4 期。

表 1 江南制造局翻译馆主要国外口译人员[1]

原 名	汉 名	工作期间(年)	出版译著(种)
J. Fryer	傅兰雅	1868—1903	93
D. J. MacGowen	玛高温	1868	2
A. Wylie	伟烈亚力	1868	2
C. T. Kreyer	金楷理	1869—1878	19
Y. J. Allen	林乐知	1871—1881	10
F. H. James	秀耀春	1897—1898	5

表 2 江南制造局翻译馆主要中国笔述人员[2]

人 名	工作期间(年)	出版译著(种)
徐 寿	1868—1884	25
华蘅芳	1868—1874(?)	11
徐建寅	1868—1875	12
赵元益	1869—1890 1894—1902	20
汪振声	1885—1903	13
郑昌棪	1877—1902	18

(二) 成果与贡献

1871 年,江南制造局翻译馆首批翻译后的书籍出版,得到了提倡西学的中国知识分子的欢迎。当时较具影响力的《申江新报》对于首批出版的书籍赞不绝口:“精深微妙,无美不臻,而笔而述者又反复斟酌尽善。”[3]其中诞生了徐寿与傅兰雅翻译的第一部化学书《化学鉴原》,是翻译馆之化学译作中的经典作品,也是徐寿一生所著的最重要译本之一。1899 年徐维则在《东西学书

[1] 王扬宗:《江南制造局翻译馆史略》,《中国科技史料》1988 年第 3 期。
[2] 同上。
[3] 同上。

录》中这样评价《化学鉴原》:“于原志论其行性取法、试法及各变化并成何杂质,变而无限小而无内皆能确言其义理,中译化学之书,殆以此为善本。”由此可见,《化学鉴原》表述详尽,解释清晰,被誉为“善本”。[1]《化学鉴原》译自美国的韦而斯(David A. Wells, 1829—1898)所著的《韦而斯化学原理和应用》中的无机化学部分。《韦而斯化学原理和应用》的难度与深度适中,涵盖了西方化学研究成果的精华,在19世纪的美国也是一部流行的中级化学教材。

首次出版的《化学鉴原》共分为六卷,第一卷介绍近代化学的基本概念和规律,如倍比定律、质量作用定律、酸碱理论、元素理论等;后五卷则落实到具体元素和物质,分别介绍了气体、非金属、碱金属、贱金属、贵重金属及其化合物的性质、来源和制备方法。从翻译馆建设的最初目的来看,《化学鉴原》中涉及的内容应不单单是理论知识,更重要的是“练兵制器”需要用到的实践性结论,如单质、化合物的制备、保存、应用等。这便是徐寿在后五卷中花大量笔墨的用意所在。

此后,《化学鉴原》又于1879年刊行《化学鉴原续编》与《化学鉴原补编》,译自英国伦敦国王学院蒲陆山(Charles L. Bloxam)教授的《化学》,补充介绍了有机化学,并对《化学鉴原》的无机化学理论中不够科学合理的部分作了调整和完善。1880年前后,徐寿再次与老搭档傅兰雅合作翻译了19世纪最为杰出的分析化学专家德国富里西尼乌斯(Karl R. Frensenius)的两本定量、定性分析化学专著,分别为《化学考质》与《化学求数》。在《化学鉴原》构建的化学世界大框架下,凭借着近10年来积累的丰厚的翻译经

[1] 徐丹慧:《晚清译著〈化学鉴原〉的翻译与传播》,南京信息工程大学硕士学位论文,2015年。

验，从化学学术角度，这两本书代表着徐寿与傅兰雅合作翻译作品的最高水准。其中引进了组分的分离、金属离子的测定等实验[1]，更进一步地具体化、精细化了实践性的结论，是当时社会背景下名副其实的“实用之学”。

至此，近代化学已经比较系统地进入了中国。其传入中国的时间较数学、物理学、天文学等为晚，但经过徐寿、徐建寅、傅兰雅等人的一致努力，到19世纪80年代，化学领域的知识已经超越其他具体科学，中国与西方的化学水平不断缩短差距。可以说，徐寿在这一过程中起着举足轻重的作用，堪称中国近代化学的启蒙者。

三、静默的努力——徐寿化学翻译中的突破与困境

（一）突破与亮点

1. 化学方面

早在古希腊，亚里士多德的“形而上学”的哲学体系中曾提出过四元素说。《庄子·天下》中也有记载：“一尺之棰，日取其半，万世不竭。”这是元素、原子概念的雏形。由于与之对立的燃素学说被科学家们普遍认同，一直到18世纪中期，原子学说也没有得到进一步发展。19世纪初，英国科学家道尔顿在普鲁斯特等人的实验基础上提出了原子论，将原子学说从原始的假设转化为科学的概念。随后，元素的概念开始初步形成，道尔顿定义元素即为相对原子质量相同的一类物质。在其理论基础上，门捷列夫绘制出了首张元素周期表。这是人类对物质世界探索过程中的一次深刻的、具有飞跃性的成就。

早于《化学鉴原》，在1868年出版的美国传教士丁韪良的《化

[1] 赵匡华：《中国化学史》，第25页。

学入门》与1871年年初出版的由玛高温与华蘅芳合作翻译的《金石识别》中提及了“质点”（即原子）的概念，但解释较为模糊。《化学鉴原》中，对物质的分类与道尔顿的原子学说进行了更为详细的阐述。在第一卷第十五节《质点之理》中讲道：“盖万物具以极细无内之点相切而成，此点不能再分。”认为世间万物由最小单元构成，该单元即便是放大倍数最大的显微镜也没有办法看清，也正是该单元的性质不同造就了千变万化的物质世界。在“质点之论”的基础上，《化学鉴原》对物质的分类下了定义：万物分为两类，原质与杂质。原质为“所不能划分者”，即由一种元素组成，如金、淡气（今氮气）等；杂质为“数种原质化合而成”，即由多种元素通过化合反应组成的物质，如铁二养三（今氧化铁）、淡轻四绿（今氯化铵）等。在后五卷的各原质、杂质介绍时，亦将质点之论贯彻其中，如介绍水时提到“以体积论之，轻气居二，养气居一”，介绍钠绿（今氯化钠）中提到“钠置绿气之中烧之，即成食盐”[1]。

道尔顿提出原子论，为西方化学打开了原子世界的大门；徐寿将原子论在《化学鉴原》中详细阐述，并运用原子论解释一些现象、分析一些物质，为后续的实验研究打下了坚实的理论基础，没有了原子论的支撑，一切化合、分解等复杂的化学反应都无法立足。这是其他同时期翻译工作者所难以达到的，也是徐寿翻译生涯中在化学方面的重要突破与亮点。

2. 翻译方面

相对于化学，徐寿在翻译方面的贡献则更为重要。与翻译文学作品不同，翻译科技书籍不容许笔述者进行过多的二次创作，否则会影响原著的科学性。但在徐寿与傅兰雅译书时，元素名称

〔1〕 徐丹慧：《晚清译著〈化学鉴原〉的翻译与传播》，南京信息工程大学硕士学位论文，2015年。

并无妥善的译法，只有轻、淡、养等少数常见译名以及早已习知的金、银、铜等。[1]此外，数量上更为众多的金属元素还没有汉字与其匹配，这势必要求笔述者担任“化学仓颉”，造出相应的汉字，翻译工作才能继续。

徐寿译书的精彩之处便在于，他给予了每一个冰冷的、毫无情感色彩的化学元素一个符合汉字规律、直观易懂的创意命名。他所秉承的原则是：第一，既定的元素名称仍然沿用，如铜、铁、磷等；第二，没有任何命名的元素，其形旁以其物质类别为标准，如金属则为“钅”，非金属则为“石”，其声旁取一与元素英文名称发音类似的汉字，二者组合成新的汉字。此法与“六书”中的形声类似，其优点在于音与意相结合。人们即便见到陌生的汉字，也能通过声旁知晓其读音，通过形旁知晓其性质，一箭双雕。这是徐寿从语言文字学家、东汉的许慎的经验中获得的灵感。部分元素译名如表3所示：

表3 《化学鉴原》中部分金属译名与《化学初阶》对比[2]

序号	英文名称	《化学初阶》	《化学鉴原》	现代汉语
1	Aluminum	釩	鋁	铝
2	Cadmium	鍥	鎘	镉
3	Cobalt	鎬	鈷	钴
4	Indium	鏤	銦	铟
5	Nickel	鎘	鎳	镍
6	Niobium	鈳	鈮	铌
7	Osmium	鏭	鋨	锇
8	Potassium	鋏	鉀	钾
9	Rubidium	鑪	鉫	铷
10	Zinc	鍟	鋅	锌

〔1〕 赵匡华：《中国化学史》，第21页。
〔2〕 王琳：《近现代化学元素名称研究》，辽宁师范大学硕士学位论文，2015年。

从表3可见，与徐寿的学生何瞭然在《化学初阶》中创造的元素译名相比，《化学鉴原》中的译名更普遍为人们认可和接受。在徐寿拟定的51个元素译名中，有36个保留沿用至今。[1]现代中国化学会制定的元素译名方案，也借用了徐寿当年的灵感。譬如在2012年，国际纯粹与应用化学联合会将116号元素命名为“livermorium”，中国无机化学会将其翻译为“鉝”，当代的元素翻译与徐寿的方法相比，便是如法炮制了。

徐寿在化学、翻译方面的突破与亮点，无疑对于化学在中国的普及起了莫大的助推作用。随着理论基础的确立、汉字字形的创造，丰富多彩的元素世界向“天朝”中的人们掀开了神秘的面纱。

（二）缺憾与阻碍

令人遗憾的是，徐寿10多年的努力成果，仍存在着一定瑕疵。一方面，由于有机化学理论不成熟，且翻译方法较为原始，故有机化学领域的翻译，其译名就显得较为混乱，如“氰”译作“衰”，“苯”译作“偏苏里”，最后都没有得到沿用。另一方面，徐寿的化学著作的阅读与受众面较狭窄，传播与被传播的人群主要集中在制造局内的官员、社会少数知识分子，传播范围不够广，科学的浪潮没有使国民的科学素养得到真正提升，社会主流思想仍是封建迷信、传统守旧。

四、徐寿化学翻译的深远作用和影响

（一）硫酸工业的滥觞

通过翻译化学书籍，徐寿在原有基础上积累了更多化学知

〔1〕 赵匡华：《中国化学史》，第21页。

识。他运用这些知识,为江南制造局龙华分厂建设了一座硫酸厂,与其子徐建寅从事实验,制出了硝化棉、雷汞等烈性炸药。当时制造军火急需化学人才,许多洋务派重臣亲请徐寿出任重要职务,但徐寿坚守翻译岗位,请其子徐建寅到天津代办工厂事宜,自己潜心译书,不求闻达。

硫酸工业是化工业的基础,与工业、农业、军工中的多个领域密切相关。清政府先前对于硫酸工业漠不关心,全部依赖进口,成本较高。随着化学的初步发展,徐寿翻译的《造硫强水法》中引入了西方的硫酸制造工艺,最早的硫酸厂在天津制造局落座。“十三年,奉调天津制造局,并办造镪水。”[1]同治十三年(1874年),徐建寅带着其父徐寿的经验和知识,北上天津作为技术顾问,监督硫酸制造。工人们出入于硝磺毒物之间,在设施设备非常原始的情况下,成功运用铅室法制造出硫酸,日产量为2吨,全供兵工器械制造使用。“较之购自外洋,值廉数倍”,国内生产得到的硫酸,其成本比进口低了数倍。

天津机器局硫酸厂的建成,离不开徐寿等人引进的化学理论与实验。它的建成,也标志着中国完全依赖国外进口硫酸的历史的结束。自19世纪末期以来,我国硫酸制造方法不断优化,由铅室法升级到接触法,规模不断扩大,永利等硫酸厂在民间开始涌现。截至1936年,我国硫酸年产量达54 950吨,已粗具产业规模。硫酸工业的进步与发展,是徐寿引入的制造工艺在中国成功实践的典范,为我国硫酸生产以及军用火药的研制夯实了基础。

(二) 化学教育的萌芽

同治元年(1862年),洋务派为了培养翻译人才,在北京建立京师同文馆,这是最早开办化学教育的官办学校。同治五年,恭

[1] 张子高、徐根:《徐寿父子年谱》,《中国科技史杂志》1984年第4期。

亲王奕䜣为了将京师同文馆打造成为一所综合性的洋务学校，而非一所单纯的外语学校，又开设了数学、物理、化学、天文等学科。光绪二年（1876 年）公布的课程表中，化学课程在八年课程中的第五年学习，属于选修科目。担任化学学科教师的是法国人毕利干，他曾在法国化学名家安塞姆·佩恩的实验室担任助手。初期使用的教材为丁韪良的《化学入门》，后来补充了毕利干本人翻译的《化学指南》《化学阐原》等。

起初，同文馆的化学程度甚浅，同治十一年（1872 年）的岁考考题仅六题，全部为化学基础常识。到光绪四年（1878 年），试题内容涵盖了无机化学、定性化学、分析化学方面的内容，有一定实用性，但还没有达到化学教育的专业水平，如“硝酸性质如何”“如何分辨氯化钾与氯化钠”等。

徐寿所译书籍虽未被列入教科书，但其首创的化学元素中文译名却在同文馆广为应用，《化学鉴原》中的原子理论、元素理论的缩影也能在毕利干的《化学指南》中见到。徐寿在化学、翻译方面的贡献为京师同文馆的化学教育起到了助推作用，清末的化学教育也在同文馆的示范下展开。这座含有化学学科的学府培养出的人才中也有许多人投入了化学翻译领域，在化学知识的引进方面作出了贡献。这是清末化学教育中一个不断汲取、传承的良性循环。

徐寿，一位命中注定的科学家。在时代的呼声中，用自己的笔墨，为中国千年尘封的化学二字，勾勒出一抹亮色。他一生所追逐的化学翻译事业，尽管遇到重重阻碍，但他的贡献在化工、教育等领域都产生了深远的影响。梁启超在《五十年中国进化概论》里总结洋务运动时说：“其中最可纪念的，是制造局里头译出的几本科学书……那群翻译的人，有几位忠于学问的，他们在那个时代,能有这样的作品,其实是亏他。"[1]这是一群科学自觉者的秉烛夜游,是冬末的萌芽、林中的响箭、进军的第一步,那样微弱而富有勃勃生机。自此,化学的大门已正式向国人打开。

[专家点评]

"师夷长技以制夷",大概是每个学过中学历史的同学们都熟悉的一句话,但究竟中国在近代化的过程中"师法"了哪些"夷"之"长技"?夷技是如何被翻译介绍入中国人的知识体系的呢?这大概是历史课堂上不再展开的话题。化学是中学生熟悉的学科,但它是如何进入中国人的学科体系的,大概也是无法在化学课上学到的。张家齐同学选取了一个很有意思的切入点——化学在中国的翻译、介绍与启蒙——来作为博学杯征文的题目,在选题上胜人一筹。而从作者对于《清史稿》《筹办夷务始末》《中国近代工业史资料》等一手史料集以及年谱等史料的使用,则可看到他在这一课题的研究中,下过一些工夫,对于史学研究也已寻到一定门径,值得鼓励。对于作者下一步研究与论文的修改主要建议有二:

第一,我们今天的研究都是"站在前人的肩膀之上"展开的,相信此文的写作过程中,家齐同学也一定阅读、借鉴了不少前人的研究成果,所以"前人研究综述"不仅是一篇学术论文的"标配",也能很好地帮助刚入门的研究者厘清思路、分清你我,进而阐释自己的理解;这一部分,希望能够补充。

第二,就一个中学生而言,家齐的文风是老道的,但论文写作亦应简洁晓畅,慎用长句,以免给读者带来阅读障碍。

——复旦大学历史系教授　陈　雁

〔1〕 董光璧:《中国近现代科学技术史》,湖南教育出版社1997年版,第247页。

下篇：博学杯·2017

寻踪:上海历史文化地图

浅谈罗店龙船文化之特点、兴起及其保护

李清泉*

[摘要] 本文简要介绍了罗店龙船活动的具体情况，同时讨论了罗店地方水道和商人赞助形式对龙船在罗店地区演化的影响。本文还分析了罗店龙船文化的保护问题。

[关键词] 罗店；龙船；口述历史

一、罗店龙船活动简述

（一）罗店龙船活动的起源

大江以南，凡是有河流可通船舶处，无论大城小市，端午必照例举行赛船。罗店，典型的江南水乡，又处“吴俗”文化背景下，端午赛船似乎是文化发展的必然。每年罗店龙船表演都声势浩大，

---

* 李清泉，上海大学附属中学2018届学生。本文指导教师戴羽浩。本文获2017年博学杯历史人文素养展示活动论文二等奖。

不仅吸引大批观赏者，还有闻风而至的行商坐贾、艺人戏团，场面热闹非凡。龙船活动耗资巨大，然罗店人却自愿众筹，甘愿当义工而不求回报。

罗店龙船的造型、表演形式等与吴越地区其他龙船有本质的不同。苏州、昆山、嘉定等龙船多以竞渡见长，而罗店龙船却重观赏。罗店龙船举行时更像一场精美的“花车”游行，龙船船体和滑行表演都在观赏性上下足了工夫。

罗店龙船于清朝时鼎盛，然曾在战争中被尽数毁去，被罗店人遗忘了很长一段时间，其间又遭受新思想对传统信仰的冲击，可谓是在物质和精神上均受重创。然如今的罗店龙船不仅年年举办、成功申遗，而且在出国展示中还获得了国际上的认可。

端午赛舟的习俗最早可以追溯到战国，传说楚国人在水上赛舟来驱赶鱼虾，防止屈原的身体被吞食。赛龙舟的习俗在大江以南早已流传广泛，具有各自的区域特征。罗店地区在唐代前还只是海边的一片滩涂，罗店龙船自然是由其他地区的龙船演化而来的，但罗店地区的文化、经济、人口构成等对罗店龙船的引入乃至演变产生了很大影响。

罗店，从明代中后期起，逐渐成为太仓、嘉定、宝山交界的经济、文化中心。罗店龙船的发展离不开罗店优越的经济地理位置。而最早的罗店龙船文字记录出现在清光绪十五年（1889 年）的《罗溪镇志》中，文中描述的划龙船的盛大场面也正好与当时繁荣的经济状况相吻合。而且，据祖上世代造龙船的张福民口述，造一条龙船所需人力、物力较大。建造罗店龙船的资金一般情况下来源于百姓众筹，秉承“大户出大份，小户出小份”的原则，若非有一个比较良好、稳定的经济背景，资金恐怕会成为问题。

（二）罗店龙船活动的特点

“我们罗店的龙船很不一样”，“罗店的龙船是观赏的，表演的”。确实,苏州、昆山龙舟多以竞渡为主,而罗店龙船则以表演和美观见长。罗店龙船的船身更瘪,体型更小巧精致,船身装载了亭台楼阁、锦旗、兵器等。吃水浅,头尾高张,转动十分灵便,适合在水势平稳的小水道航行。

龙船装饰无不精心置办,其中最重头的是龙头和牌阁,往往交给乡里最好的手艺师傅来做。另外值得一提的是龙船上的锦旗,布料均从苏州购进,绣上端午的五毒等物以驱邪,锦旗的样式和数目同样被赋予了吉祥的寓意。“船身上都画着龙鳞,船头有牌阁,有人在上面表演,船尾有艄亭和前面的牌阁呼应,两面插有很多绣伞旗仗,五颜六色,非常好看。”因此《罗溪镇志》评价龙船“揽一邑之胜”。

罗店龙船不仅有华丽的外表,而且还有精湛的表演。表演分为两个部分,一部分是龙船上“扎台形”的人偶戏剧表演,另一部分就是划龙船技艺的展示。

“每条船的船头上都有铁柱,由少年男女扮成的戏曲人物扎缚在铁柱上,如梁山伯与祝英台、张生与崔莺莺等人物。这种人物称台阁,每条船上的台阁互相比拼,看哪条船最出众,叫扎台形。”从前的台阁都挑选乡里的小孩子扮演,不过因为太过辛苦,现在都用人偶代替。

表演时龙船会在预定的水道上滑行,“四五艘龙船,由一个龙船领头,前一个龙船打足,后面的都要跟着打足”,所有的划船“招式”和停下表演的地点都是提前定好的。另外,龙船以前都是工商界赞助的,所以不同的龙船往往只在各自的区域表演,和其他龙船互不影响。不过有时也会合作,来一场联合表演,形式多样,例如龙船排成“S”形前进,同时在一个地方打招等。

划龙船的人员也是经过精挑细选。罗店水道密布,或窄或宽,深浅不一,再加上龙船船身重,这是对水手技艺的一大考验,因此龙船的表演人员都来自韩家湾“吃水上饭”中的佼佼者。

在龙船建造之时,由于龙船活动还带有祭祀龙神的性质,因此龙船在百姓心中还明显带有浓厚的宗教神秘色彩,因此对于龙船各个部分的制作,人们甚至把它当做为罗店祈福的形式。制造龙船的工匠必然是选取镇上技术精湛的,因为龙船在当天会在百姓面前表演,龙船上每个部位的优劣在人们眼中一目了然,所以在工匠心中龙船制造是考验自己技术的时刻,他们必然会竭尽所能,用心制作。况且龙船制造在每个居民的心中是表达对神的尊敬,不能等闲视之。按照老一辈人的说法,制作龙船的工匠“一般人还挨不着”,在人们心中能参与是有脸面的事情。出于对龙船活动的热情,工匠们都会积极参与。

而且,划龙船的活动往往会进行好几天。那时,罗店人会自豪地邀请亲朋好友前来,准备好饭好菜,还要上街玩乐。其他乡还有很多慕名前来的游客,这样会吸引很多小摊贩、杂技人、手艺人前来,街上热闹非凡。

端午节龙船活动都是以众人出资、由民间“出头人”发起主导的形式开展。在罗店龙船发展的三四百年里,这样的形式在百姓心中以不成文的约定固定下来。每当临近预定要划龙船的日子,为了进行一些必要的准备活动,龙船各个街区的“出头人”会向民间发起众筹。他们会在自己所管范围的居民区内筹集资金。罗店地区的龙船活动一直秉承着“大户出大份,小户出小份”的原则,不强人所难。划龙船对于百姓来说,代表着吉祥如意的美好寓意,同时也是期待已久的娱乐活动,对于他们是好事情。居民都会早早地准备好。

二、当地水路交通条件和商人赞助给罗店龙船演化带来的影响

(一) 当地水路交通条件

罗店龙船和江南地区普遍存在的龙舟同根同祖,但在风格上迥然不同。后者主要表现为在宽阔水面上的体育竞速,而前者则演化为在九曲十八弯的小水道中表演的观赏活动。显然,在"外地"龙舟的引进时,为了适应于当地星罗棋布、曲折窄浅的水道,罗店人对龙船活动进行了调整和创新。

罗店,其内部水网成棋盘式密布,竞渡为主的赛龙舟没有空间施展。这九曲十八弯的地形使罗店龙船蜕变,但并没有失去龙舟豪迈的体育精神,因为罗店还有一条贯穿内部的市级河:练祁河。

宋代的郑亶在《吴门水利书》上将其记载为"练祁浦"(1192年),宋代绍兴三年《吴郡志》亦载其名。[1]这些内容是关于练祁河最早的记载。并且清朝光绪年间的《罗溪镇志》[2]和民国时期的《宝山县志》[3]都提及了练祁河。在水运交通发达的罗店,该河不仅为通商要道,而且有足够的空间开展龙船活动。在河中,龙船虽不能并列竞速,但作为几条龙船共同表演的场地绰绰有余。由此,罗店人将龙船之竞渡改为龙船在滑行技艺上的比拼。

(二) 商人赞助

罗店与刘家港仅仅相隔 10 千米,是练祁河、罗川河、荻泾河、潘泾河等干流与其他诸条支流的交汇中心。罗店以西不足 10 里

---

〔1〕《罗店镇志》,上海大学出版社 2005 年版,第 336 页。
〔2〕"练川,西承江水、清澈如练故名。"
〔3〕"练祁昔称练祈,又称练川。或云以澄澈如练故名。"

是嘉定县城，其以东不足10里是人口众多的黄姚村落，以南1万米是规模巨大的制盐地大场，以北1万米是大港口浏河。由于水路发达，加之周边地区的辐射带动作用，罗店的经济发展迅速。

早在明代，罗店的居住人口就已经高达5万。在明末清初时，罗店已经具有三湾九街十八弄的规模，商铺多达六七百家。

罗店商号云集，当地不少人是迁居此地做生意的商人。他们迁入罗店时往往还带来了故乡的文化，在祭祖的端午佳节，一些商人对故土的思念变得尤为强烈。端午佳节，在罗店以划龙船为祭祀的表现形式，商人出力于此或有这部分原因。

另外，对于当地的商家来说，合资造龙船既可以吸引其他地区喜爱龙船的游客，又不失为当地百姓闲暇之余的一项娱乐措施。既开拓了新的市场，又促进当地人消费。同时，龙船活动开展时，可以吸引其他相邻地区的行商走贾、各路艺人来罗店，不仅增加了热闹的氛围，而且还可以形成集聚效应。由于龙船表演会扩大市场、促进需求，增加商人的收益，所以在初始时期商家们大多也乐于出资参与。

三、就龙船信仰核心的转变讨论龙船现今的保护问题

罗店的龙船，拥有400多年的历史，在历史的发展中兴废沉浮。罗店最初拥有5艘龙船，然在清太平军江南之战中全毁。之后罗店的经济不复往日兴盛，罗店人崇尚龙船的精神也在颠沛的时代更替中逐渐式微。然而，延续传统的火苗与对龙船的热爱仍存在于老一辈人心中，于是在社会稳定之后，龙船传人开始尝试复兴龙船。

最初，人们没有能力造一整艘龙船，于是便用扎龙船灯的方

法替代。河道减少,于是旱龙船应运而生。所幸,罗店龙船受到政府的关注和国家的支持,龙船的复兴和推广开始渐渐走向正轨。

然而,龙船焚毁和复兴之间相隔了很长一段时间,其间罗店的文化、人口结构又遭受冲击,罗店龙船的原始信仰与新罗店人的观念出现了无法续接的问题。

罗店龙船的原始信仰有二。

原始信仰之一为故土之爱。罗店的原始人口结构由外来人口(即来罗店做生意的商人)和本地人共同构成。划龙船活动又恰逢祭祖的端午佳节,对于商人们来说,他们可以借罗店龙船寄托思乡情怀;对于本地人来说,参与、观赏龙船更增添他们对故土的爱。最终,这两种实则同源的情感汇聚成对龙船的支持。

原始信仰之二为以龙为代表的宗教信仰。龙,湖泊河海之神,在临水而居的罗店更是百姓祈求风调雨顺、诸事平安的主要对象。况且,在古代民间,龙似乎也与某些巫术、迷信相联系。总之,在百姓眼中,用龙船祭祀龙神是必做之大事。

罗店划龙船活动类似于庙会。在罗店开展龙船活动,常常"引方圆百里之民众,呈万人空巷之盛况"。人们邀请好友亲朋,各种小贩、艺人纷至沓来,街上热闹非凡的景象与水中游曳的龙船交相辉映。年复一年,百姓心中留下了不可磨灭的快乐记忆。长辈带着孩子游玩,一代一代皆是如此,因此罗店龙船代代相传。

然而在罗店龙船的新旧更替中,接受现代教育的新一代人无法理解过去龙船的信仰核心,也没有亲自体会过旧时划龙船的盛况。人口流动加快,家庭单元变小,原生居民流逝……都使得新一代人难以从长辈那里继承对罗店龙船的热爱。但在国家开展传统文化保护的号召下,罗店龙船成功申遗。然而这仅仅只是迈出了文化保护的第一步，保住了龙船在现今罗店镇名誉上的一席之地。然而，非遗保护急需的不仅仅是形式上的还原，更应该使其在大众心理上真正地生根发芽。

其实，原始龙船文化信仰过于封闭和老旧，对于现代人已然不合适。笔者认为，在罗店龙船原貌已经基本恢复的情况下，保护者应当把目光着眼于文化传播和兴趣培养上。

就文化传播而言，罗店旧龙船文化的核心信仰已然与现在断层，我们应该重新建构罗店龙船新的理念和精神。以古代罗店龙船为例，从更本质来说，就是由“普通人”共同完成的产物。除却龙船，罗店百姓可能只是一介农民、船夫、商人……他们的文化水平普遍不高，却在齐心协力完成一件“祭祀”，这是当时不同阶层的人普遍认同的价值。且民间认为在这件事上，出力多的人更受尊敬。

笔者认为共同的理念大部分应该由龙船爱好者来创造。龙船保护者可以首先充当“引导者”的角色，利用现代传媒，在热门的网站或者 APP 上不定期地上传龙船的文化衍生物，在网络上发起关于罗店龙船漫画创作的比赛或者借助“网红”宣传使人们自发地去了解龙船。当龙船具有一定热度之后，罗店龙船的传播主力会渐渐变为“粉丝”。可以借鉴故宫博物院馆藏系列的成功逆袭，在前期不仅有强大的宣传主力，在后期故宫爱好者更开发出一系列故宫文化产品，吸引大批“路人粉”。

另外，在走访调查中，笔者发现，对罗店龙船熟知的基本上是老一辈的罗店人，而青少年对此似乎不太了解。文化的普及终究需要年轻的血液，年轻人对罗店龙船的认知水平和态度将是未来龙船文化是否能可持续发展的关键。笔者针对该问题，做了一份调查问卷。

四、关于罗店龙船文化的调查问卷及分析

(一) 关于龙船文化的调查问卷

1. 您是罗店人吗?(　　)。

   A. 是　　B. 不是

2. 您了解罗店龙船和其他地方龙船造型的区别吗?(　　)。

   A. 了解　　B. 不了解　　C. 不清楚

3. 您了解罗店地区划龙船的方式和其他地区的区别吗?(　　)。

   A. 了解　　B. 不了解　　C. 不清楚

4. 您对罗店龙船文化的了解程度是什么?(　　)。

   A. 不知道　　B. 知道,但具体不是非常清楚

   C. 了解　　D. 非常了解

5. 您是通过什么途径了解龙船文化的?(可多选)(　　)。

   A. 家人　　B. 朋友　　C. 同事

   D. 电视　　E. 网络　　F. 社会宣传

6. 如果有机会,您愿意去了解并接触罗店龙船文化吗?(　　)。

   A. 愿意

   B. 不是很愿意,原因:________________。

   C. 看情况

7. 端午节有龙船的表演,您会去参加吗?(　　)。

   A. 会去

   B. 不会去,原因:________________。

   C. 如果有空会去

8. 龙船文化是罗店自古以来悠久的文化传统,您认为在现代

发展该文化是否还有必要？(　　)。

A. 有必要

B. 很有必要

C. 没必要,原因：________________。

D. 无所谓

9. 如果我们要复兴罗店龙船文化,您支持吗？(　　)。

A. 支持

B. 不支持

C. 非常支持

D. 和自己关系不大,无所谓

10. 您愿意参与龙船活动吗？(　　)。

A. 愿意

B. 不愿意,原因：________________。

C. 看情况

(二) 调查问卷分析

罗店龙船是罗店地区特有的文化,龙船古朴的造型艺术和表现形式在江南水乡一带独具特色。说起龙船就知道罗店,说起罗店就不能不提龙船,可以说龙船是罗店的代名词。但是随着时代的发展,罗店地区原来水网密布的水乡特点由于时代的发展逐渐衰微,过去的九弯十八弄早已成为历史。今天的年轻人是如何看待龙船文化的？对龙船文化的发展持有怎样的想法？本着弄清楚这些问题的目的,笔者做了本次调查。

本次调查的对象是12—18岁的在校学生,发放调查问卷200份,有效问卷200份。

1. 问卷情况

问题一:您是罗店人吗？

在200名在校学生中,罗店本地人78人,占39%;外乡人122

人,占 61%。

问题二:您了解罗店龙船和其他地方龙船造型的区别吗?

了解的占 15%,不了解、不清楚的占 85%。

问题三:您了解罗店地区划龙船的方式和其他地区的区别吗?

20%的人了解,80%的人不了解或不清楚。

问题四:您对罗店龙船文化的了解程度是什么?

非常了解的有 6 人,了解的有 17 人,知道但具体不是非常清楚的有 85 人,不知道的有 94 人。由此可知,200 人中只有 11.5%的人了解龙船文化。

问题五:您是通过什么途径了解龙船文化的?(可多选)

通过口耳相传的家人、朋友、同事的占 56.5%,通过电视、网络等媒体了解的占 70%。

问题六:如果有机会,您愿意去了解并接触罗店龙船文化吗?

122 人表示愿意,占 61%;不是很愿意的占 7%;看情况的占 29%。

问题七:端午节有龙船的表演,您会去参加吗?

72 人明确表示会去,占 36%;23 人明确表示不会去,占 11.5%;还有 105 人表示有空就会去,占 52.5%。

问题八:龙船文化是罗店自古以来悠久的文化传统,您认为在现代发展该文化是否还有必要?

124 人表示有必要,占 62%;认为很有必要的有 56 人,占 28%;4 人觉得没必要,占 2%;16 人觉得无所谓,占 8%。

问题九:如果我们要复兴罗店龙船文化,您支持吗?

其中非常支持 19 人,支持 156 人,占 87.5%;不支持 4 人,占 2%;和自己关系不大,无所谓的 21 人,占 10.5%。

问题十:您愿意参与龙船活动吗?

104 人表示愿意，占 52%；不愿意的有 19 人，占 9.5%；看情况的有 77 人，占 38.5%。

2. 调查分析

(1) 关于龙船文化的了解程度。

调查表明，龙船文化作为罗店本地区的特色，对于现阶段 12—18 岁的年轻人来说，绝大多数人都不了解，即使知道也只是停留在这个名词本身，仅知道是怎么一回事，但对于具体细节不了解、不清楚，比如对龙船本身的造型特点和罗店龙船的划船方式都不清楚。

(2) 龙船文化的传播途径。

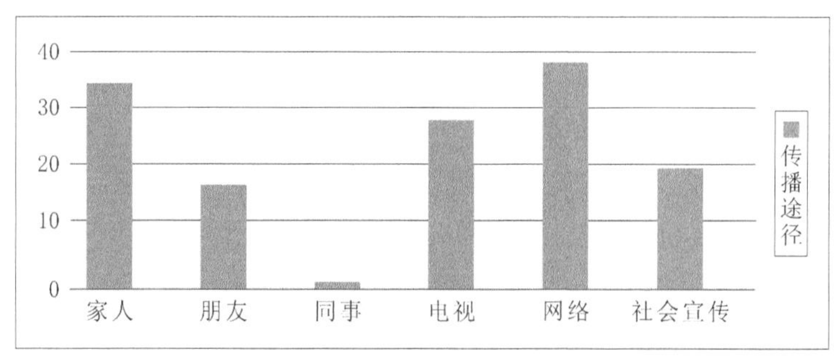

图 1　龙船文化传播途径分布图

从图 1 中，我们可以很清晰地看到，从“人”的方面看，家人的口耳相传是最好的了解途径，那么对于 12—18 岁的年轻人，他们的家人大多是 40 岁以上的中年人以及爷爷奶奶等老一辈的人，基本上都是在 20 世纪 70 年代前出生的人。因此，龙船文化是否能继续以此方式传承存在危机。其次从媒体传播途径来看，网络的作用要明显高于电视等传统媒体。

(3) 对龙船文化传承的意愿。

从图 2 来看，愿意去了解龙船文化的人有一半以上，但是真正

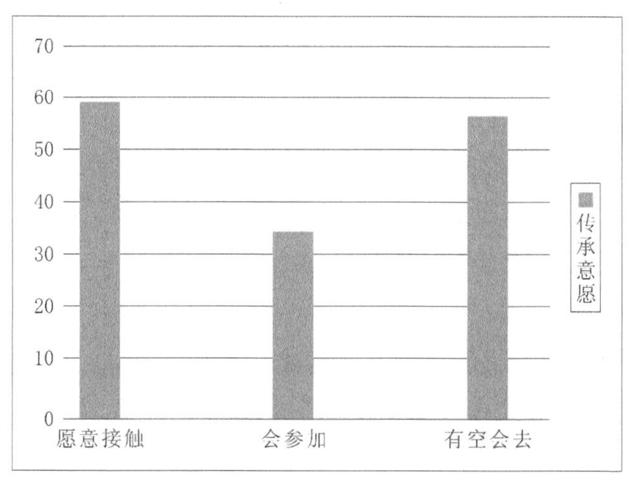

图 2　龙船文化传承意愿分布图

会去参加的人仅有三分之一。那么有相当部分的人表示有空会去,也就是说这 58% 的中间人群是摇摆人群。怎么去争取这一部分人的加入是龙船文化能否得以传承的重要工作。

（4）复兴龙船文化的必要性。

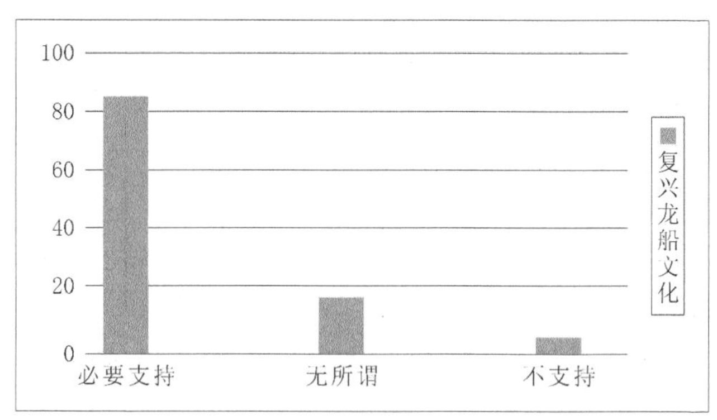

图 3　对复兴龙船文化的态度分布图

由图 3 可知,很显然绝大多数人是支持复兴龙船文化的。

3. 原因分析

从本次调查情况来看,罗店龙船这一传统文化在人民群众中还是有广泛的基础的,毕竟在过去精神生活匮乏的年代中它给予了当地人民以精神的愉悦和对未来美好生活的企盼。伴随着改革开放大潮的到来,镇区行政规划发生了变化,诸多的河流被填埋成为平地、马路、建筑物,导致龙船文化逐渐失去了赖以生存和发展的外部条件。

正是这外部条件的丧失导致龙船活动无法正常开展。渐渐地,人们对这一古老文化的热情逐渐淡化。今天的龙船文化活动成为表演,丧失了实际功用。

4. 意见和建议

为了弘扬罗店龙船文化,罗店镇已经从2004年开始开展罗店龙船节活动,2008年罗店龙船被列入国家级非物质文化遗产。龙船节活动的地点主要在罗店美兰湖、东方假日田园等地,引起周围群众广泛的关注。但是综观参加活动的人群,主要以中年以上人群为主,参加此类活动也是出于他们对儿时的回忆。

要使一个文化传统得以传承,首先,必须要在青少年中普及这一文化内涵,因此,笔者建议要挖掘文化的内涵,每年在相关节日时要走进校园普及相关知识,让青少年亲身参与此类活动,亲身感受传统文化的魅力。

其次,鉴于网络的功能,要建设一个专门网站或微信公众号等专门介绍罗店龙船,并有专人负责更新、维护网站内容。

另外,罗店的龙船文化展示馆要经常性开放,特别是在周末时间,并且配备志愿讲解员,使广大青少年能随时走近龙船。

附录：关于罗店龙船文化的两则口述史料（作者采访整理）

一、口述人：张福民(生于1934年2月)

以前罗店镇上有很多河流，小桥流水，水面弯来弯去，在划龙船的时候还要在河面上打弯(拐弯)，以前这条河宽6米，可以打弯，很好玩的。现在这条河变小了，不行了，不能打弯了。

我们罗店的龙船和别的地方不一样，龙船上有台阁，可以把小孩，4岁到5、6岁的放在上面；在台阁上面还可以演戏，比如梁山伯与祝英台，一个演梁山伯，一个演祝英台，还有的演《白蛇传》里的三个人。罗店的龙船是观赏的、表演的，划龙船的人在划的时候身体几乎要贴在水面上。龙船的装饰也非常有看头，船身上都画着龙鳞，船头有牌阁，有人在上面表演，船尾有艄亭，与前面的牌阁呼应，两面插有很多绣伞旗仗，五颜六色，非常好看。现在的龙船划得不大好，没有乐趣，以前还有音乐。划龙船以前都是工商界赞助的，龙船在商家门口打足，(商家)就要给红纸包的钱，罗店的石岸上都是房子，他们都要扔红包赞助。划龙船之前还要抓阄，四五艘龙船，由一个龙船领头，前一个龙船打足，后面的都要跟着打足。

我们家几代都是造船的，老一代人造一只龙船用个一两年，保养保养不会坏。我怎么会造船的呢？我哥哥在造船，我也就会了。现在家里还有用剩一些的钉子。马头钉，百耙，还有大一些，这个大概7厘米；10厘米，叫七耙，越小越大，有3种尺寸，都是铁的。橄榄钉，两面尖的，中间打眼子。钉子都是用铁打出来的，叫柴钉。钉子的用处就好比人有筋骨，船一定要有钉子，船没有钉子不行,没有钉子,船要缩掉的,这个10厘米一个,船板子要有6厘米长,钉子要用得很多,多得不得了。钉子都是铁的,要让铁匠打起来,现在没有铁匠了。现在这种钉子,罗店镇上没有人会打了,去年到昆山打了一些钉子,现在打一个钉子的价钱可高了。

罗店镇的船以前都是农村装肥料用的,以前的肥料,第一是大粪,第二是上海的垃圾,都是用船装回来的,不是用汽车装回来的。我就是修船出身的。这个韩家湾的人都是做这个工作的,这里生活着百余户人家,80%以造船、租船、捕鱼为生,家家都有船,这个历史有400多年了。过去在农村要买东西,装粮食出去卖,把物品运输出来,都是用船的。船都是韩家湾造的,用船就来借,一天多少钱,过去二三十年前,这条河上都是跑运输的船。

罗店镇为什么叫金罗店,就是因为交通发达,南北有河,东西有河,河流都是相互交叉的。商业发达带来了经济繁荣。罗店镇的老房子以前被日本人炸了,之前罗店镇有一些有钱人家的厅堂,如蒋厅,布场街上有一个戏馆,市二路花店隔壁是蒋厅,还有人家进门有18条门槛,“8·13”被日本人炸了。地主多,有钱人多,大多数是安徽人,来做生意,我以前也是安徽出身,徽州。罗店的店家多得不得了,现在公大,造酱油的,还有药店,中药店,致中和,大中医,中医不得了,专门看伤科,痔疮,小膏药,以前人家都到罗店来看医生。安徽来的人主要是做生意,徽州那里都是在外面做大老板。徽州很厉害,专门做粮食、油、蚕丝,只要挣钱的都做,棉花,轧花厂是私人的,用轧出来的棉花再织布。罗店地方大呀,商业繁荣,一条赵家巷轧花厂有好几家,有盐业工会、花神堂。花神就是祭祀棉花的神。

二、口述人:江进华(生于1942年10月)

罗店是一个商业发达的大镇。据说明朝时已经很繁荣,到民国时期罗店有大小商铺六七百家之多。历史上有金罗店之称。

听老一辈人说,抗日战争前罗店街市东西三路,就镇东的赵巷街就有三里之长,最繁华的当属塘西街和亭前街。

罗店镇始于元朝,到明朝时已成为一个商业繁荣的大镇。为繁荣市镇,明朝时已有了端午节划龙船的活动,以此吸引四面乡村的人们来罗店看龙舟,活跃市场经济。划龙舟至今已有400多年的历史了。

当时罗店划龙船的活动搞得还蛮有声有色的。小时候,一到端午节这一天一早吃了粽子、咸鸭蛋,额上点好雄黄酒,吵着要爸爸妈妈领到镇上去看龙舟。这一天可说是人山人海,万人空巷,附近乡村的人们挤着在市河两岸看龙舟。河边挤满了人,桥上挤满了人。那时的张家桥、大通桥、新桥、三元桥是最佳的看船地点。还有许多人挤在临河小屋里,站在窗口看龙船。我那时候还小,挤不进人群,挤进去也看不清。因此到张家桥一家亲戚家的小阳台上看龙船。五月初五这一天划龙船开始,赤、橙、黄、绿、青、蓝六条龙船从张家桥出发,一直向西,朝三元桥方向划去。罗店龙船是最有观赏性的,五六条龙船昂首飘须,旗仗鲜明,彩旗飘飘、光彩夺目地向前划去。每条船的船头上都有铁柱,由少年男女扮成的戏曲人物扎缚在铁柱上,如梁山伯与祝英台、张生与崔莺莺等人物。每条船上的台阁互相比拼,看哪条船最出众,叫扎台形。龙船的两边水手都由青壮年组成,腰大膀粗,有用不完的力气。他们随着锣鼓声的快慢,或快或慢地划着,或慢荡,或疾驰。拿桨的水手把手臂伸进了水里,使龙船急转弯打转。人们最喜欢看龙船打转,岸上阵阵喝彩。喝彩声越响,水手们划得越有劲,船儿转得越欢,龙船或前或后转弯,或相迎,变换着各种姿态,真是吸引眼球。

五月端午这一天,除了河上划龙船外,岸上街道里也是热闹非凡,那是商业市场最红火的一天。街上熙熙攘攘,水泄不通,不管是吃、穿、住、用，各行各业都火上了。在我们小孩的眼中当然是吃的、玩的了。人们为满足小孩的要求都会舍得花钱给孩子买吃的、玩的。什么小糖人啊，小风车啊，小阿福啊，糖山楂啊，糕啊，馒头啊，都成了小孩手中之物、口中之福。我记得当时华兴楼的羊肉面是很有名气的，花一角钱就能吃上一碗。罗店镇上有名的小吃还有糖糕、绿豆糕，那是方方的、扣着花的绿豆糕。还有罗店镇上的汤圆也是很有名气的。

[专家点评]

近些年因为参与复旦附中所主办的“博学杯”的活动，为此也在思考，在爱护并鼓励中学生史学兴趣的同时，如何逐步培养中学生的史学专业素养。依拙见，培养中学生对史学的“想象力”，或许是最重要的。所谓“想象力”，大概所指的是，今天的人们在面对过去时，要用心去体会什么事情可能发生？业已发生的事情留下哪些印痕（即史料）？我们可以通过什么方式去搜寻这些史料，并据此还原历史？而培养中学生的“想象力”，则须落实在引导学生对历史遗存物的了解，这既可以是历史文献，也可以是历史发生的具体场景。从这个意义上来看，这篇习作或许按照专业论文的要求来看，还有很多不足，但该文所探讨的问题，以及所展开的研究路径，却是值得鼓励的。我推想该生或许就来自罗店，所关注的正是其生活场景中的“过去”。为此，他既通过一些史书的阅读，尤其是前人对此的分析，去了解罗店的龙船文化，并试图将其与当地的经济活动结合起来进行思考。同时，他还做了两项重要的工作，一是针对罗店龙船文化的问卷调查，由此去了解12—18岁的在校学生对于龙船文化的了解程度，以及龙船文化的传播途径等问题；二是访问了当地对龙船文化较为了解的一些老人，并相应留下关于龙船文化的口述历史记录。

对于中学生的习作，自然不能从专业角度提出更高的要求，但在此过程中，让学生逐步了解如何按照专业的要求去讨论历史问题，也是必要的。唯其如此，举办这样的活动也可以使参与其中的学生有更多收获。这方面，该生也有不少需要加强的地方，最基本的，习作中提到的许多文献和前人的研究，都没有标明出处，据此就有必要向学生说明，史学研究最基本的要求，是在前人研究的基础上，通过对史料的解读来还原历史，史料构成史学研究的基础。向学生提出有待加强的方方面面，对于学生的成长，无疑是有益处的。

——复旦大学历史系教授　章　清

浅析钢琴对上海近代社会文化发展的影响
——以1843—1949年为时间范围

刘歆宇*

[**摘要**] 上海自1843年开埠以来,钢琴成为中西文化交流的“物质”见证。钢琴在沪生根、发芽、成长的过程见证了西学东渐和海派文化诞生的历史,也折射出近代上海时代不断变迁的风貌,体现出海派文化之开放、包容、求新的特点。

[**关键词**] 钢琴;上海社会文化;影响

广义上的钢琴文化是指与钢琴相关的政治、经济、社会、艺术等文化和历史现象。狭义上是指钢琴作为艺术的载体,与这一艺术发展相关的人、物和理论等,包括教师与学生、钢琴家、钢琴作品、学堂学校、产业机构等,从中能体现钢琴艺术在学科领域的发展轨迹和由此带来的人文艺术领域的变化。本文所指的上海钢琴文化从狭义视角,主要聚焦近代上海开埠以来至民国时期钢琴

---

* 刘歆宇,复旦大学附属中学2019届学生。本文指导教师叶朝良。本文获2017年博学杯历史人文素养展示活动论文二等奖。

文化在沪的萌芽、发展和由此带来的历史影响，从钢琴这一具体物像来反映上海移民城市和海派城市的特点，折射时代变迁的风貌。

一、钢琴进入中国的考源

（一）近代之前钢琴在中国的命运

钢琴的前身是管风琴，后来演变为带有键盘的古琴，世界上第一台钢琴诞生于1709年，由意大利佛罗伦萨梅第奇家族制造。钢琴进入中国可追溯到元朝。《元史》卷七十一记载有被命名为“兴隆笙”的管风琴，这些管风琴是13世纪中期之后随着西方传教士带入中国的，但只在宫廷里陈列，偶尔使用。清代《续文献通考》记载，17世纪初期，意大利传教士利玛窦把欧洲16世纪流行的击弦古钢琴进献给明朝万历皇帝，这是进入中国的第一台钢琴，利玛窦还创作了带有天主教教义色彩却用汉语填词的音乐作品《西琴曲意》给万历皇帝听。近半个世纪后，德国传教士汤若望把闲置在皇宫中的这架已成为废铜烂铁的钢琴修复后献给了崇祯皇帝，而且还写了介绍钢琴架构和演奏方法的《钢琴学》一书，可惜崇祯皇帝事忙命短，没有机会深入学习钢琴。清朝初期，对西方文化感兴趣的康熙帝要求皇子学习西方乐理，据《蓬山密记》记载，康熙帝能在古钢琴上弹奏《普庵咒》[1]，还亲自审议介绍西洋乐理的《律吕纂要》，把西方的五线谱正式传入中国。到了乾隆朝，宫廷编撰《律吕正义续编》进一步介绍了西方的记谱法。可以说，从第一台钢琴进入中国后的约200年时间里，钢琴作为展示西

〔1〕 李浪：《从宫廷到学堂：明清时期钢琴在中国的发展》，《艺术教育》2013年第8期。

方音乐文化的键盘乐器一直静静地待在皇宫的深院里，钢琴并没有对中国音乐和视听文化产生影响。

（二）近代中国钢琴的引入和钢琴教学的发展

1840 年鸦片战争后，随着《黄埔条约》《天津条约》《北京条约》的签订，外国传教士可以在中国建立教堂和布教，由此，钢琴开始进入中国部分城市。钢琴从皇帝的玩物逐渐变成了宗教传播的工具。各地传教士把钢琴作为传唱基督教音乐的乐器带入中国的教堂和教会学校。以上海为例，创办于 19 世纪 60 年代至 90 年代的女子教会学校一般都开设了音乐课，甚至钢琴课（见表 1）。

表 1　19 世纪 60—90 年代上海开设钢琴课的女子教会学校

创立时间	名　字	创建人国籍
1861 年	清心女子中学	美国
1874 年	圣芳济书院	法国
1881 年	圣玛利亚女中 （1851 年文纪女中和 1861 年俾文女中合并）	美国
1892 年	中西女塾	美国
1897 年	晏摩氏女中	美国
1902	务本女塾	中国

1881 年美国传教士林乐知开办了上海中西书院，进入书院的学生每年都要学习琴韵，里面包括钢琴课（见表 2）。1898 年成立的经正女学、1902 年成立的务本女塾都设有钢琴课，且聘请日本人担任教师。1903 年 2 月日本归来的沈心工在上海南洋公学附属小学创设乐歌课，开新式音乐教育风气之先。

表 2　上海中西书院课程安排表〔1〕

时　间	学习内容
第一年	认字写字、浅解辞句、讲解浅书、习学琴韵
第二年	讲解各种浅书、练习文法、翻译字句、习学琴韵、习学西语
第三年	数学启蒙、各国地图、翻译选编、查考文法、习学琴韵、习学西语
第四年	代数学、讲求格致、翻译书信、习学琴韵、习学西语
第五年	考究天文、勾股法则、平三角、弧三角、习学琴韵、习学西语
第六年	化学、重学、微分、积分、讲解性理、翻译诸书、习学琴韵、习学西语
第七年	航海测量、万国公法、全体公用、翻译作文、习学琴韵、习学西语
第八年	富国策、天文测量、地学、金石类考、翻译作文、习学琴韵、习学西语

女生学习钢琴已越来越成为当时中上阶层象征进步文明的举动。一些学钢琴的女生的照片也在一些画报中出现。1929 年 1 月 4 日《沪江年刊》刊登了一幅标题为“女生钢琴班”的照片，1930 年 4 月 9 日《良友》刊登了以钢琴为背景的女学生生活照片。

但这些面向中上阶层的上海教会学校对钢琴文化的推广和普及并没有带来多大的促进作用。直到 19 世纪末 20 世纪初，在维新变法、百日维新之后，钢琴和钢琴课的社会价值和文化价值才被提上议事日程。一些曾留学西方的爱国人士把钢琴作为一门音乐课引入中国。1902 年清政府颁布《钦定小学堂章程》和《钦定蒙学堂章程》，1904 年颁布《钦定学堂章程》，不仅从官方途径认可并支持新式学堂的建立，而且还鼓励新学堂开设乐歌课，从此，钢琴从单纯的宗教传播的辅助工具变成了接受西方文化、启迪国民进行美育教育的学习工具。20 世纪 20—30 年代，围绕钢琴学习的教材和教辅书籍开始问世，从目前能检索到的 23 本书

〔1〕 梁元生：《林乐知在华事业与〈万国公报〉》，香港中文大学出版社 1978 年版，第 59—60 页。

籍来看，虽然数量不算多，但能反映那个年代钢琴教学已逐渐纳入学校的课程体系中。

表3　20世纪上半叶钢琴书籍出版物资料检索结果表

书　名	作　者	出版时间	主要用途	出版商
《进行曲》	王　义	1908年9月		商务印书馆
《洋琴教则本》	奥好义	1921年6月1日		东京十字屋乐器店
《弹琴教本一》	刘质平	1923年9月10日	师范讲习科用	泰东图书局
《弹琴教本二》	刘质平	1924年1月10日	师范讲习科用	泰东图书局
《中国音乐谱》	浦梦古	1930年2月12日		上海图书馆
《进行曲选（春蜂乐会丛刊）》	白蕊先	1928年9月	中等学校教学适用	上海开明书店
《洋琴名曲选：西洋名曲集》	丰子恺	1932年9月		上海开明书店
《钢琴学》	张玉珍 项馥梅	1933年3月15日	教科参考用书	商务印书馆
《简易风琴钢琴合用谱》	缪天瑞	1936年	教科自修适用	三民图书公司
《进行曲集（万叶乐谱丛刊）》	钱君匋	1949年7月25日	教科参考用书	上海万叶书店

资料来源：上海图书馆近代文献馆藏资料。

在以上书籍（见表3）中，王义编译的《进行曲》1908年出版第一版，到1925年12月已出至第6版，到1929年10月已出至第8版；白蕊先的《进行曲选》1928年9月第一版，到了1930年8月已出至第二版；奥好义的《洋琴教则本》在1921年已出至第19版了。这些说明当时以钢琴为乐器伴奏的进行曲在学校大受欢迎。以王义编译的《进行曲》为例，其中收录了36首曲目，有《华盛顿进行曲》《俄国进行曲》《德国进行曲》《国防军进行曲》《土耳其进行曲》《爪哇进行曲》和《马赛也，法国国乐》等，从曲目的名称中可以看到这些进行曲背后选曲人选择曲目的主观因素,其中的原因不乏与进行曲的特点及时代背景密切相关。丰子恺曾说:“进行曲在一切注重内容的乐曲中,曲情曲趣最为丰富,所以自古以来,常为一般民众音乐常用的乐曲形式。古代盛行用于祭礼,希腊悲剧中常有进行曲,中世纪盛用于歌剧中。至近世尤为盛行,一切乐器,皆多有进行曲,诸大作家的杰作中,皆有进行曲。”[1]“这种形式的乐曲,其趣味不是专门的,而是通俗的;其情感不是静的,而是动的,可以鼓励人,使人振足,使人兴奋,使人团结,音乐中‘亲和力’最强的,莫如进行曲了。故这种乐曲,可说是最前进的,生气蓬勃的乐曲。在我们这个时代,正需要这种乐曲。”[2]钢琴作为进行曲的器乐载体,发挥着其他乐器无法替代的“前进”“生气”“团结”“鼓励”的作用,在20世纪上半叶中国社会转型时期,钢琴的革命之用体现得淋漓尽致。甚至有的杂志以钢琴为例,说:“夫音乐既可改良未开化之人种。则其于文明国人,裨益愈大。可播而知矣。”[3]

在《弹琴教本一》的出版说明中,作为本书的作者,上海美术学校音乐主任刘质平教授写道:“师范讲习科弹琴教学时间,每周只有一小时,但是每级人数,大约有三四十人,不够个别练习,所以教学弹琴,每生隔周轮流一次。”[4]从中可以看出,虽然学校的钢琴数量有限,不能满足学生练习的要求,但还是能够反映美术学校的学生也兼修钢琴课,进行音乐的通识教育。在该书的目录里,作者还罗列了每学期钢琴课的学习内容(见表4):

---

〔1〕 丰子恺:《前进的生气蓬勃的乐曲》,《钱君匋:进行曲集(万叶乐谱丛刊)》,上海万叶书店1949年版,第5页。

〔2〕 同上。

〔3〕 天翼译:《钢琴可疗神经病》,《进步》1921年第1期。

〔4〕 刘质平:《弹琴教本一》,泰东图书局1923年版,第3页。

表4　上海美术学校钢琴课课时和内容安排表[1]

时　间	学习内容
第一学年上学期	单手单音练习、单音练习、单音曲
第一学年下学期	二重音练习、二重音曲
第二学年上学期	单手重音练习、二重音练习、进行曲
第二学年下学期	三重音曲、四重音曲、舞蹈曲
第三学年上学期	独奏曲、联弹曲、伴奏曲

从上述的课时安排和学习内容来看，该校学生要学习钢琴2年半，已接近专业钢琴人才的培养周期了。一个以培育绘画人才为主要目标的学校，如此重视音乐艺术的培养，这从一个侧面反映出学习钢琴作为美育熏陶的必要路径，这成为当时学校教育的一个共识。

此外，在《弹琴教本一》中，还提到了这本书在各省各大书局分售[2]，这也说明了这种师范讲习教材在其他省份里也有一定的市场需求。

二、近代上海推动钢琴文化发展的因素

（一）琴行的兴起推动近代上海钢琴文化的传播

钢琴作为乐器进入上海中上层百姓的生活，除了在教堂、学堂这些特定场所之外，琴行在上海的诞生与扩展也能反映当时上海人对钢琴这个外来乐器的接受和对西洋文化的认可。上海最早的一家琴行是由英国人于1850年在南京路开办的谋得利琴行，当时琴行里的钢琴都是由英国进口的，早期的琴行也大多由外国

〔1〕 刘质平：《弹琴教本一》，第2页。
〔2〕 同上书，第11页。

人开设,如罗班臣琴行、来瑞罗琴行、胜利琴行。19 世纪末,随着教堂和学堂数量的增加,琴行的钢琴已不能满足市场的需求,因此,英国人于 1890 年开办了一个钢琴组装加工厂,工人全部由手工技术一流的宁波人担任。谋得利琴行的工人数从最初的 20 人后来发展为 200 多人,钢琴月产量为 100 架,外来移民的宁波人在上海外国人开办的琴厂里成为中流砥柱,这也成为西方文化渗透到中国的典型案例。宁波人把造琴技术学会后,中国人也开始自己开设琴行。最有名的由宁波人开设的琴行有祥兴琴行、永兴琴行、精艺琴行、上海琴行等。

琴行开办数量的增多反映了市场对钢琴的需求,其背后折射出钢琴文化的发展,其中,非常重要的一点是反映了维新变法、百日维新后新式学校育人的需求。最典型的案例是 1912 年在上海成立了国立音乐学院。这个学校的成立是蔡元培的"以美誉代宗教"思想的实践。琴行还刊登广告,画面是"一女孩午夜自起床蹑足欲入室弹琴,以示该琴诱惑之大"[1]。《怎样购买钢琴》等指导性文章的出现一定程度折射出人们对钢琴的需求。[2]钢琴也成为高档礼品用于赠送,如 1923 年 4 月《世光学报》刊登马永灿赠送世光学校一台钢琴。

(二) 钢琴教师的资深化提升钢琴文化的品质发展

教授钢琴的教师队伍一开始都是由外国人担任,主要是传教士。这与钢琴最早出现在宫廷、教堂和教会学校里有关。但随着新式学堂举办数量的增加,钢琴教师的人数也开始增加,而且从外籍传教士逐步转变为留学归来的音乐家和土生土长的钢琴专家。沈心工、李叔同、萧友梅、高寿田等一批有志之士回国后在新

---

〔1〕《良友》1935 年第 1 期。

〔2〕蒋凤英:《怎样购买钢琴》,《妇女画报》1934 年 12 月 2 日。

式学堂任教,不断推广钢琴课,并培养钢琴人才,这壮大了专业化的钢琴人才队伍,反过来进一步推动了钢琴文化的传播。会弹钢琴的人成为风雅、有气质的代名词,也培养了一些音乐达人。贺绿汀创作的《牧童短笛》获得1934年俄裔音乐家齐尔品举办的中国风味钢琴作品比赛一等奖,这个奖项在中国近现代音乐史上书写了重要的一笔。这一时期还产生了许多带有鲜明中国风格的钢琴曲。如江文也的《台湾舞曲》、黄桢茂的《中国舞》、刘雪庵的《中国组曲》、陈泗治的《幻想曲——淡水》、丁善德的钢琴组曲《春之旅》、瞿维的《花鼓》等。〔1〕

除了专业教授钢琴的教师外,还有一些民间私人教授钢琴的专家,如在1920年《新妇女》杂志上曾刊登一则教授钢琴的广告:"音乐教师傅彦长授课规则:男女兼收,不限年龄。每星期授课两次(每次只教一人),以半小时为度。时间由教师与学生自行商订。纳费(为)每月费五元,预缴三月者得减去三元,皆须于授第二课前付清。"〔2〕为普及钢琴艺术,提升钢琴文化的品质,1919年,在丰子恺倡议下,上海成立了大部分由中小学音乐教师参加的中华美育会,利用暑假举办各种形式的艺术宣讲和普及活动,并在《美育》杂志上发表许多音乐体裁的文章,希望通过音乐改造人的气质。

(三)"学堂乐歌"运动推动钢琴文化的普及

"学堂乐歌"是钢琴成为中国中上阶层普通认识、接触的器乐的重要途径。所谓的"学堂乐歌"是指1912年中华民国政府建立后,教育部推广教授学生学校校歌,"学堂乐歌"成为中小学课堂的必修课。学堂乐歌作为一种普及性的国民音乐教育,其最初目

---

〔1〕 李彦娜:《模仿·整合·创新——谈中国钢琴文化的缘起及表达》,《内蒙古艺术》2007年第2期。

〔2〕《新妇女》1920年第1期。

的在于通过音乐来宣传、实践西学。在"学堂乐歌"的推动下，西方音乐的旋律、和声、音阶等形式在中国全面传播。中国新式学校的教师一般都选择了钢琴作为教学的主要乐器，并通过西方曲调、中国填词的方式来创作校歌。这些校歌有很大部分是激励国人爱国热情，进行西方文明成果的宣传，使钢琴这种西洋乐器在中国上海迅速传播。

除了纯粹作为教学用具外，在民国时期，钢琴作品也能够呼应救亡与启蒙的时代主题。比如，1923 年 12 月商务印书馆发行了上海音乐专科学校黄自创作的《爱国合唱歌集》，里面收录了作者原创的《抗敌歌》《国庆献词》《青天白日满地红》《军歌和旗正飘飘》等钢琴作品〔1〕，钢琴似乎成了宣传、传播西方文明的利器，成为打倒旧势力、推行新文化的代名词。这本歌集不仅在上海出售，而且在商务印书馆的各埠分售，甚至在本书的最后，商务印书馆还说明"外埠酌加运费汇费"〔2〕，一定程度上反映了这本书在当时存在销售市场，而且这个市场不小。据统计，在 20 世纪初期，上海商务印书馆在 59 个地区和城市有分埠，包括东京、旧金山。〔3〕

（四）传媒的助推作用

一些报刊除了刊登音乐私人家教的广告外，也刊登与钢琴相关的小说和诗歌、摄影作品和广告。比如，描写钢琴的诗歌："课之悲寂之琴音，交奏于深黑之夜。像是天涯海角孤雁的啼声，山林猿猴断肠的深啸。像是战场中悲壮的喇叭声，深夜荒原的雷雨，像是千仞瀑布下的长鸣，奏者弧着他的眼。"〔4〕"啊，钢琴，我

---

〔1〕 黄自：《爱国合唱歌集》，商务印书馆 1933 年版，第 3 页。
〔2〕 同上书，第 33 页。
〔3〕 《商务印书馆出版书目》，商务印书馆 1906 年版，第 104—106 页。
〔4〕 黄其启：《钢琴之音》，《民国日报》1925 年第 9 期。

请问你，人世那一样不是虚幻？寂寞的我，得到你，共我相守，我复何恨！”[1]当时具有一定知名度的杂志《最小》从1924年4月起连载美国作家欧亨利写的《钢琴》；而有的杂志甚至还说钢琴具有奇妙的作用，即“钢琴可疗神经病”，因为钢琴可以调和人的气血。[2]

此外，海归派的音乐家撰写了很多介绍西方音乐和理论的专著，如萧友梅的《乐学概论》、谢荫吕的《社会教育》、陈仲子的《近代中西音乐比较观》等，这些著作通过市场运作，进一步将钢琴文化渗透于上海文化之中。

三、钢琴的标识作用在近代上海海派文化中的体现

钢琴从一开始的洋人引进到后来的国人自己生产，就从器物层面上说，这仅仅是西洋乐器在中国的扎根开花，但从文化层面上讲，钢琴在近代上海的流行与普及，超越了乐器的使用功能，而达到了它的象征功能。它象征了近代上海海派文化的重要特征，即海纳百川、开明睿智。而这些特点是钢琴表征之下的内涵挖掘。

（一）文化包容的标识

在近代上海人的眼里，钢琴是西方时尚、先进乐器的代名词，也是高贵典雅的象征。一台钢琴价格不菲，能拥有钢琴或者在有钢琴课的新式学校学习是一种身份和地位的象征，代表着有修养、有品位的知识分子。同时，钢琴也是西方近代文明的标识之一，在国人的眼里代表着开放、先进。因此，钢琴作为一个外来文

---

〔1〕《乐艺》1930年第1期。
〔2〕天翼译：《钢琴可疗神经病》，《进步》1921年第1期。

化元素渗入上海近代文化之中，并被上海人接受、推广和迷恋，这间接显示了上海海派文化海纳百川、豁达包容的特点，也显示了海派文化与世界文化的交融。在“学堂乐歌”中，教员们通过“以词选曲”“按曲填词”等中国传统创作手法，将西方音乐和中国音乐创作融合在一起，体现了中西合璧的特点。1916 年，萧友梅创作了钢琴曲《夜曲》《哀悼引》，充分把西方作曲技巧融于中国曲风的音乐创制中，体现了钢琴已成为中西音乐文化杂糅、创新的海派文化代表。

（二）思想进步的标识

钢琴作为一种乐器，并非只是一种乐器。钢琴作为连接弹琴人与钢琴作品创作者的精神纽带，它是历史中的人和现实中的人思想交流、碰撞的过程。钢琴作为传播先进理念的工具和载体，对丰富近代上海人精神生活，激发时代转变、思想进步起着无法替代的作用。蔡元培先生提倡美育教育，试图达到通过音乐来激发时人爱国救国的情怀和激情的目的。在“学堂乐歌”中，教师教给学生的曲子很多是通过钢琴来演绎的、激发学生忧国忧民、救亡图存的歌曲，因此，钢琴在传播救亡思想方面起着相当大的作用，而这也是进步人士希望通过钢琴课的育人功能达到培育中国先进知识分子的目标。1915 年，中国人自己谱写的第一首钢琴曲《和平进行曲》发表在《科学》杂志上。从曲名中就可以看到救亡思想在钢琴曲谱上的脉动。

（三）文化风尚的标识

钢琴在明清时走入中国，既是西方文化的表征，也是文明碰撞、变迁的重要见证者。在新文化运动中，钢琴成为中西文化碰撞的话题之一。钢琴文化从拿来主义到民族创作，折射了新文化运动的发展历程，体现了中国钢琴音乐创作过程中的创新，即从全盘西化到中西交融，在吸收西方音乐元素的基础上，结合中国特色、民族特色创新大量的钢琴作品，体现了钢琴音乐发展进入时代转型期。而钢琴作为高雅、时尚的代名词，成为当时中国“上流社会”和知识分子等文化阶层的身份标志之一。

总之，中国人对钢琴的接受和中西方音乐的融合是时代发展趋势，也是中国传统音乐美学、教育思想与现代化思想启蒙、发展的互为交汇影响的结果。而这个接受过程是一个渐变式的过程，尤其到20世纪初期，钢琴文化见证了中国人对西方强势文化由一开始的拿来主义到后来的“学堂乐歌”的经世致用主义，再到“只有民族的才是世界”的转变，这个模仿、整合、创新的过程也折射了中国近代有识之士为复兴强国的主动选择的结果；同时也折射出近代上海时代不断变迁的风貌，体现出海派文化之开放、包容、求新的特点。

［专家点评］

一个中学生能写出一篇有新意又具有相当完整度的史学论文，确属难能可贵。此文的旨趣在如今的城市文化史、器物交流史研究中是非常热闹的，即以钢琴为媒介，追根溯源，循序渐进，较为深入地展示了近代中西文化交流在上海地区的状况。作者从钢琴的西方起源入手，进而阐述其中国传入，并论及钢琴教学相关的学校课程、教材，以及琴行的设置和教师修养，再加上对海派文化的影响。全文视野开阔，观点明确；态度公允，体例得当；文字流畅，引征规范；整个论证层次分明，具有较强的可读性和历史感。这些都显示了作者已初步具备史学研究的能力和论文撰写的素养。

比较明显的不足之处在于，引述的资料多属二、三手，对原始报刊和档案资料的挖掘仍属有限，故还有待今后作进一步的努力。

——上海社会科学院研究员　马　军

寻踪“上海之根”
——广富林

胡寒冰*

[摘要] 广富林遗址位于上海市松江区,是自新石器时代至东周的古文化遗址。其文化源起于南下龙山文化与良渚文化之融合,至明清时期最为繁荣,形成了独具特质的文化精神,对于当下弘扬家国情怀、建设文化自信具有深远的历史和现实意义。目前上海市民对广富林文化的认同度存在较大差异,如何合理开发、宣传广富林文化,形塑“上海之根”的文化认同感,是一个极具思考价值的课题。

[关键词] 广富林;上海之根;文化自信;家国情怀

从蒙童时期,人们就是以空间角度处理信息,从周遭的世界来理解我们自己。心理学家把这种活动称为“认知绘图”,个人透过这个精神机制来获得、整理和回想空间环境的相关讯息。这是

* 胡寒冰,上海市松江二中2019届学生。本文指导教师管夕茂。本文获2017年博学杯历史人文素养展示活动论文二等奖。

个体认知世界最直接、最原始的方式，即横向的空间界定，但对于群体而言，则需要一种更高阶的纵向时间认知方式，来寻找、构建和巩固集体之意识，如国家情怀、民族精神等，以达成一致的文化认同。后一认知过程更像是在绘制一幅文化地图，以时间的方式来理解我们历史中的事物、概念、情况、过程和事件，来区分和界定自我。它的功能是界定、重造、塑造和调节。它既是历史的复制，更是文化的构建。

位于上海市松江区的广富林文化遗存，目前正处于开发、研究阶段，与之相配套的旅游设施建设，也正在如火如荼地进行当中。2017年松江区正式开展“全国文明城区”的申请工作，广富林遗址成为一大招牌，它以“上海之根”为口号，展示上海古文化之魅力。在上海近代“海派”文化名片上，写下了乡土文化浓墨重彩的一笔，对于形塑具有家国情怀的文化自信，具有极其重要的价值。所以，从这个意义上说，广富林文化的开发，实际上是一个历史复制和文化建构的双轨进程。

二、广富林文化的起源与发展

广富林，又称皇甫林，现处于上海市松江区广富林街道广富林路以北、银泽路以南、沈泾塘以东、油敦港以西，广富林村及北部一带。从迄今为止的考古成果来看，广富林遗址跨越了5500年的历史，包含了崧泽文化、良渚文化、广富林文化和周代至宋元各个时期。广富林遗址是上海市目前为止发现的最早的古文化遗址。对于上海这个似乎很年轻的城市来说，广富林遗址有着特殊的历史价值，它为我们追溯上海的文化之根、文明之源，提供了悠远的历史起点。

（一）广富林文化的起源

大约6 000年前，今天上海的大部分地区还被浩瀚的东海淹没，先民们就在九峰一带劳动生息，他们是上海最早的居民。新石器时代，广富林是崧泽文化时期的一个重要聚落，此后，经历了近千年的良渚文化。[1]

狭义上的“广富林文化”是指“长江下游地区新石器时代考古学文化，因上海市松江区广富林遗址而得名”[2]。它形成于距今4 000年的新石器时代末期，和距今5 000年的良渚文化都主要分布在太湖流域。这两种文化遗址中出土了很多墓葬和灰坑，并在其中发现了大量历史遗物，包括人的骸骨、陶器、石器、玉器、兽骨、稻壳稻谷。然而从出土器物形制、墓葬、陪葬品等方面对比，广富林文化并不同于良渚文化，反倒是与黄河流域龙山文化的王油坊类型较为接近。根据陈杰先生的推测，距今约4 000年前，一批来自黄河流域的先民经过长途跋涉，定居到广富林，成为古代上海地区最早的移民。从那时起，他们融会北方的龙山文化和当地的良渚文化，创造了独特的“广富林文化”。

（二）广富林文化的发展

广富林居民世代在这片土地上繁衍生息，通过遗址考古与文献记载，目前可以确切考证的是周代、宋代，以及元末至今的历史。

广富林遗址的出土文物中，周代青铜器工艺精湛，可见当时的生产水平之高。出土的周代卜甲、玉琮、青铜农具、兵器等遗物和祭祀坑等，表明广富林在周代已经形成城镇聚落，极有可能是当时上海地区古文化的中心之一。

---

〔1〕 上海市松江历史文化研究会主编:《广富林史料钩沉》,上海文化出版社2012年版,第1页。

〔2〕 王魏总主编:《中国考古学大辞典》,上海辞书出版社2014年版,第280页。

图1　宋朝龙首建筑构件（摘自：《文汇报》2012年6月8日）

周以后，由于史料缺乏，广富林一带文化发展脉络不甚明了。但是到南宋时期，中国经济重心南移，大量劳动力与先进农业及手工业技术随之而来，广富林文化呈现繁荣之势。最典型的例证是出土的宋朝龙首建筑构件（见图1），全长60厘米，雕工精美。从其体量推断，它曾用在大型建筑之上。可见当时的广富林地区具有一定的建筑规模，但详细情况仍有待进一步考证。

元末虽然战乱四起，但松江在张士诚"保境安民"政策下较少受到战乱的纷扰，大量文人聚集于此，推动了松江经济文化的发展。正是在这一时期，"广富林"以"皇甫林"的名字出现在杨维桢《干山志》中，这是现存史料文献中最早的关于广富林的文字记载。明正德七年（1512年），广富林作为华亭县的六市之一出现在《松江府志》中，陆润玉所作《溪桥晓市》记载那里"石梁双跨溪，虹影倒涵水。斜月未堕烟，烟中市声起"。而后广富林市升格为华亭县十六镇之一，这标志着广富林的市镇化。

明清时期是松江最为繁荣的时期。那时的松江是全国棉纺业中心，"松江布"驰名天下，有"衣被天下"之美誉。云间书派、云间画派和云间诗派的形成，展现了松江厚重的文化实力。精神文明和物质文明交相辉映，科举世家、文人名士相继涌现，广富林崇文重教的文化特质也逐渐成形，高士亮节正气浩然，塑成了强烈的乡土情怀和家国意识，在明末抗击清军进犯之时，展示出惊人的文化韧度与强度。

(三) 广富林文化的意义

广富林遗址属于环太湖地区新石器时代晚期的文化遗址,它增补了上海古文化文明的组成系列,与之前的马家浜文化、崧泽文化、良渚文化及之后的马桥文化这五种上海地区的考古文化形成完整的链条,勾勒出了上海地区夏、商时期约 2 000 年的历史。(如图 2)从这个意义上说,它实际上是上海文化序列的“扩编”。

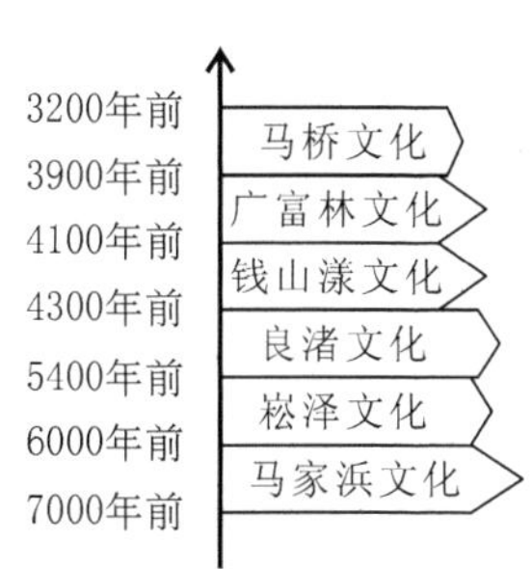

图 2　上海地区考古文化年表

广富林遗址目前正处于发掘和研究阶段,虽然很多学术问题有待于进一步论证与商榷,但其巨大的现实价值已经在当下开始凸显出来。习近平总书记曾在中央会议上提到清代龚自珍的一句话:“灭人之国,必先去其史”,深刻反映了历史之于民族的重要价值。中华民族是一个具有悠久历史传承的民族。上海作为中国最先进城市之一,正逐渐步入“国际性城市”之列。而上海的城市名片,更多是以近代开埠以来的“海派文化”为标识,是印象里的“十里洋场”。行走在车水马龙的上海街头,目之所及,尽是现代化的高楼大厦,绝少人文古迹之处,所以相较于西安、洛阳等古都,缺少一种历史的、人文的厚重感。而每当上海博物馆有世界各地古文物展示时,门前都会排起长长的市民队伍,证明上海有一种强大的“历史文化需求”。我想,广富林遗址的发现就能够很好地填补这一需求。习近平总书记说要建立中国的“文化自信”,那么这种自信一定是建立在厚重的历史之上的。

俗语称“先有松江府,后有上海滩”,“松江府”是上海历史文化之根,而坐落于松江的广富林又是“根中之根”。2017 年松江申请“全国文明城区”，以“上海之根，文明松江”为宣传口号，对广富林遗址的开发重点关注，扩大了自身的影响力。其最终成功与否另当别论，这种行为本身是非常值得肯定的，这不仅是对历史的传承，也是我们建立“文化自信”的必要途径。那么，广富林文化向我们传达的是一种什么精神呢？

三、明清时期广富林区域文化的精神特质

如上文所述，明清两朝是松江府最为繁盛的时期，所谓“仓廪实而知礼节”，经济基础决定上层建筑，广富林精神文化积淀、定型于此焉。这一时期涌现出大量文人名士，其诗赋文章、高风亮节，传颂至今。特别是如陈子龙等，心怀家国，忠贞不屈，体现出广富林地区长期塑成的一种文化韧度与强度，也是我们今天建立“文化自信”所需要借鉴与学习的历史精神。

（一）厚德载物，造福乡梓

广富林当地名士普遍有着高尚的道德品质和浓厚的乡土情怀，和平时期体恤乡亲，灾荒之年多能解囊救济，贼寇入侵时亦能保家安民。这里流传着关于他们的种种佳话。

焦震隐居广富林，“教授于乡，门人类多显宦”[1]。周西隐在路上遇到危在旦夕的产妇及其家人，“即舍舟与之，不问其姓氏居处”[2]。曹恕见王母荡淤塞已久，支流干涸，田地无法耕种便“力请于罗邑侯，出官帑，并以私囊协浚之”[3]。正德己巳年（1509年）发生水灾，曹时中“贷米百石赈饥，又力劝行赈，全活万

〔1〕 正德《松江府志》第三十卷《人物六·文学》。
〔2〕 吴履震：《五茸志逸》卷四，上海市松江区地方志编委会1998年版。
〔3〕 万历《青浦县志》卷八《艺文下·传》。

人”[1]。陈子龙的曾祖陈钺“遍走幽蓟,交诸豪杰”[2],并在明嘉靖年间抗击倭寇,辞谢了备兵使者任环的任命,反倒送他良马“以报知己也”[3]。

(二) 崇文重教,贤人辈出

陆润玉在《富林十景》中曾写“层峰势萦纡,中有读书舍”。史书载:“乡、镇各就庙宇为宣讲之所……访择各乡老成、公正之人,谕作乡约董事,并由该董保举有行文士作为讲生。”[4]可见广富林居民对教育的重视。广富林地区从明代中期到清乾隆年间,一共出了进士10人、举人8人,称得上人才辈出。

负有盛名的有曹氏家族二进士曹时和、曹时中,举人曹时信,并称云间“三曹”。而杨氏家族同样成绩不俗,杨枢与其叔杨铨、其子杨豫孙皆为进士。杨豫孙与表兄周思兼为同年进士,他们之间流传着“豫孙赠画医叔夜”的佳话。而周思兼的曾祖父周西隐,其孙周裕度、六世孙周吉士也是广富林地区的名士。明代大儒陆润玉虽然没有功名在身,但博学多才,精于经史,工于诗词,女儿陆娟是少有诗名的才女,弟子沈周是吴门画派之首。还有陆树声、陆树德兄弟及蔡灿、蔡鸿业父子声名远扬。像这样的科举家族能举出十几个,名士不胜枚举。

(三) 正气凛然,高风亮节

自古以来,江南地区一直被认为是经济繁荣之地,广富林之地也孕育了一批英雄豪杰。

杨豫孙官至湖广巡抚大理寺卿,协助内阁首辅徐阶扳倒奸臣严嵩、严世蕃父子。杨铨“所劾卿寺、藩臬、勋贵不下百人”[5],堪

---

[1] 崇祯《松江府志》卷三十八《人物三 · 国朝贤达》。

[2] 陈子龙:《安雅堂稿》卷十四。

[3] 同上。

[4] 光绪《青浦县志》卷九《学校 · 义塾》。

[5] 崇祯《松江府志》卷四十《贤达五》。

称明代“打虎英雄”。陈子龙的父亲陈所闻是万历四十七年(1619年)进士，官至工部主事，“在官最有清望……奄人不敢乾没，虚冒无所容，盗窃无所隐”[1]。

除此之外，广富林地区最著名的英雄人物当属陈子龙。陈子龙在文学方面有极高成就。史书记载他“生有异才，工举子业，兼治诗赋古文，取法魏、晋，骈体尤精妙”[2]。身为“云间派”首席、“明诗殿军”，他著作甚富，词文并称大家。除此之外，他参与编写《皇明经世文编》，编订徐光启的《农政全书》，为中国古代科学发展作出了重大贡献。

他不仅是一位学识渊博的文人才子，更是明末清初一名凛然大义、精忠报国的忠臣。陈子龙是崇祯十年(1637 年)进士，崇祯十三年任绍兴府推官。崇祯十七年京师陷落，福王在南京即位，陈子龙协助谋划抗清大业。他看到南京城中武官专权、荒淫无度的乱象，上书直言：“今人国门再旬矣，人情泄沓，无异升平……其始皆起于姑息一二武臣，以至凡百政令，皆因循遵养，臣甚为之寒心也。”[3]可惜福王并未采纳，于是陈子龙愤然离去。

清顺治二年(1645 年)，南京福王政权覆灭，陈子龙不惧清军强权，不顾旧友劝降，与沈犹龙、夏允彝、徐孚远等人领导松江抗清起义。八月初三，清兵袭占松江府城，起义失败，夏允彝投水自尽。陈子龙逃脱后，于顺治四年策动清江南提督吴胜兆抗清，失败被捕。经跨塘桥押往南京途中，陈子龙趁守卒懈怠，愤跃入水，自沉殉国。

终其一生，陈子龙始终坚持自身的操守，为国尽忠，匡复大明，抗击满清，无奈才华绝代却生不逢时，最终投水殉国。然而他

[1] 嘉庆《松江府志》卷五十五《古今人传七》。
[2] 《明史·陈子龙传》。
[3] 《明史·陈子龙传》。

大义凛然、舍生取义、精忠报国的气节,让清朝统治者也敬仰三分。乾隆年间追谥其“忠裕”,陈子龙之墓也被翻修立碑。千秋青史见孤忠[1],陈子龙长眠在广富林的土地之下,而他的事迹和精神被后人铭记于心,可谓文章道德,俱成后世之佳话。

四、数据中的广富林遗址开发现状

为切实了解上海市居民对广富林的认知程度,笔者以“问卷星”网络系统为平台,在上海市各区做抽样调查,共计回收问卷530份(全部为有效问卷)。考虑到上海外来人口较多的现状,在调查统计过程中,笔者特别重视松江区人民、上海市其他区人民以及外来人口,对于广富林遗址的了解程度,并在问卷设计上做了明确区分,以此来管窥上海地区的文化认同度,并通过数据反映出的问题,思考当下我们在文化宣传、建设方面需要进一步努力的方向。调查统计结果如下:

(一)了解意愿和认知情况

调查发现,上海市居民对广富林遗址及广富林文化具有一定的兴趣和普遍的保护意识。如图3、图4所示,91.89%的上海市居民愿意参观广富林遗址,83.4%的上海市居民认为有必要了解广富林文化。

但是一旦对这一群体数据进行深入分析,就发现问题所在:上海市居民对广富林普遍缺乏了解。如图5,仅有19.01%的上海市居民认为自己比较了解广富林遗址,认为十分了解的仅占1.64%。而陈子龙作为广富林地区历史上最著名的名士之一,比较了解和十分了解他的上海市居民各占11.89%和3.21%(如

[1] 陈子龙:《陈忠裕公全集》卷末,癸亥秋编刊陈忠裕公集成题后。

图6所示)，而且这小部分人之中，很大一部分是松江区居民。

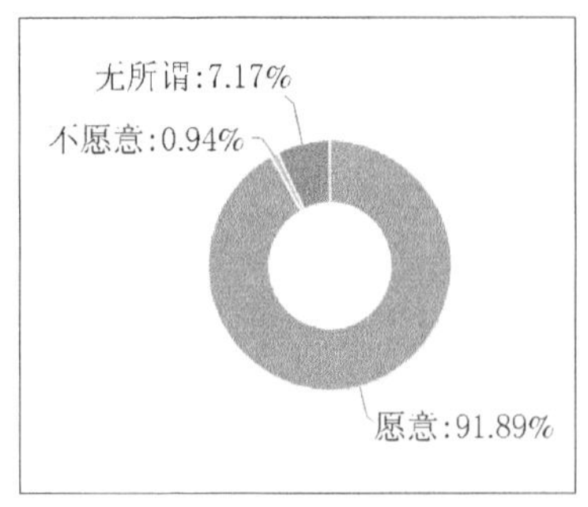

图3　上海市居民对广富林遗址的参观意愿

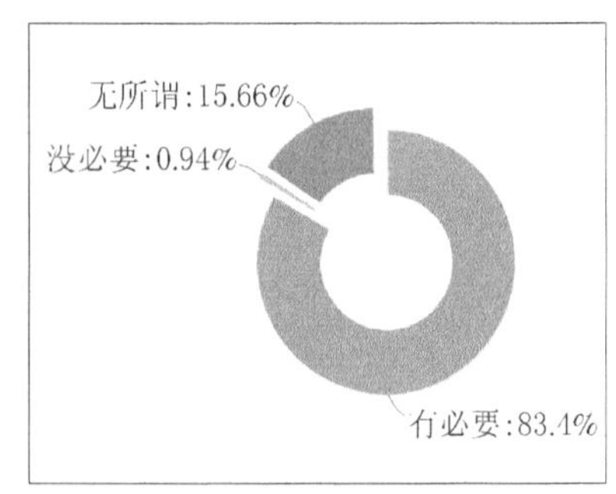

图4　上海市居民对广富林文化的了解意愿

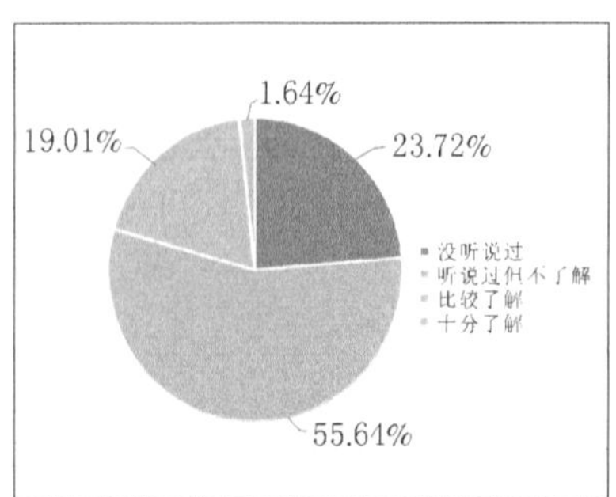

图5　上海市居民对广富林遗址的了解程度

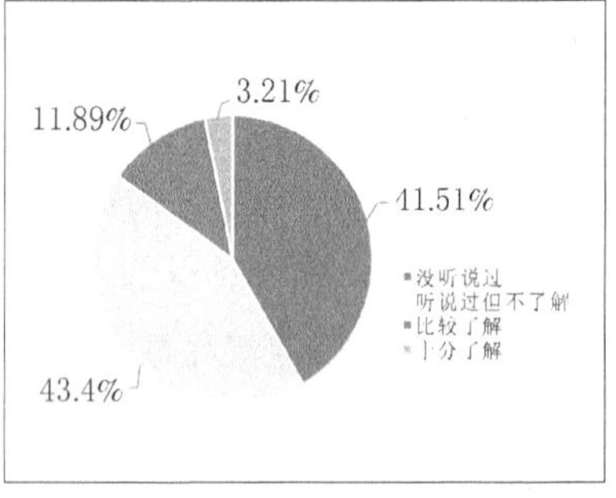

图6　上海市居民有关陈子龙事迹的了解现状

(二) 关于“上海之根”

自广富林遗址开发以来，经过上海市松江区政府的大力宣传，大部分上海市松江区户籍居民认同“广富林是上海之根”(如图7所示)这一说法，但是在上海市非松江区户籍居民中，不认同的比例则升至14.53%。而外来上海市常住人口中，不了解广富林的比例高达54.35%，可想而知，这一比例背后反映的是文化认同的不一致。

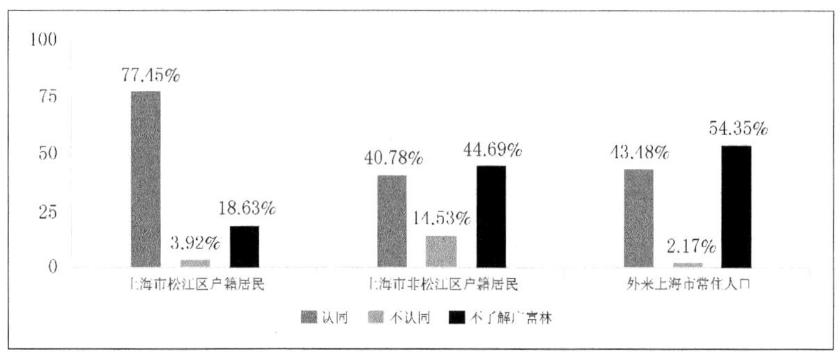

图7　不同户籍类型的上海居民对"广富林是上海之根"的看法

考虑到上海外来人口的现状,教育背景是否会成为影响文化认同的重要因素?笔者通过卡方检验办法,进一步精确抽样结果。最终确认,不同户籍类型的上海市民对广富林文化认同度的巨大差异,与学历无关。具体验证过程和结果如表1、表2所示:

表1　不同户籍类型松江居民对广富林文化的认同程度表

	认同	不认同	不了解广富林	∑
上海市松江区户籍居民	237	12	57	306
上海市非松江区户籍居民	73	26	80	179
∑	310	38	137	485

设置零假设 H_0,户籍类型与是否认同无关。

备择假设 H_1,户籍类型与是否认同有关。

确定自由度 =2,显著性水平 =0.05,临界值 =5.99。

卡方值 =67.15 >5.99。

拒绝 H_0,接受 H_1。

户籍类型与是否认同有关,99.5% <p<100%。

表2 不同学历的居民对广富林文化的认同程度表

	认同	不认同	不了解广富林	$\sum$
在校学生	86	6	38	130
大专及以下	68	6	25	99
本科及以上	176	27	98	301
$\sum$	330	39	161	530

设置零假设 H_0，学历与是否认同无关。

备择假设 H_1，学历与是否认同有关。

确定自由度 =4，显著性水平 =0.05，临界值 =9.49。

卡方值 =5.67 <9.49。

接受 H_0，拒绝 H_1。

学历与是否认同无关，$75\% < p < 90\%$。

上述数据让我们清楚地看到了上海地区在“上海之根”这一文化认同问题上的巨大差异，如何加强文化认同，建设“文化自信”，目前看来仍然是一项任重而道远的使命。

（三）建议措施

广富林遗址是上海市目前为止发现的最早的古文化遗址，其重要性毋庸置疑。针对此次研究中发现的种种问题，本文提出以下建议：

其一，全面推广广富林文化。文化的推广离不开政府的重视与支持，广富林被称为“上海之根”，推广的范围不能仅仅局限于松江区。松江区政府应当广开渠道，在广富林遗址的开发过程中，利用招商引资、学术活动等多种方式，扩大宣传范围。尤其要充分利用申请“全国文明城区”之契机，在全国范围内打出响亮旗号，展示松江的“文化自信”。

其二，重视传媒的传播作用。媒体具有广泛的影响力，尤其在当下的“大数据”时代，要引导新媒体（如微博、微信、公众号）与传统媒体（如电视、电影、报纸）相互融合，共同肩负起宣传责任。同时，社会各界应加强对它们的监督，避免媒体为追求经济利益而出现的责任缺失等现象。

其三，一定要在上海文化认同的基础之上，兼顾本区特色。广富林遗址既有学术意义上的考古价值，也有历史意义上的文化价值，更有现实意义上的商业价值，所以广富林遗址的开发其实是一个三轨并行的进程。2016 年 7 月，住建部、发改委和财政部联合发文，计划到 2020 年建成 1 000 个左右的特色小镇。欧美的瑞士达沃斯小镇及英国温莎小镇、剑桥镇等一般都有着历史沉淀的深厚文化底蕴，所以特色小镇的“魂”不在于地产、旅游，而在于历史和文化，而广富林无疑具有得天独厚之优势。如何在确保严谨性的前提下，充分发掘其商业经济价值，需要认真筹划。此外，开发过程应与生态保护相结合，将其与松江区“科创、人文、生态”的发展战略相结合，建设经济、政治、文化、社会和生态协调发展的“五位一体”格局。

五、结　　语

不论是考古学上的“文化”还是一般意义上的“文化”，都是指地点和时间上的生态共同体，它深深维系着民族、国家之情怀。广富林见证了上海地区乃至长江中下游地区的发展与变迁，它的可贵之处在于文化的完整传承。而文化的精神特质并非一成不变，如何在传统文化基础上，弘扬家国情怀，又如何赋予广富林文化新的时代内涵，建设大国的“文化自信”，也将成为我们不断上下求索的漫漫之路。

[专家点评]

这是一篇优秀的学术论文。作者首先拥有一个十分明确的问题意识，将广富林作为“上海之根”的学术依据和现实意义作为自己进行研究的对象。她把历史寻踪与当下关怀结合在一起，使得研究本身不是“空中楼阁”，而是充满着强烈的现实感。这样的论文必定充满生机和活力，让人产生较强的阅读感。

其次，作者在研究方法上把文献梳理和调查分析并举，使得人文研究中的定性努力与社科研究中的定量分析结合起来，做到了一定程度上的言之成理，且证据意识强烈。

最后，作者还有意识地提出了实践领域的建议，把纯学术研究和智库导向的调研报告加以整合，使得论文在现实生活中也找到了落脚点，让人产生了不断阅读和思考的可能。

文章还可以进一步努力的地方在于：(1)摘要写得不清楚，未能明确表达作者的观点；(2)调查部分与此前的研究内容有所脱节，部分问题并没有明确的针对性，例如在询问“是否知道广富林”这样的问题外，是否可以用此前提到过的那些著名人物来做调研？(3)结语比较仓促，要回顾引言部分的理论关怀。

——华东师范大学历史系教授　孟钟捷

从南洋公学的办学与影响探析盛宣怀的革新思想

李昳雯*

［摘要］ 南洋公学的创立是盛宣怀为中国近代教育发展作出的杰出的贡献之一。它的创办与鸦片战争的失败、商战的出现、盛宣怀本人过去的办学经历、上海现代化教育的环境有着很大的关系。三变校名是盛宣怀在复杂的社会背景下对公学的主导权与正规性的争取。公学的教育思想几经争论，始终重视"中体"。师范院的创设培养了新式教育人才，译书院的设立为西方书籍的翻译、传入国内立下汗马功劳，"特班"在蔡元培的带领下培养了一批高端政法人才。

［关键词］ 盛宣怀；南洋公学；现代教育

盛宣怀(1844—1916)，字杏荪，号愚斋，晚号止叟，祖籍江苏江阴，出生于江苏常州，是洋务运动的核心人物之一。在如今的

* 李昳雯，上海市控江中学2018届学生。本文指导教师江斐。本文获2017年博学杯历史人文素养展示活动论文二等奖。

上海图书馆东侧，淮海中路1517号，有一座美丽、豪华的花园别墅，上海人习称“盛公馆”，这正是盛宣怀家族在上海的故居，而上海图书馆亦是由盛宣怀创办的。

在洋务运动初期，李鸿章就曾评价盛宣怀：“欲办大事，兼作高官。”[1]这句话是对其一生所作所为的高度概括。在科举之途上无所建树的情况下，盛宣怀通过杨宗濂的介绍，以微寒秀才的身份进入李鸿章幕僚从事洋务运动，并由此发家。在致力于洋务运动的过程中，他在发展实业的同时创办了一系列的新式学堂，为中国新式教育的发展立下汗马功劳。福开森曾说：“使后世不忘公者，当为设立南洋公学一事。”[2]足见盛宣怀在近代教育上的事功以及南洋公学（旧址在现上海交通大学徐家汇校区）在其教育事业上的重要的代表性意义。“人类社会既是人们意志和活动的产物，因此，历史研究者除研究历史事件之外，就必须研究人物。”[3]研究南洋公学，亦是研究盛宣怀这一人物的切入口。“盛宣怀档案”的整理也经历了几个阶段，而史学家们对盛宣怀的研究也存在不少争论。1949年之前，对于盛宣怀的研究主要停留在他的档案的整理方面，编辑有《愚斋存稿》。在新中国建立初期，“中国近代史学界是在洋务运动的评价意义上涉及盛宣怀研究的”[4]。国内学者多将其定义为“洋人买办”，多持贬低态度，对其研究也较少。改革开放后国内学者又对其进行了重新评价，以夏东元的《论盛宣怀》为代表，后又出版《盛宣怀传》，对盛宣怀在近代企业、教育事业的作为持肯定态度。而对于为何是盛宣怀，

---

〔1〕 年子敏编著：《李鸿章致潘鼎新书札》，中华书局1960年版，第103页。

〔2〕 盛宣怀：《愚斋存稿》卷首“福序”，沈云龙主编：《近代中国史料丛刊续编》，台北文海出版社1980年版。

〔3〕 夏东元：《我的史学观——我与盛宣怀研究》，《江海学刊》2002年第6期。

〔4〕 易惠莉、陈吉龙主编：《二十世纪盛宣怀研究》，江苏古籍出版社2002年版，第11页。

他又怎么创办近代中国第一所公学,他的教育思想在当时有何前瞻性等,都是值得研究的问题。南洋公学作为公学的先驱,为清末政府与洋务运动提供人才与技术,同时促进了新思想的传播。本文以南洋公学为切口,探析盛宣怀对上海文化及对中国近代教育的影响。

一、创 办 背 景

"在鸦片战争之后,'商战'一词开始被使用,欧洲人将一种新的战争模式引入中国:商人如同战士,而商业在国家之间的征战中扮演着举足轻重的角色。"[1]洋务派提倡"师夷长技以制夷"。19 世纪 70 年代,直隶总督李鸿章以"官督商办"为口号,促成了轮船招商局的成立。盛宣怀虽仅为一介秀才,却凭着机敏才智从 70 年代起当上轮船招商局的高层管理者,为其接下来在电报、铁路、煤矿等一系列实业上的成功奠定了经济基础与政治基础。他也正是官督商办企业催生出的一系列新式官员中的代表人物,亦官亦商。在盛宣怀发展实业的过程中,他深觉人才缺失,意识到要想实现其"实业救国"的理念与愿望,就必须培养一系列的实业人才,"矿业既属兴利之大端,而得人尤为办事之先务"[2]。出生于官宦之家的盛宣怀,其家族极重教育,他在青年时期就已协助父亲办学,这些经历使他具有一定的社会责任感,注重解决社会实质性问题,为其兴办教育奠定潜在基础。

盛宣怀的办学经历大概以创办北洋大学堂和南洋公学为节点,分为两个时期。在兴办两所大学之前,他已兴办了一系列的

〔1〕 叶文心:《上海繁华》,台北:时报文化出版企业股份社 2010 年版,第 29 页。
〔2〕 夏东元:《盛宣怀传》,四川人民出版社 1988 年版,第 270 页。

技术实业学堂，如电报学堂、矿务学堂、铁路学堂等，但都以专科职业教育为主。还创立了南洋公学之前的北洋大学堂，这些学堂的创办都为南洋公学的创立积累了一定的经验。

在南洋公学创立之前，在李鸿章的支持下上海出现了如江南制造总局、上海广方言馆等西学教育机构，具有一定的西学教育经验；同时又出现了一系列如梅溪学堂〔1〕等新式学堂。而在开埠之后，上海更是集聚了一系列的人才，形成文化场域，资本活跃，亦是权力网的中心，士绅阶层拥有自己的活动舞台。这为南洋公学的创立提供了一系列的社会背景。

1894 年甲午海战失败，沉重打击了中华民族的自信心，比之前的两次鸦片战争，给民众带来了更大的影响。在中国人的印象里，日本一直是一个蛮夷、番邦、朝贡国，而让国人引以为豪的大清却是败在了这样的对手之下，甚至朝鲜在看到中国败北后，也有了脱离“中央王国”的想法。这一切的外患加紧了盛宣怀这位极力拥护清王朝的官僚对于“实业兴国”的推进。

在这样一系列的背景之下，1896 年后，盛宣怀的事业重心南移，他在天津创立了北洋大学堂后，也将办学重点南移，拟在汇集天时、地利、人和的上海创立南洋大学堂。〔2〕在陈奏《请设学堂片》《筹建南洋公学及达成馆舍片》后，获得奏准。经数月筹备，终于在 1897 年 4 月 8 日正式开学。

二、校 名 之 变

解读南洋公学的校名，需与北洋大学堂相对照。“南洋”与

〔1〕 梅溪学堂，创办者为张焕纶，后亦担任南洋公学首任总教习，胡适曾就读于此，是上海最早创设的现代教育机构。

〔2〕 盛宣怀原规划建立的是南洋大学堂。

“北洋”之分,是为了将这两座同时期创办的大学加以区分又遥相呼应,同时,在中国的地域分割上,以长江口为界,分为“南洋”“北洋”,两校分列。而南洋公学的“公学”二字的确立,有一个由“大学堂”到“公学”的转变过程。在南洋公学的筹备阶段,盛宣怀在通信里提到的皆为“南洋大学堂”。而在 1896 年 8 月,盛宣怀与何嗣焜、张焕纶、钟天纬、赵天益、谢加福等拟定的《南洋公学纲领》中,除确立了“南洋公学”的校名外,也对校名作出了解释:“西国以学堂经费半由商民所捐,半由官助者为公学,今上海学堂之设,常费皆招商轮船、电报两局众商所捐,故曰南洋公学。”〔1〕在盛宣怀后来将南洋公学移交商部时与载振的通信中提到:“自光绪二十三年饬由招商局岁拨规银六万两,电报局岁拨洋银四万两作为常年的款经费。”〔2〕

将校名改为公学,亦意在对办学主导权的控制。盛宣怀在 1896 年向刘坤一提出在其治下的上海办南洋大学堂,刘坤一同意后,亦命江海关道协助,也有意对这所即将办成的大学堂掌有一定的控制权。然而后续的种种办学事项里,盛宣怀都绕开了两江总督与江海关道,旨在脱离地方政府的控制,掌握办学自主权,不违中央政府办学的意旨,真正为中央政府培养人才。

南洋公学的校名,一直沿用至 1903 年。1902 年,清廷拟定了新学制,规定京师应设大学堂,省城设高等学堂或大学堂。而南洋公学的创办地上海并非省城。另外由于经费出自招商局、电报局,课程、教学目标等不合要求,这给南洋公学进入高等学堂之列增加了难度,若是没能进去,则会给生源、学生的学习热情带来影响。盛宣怀对此进行了一番争取,向朝廷请旨,将公学名定为“南

〔1〕《南洋公学纲领》光绪二十二年七月,1896 年 8 月,盛档:044964—2。

〔2〕盛宣怀:《致载振函》(光绪三十九年九月二十六日,1904 年 11 月 3 日),上海图书馆编:《上海图书馆藏盛宣怀档案萃编》,上海古籍出版社 2008 年版,第 418 页。

洋高等公学堂”，得朱批：“管学大臣议奏，钦此。”[1]但由于轮船、招商两局大幅度缩减捐款，办学经费紧张，故管学大臣张百熙迟迟不批。然而此时学堂正经历“墨水瓶事件”：教习郭镇瀛上课时在师座上发现了一只洗净的空墨水瓶，勃然大怒，认定是学生对其的嘲讽，严词诘问，在没有弄清事实的情况下认定为学生伍正钧所为，命学校将其开除，引起学生不满，学生发起学潮，大批学生退学，南洋公学元气大伤。内忧外患之下，盛宣怀无力再争取换名事宜。直到在盛宣怀的努力下，南洋公学渡过1902年的这次危机，他才重新开始改名之途。“1903年初，公学缩减办学规模，办学方向由政学调整为实学，作为实学科的商务学堂予以重点建设，成为公学力争成为高等学堂的实现途径。”[2]1904年7月，管学大臣的正式议复下达公学，同意将南洋公学上院改为“南洋高等商业学堂”。此名改后，仅在正式文件中被用到，实际上并没有使用，故仍将这段时间归为南洋公学时期。

而南洋公学时期的结束是到1905年。在1904年，清政府商部尚书载振致函盛宣怀，说：“现值朝廷重视商政，特设专部，弟忝司其事，夙夜不遑。讲求商学既缺焉而无闻，博求商才廖寂而罕观。沪埠为商业繁盛之区，执事擘画其间，创办学堂，造就商务人才，宏观硕画，至为钦佩。本部此次奏办实业学堂，博究工科，因与商政有关，爰由弟咨商学务大臣，拨出此项学堂隶入本部筹办，藉相联属。尊处商务学堂事同一律，且造就商才更为本部应办之事，可否商请台端径行移交本部管理，名实相副，于学务部务两有裨益。”[3]在此之前，南洋公学大小事宜盛宣怀亲力亲为地主导

〔1〕 盛宣怀：《南洋公学历年办理情形折》（光绪二十八年九月，1902年10月），《愚斋存稿》第8卷，第31—34页。

〔2〕 欧七斤：《盛宣怀与中国近代教育》，上海交通大学出版社2016年版，第136页。

〔3〕 载振：《致盛宣怀函》（光绪三十年九月十九日，1904年10月27日），上海图书馆编：《上海图书馆藏盛宣怀档案萃编》，第416页。

着,由于当时盛宣怀在与袁世凯的争斗中,被袁世凯趁盛宣怀父亲盛康去世之机夺取原来对南洋公学提供资金的单位:轮船招商局、电报局的控制,所以公学的维持举步维艰,而此时面对这一资金危机,盛宣怀只能放弃。有评价说:“盛宣怀在 19 世纪末成为中国首席官僚资本家的崇隆人物,不是因为资本家的敏锐,是靠其官场人脉。”〔1〕盛宣怀靠其垄断的经济思想立足于官商二界,但同时也是利弊掺之。此时公学改归商部,资金问题可以借助商部解决,使学校得以顺利运作。1905 年南洋公学正式交由商部接管。此次移交,正式将其定名为上海高等实业学校,也是由盛宣怀主导的南洋公学时期的终结。

由南洋公学此校名三变,即可看出在当时社会环境复杂、政治格局紧张的情况下盛宣怀如何勉力办学,迎难而上,为政府培养人才,同时也老于世故,为人圆滑,善于变通。

三、教 育 思 想

在南洋公学之前设立的北洋大学堂已经以工科教育为主,故盛宣怀在南洋公学人才培养方向的确立上选择了培养高端法政人才:“其在公学始终卒业者,则以专学政治家为断。”〔2〕“北堂兼艺学,南堂重政学。”〔3〕此即盛宣怀教育观的一次提升,由“西艺”向“西政”的一次转变,他开始意识到真正的西学不仅仅只是西艺。同时,1896 年亦是盛宣怀大展宏图之际,南洋公学作为培养人才的基地,受到了特殊关照。

南洋公学成立后,按照洋务派“中学为体,西学为用”的思想

〔1〕 叶文心:《上海繁华》,第 31 页。
〔2〕 盛宣怀:《南洋公学章程》光绪二十四年四月,《愚斋存稿》(第 2 卷),第 23 页。
〔3〕 盛宣怀:《致张之洞函》(约光绪二十九年,1903 年),盛档:116397—2。

来办学。盛宣怀为了贯彻“西学为用”，委任美国传教士福开森为监院、洋总教习。福开森又介绍并聘请了一批美国教习，但他们对公学的教育宗旨不满，觉得这是“轻视西学的表现”，主张全盘西化，故在公学引起了巨大争论。教习白作霖认为轻中重西的现状会引发一系列的问题。何嗣焜将中课、算学、英文三项积分定为学生奖励评判依据，“入学考试也以此三门课为主，改变过去只奖励西学优秀者”[1]。学生对于孔孟学术的态度，也是考察学生品德的标准。洋务派“西学为用”的同时，亦担心西方民主思想使学生的思想脱离中央统治者的把控，所以学校也十分重视对孔孟思想的推崇。

盛宣怀本人对于“中学为体”亦是极为重视，这侧面表现了其保守的政治思想。“中国遣使交邻，时逾廿载，同文馆之培植不为不殷，随使之员阅历不为不广，然犹不免有乏才之叹者。何欤？毋亦孔孟义理之学未植其本，中外政法之故未通其大，虽娴熟其语言文字，仅同于小道可观而不足以致远也。”[2]他认为中国不出人才，是因为对孔孟义理掌握不够，而不是因为与外国交往不多或是对外国文字不熟。所以他对何嗣焜的教育理念亦是认同的，同意了他对于南洋公学录取学生应具有阅读和书写本国文字的能力的建议。何嗣焜为了落实其对于中学的主张，聘请了张焕纶为中文总教习。

在何嗣焜病故后，接任公学总理的是原南洋公学译书院主任

---

〔1〕《交通大学校史》编写组：《交通大学校史（1896—1948）》，上海教育出版社1986年版，第17页。

〔2〕盛宣怀：《请设学堂片》（光绪二十二年，1896年），上海交大档案508卷。

张元济[1],而他与福开森的矛盾也是反映在对西学和中学的态度上。他"反对全盘西化,对于国外事物主张适合国情,取其所长来改革我国的教育"[2]。

这些争论的背景,是科举制度未废的封建社会末期,推行新式教育困难重重,所以在1905年盛宣怀从南洋公学辞职之际,依旧未能明确建立符合教育思想方向的课程。

1900年,北洋大学堂停办,西学人才缺失;1902年"墨水瓶事件"后引发的全国反封建学潮使社会上部分人士呼吁关停新式学堂,盛宣怀本人亦对自己西政教育目标开始动摇、怀疑,以为接触太多西方的政治思想使得学生心浮气躁,有违他对学生提出的要忠于朝廷的要求,最终使得南洋公学的教学重点转回实业教育,短暂的进步又退回到起点。

四、两"院"一"班"

为南洋公学留名史册锦上添花的一大办学特色,是其两"院"一"班"的设立。两"院"是指师范院和译书院,"班"是指特班。

张焕纶"1878年创办梅溪学堂,因成就突出,在1897年被聘为南洋公学的首任中文总教习即教务长,并首创师范班,开启了中国师范教育之门"[3]。在推广新式教育的初期,教育人才缺乏,示范班的设立为外院、中院、上院培养了一定的教师资源。师范

〔1〕 张元济(1867年10月25日—1959年8月14日),字菊生,号筱斋。1902年,张元济进入商务印书馆历任编译所所长、经理、监理、董事长等职。新中国建立后,担任上海文史馆馆长,继任商务印书馆董事长。淮海中路1285弄24号的沙发花园,即他在上海居住了20年的故居。

〔2〕 《南洋之腐败历史》,《新民丛报》1902年第21号。

〔3〕 张济顺:《远去的都市:1950年代的上海》,社会科学文献出版社2015年版,第412页。

生待遇丰厚，再加上不拘一格的教学内容，吸引了社会上许多人才，经过“五层格”的培养，至第五层者可充当教习。师范院对近代师范教育总体来说，有着划时代的意义，奠定了我国师范教育的雏形。值得一提的是张焕纶撰写、经盛宣怀批准的师范院院歌《警醒歌》，它是西式学堂以院歌凝聚校园文化的一个先例。

在南洋公学建立后，西学教材一度缺少，同时盛宣怀开展洋务派的活动需要大量的国外信息，就牵头创办了译书院，经李鸿章介绍，任用张元济为译书院主任。译书院聘请了大量的外籍人士、留学回国的知识分子，并向院外人士约稿，翻译出一大批国外著作，以军务为主，兼有政务、经济等领域，其中最为著名的当为严复翻译的亚当·斯密的《原富》。译书院开办的起因是为南洋公学提供教材，但随后它亦给当时中国的学术界与民主思想的传播带来了一定的影响。译书院开办期间，译印图书近60种，为当时上海繁荣的出版行业锦上添花，并推动社会商务、对外事务的发展，促进海派文化的形成。后由于资金匮乏，译书院停办，张元济将其与由沈瑞芳主办的商务印书局合并，成立了商务印书馆。

盛宣怀在《奏陈南洋公学历年办理情形请旨遵行折》中曾陈述设置特班的用意：“变通原奏速成之意，专教中西政治、文学、法律、道德诸学，以为有志应经济特科者预备之地。”他期望培养的是一批能服务于朝廷的高端政法人才，同时他本人也能因此受朝廷器重。特班课程涉及政治学、法学、理财学、外交学、哲学等[1]，经挚友张元济推荐，蔡元培[2]在经盛宣怀多次面试后，担任总教习。蔡元培在特班任职期间，通过任译书院主任张元济的渠道，

---

〔1〕《南洋公学特班生成绩表》(光绪二十八年九月，1902年10月)，上海图书馆编：《上海图书馆藏盛宣怀档案萃编》，第416页。

〔2〕蔡元培，字鹤卿，又字仲申、民友、孑民，中华民国首任教育总长，1916年至1927年任北京大学校长，革新北大，开“学术”与“自由”之风。蔡元培的上海故居位于静安区华山路303弄16号。

阅读了大量的西学书籍,形成了早期“兼容并包”思想,并向学生传授爱国主义与民主思想,提倡民权、女权,间接地为后来的“墨水瓶事件”埋下伏笔。蔡元培因为同情学生,向校方争取合理解决方法未果后,同大量学生一起离校。特班中还是出现了一批人才,如邵力子、李叔同、黄炎培等皆为此班学生。

五、结　　语

南洋公学的创立初衷,虽为维护清末统治阶级利益,学校政治风气普遍较为保守,但其在中国近代教育史上有其不可磨灭的影响。它开创了多个先河,影响了当时的社会文化,引进、传播了西学。

盛宣怀本人的教育理念虽未系统成文,但他已经把他的教育思想落实并体现在实践中,重实干、学以致用,贴近社会工商实业发展与社会变革的背景。他善于批判,对旧式教育及其本人的办学经历进行批判和反思,突破儒家传统教育观念,同时吸收各家所长,将“西艺”与“西政”结合进教学。他的教育思想与20年后来华演讲引起轰动的杜威的教育观,如教育与实业的结合、教育即生活等,有着许多不谋而合之处,他对西方的现代教育的深入理解,为中国近代新式教育的蓬勃发展奠定基础,他的前瞻性难能可贵。然而他作为一位洋务派的代表人物,始终坚持着对清廷的拥护,又作为一个开拓者,对教育模式始终处于摸索与尝试的阶段,思想有些摇摆和犹豫,终不能很好地将新式教育推向一个高峰。

包括创办南洋公学在内的一系列盛宣怀在上海的活动,都对上海地区的文化传播形成影响。当时的上海能中西并趋,迈在中国城市化的前沿,与其文化上的商业性、世俗性、灵活性和开放性，即海派文化，不无关系，而对外交流、商业的繁荣是一大重要原因，译书院也起到了助力的作用。另有盛宣怀开创的上海图书馆亦是他在社会文化传播上的超前意识的结果，在这一过程中他耗费了众多人力、物力、财力，也使该馆成为他人生履历上的精彩一笔。这些都是他在上海历史文化图谱上的留影。

“内向”地来看，对南洋公学的研究也是对盛宣怀这位绅商阶层办学成功、办学条件的利弊及其教育思想的剖析；“外向”地说，研究高校就是对社会精英阶层文化的一个研究，反映出的是当时复杂的社会政治环境。盛宣怀作为一个自小接受传统教育的封建官僚，他对于西学、洋务的理解虽已超过了大部分的洋务派官员，但在办学过程中也不可避免地有他的封闭性、局限性。他的办学成就不能否认，但具体措施的良莠尚需辩证地来看待。

[专家点评]

南洋公学研究已有不少成果，该文在已有的研究基础上，围绕盛宣怀对南洋公学的创办和人才培养模式的建立等方面的影响，进行了认真梳理。作者参阅了一定量的研究成果，也引用了盛宣怀档案，有一定的阅读量，相关分析和表达比较准确。论文结构完整，段落合理，行文条理清晰，文句通顺，不失为一篇较为规整的中学生习作。

——上海师范大学历史系教授　高红霞

浅谈从刺激中生长的上海公共卫生管理体系

姜湘杰　朱梦蕾　郑樱芝*

［摘要］　自开埠后，上海打开了与世界接触的大门，人口不断增加，城市化逐步发展。正式成立租界后，上海的经济和城市建设经历着从无到有、从封闭落后到开放繁荣的转变。然而，初生的华界的公共卫生管理系统却因为传统卫生制度和人们思想观念的落后而仍未得到相应的发展。此时，较为井井有条的租界卫生管理状况与毗邻的华界形成“天堂与棚户”的强烈对比，租界带来的以公共卫生管理文明理念为代表的外国文化对封闭的中国本土文化呈入侵趋势。自此，中国的公共卫生管理体系开始在苦难中顽强生长。其在思想文化方面的影响深远，对于现代中国亦有启示和借鉴。

［关键词］　上海租界；华界；公共卫生管理

* 姜湘杰、朱梦蕾、郑樱芝，湖南省长沙市第一中学2019届学生。本文指导教师朱真。本文获2017年博学杯历史人文素养展示活动论文二等奖。

一、华界早期与租界公共卫生的对比

20世纪初,《中外日报》对当时华界的环境卫生风貌坦率直陈:“上海为通商大埠,而城内街道之污秽,较之租界,已有天渊之殊,不啻为全国地面之代表。”[1]

宋元之后设立的太医局、太医院一直沿用至当时。然而,考其职务,虽亦有涉民众健康之事,而重点“则在帝室也”。传统城市社会的医疗机构主要是为皇室服务,并不具有公共性。[2]

中国古代疫病流行曾十分严重,但城市防疫的水平受到了医药技术的很大限制,如医史专家马伯英所言:“中国古代疫病流行曾十分严重,流行因素错综复杂,往往政府重视、医药进步时,即对疫病有所遏制。不过对于传染性疫病,毕竟缺乏现代科学的预防知识及方法,不可能有大作为。”[3]

总之,传统城市卫生事业让我们发掘到中国早期卫生事业管理的部分资源。但中国传统的公共卫生思想是非常贫乏的,“比较可以当得上公共卫生历史条件的,似乎只有二点:一为饮料,一为死人的安置;此外则为垃圾粪秽等的清洁而已”[4]。

由此可见,华界在公共卫生管理上,机构不全,技术落后。

华界卫生问题丛生,而租界却在西方公共卫生管理制度下不断改善公共卫生状况,完善基础设施。

---

〔1〕 蒋介石在上海特别市政府成立大会上的“训词”。参见《申报》1927年7月8日。

〔2〕 彭善民:《公共卫生与上海都市文明(1898—1949)》,上海人民出版社2007年版,第18—19页。

〔3〕 马伯英:《中国医学文化史》,上海人民出版社1994年版,第576页。

〔4〕 范行准:《中国预防医学思想史》,华东医务生活社1953年版,第40页。

图1　清末南京路菜场

1862年8月，鉴于租界内华人有把垃圾和其他污物倒在他们住所前面公共街道上的习惯，工部局董事会指示捕房派一名巡捕在街道上设岗值班，并令卫生稽查员把因倒垃圾和污物而被人控告者带到董事会受罚。[1]

19世纪70年代初，公共租界内垃圾清除已制度化。生活垃圾每天出清一次。工部局卫生稽查员掌管约100名苦力，使用6辆马车和一些小车，从事垃圾清扫和清运。1871年，工部局从街道和住房内清运的垃圾日均达40余吨，其中包括厨房垃圾及马厩杂物和泥土等物。1872年，工部局雇用的清洁工用篮子和小车把垃圾从弄堂或小街上运出，留在大路边，由马车运走。垃圾在马路边堆放的时间不超过一小时。外滩、福州路、九江路和汉口路等主要街道每天清扫两次。1873年，工部局每天两次清除道路旁的垃圾。1877年，公共租界范围全年清运的垃圾量为19 740马车、从道路清除

[1] 上海市档案馆编:《工部局董事会会议录》(第1册)，上海古籍出版社2001年版，第646页。

的泥土707马车。[1]

由此可以看出，租界对于公共卫生管理的分工十分明确，而且规定内容细致且覆盖较广，有惩罚性措施。而且，工部局还会不定期地对租界内的卫生情况进行检查。同时，工部局在粪秽处理、排水系统改造、卫生基础设施等方面都有详细的规划和执行。并且环卫管理趋向法制化，尤其是对垃圾、粪便处理承包商等，主要是通过法则来规范环卫作业的市场运作和监督机制。

且在19世纪70年代，《申报》载称：

> 上海各租界之内，街道整齐，廊檐洁净，一切秽物亵衣，无许暴露，尘土拉杂，无许堆积；偶有遗弃秽杂等物，责成长夫巡视收拾。所以过其旁者不必为掩鼻之趋，已自得举足之便，甚至街面偶有缺陷、泥泞之处，即登时督石工为之修理；炎天常有燥土飞尘之患，则当时设水车为浇洒；虑积水之淹浸也，则遍处有水沟以流其恶；虑积秽之熏蒸也，则清晨纵粪担以出其垢。盖工部局之清理街衢者，正工部局加意阛阓也。夫缺泥泞而不加以整治，则晴雨皆不便于行人；燥土飞灰不润以浇洒，则徒步皆致窘于尘障；水沟偶有不通，而户内几虞积涝矣；粪担任其稍迟，而街上难禁臭浊矣。此租界之规所以定之早而禁之严也。其尤妙者，大街无许便旋，致秽气有冲人之失……或者人谓此种事极细微，何以致罚？不知租界地方十分洁净，其人既居租界，必知租界规矩，岂容其任意糟蹋、毫不经心乎！若使其无节，必将大众效尤，恐清净国

[1] 《上海租界志》，第505页。

中变成污浊世界矣。[1]

图2　虹口三角地菜场

而通过当时对华界和租界公共卫生环境的对比描写，以及洋人对华人的态度，可见华界与租界公共卫生的管理和理念有着较大差距。在华人数量猛增的背景下，洋人曾说道，“据说，长期在上海居住会损害我们的健康；另外一些人用经验的话来说，就是剥夺我们的金钱；对所有人来说，是我们的脾气变得糟糕”[2]。或者说，这是对他们的又一次挑战，因为他们的健康额外地受到了威胁。外侨本来就对华人的生活习惯感到不满：“老城厢总是处于最脏乱的状态……河道里总是充满了各种腐烂物……更让人吃惊的是，中国人竟然能在这样一个充满了脏物的环境下——河道中、街道上甚至是自己屋里到处都是垃圾——泰然处之！”[3]大

〔1〕《申报》1862年7月5日。

〔2〕*The North China Daily News*, 12 Aug.,1875.

〔3〕Kerrie L. Macpherson, *Awilderness of Marshes*: *The Origins of Public Health in Shanghai*, *1843-1893*, New York: Oxford University Press, 1987, p. 37.

批华人的涌入仿佛使他们置身于上述肮脏的环境之中。在洋人的眼中,中国人的卫生观念可谓是落后至极,令他们无法接受。上海士绅李维清也写道:“租界马路四通,城内道途狭隘;租界异常清洁,车不扬尘,居之者几以为乐土,城内虽有清道局,然城河之水,秽气触鼻,偏静之区,坑厕皆踵,较之租界,几有天壤之别。”〔1〕

由此可见,民众维护公共卫生环境和遵守规则的意识淡薄,以致其对华界卫生“任意糟蹋、毫不经心”,使华界“变成污浊世界矣”。

综上所述,机构的缺失、技术的限制、思想的贫乏和传统制度的缺陷等多方面因素导致了华界公共卫生管理相对租界落后。

二、租界刺激下生长发展的华界公共卫生管理制度

法制化、全面化、具有针对性的租界卫生管理体系,在政治条约的基础之上,使租界成为一个社会风貌意义上的“城中城”——租界整洁的道路、规范的管理、对传染病的良好控制等公共卫生方面的建设与个别的、自为的,缺乏系统性、公共性和社会化的华界公共卫生管理形成强烈对比,并给其带来强烈的刺激,为华界的公共卫生管理制度的萌芽和发展打下基础,并提供借鉴。在华界公共卫生管理的改造过程中,租界参与其中,出了不少力,但在华界被动接受租界改造时,租界在某些方面的强制执行却带来了冲突,甚至是反抗。

〔1〕 李维清:《上海乡土志》清光绪三十三年(1907年)(复印本),第4—5页。

1910年10月下旬，工部局在公共租界北区的源昌路（今醴陵路）、阿拉巴斯脱路（今曲阜路）、山西北路等处实施挨户检查鼠疫时，卫生稽查员再次与华人民众发生冲突。其时，腺鼠疫虽已被认为是通过鼠蚤传染到人，与卫生环境不一定有直接因果关系，但在租界卫生官员的眼里，西式建筑宽敞，多用石头、水泥构建，有较高的台阶；华人房屋低矮、阴暗、潮湿，多用木材构建，且四周堆集着污秽垃圾，较容易滋生老鼠。[1]

租界当局为防治鼠疫，立即启动了一整套应急措施，但恰恰是这些举动激怒了华界居民。首先是要对疫区进行消毒，紧急出动的外籍巡捕强令那些连生计都成问题的邻近居民、店铺搬迁。那些挨家挨户检疫的外籍稽查员闯民宅如入无人之境，且不分男女，都要检查，妇女大为恐慌；安放捕鼠器时，稽查员又对华人居住环境的杂乱污秽横加指责，却忘了自己已越界进入华界虹口一带。租界当局进行的这场卫生检疫，逐渐演变为华界民众对列强侵犯主权的指控，一时间引发数千人阻挡检疫，工部局消毒药水车也被砸毁，造成混乱。工部局出动大批巡捕弹压，逮捕了12名闹事者，引发“清末检疫风潮”。对此，工部局不以为然，并坚持推出充满惩处性的检疫章程。章程的有关条款对发现传染病不报、患者家属拒绝迁出、阻碍种痘等实行严厉惩处。更严厉的规定是：住房40方尺（约4.5平方米）只许住一人，多住人的罚15元。这一超乎当时人们的认识程度和一般生活水准的规定，更激起民众对检疫的抵触。[2]

---

〔1〕 Health Officer' Report, *Annual report of the Shanghai Council*, 上海市档案馆1910年版，第120页。

〔2〕 郑泽青：《昨天的抗争——近代上海防疫掠影》，《上海档案》2003年第4期。

租界的强制检疫与越界固然有所不妥，侵犯了主权，但冲突与反抗的产生并不仅仅是因为这个，更因为华人与洋人公共卫生意识的不同以及经济发展的差距，因为华界人民沿袭着血缘纽带一脉相承下来的“安土重迁”“三纲五常”“男女有别”等封建礼教思想的束缚，他们无法接受洋人的举措与先进卫生思想，所以洋人在他们的报告中说：

> 中国人是天赋不洁的国民，缺乏卫生思想，受过高等教育者亦然。不识微生物之害人，不知传染病之为何事，不守卫生规则，所以瘟疫四季不断，租界因有此辈杂居，卫生事业不能收公众的效果。[1]

防疫，在租界当局和洋人的思想中是理所当然的，但无知和强烈的民族情结使当时的中国民众对现代防疫手段具有抗拒心理、难以接受，同时在洋人的支配之下还有一种屈辱与抗争的心理。

尽管中国民众对洋人先进的卫生管理体系十分排斥，但随着上海经济的发展和城市化的推动，新的、进步的、自主的公共卫生管理制度成为当时华界居民的迫切需求。

在现实的需求、对洋人的排斥心理的驱动下，华界的公共卫生管理制度终于在刺激下开始在腐朽的枯枝中抽出新芽。而对于华界来说，租界的公共卫生管理制度便是解得“近渴”的“近水”。

> 一些有识之士就不断呼吁，采用租界那样先进的市政设

〔1〕《上海公共租界的卫生事业》，《新医与社会汇刊》（第1集），上海医师公会1928年版，第116页。

施,上海地方士绅和政府也在这方面进行了实际的努力。上海道台、上海知县不断地把租界市政管理条例改头换面,加以发布。但华界与租界,在市政卫生方面,依然有很大差距。上海的三个卫生服务机构,分属租界和华界,各自为政,成为阻碍公共卫生发展的一大因素,但也要看到,华界公共卫生的展开,也是从与租界的合作中开始的。[1]

受到租界的刺激后,持有抗争意识和民族意识的上海城市精英发起声势颇壮的自治运动,将卫生管理列为自治的重要内容,首先设立了卫生处,为华界公共卫生管理迈出了关键性一步。此一时期卫生管理机构繁多,卫生行政日趋独立和统一。[2]

在上海市卫生局成立后,制定了六条清道办法。规定:各段清道夫每日下午由管理员分区点名一次;各管理员应分单、双日按钟点造一地段表,按时查看;各清道夫应每人发给手册一本,由各管理员在按时巡查时,于手册上注明钟点、加盖印章,以便抽查稽核,并于每月中旬或月底一律缴呈汇核一次;每日由科长或清道主任临时抽查,视察各该地段内之清道状况;对于市民再行警告限令上午10时以后不准再行倾倒垃圾,违者处罚;请公安据切实通饬全体岗警一律严禁过时倾倒垃圾及糟蹋道路,照章处办。[3]

由以上两则材料可以看出:华界设立了自主的卫生管理机构——卫生局,其功能相当于租界工部局的卫生处,这标志着华

〔1〕 何小莲:《冲突与合作——1927—1930年上海公共卫生》,《史林》2006年第3期。

〔2〕 彭善民:《公共卫生与上海都市文明(1898—1949)》,第88—89页。

〔3〕 《申报》1928年11月20日。

界公共卫生管理从个别的、自发的雏形向专职化转变；另外，卫生局制定了清道办法，其中包括清道的运作及惩罚措施，体现了华界的公共卫生管理从缺乏强制性法规到规定逐渐设立这一转变过程。同时不难看出该清道规则细致和全面的特点有着租界公共卫生法规的影子。

表1　华界牛痘、霍乱、脑膜炎预防接种人数统计表(单位:人)

年份	1927	1928	1929	1930	1931	1932	1934	1935
牛痘	12 629	91 063	129 263	146 803	238 284	186 544	210 812	233 335
霍乱	13 098	107 804	133 406	404 681	533 689	786 407	389 482	336 114
脑膜炎	—	10 747	48 879	57 988	—	320	1 675	1 093

资料来源：上海市地方协会编:《上海市统计》,1933年版,第7—9页;《上海市统计第二次补充资料》,1936年版,第148页。

由表1可以看出牛痘、霍乱、脑膜炎预防接种人数逐年增加，这说明华界居民由于之前对防疫手段不了解而产生的抗拒心理已渐渐消解，人们对预防接种的了解程度和认可度不断提高。由此可见，华界居民的公共卫生意识已经有所转变和进步，跟上了时代的步伐。

租界对华界的借鉴作用是毋庸置疑的，而华界也在现实需求的逼迫和民族意识的驱动下去主动学习、改变。

至此，在租界的刺激和启示之下，华界机构的建立、制度的确立、人们观念的进步使华界近代公共卫生事业起步并发展。有了租界这一模板，无疑加快了其进程。

三、刺激下生长的华界公共卫生管理体系的意义及其局限性

受租界刺激产生、模仿租界发展的近代华界公共卫生管理体

系,既是中国上海近代公共卫生管理的起步,也是卫生方面民族意识的觉醒。

以自来水供水系统建造为例。

1883 年租界自来水厂设立后,也激起了华界居民对自来水的渴望和当局行政机构的效仿。租界借口推广自来水以达到租界扩张的目的这一行为强烈冲击了中国的主权。

中国外务部也认为:“华界为整顿卫生,收回利权起见,此事(创办水厂)自应亟筹自办。”[1]

图 3　闸北水电公司内景

1902 年建成的中国首家国人自办的自来水厂——内地自来水厂应运而生,挑战了租界在自来水管理上的垄断地位。自来水厂自办是大多数华界人士的心愿,获得了社会的广泛认同和支持。在先例的带动下,民间自来水厂不断涌现,这从侧面反映了公用卫生事业正在不断地民营化、市场化。

除了受租界自来水公司的刺激而设厂之外,华界卫生局以租界的医士管理制度为模板,在华界设立了卫生科,制定了《医士登记开业及其试验章程》,使其对医士的管理更加规范化、制度化。地方士绅也受到了租界先进的医疗设施的影响,自发开办西医医院或医学研究机构,推动了公共卫生的建设。

由此可见,上海华界公共卫生事业的起步很大程度上源于租

---

〔1〕《清末上海闸北地区兴办自来水公司史料》,《历史档案》1999 年第 1 期。

界当时已经有了一定规模的现代卫生设置和管理的启示和刺激。一些社会精英纷纷组建卫生社团，开展卫生活动，反映了有关公共卫生管理方面市民意识的增长。从某种意义上来说，华界公共卫生的起步可谓是民族卫生的觉醒。

在取得上述进步的同时，华界的公共卫生管理体系亦存在些许不足。

一是卫生监督不力。由于缺乏有效监督，政府所办的卫生清洁运动很多都流于形式。民众们大多都“不得不敷衍了事的。在门前扫除一下，过后仍旧把不良习惯立刻暴露出来。卫生运动今天过去，明日还是一样”。综合可见，政府发起的卫生运动只追求表面，其绩效和影响还值得商榷。

二是卫生经费短缺。“上海市之卫生建设，因经费所限，未能充分发展，而医药设备，尤感缺乏。”由此可见，经费的筹集始终是公共卫生管理工作的一大中心。此外，在南京国民政府时期，上海战乱频仍，大多当地卫生机关“摧毁无遗”。整个上海市区继“一·二八”战役之后的头两年里，经费未能有所增加，“卫生事业之促进，极感困难”[1]。

总之，上海华界卫生局因受刺激而进行的一系列公共卫生管理体系的学习和改善，推动了华界公共卫生管理制度化进程，同时进行了广泛的社会动员，使卫生意识深入人心。但与此同时，仍存在监管不力、经费短缺等问题，在实践过程中理想化的卫生管理蓝图与严峻的社会现实之间的落差无法忽视。

---

〔1〕《民国二十二年上海市兴办之卫生事业》，《卫生月刊》第4卷第2期。

四、对现代的启发与思考

在19世纪到20世纪初的上海，充满了封闭与开放、落后与进步的冲突与矛盾，“落后”的华界经历了“挨打”的教训后，在机构、制度等多方面对公共卫生的管理进行学习、完善和创新。然而，思想的进步是不可能一蹴而就的，这使得华界公共卫生管理体系不可避免地出现了“发育不良”的状况。文明理念的培养、提升成为更深层次的发展需求。

鲜明地体现在公共卫生管理领域的西方先进文化，溯其源，终究不能脱离欧美的独特的自然地理环境、历史发展历程。而中国拥有与之截然不同的起点和成长过程。最终在这个历史节点，两种全然不同的文化相遇、碰撞，而当时中国的整体管理理念和个体国民素质均与发达国家有较大差距。

然而，正如上文所提到的，封闭自守或是全盘西化都是不可行的。19世纪到20世纪的华界公共卫生管理体系的建立，是一个“难产”的过程，这正是因为当时的中国人民被几乎停滞发展的封建思想遮住了眼，严重缺乏对外来文化的包容性、急求进步的自觉性和危机感。

由上述分析可知，上海华界公共卫生管理体系的发展是一个艰难、屈辱的过程，其根本原因正是经济、政治与文化水平的不协调。虽然一般来说，经济、政治对文化起决定性作用，但在上海公共卫生管理体系的建立中出现了特例。上海开埠后，日益发展的经济、政治不光没有对文化产生预期的、理论上的积极作用，中国本土的落后文化反而令公共卫生管理体系建立和完善的难度大大增加。

一个民族的进步包含物质上的富强和精神上的高尚。在已经实现第十二个“五年计划”、迈入全面小康社会的今天，中国人民的物质生活水平快速提高，不可避免地，社会上也会出现很多道德文明的漏洞甚至犯罪，这些同样是由于国民文化素质水平没有跟上经济发展的水平。既然我们已经从历史中发现了同样的问题，了解并研究分析了其原因和后果，那么我们便应以史为鉴，提出具有前瞻性、科学性的建议和解决方法。

在今天，大多数人，尤其是青年人，看到的只有现存制度、体系或法律法规的理论上的不合理，或不同国家制度的差异，而没有考虑到历史的连贯性与差异性、没有深入人民群众中，而对身边无处不在的社会文化氛围和客观实践视而不见，最终可能也会走向一条弯路。所以，我们不能迷信蓝图，要看清蓝图与现实的差距，将理想和现实、理论和实践有机结合，脚踏实地，求真务实。

五、结　　语

近代上海公共卫生管理体系的发展，既是城市化发展的结果，又是租界正向示范和反向刺激、政府的支持与注重、租界和华界冲突与合作、民众民族意识觉醒等多方作用的结果，是近代上海公共卫生社会化的重要表征。上海之于全国，正是租界之于上海，在提供了一个模板的同时，也引入了技术、经验与设备，从刺激中生长的公共卫生管理体系从上海起步。

［专家点评］

此文以近代上海公共卫生管理体系为主线，通过租界和华界的卫生状况对比，阐释了近代上海如何在“刺激”的作用下，经历了抗争、效仿、自立以及停滞等阶段，最终奠定了近代上海公共卫生管理体系的初始基础。

作者在探讨这一问题时,注重对历史的客观描述,从多角度揭示历史的复杂性和矛盾性。围绕上海公共卫生管理体系,作者细腻地分析了时人对租借卫生状况的羡慕和对入侵者的抗拒,对西方公共卫生管理文化的效仿以及在效仿中追求独立的诉求,以及接受西方先进文化的愿望与长久积累的传统文化积弊之间的冲突,从而认识到在当时的特定环境下,中国近代公共卫生管理体系的初创经历了曲折、艰难的历程。

作者搜集了非常详细和多样的史料,不但包括中外文原始材料和研究著作,也包括图像、图表等材料形式,并通过自己的逻辑有机择取和贯穿了这些史料,史论结合,主题鲜明,逻辑清晰,并给现代人如何正确对待传统文化和外来文化提供了有益的启示。

——复旦大学法学院教授　赵立行

晚清上海公共租界会审公廨里的中西关系：一个文化的解释

侯润乔*

［摘要］　关于晚清上海公共租界会审公廨里的中西关系，通常采用政治的视角加以解释，把会审公廨里的权力争夺看作是政治利益的斗争。政治与文化相互塑造；政治视角和文化视角紧密相关，相互补充。本文侧重从文化的视角解释这种关系，认为会审洋官的权力的扩展、公廨所适用的法律程序的变化以及并不一律“照中国常例审讯”，也有法律文化方面的原因。中西两种不同的法律文化共同塑造了会审公廨里的中西关系及其制度实践。会审公廨的存在损害了中国的司法主权，但在客观上带来了不同的法律文化，刺激了清末法律改革，甚至对后来的中国法制建设都具有一定的积极意义。

［关键词］　公共租界会审公廨；中西关系；政治视角；文化视角

---

* 侯润乔，上海市控江中学2018届学生。指导教师江斐。本文获得2017年博学杯历史人文素养展示活动三等奖。感谢江斐老师的指导，感谢上海图书馆和档案馆工作人员在查阅资料方面提供的帮助，感谢复旦大学法学院侯健教授在法律知识方面提供的指导。

一、问题和视角

在今天的上海，当人们经过浙江北路和七浦路路口时，很可能并不知道这个地方曾经是上海滩风云际会之处。这是晚清上海公共租界会审公廨所在地（见图1），是当时报刊新闻和社会舆论关注的焦点，这里发生了许多著名的案件，还引发过全市性的罢市风潮。在历史的变迁中，会审公廨的南楼和北楼都被拆除了，只剩下代替会审公廨的上海公共租界临时法院的楼房。

图1　浙江北路，会审公廨，摄于1908年（图片来源：上海档案信息网）

会审公廨是租界内由中国政府官员和外国领事官员会同审理案件的办公场所。会审公廨在英文中被称为“mixed court”，意即“混合的法院”。笔者感兴趣的就是在上海这个中西文化交汇的城市里这个法院的混合色彩。

它不同于租界内的领事法庭。在领事法庭，领事具有所谓领事裁判权，审理以在华侨民为被告的案件，适用外国的法律和诉讼程序，完全是一个西方法庭。

它也不同于租界之外中国政府设立的衙门。那里，完全是由中国官员审理案件,适用中国的法律和诉讼程序。

在这个混合的法庭,中西是如何混合起来的?这种混合关系是如何安排和运作的?中国和外国官员是如何共同审理案件?他们是如何分配权力的?他们适用什么诉讼程序和实体法律?弄清这些问题对于我们了解会审公廨的运作机制,具有重要意义。

但是笔者将研究对象局限于公共租界会审公廨。在旧上海,有两所会审公廨,一是公共租界会审公廨,二是法租界会审公廨。鉴于笔者懂英文而不懂法文,同时希望论题更集中,选择公共租界公审公廨作为研究的对象。

公共租界会审公廨是由英美租界会审公廨演变而来,1901 年英美租界会审公廨更名为公共租界会审公廨。英美租界会审公廨是由洋泾浜北首理事衙门演变而来。1869 年,撤销洋泾浜北首理事衙门,成立英美租界会审公廨。这种混合法庭的由来背景是,在英美租界里的华人越来越多,与华人有关的纠纷也越来越多,而领事法庭不愿解决与华人有关的纠纷,所以就有了在租界内设立混合法院的举措。1868 年,上海道台同英国、美国驻上海领事订立《洋泾浜设官会审章程》十条,报经总理衙门和公使团核准,经修改于次年 4 月 20 日公布生效,会审公廨正式成立。当时,原定《洋泾浜设官会审章程》有效期仅 1 年,但自颁布后,该章程一直沿用至公廨被撤。

研究会审公廨里的中西关系,通常采用政治的视角,从政治权力斗争的角度研究问题。政治的视角把会审公廨里权力的争夺看作是政治利益的斗争,一方面是受到损害的中国国家主权以及司法主权,另一方面是外国在中国的治外法权和对中国司法主权的干预。政治的视角是分析会审公廨中西关系的重要视角。它可以适用于大部分的情形,可以看得非常深刻,但是它不是唯一的视角。文化的视角也是一个适切的视角,有时可以帮助我们更全面,甚至更细致地看待问题。从文化的视角,我们可以看到制度安排、运作方式和行为背后的文化动因和背景。政治与文化紧密相关,它们相互塑造。政治的视角和文化的视角也紧密相关,相互补充。从政治的视角研究会审公廨的成果很多。相比较而言,文化视角的研究较少。

本文将侧重于从文化的视角去研究公共租界会审公廨里的中西关系,主要是会审公廨的人员构成、权力配置、诉讼程序和适用的法律。

二、会审人员及权力分配

根据《洋泾浜设官会审章程》的规定,会审公廨的审理组织由华、洋官员各一人组成。华人委员由上海道台委派,洋人官员一般由领事官或其派员充任。

《洋泾浜设官会审章程》规定,会审公廨管理租地界内钱债、斗殴、盗窃、词讼各案件,置备枷杖以下刑具,设立押所,照中国常例审讯,可以将华民刑讯、管押,及发落枷杖以下罪名。

根据案件是否涉及有领事裁判权条约国人民,该章程规定了不同的权力分配方案。(1)凡遇案件牵涉洋人,必须其到案者,须领事官或其派员会同委员审问。意即在以洋人为原告的案件中,洋官具有会审权。(2)如案件牵涉为洋人服役及洋人延请之华民,讯案时,由领事官或其派员来堂听讼。此类案件的被告是为洋人服役或洋人延请之华民,洋官具有听讼权。(3)若案情只系中国人,并无洋人在内,即听中国委员自行讯断。以上三点所说的洋人是指有领事裁判权条约国的人民。有关无领事管束之洋人,如系民事案件,则由华人委员自行审断,由外国官员陪审;如系洋人犯罪案件,即由委员酌拟罪名,详报上海道核定,并与一有约之领事公商酌办。

可以看出,《洋泾浜设官会审章程》赋予洋官的权力是有限的。后来,洋官逐步扩大了权力,几乎所有的案件,洋官都具有会审权。没有洋官的同意,中方谳员无法做出有效判决。洋官具有在判决书上发表意见和签字的权力。羁押犯罪嫌疑人和已决人犯的权力也为公共租界工部局所攫取。1908 年,在驻沪领事团的要求下,清政府同意会审公廨的判决权限扩大到徒刑 5 年。

我们以著名的 1903 年苏报案为例来说明会审公廨里洋官权力的扩大。苏报案是一个刑事案件,以中国人为被告,按照《洋泾浜设官会审章程》由中国谳员独立裁断。但是实际上并非如此。在“苏报案”法庭公开辩论上,双方就陪审官在公廨中的地位以及是否有权积极参加诉讼审理的问题展开了激烈的争辩,一方是代表中国政府的英国律师怀特·古柏先生,另一方是当庭陪审的洋官。

陪审官:我当然无需指出,判决不是由知县单独做出的。

古柏先生:你是说他不能独自做出判决?

陪审官:我的意思是,要是我不参加审讯过程,就不能做出任何判决。

古柏先生:你的权力中,哪一项是《烟台条约》规定的?

陪审官:我并不是根据《烟台条约》来审案的。我现在的权力完全不同。[1]

---

〔1〕［俄］郭泰纳夫著,朱华译:《上海会审公堂与工部局》,上海书店出版社 2016 年版,第 133 页。

对于外国官员扩大权力，通常的解释是，其目的是为了扩大在中国的政治利益，其结果是侵害中国的司法主权。这种解释是有道理的，但是并不全面。我们需注意到以下两个方面的事实。第一，古代中国法律传统以广泛使用刑讯、刑罚残酷为特征，而且在中国关系社会中一些司法官员贪赃枉法。当时就有华人指出："……案件之延搁，官绅之请托，判决执行之无效力，不特为西人所借口，即华人之身经其事者，亦无不叹其腐败，而莫能改革也。"[1]第二，中国的法律制度不完备，行政官兼任司法官，民事案混同于刑事案，谳员没有受到法律专业训练。在古代中国，士大夫耻于读律。他们可能熟悉儒家经典，但是并不熟悉国家法律。这些谳员在任职前多为候补官员，也没有司法经验。

1875 年，驻沪领事团召开公廨会审官员会议，商讨改进公廨事务。讨论的焦点就集中在中方谳员对于上海地方当局的过分依赖问题上，要求增加谳员的权限，增强其独立性。在西方，行政与司法分立、司法独立于行政是普遍的事实；而在中国，作为司法官员的公廨谳员动辄请示上海道台，反映了司法与行政不分、司法受制于行政的普遍事实。

三、法 律 程 序

会审公廨适用的法律程序也具有自己的特色。这主要表现在：公廨的法律程序要比传统中国衙门的法律程序严格，但是比领事法庭的法律程序宽松；部分案件可以委托律师辩护；案件当事人既不坐着、也不跪下说话，而是站着说话。这都体现了中西

〔1〕 丁榕：《上海公共租界之治外法权及会审公解》，吴圳义编：《上海租界问题》，台北：正中书局 1981 年版，第 196 页。

两种不同法律文化混合的特征。

首先，中国官员的法律程序意识比较差，而西方官员的法律程序意识比较强。1902年1月6日，上海道台袁树勋致函美国驻沪总领事及领袖领事古纳，要求他关闭位于租界的一家名为“华月报”的报馆并逮捕馆主，因为该报发表了一篇诽谤性的文章。古纳表示这件事情的处理权在华人手里，谳员可以命令查封报馆并惩罚罪犯。收到回函，袁树勋以为已经获得领事团认可，就指令公廨谳员查封报馆。谳员迅速落实了指令。公共租界工部局却饬令巡捕房拆掉封条，重新开放该报馆，理由是按照正当法律程序，除非由适当的法庭作出判决，否则不能实施处罚。

其次，传统中国的审判机关适用中国传统的法律程序。比如，庭审时没有律师参加。讼师无论在官方话语还是在司法实践中都被冠以“教唆词讼”之名，受到官府的打击。《洋泾浜设官会审章程》并没有规定律师参与诉讼程序问题，但是由于会审洋官的强调，引入了律师。19世纪70年代，公廨在审判华洋混合案件时，已允许原被告双方延请律师出庭。如1875年4月，英商旗昌洋行控告刘树滋一案，“两造均请律师置办”[1]。再如，1880年，公廨审理公和祥栈搬运货物一案，原告请“西国大讼师哈南到堂”，“被告韦茂生则仍请大讼师哈华托”[2]。在“苏报案”中，清政府延请古柏及哈华托为律师。第二次审理时，章太炎、邹容延请的律师博易及琼司也到庭。

最后，传统中国，无论是刑事案件还是民事案件，当事人一律跪着听审和答话。一位美国律师记载了在会审公廨发生的变化：“除了官员之外，法庭上其他人等都不许就坐。法庭根本就没有

〔1〕 上海图书馆馆藏《申报》影印本（第6册），第418页。
〔2〕 上海图书馆馆藏《申报》影印本（第16册），第254页。

为嫌犯、证人和旁听观众设坐席。巴戴先生说，不久前他们还依照清国习俗，要求出庭人一律下跪，直到最近这一要求才被废止，因为它不符合西方社会的司法习惯。"[1]这样，当事人就站着参与诉讼程序。

四、实体法律

会审公廨适用什么实体法律判决案件？根据会审章程的规定，会审公廨审理案件，"照中国常例审讯，并准其将华民刑讯管押，及发落枷杖以下罪名"。实际上，并不一律"照中国常例审讯"，也参照，甚至依照西方法律的原则和精神。这也是一种混合特色。

中国古代法律民刑不分，缺乏独立的民法；刑法规则比较详细，而民法规则比较简陋，主要关涉婚姻田土，可以处理传统农业社会的民事纠纷。而公共租界商品经济比较发达，民商事纠纷很多，清朝法律自然难敷此任。在审理民事案件时，公廨谳员只好接受陪审官介绍的西方民事法原则。

清朝法律中刑事规则比较详细，但是注重保护封建统治，忽视、压制人民的自由和权利，刑罚也比较残酷，存在许多肉刑。在犯罪和刑罚两方面的规定和实践都不符合当时世界刑法发展的趋势。

有些行为，清律以为是犯罪，而西方国家的刑法一般不认为是犯罪。典型的就是"苏报案"。清政府以"大逆不道，煽惑人心，谋为不轨"的罪名，企图将章太炎、邹容"引渡"，解至南京，处以极

[1] [美]钱皮·S. 安德鲁：《1906 年，一个美国律师眼中的上海会审公廨》，《档案春秋》2008 年第 1 期。

刑。上海知县汪瑶庭提出“应照华例究办”。然而，思想和言论自由在西方近代法律中普遍作为人权加以保护，批评政府也普遍被视为公民权利。最后该案就是一个中外妥协的结果。1904年5月，会审公廨以扰乱公共秩序之罪名，判处章太炎监禁3年、邹容监禁2年。依然判决有罪，但是处罚轻多了。

有些行为，清律不以为是犯罪，而西方国家法律一般以为是犯罪。典型的是黎黄氏案。1905年，广东籍妇女黎黄氏携带15名年轻女孩子，从重庆乘轮船沿长江而下，准备经上海回广东。黎黄氏一行人刚刚抵达上海，便被巡捕房拘捕，送交会审公廨审理。此案由中方谳员关䌹之、襄谳（副谳员）金绍成和英国副领事德为门会审。黎黄氏供称，随行女孩是广东的亲戚来信委托购买，作为丫鬟或是婢女，都有身价凭据。中外官员围绕黎黄氏是否构成犯罪以及应被羁押何处，产生激烈争论。这场争论还波及社会，引发市民大闹会审公廨和罢市。[1]实际上这个争论可以部分归因于中西法律精神原则和规定的不同。根据中国法律，自愿买卖人口并不构成犯罪，而根据西方国家法律，买卖人口即使双方自愿，也构成犯罪。在19世纪中期，西方国家，包括英美在内，已经普遍禁止包括奴隶贸易在内的人口买卖活动。

会审公廨在刑罚措施上也具有混合色彩。按照规定，会审公廨的权限是“发落枷杖以下罪名”，枷、杖等刑罚都是肉刑。但是19世纪西方国家多已废除肉刑，所以参与会审的洋官一般主张不用或少用这些刑罚。而有关犯人被判处“苦工”的问题，在清律中并没有此项规定，会审公廨却经常判处犯人做“苦工”。上海知县王宗镰曾就此事呈文上海道台，指出“中国法典并无此种苦役之罚例，以属于外

[1] 1905年12月9日，《申报》第四版以“公廨讯案巡捕房大起冲突”为题，报道了黎黄氏案的发生，称“似此冲突，盖设立会审公堂以来所未有也”。

国法典之处罚加诸华人,实属违反条约"[1]。实际上,这是 19 世纪以来流行于西方国家的社会服务令。废除肉刑和广泛实行社会服务令,反映了近代以来刑法轻刑化和人性化的趋势。

五、结　　语

想到会审公廨这个曾经存在的混合法庭以及里面的中西冲突,大多数中国人都会有一种混合的复杂的感情,既觉得国家的司法主权受到侵害,又觉得中国传统的法律有很多弊端。1926 年 12 月,经过长期的交涉,中国政府代表与外国领事团代表签订了《收回上海会审公廨暂行章程》,1927 年 1 月 1 日,会审公廨被中国政府收回。不可否认的是,会审公廨以及领事裁判权的存在客观上带来了不同的法律文化,刺激了清末法律改革,甚至对后来的中国法制建设都具有一定的启发意义。法律改革并不仅仅是为了收回会审公廨和废除治外法权,更重要的是推动中国法律的现代化,使之更加有利于保障中国人民的自由和权利。人民的自由和权利应当作为衡量制度得失的最高标准。

附　　记

2017 年 11 月 25 日星期六,笔者来到位于现浙江北路 191 号(临近七浦路路口)的旧上海公共租界会审公廨所在地。这里已经找不到资料里所说的会审公廨的南楼和北楼(见本文开篇所附的图 1),据说已被拆除了。只找到了代替会审公廨的上海公共租界临时法院的楼房(见图 2—图 5)。

---

〔1〕 蒯世勋等编著:《上海公共租界史稿》,上海人民出版社 1980 年版,第 378 页。

图2　上海公共租界临时法院办公楼(内设公堂)

图3　上海公共租界临时法院办公楼(内设公堂),右下角有一个铭牌

图4　铭牌上说“原为会审公堂和上海特区法院”，可是这栋大楼显然不是会审公堂的楼房，它是砖混结构，也不是砖木结构的，这只能理解为“会审公堂和上海特区法院”所在地

图5　据说这个两层建筑是上海公共租界临时法院的拘留所，更加破败了

[专家点评]

学界向有“一百年看上海”之说，这主要是因为中国近代是一段由于殖民侵略带来中西文化激烈冲突，以“殖民主义双刃剑”之胜出而告终的历史，上海是最为典型的代表。

诚如作者所说，与其他领域类似，我国史学界从政治主权的视角研究立法、司法入侵和损害的一面见长，但从文化的视角研究其带来的先进与建设的一面却不得不说是一面“短板”。这不仅不利于认识与揭示历史真相，而且不利于我们今天正确认识和汲取西方的先进经验，更不利于我们在改革开放、建设人类命运共同体中与世界进行多边对话和有效交流。所以，我觉得这篇论文不仅可以使我们从知识上更全面、深入地了解这段历史，更重要的是有利于养成历史地、辩证地看问题这一极为重要的思想方法。这是其一，该选题、立意值得表彰。其二，从史学研究态度和规范看，本文没有华丽的辞藻和故作惊人之语，却有弥足珍贵的老老实实立论、举证和推论之态度和学风。这在当今浮躁、夸张、博人眼球的不良文风中，是一种很有前途、可持续发展的学术态度。文章首先对论题作了界定，对学术背景以及必要性、可行性进行了说明，然后按照通贯论题的三个充分而必要的环节“谁来审”“以什么程序审”和“按什么法律审”，用“会审人员及权力分配”“法律程序”和“实体法律”为题，有实地考察，有文献引证，力图说明“会审公廨这个曾经存在的混合法庭以及里面的中西冲突”除了政治权力入侵，也“在客观上带来了不同的法律文化，刺激了清末法律改革，甚至对后来的中国法制建设都具有一定的启发意义”。

总之，作为一名高中生，在繁重的学业压力下，能凭自己的兴趣选题，并研究和写作到这个水平实属不易！如果说今后还可以进一步提高的话，我的建议是：一是要坚持自己已经开端的良好学风，不要被暂时的掌声所迷惑而倾向于哗众取宠；二是按照“充足理由律”进一步反思自己的每一个论证，要知道举例是非常必要的，但这只是一种说明的手法。一个机构在较长时间的实践、演变中之基本特征，可能还需要更为扎实、细密的统计考察和分析的综合功夫。

——华东师范大学课程与教学系教授　聂幼犁

明代中后期松江地区园林和文人活动的关系浅探

张正涛*

[摘要]　明代中后期的华亭,即今天的松江地区,有一股绵延百年的建造园林之风。本文通过分析明代中后期华亭地区的社会概况与有关陈继儒营造东佘山居这一特例的资料,将造园之风的形成归结为松江文人在经济条件允许下既欲保持世俗交游又欲躲避政治、追求自由的结果,又从几社文人在园林空间内活动的几个方面探讨了园林在文人地方文化、政治活动中的特殊意义。园林是文人社会风尚的一种反映,园林与文人两者相互影响,从园林的兴废中透射出的是明代中后期松江文人群体的思想发展乃至整个松江社会的状况。

[关键词]　上海;松江府;华亭县;明代中后期;文人群体;园林

* 张正涛,复旦大学附属中学2019届学生。本文指导教师李峻。本文获2017年博学杯历史人文素养展示活动论文三等奖。

引　论

说到“海派文化”，大多数人想到的都会是石库门、外滩码头这样的上海开埠以后的文化代表。开埠是上海历史的转折点，也是现代上海中西融合、兼容并包精神的源头，正是从开埠以后，上海走向了异于其他城市的发展快车道，进而成为“远东第一城市”和中国经济最活跃的城市。因此，将商业文化、租界文化等典型的开埠以后的上海文化作为近代上海的主流文化，笔者认为是可以理解的。然而将“海派文化”的范围只局限于开埠以后的典型文化，笔者认为显然是忽视了上海文化的多样性，也是唐突的。这样的认识将上海的历史定格在晚清开埠以后，切断了如今上海与开埠以前未经历“城市化”的上海的联系，也在无意中承认上海的历史只是如今上海市中心城区的历史。今日的上海中心城区脱胎于上海县，而上海县本隶属于松江府，关注松江府时期的历史文化，寻找从松江府到上海市的关系，笔者认为是必要的。

在开始正文之前，笔者想要对松江府与今天上海的关系作一个简单的澄清。首先必须强调，“上海”这个词，在古代和现代的含义是不一样的，其地理意义迥异。民国以前的“上海”，特指从1291年（即元代至元二十八年）设立的上海县，其范围大致是吴淞江故道以南的上海市区、今上海市青浦区、闵行区、浦东新区大部，隶属于松江府。松江府被撤后，则直属江苏省。1925年，国民政府始在原上海县地区设淞沪市，1927年又改为上海特别市，此后上海县还存在较长一段时间，然而其中心位置已南迁到今闵行区一带，土地面积也随之大量缩水。上海县缩水后伴随上海市的扩张，自此，“上海”一词主要指上海特别市，以及后来的上海直辖市。与之形成对照的是“松江”一词含义的变化。古代所说的“松江”并非今天的“松江区”，而是包含了今天上海市大部分地区的松江府。松江府设于元代，废于民国元年，府城就在今松江区老城区。今天的松江区大致可对应古代松江府辖下的华亭县。松江府撤府后，华亭县一度隶属江苏省，民国三年改称松江县，到了1958年，划归上海市，最后蜕变为今天的松江区。“上海”与“松江”，指向的空间范围，是一个变大，一个变小；区域等级，是一个提高，一个降低。

本文所讨论的空间对象是“松江地区”，是指如今的上海市松江区，如此是符合今人的语言习惯，因此其外延并不能包括古松江府。为了放在明代背景下仍能明确定义，此处“松江地区”尤指明代松江府下的华亭县地区。

笔者曾长期居住于松江区，方塔园、醉白池等都是松江市民熟悉的观光景点，但它们在有关上海历史文化的书籍中，却绝少被提及，即使被提及，也是一笔带过。如今仍存的园林建筑毕竟还可观、可感，相比之下，松江地区明代后渐渐荒废而终只见于书本描绘的大量园林被人们所遗忘就更令人遗憾了。笔者发现明代中后期的松江地区有一个不太为今人所注意的园林繁盛期，而随着笔者阅读面的加大，潜藏在松江园林建筑背后的历史信息也引发了笔者的关注。

透过各类历史书籍可知，明代的松江地区不仅是与苏州府并称的全国的经济中心之一，也可称得上是重要的地区文化中心，许多衣冠大儒乃至当朝名宦都出生和居住在这里，使这里的文人活动十分活跃，尤其在嘉靖登基以后的明代中后期——这恰恰也是明代造园之风最盛行的时期。笔者在阅读中发现，作为华亭文人活动的重要场所，明代中后期松江地区园林反映了当时松江府文人社会风气和时代变化的不少方面。关于中晚明松江府地区的社会经济乃至文人活动,森正夫、冯贤亮等著名学者都有论述[1],其他学人的专题论述也林林总总,不过以园林为角度讨论明代松江士风的还是较少见的,于是坚定了读者以园林为切入口,进而探讨明代华亭的文人社会的想法。

本文将关注的时间范围限定在1522年(嘉靖元年)到1644年(崇祯十六年)之间。本文将目光集中于几个具有代表性的园林建筑的建筑和使用上,略关涉其他,希望做到点面结合,以阐明观点、展现时代。

一、明代中后期华亭县的园林建造之风

> 迄今四十年来,仕宦富民,竟而兴作。朱门华屋,峻宇雕墙,下逮桥梁禅观牌坊,悉甲他郡。
>
> ——范濂《云间据目抄》[2]

松江府是明代的东南巨府。元代发展海运与纺织业后,松江府渐渐成为江南经济最发达的地区之一。生活于明清两代的松江府上海县人叶梦珠在他的笔记《阅世编》中写道:"吾乡赋税,甲于天下。苏州一府,赢于浙江全省;松属地方,抵苏十分之三,而赋额乃半于苏,则是江南之赋税,莫重于苏、松,而松为尤甚矣。"[3]类似的记载见于明清的多部书籍。赋税之重,侧面反映了松江府

〔1〕 笔者看到的有:冯贤亮:《明清江南的富民阶层及其社会影响》,《中国社会经济史研究》2003年第1期;[日]森正夫著,陈玉女译:《陈子龙的江南论》,《明史研究》2013年第13辑;冯贤亮:《明清江南地区的环境变动与社会控制》,上海人民出版社2002年版等。

〔2〕 (明)范濂:《云间据目抄》(卷五),新兴书局有限公司1978年版。明清无郡,"郡"是"府"的代称。

〔3〕 (清)叶梦珠:《阅世编》(卷六),中华书局2007年版。

民众的富有和高经济水平。随着经济上的富裕和明代中期以后士风的转向，各种各样的私家园林在松江府一带涌现出来，而营造园林之事，尤以在松江府的治所华亭为盛。

明代中后期在华亭营建园林的，主要是两类人。第一类是暂时休官或致仕归乡的官员。下举数例：嘉靖时斗倒严嵩的内阁大学士徐阶及其亲属在华亭广建别业，在府城西门谷阳门内建水西园；嘉靖三十八年(1559 年)，时任南京国子监司业的华亭人陆树声告病归乡，在府城北建适园，陆树声后官至礼部尚书，陆树声之弟陆树德，也在松江府城南门外建园，称南园；万历间中书舍人华亭人顾正谊，在府城东北建濯锦园；万历间光禄丞华亭人顾正心，在府城外东三里建熙园；万历间桂林府通判上海县人倪邦彦，在府城北门外建倪园。这些官员的官位高低不一，有如徐阶、陆树声这样的当朝高官，也有许多仅是中书舍人这样的七品官或地方小官，但相同的是，这些园林主人都属于本地的大族或是较有名望的人。不难分析出，官员在辞官后建园，既满足生活和文人式审美的需要，也是自己在地方影响力的一种象征。中国传统文化中有一种“衣锦还乡”的情结，用自己手头的资源和财富，搭建具有个人风格和雅趣的园林，除了供生活休憩，还是一种对自己为官生涯和社会文化地位的证明。

第二类则是并没有功名的处士或富民。最有名的例子便是陈继儒在佘山东麓修建自己的“东佘山居”，以为隐居之所。陈继儒是华亭人，主要活动于天启、崇祯二朝。他虽然隐居，但热心实务，结交官员，在文人圈乃至政治圈内都有很大的影响力。陈继儒筑东佘山居，更多表明了一个隐士的生活态度，然而这种“隐”，并非是历来所谓的不问世事、以孤高自守，半出世半入世是晚明文人的典型现象，笔者在之后的文字中还会加以论述。再如万历间的张之象、何三畏、明末清初的施绍莘也都是著名文人而不仕，在华亭筑园林以自娱。

根据明代人的记载，明代中晚期松江的筑园之风非常盛行，还有很多园林由富有的市民建造起来。但如今可知的绝大多数园林都与文人或文人家族群体有关。[1]

大大小小的园林遍布华亭，争奇斗艳，这道景象延续百年之久。

二、中晚明松江文人筑园背后的文人心态
—— 以陈继儒东佘山居为例

> 山郭幽居正向阳，乔林古木郁苍苍，刬藤百幅谁能置，为扫虬枝蔽日长。
>
> —— 董其昌《题东佘山居图》[2]

万历三十五年（1607 年），50 岁的陈继儒开始在东佘山建造住宅与园林，作为自己今后的新住处。

陈继儒，号眉公，29 岁时焚儒衣冠，决定终身不仕，惊动世人。他年轻时就被本郡巨宦徐阶推重，与董其昌齐名，俨然"读书种子"，却出于种种考虑拒绝了科举求仕这条人生路。[3]在搬到东佘山之前，他在华亭县的小昆山、钟贾山等地都有隐居。50 岁的陈继儒父亲刚去世，子辈已长大，可谓了无牵绊，又有了足够的资

〔1〕 本文中列举的园林、园林建造时间及园林主人，主要参照松江博物馆官网：http://www.songjiangmuseum.com/sjbwg/js_xsdtxx.action? id = FD99EA835731D8CB&F = &page = 1。

〔2〕《东佘山居图》为董其昌赠予陈继儒之画，现为私人藏品。著录在《中国历代书画艺术论著丛书》（第 39 册），中国大百科全书出版社 1997 年版，第 403 页。

〔3〕 见（清）万斯同等编：《明史 · 隐逸列传》，上海古籍出版社 2008 年版。关于焚衣冠事所发生的时间，《明史》言 29 岁，亦有人以为应是 30 岁，因无涉本文关要，故取《明史》说法，不复加讨论。

财，这使他打算营造一个最后的终老之所。东佘山居兴建于半山，是最大、最精美、也最为人所知的。它从东佘山的中南部一直延伸到西部和山下的河水前（谓之“水边林下”），亭、轩、庵、堂一应俱全。[1]后来陈继儒在此终老。

陈继儒卒于崇祯十二年（1639 年），享年 82 岁，东佘山居与他相伴 32 年。东佘山居园林之兴建、使用的细节耐人寻味，笔者以为借此可窥得中晚明布衣文人的处境与心路。

（一）士与商——由陈继儒造东佘山居资金的来源谈起

早年间，作为隐士的陈继儒没有固定收入，生活并不宽裕。陈继儒放弃求仕后，最初只能与他人共同购得小昆山上住处安身，后来又是在陆树声、董其昌的资助下才建起了小昆山上的婉娈草堂，但到建东佘山居时，却积累起了较多资财。与传统的那些隐士不同，陈继儒的生活来源不是只靠农业耕作，在弃“举业”之后，他自有一套与文人身份紧密贴合的生财方法。陈继儒作为一介布衣，起初以教授学生为业，收入并不多，远不如那些朝廷中的达官；但同时他还坚持著书，为他带来了名声与财富。陈继儒著述广泛，他的作品包括笔记小说、小品文、诗集、书画鉴定专书等，在文人争胜的中晚明亦有一席之地。随着名声的提高，陈又以贩卖、鉴定书画经营产业。到了 50 岁，陈继儒终于可以独立兴造东佘山上的各种建筑。著书和卖书画之所以能带来财富，是与当时市民文化需求的增长分不开的。随着明代江南地区经济的发展，原来对于精神产品需求并不高的平民开始追求文学与艺术，书籍有了更高的商业价值。同时，对文人风尚的崇拜也开始兴起，与陈继儒有关的一则记载可以旁证这一点。黄宗羲描绘客访陈继儒东佘山居景象：“己巳秋，余至云间。先生城外有两精

---

〔1〕 参考扈幸伟：《陈继儒与园林》，天津大学硕士学位论文，2015 年。

舍，一顽仙庐，一来仪堂（皆为东佘山居中建筑）……凌晨，来见先生者，河下泊船数里。先生栉沐毕，次第见之……饭后即书扇，亦不下数十柄，皆先生近诗。"[1]

由此可见，在陈继儒生活的时代与地域，做官对于文人来说确实不再是唯一的出路，布衣文人亦可以赢来财与名，陈继儒的例子可视为明代士商关系越来越紧密的一个体现。

（二）东佘山庄中的文人交游

陈继儒虽是隐士，却并不是闭门独居，相反，他与众多文人有着广泛交游。首当其冲的是同郡文人、年轻时就与陈继儒结为好友的董其昌。董其昌长陈继儒3岁，曾与陈继儒一同应举，当时两人皆不第，后来陈继儒放弃科举，董其昌却继续应试，得中进士，官至南京礼部尚书。陈、董二人会面十分频繁，活动多为文学集会、出游、共赏书画等，陈时常至董宅，董也时常拜谒陈。天启六年（1626年）四月十三，董其昌来到东佘山，并与陈继儒共住东佘山居中的"顽仙庐"，之后董创作了《佘山游境图》。崇祯七年（1634年）六月，董其昌至东佘山庄避暑，与陈继儒共观书画。崇祯九年，已辞官的董其昌复至东佘山居拜访陈继儒，后作《东佘山居诗》。[2]至今还有董其昌为陈继儒画的《东佘山庄图》存世，此为二人友谊之例证。陈继儒与董其昌的这种交游，是基于两人共同情趣之上的，两人都喜爱山水，热衷于园林。而事实上，董其昌被称为"半官半隐"的文人，不断在为官和退居之间腾挪，为官有18年，退居的时间却有27年。

当时名士如内阁大学士王锡爵、江南大文人王世贞等，都与

---

〔1〕（清）黄宗羲：《黄宗羲全集》（第一册）《思旧录》，浙江古籍出版社1985年版，第340—341页。

〔2〕颜晓军：《九峰三泖白首至交——董其昌与陈继儒的艺术交游》，《美苑》2014年第2期。

陈继儒来往。《华亭县志》云："王文肃(王锡爵)、文硎山(王衡)、王弇州(王世贞)兄弟，俱雅重之，守令下车、台使案部，无不造谒其门，咨询地方利弊，一时文人学士，咸听其月旦之评。"[1]旅行家徐霞客，亦与陈继儒有交，天启四年(1624年)专访陈继儒于东佘山居，为母亲寿辰求寿文。陈继儒足不需出华亭，却可以与形形色色的文人交往，正是这巨大的交际圈，使他以一介隐士名声远扬。虽为"隐"，但与达官显贵的交游却是来者不拒的。

(三) 隐而不退——筑园反映的文人心理

笔者以为园林文化即文人文化的体现。当我们观察隐士陈继儒筑园的选址，就会发现陈继儒没有将家安在热闹喧嚷的松江府城之中，也没有将家安在人迹罕至的偏僻山中，最终选择将终老之所放在了离世俗生活中心有一定距离但又不太远的华亭县郊外。东佘山在地理位置上可谓得天独厚，既不染松江府城尘嚣，又作为苏松之间的一个路口，成为文人们常至之处。这曲折地反映了"陈继儒式"隐居的不彻底，即又想躲避尘世和政治社会中心，又想不脱离文人社会圈，在世俗交游中占有一席之地，这也正是陈继儒理想的效果。传统文人"学而优则仕"，有强烈的自我身份认同。从陈继儒作为当地名士关心、资助当地民众中我们可以看到他仍然保留有传统文人的责任感，从陈继儒在东佘山与文人政客的广泛交往中可见他对文人这一身份的认同。那么，陈继儒为什么要终身不为官呢？合理的解释或许是：晚明不良的政治生态促成了文人从政意愿的下降和归隐愿望的增强，而明代中期以后日渐发达的商品经济又使得文人不出仕而享有富足的生活成为可能，进一步促进了像陈继儒这样的文人的不仕归隐。笔者

---

〔1〕(清)冯鼎高、工显曾等编：《华亭县志》，乾隆五十六年刊本，台北：成文出版社有限公司。笔者转引自李斌：《王锡爵陈继儒交游考论》，《湖南民族学院学报(哲学社会科学版)》2011年第3期。

认为,陈继儒并非天生希望归隐,他的不仕、他的筑园,归根到底是他对当时政治时局的不乐观和逃避的表现,所以他是“隐”而不退,追求的是一种在俗和不俗之间的诗意和谐。

借陈继儒的例子可进一步理解明代中后期的造园之风。作为隐士的陈继儒可能只能被当作个案,但文人的总体处境总是类似的,虽然在仕与不仕的问题上文人们的选择不同,但陈继儒的这种心态也是晚明文人们所共有的。陈继儒的行为被主流文化所认可,说明人们的心境和想法多与这位“通隐”是一致的。众多文人对陈继儒所建园林的拜谒也体现了文人们共有的向往和追求。以陈继儒为代表的文人的隐而不退反映出整个中晚明时期松江文人们的典型心理,而这种心理或许正可以解释为何明代中期开始江南园林的建造如此之盛。何为园林?园林不是普通的住宅,它起到的不止是供人居住的功能,更承担了人们对审美的追求,而审美又是人在特定时代背景下心理的一种反映。江南园林的主旨是将人文环境与大自然合二为一,是对自然的一种利用或模仿,因此它本身略带一种“隐逸”的情调,并且这种“隐逸”情调亦如陈继儒的“隐逸”一样不是一种传统意义上的真正隐逸,它更像一种在出世和入世之间的妥协——园林的主人绝不希望摆脱公共事务和世俗生活,但又希求对政治和社会大环境的暂时性逃避,在浊世中获得一方自由天地。造园之风之所以盛行不只是经济的繁荣,更有园林精神契合中晚期明代文人精神的深层次原因。[1]

---

〔1〕 关于陈继儒为“通隐”的说法和对于陈继儒身在明代文人群体中真实位置的探讨可参考赵献海、赵楠:《陈继儒山人身份考辨》,《史学月刊》2007 年第 4 期。

三、园林的意义
——由几社在松江园林中的活动观之

(一) 松江园林与几社

今年春,闇公(徐孚远)、卧子(陈子龙)读书南园。余与……或间日一至,或连日羁留。乐其修竹长林,荒池废榭。

——李雯《会业序》[1]

明代松江地区园林的另一特点就是容纳了大量的文人结社活动。在松江府,最有名、影响最大的文人社团无疑是几社。

崇祯二年(1629年),杜麟徵与夏允彝、周立勋、彭宾、徐孚远、陈子龙等人创立几社。此时,距陈继儒开始隐居的那一年已有40余年,朝中俨然又是一副不同的景象,阉党专政背景下可以说政局混乱,松江府的众文人也因为被打压,少有科举得中,故结社有以诗文联结地方众文人成为"共同体"之意。"绝学有再兴之几,而得知几其神之义也。"[2]这是当时几社的口号。几社常常于华亭各个园林集会,如位于横云山的横云山庄和位于松江府南门外的南园(即前文提到的陆树德所建的园林)都曾是活动举行的地方。其中,南园为陈子龙所长期居住,陈子龙在书中多有提及,

〔1〕 见《陈忠裕全集》年谱上崇祯八年乙亥条附录。笔者转引自朱丽霞:《园林宴游与文学的生态变迁——以明清之际云间几社的文学活动为例》,《文艺理论研究》2007年第4期。

〔2〕 (清)杜登春:《社事本末》。笔者未能找到原书,但此记载多见于有关几社的文章。

《松江府·七七·娄县志》[1]载:南园"有梅南草庐、读书楼、濯锦窝诸盛。崇祯间,几社诸子每就此园宴集"。

几社的活动早期以研赏诗文为主,文人之间互相唱酬,之后将作品选刻出版。这一时期描写与南园有关景物的文人诗句有徐孚远的《南园读书楼》:"陆氏构此园,冉冉数十岁。背郭面良畴,缓步可休憩。长廊何绵延,复阁亦迢遁。高楼多藏书,岁久楼空闭。丹漆风雨摧,山根长薜荔。我友陈轶符,声名走四裔。避喧居其中,干旄罕能戾。招余共晨昏,偃蹇搜百艺。征古大言舒,披图奇字缀。沿是秋桂丛,小桥春杏丽。月影浮觞斗,荷香落衣袂。心赏靡不经,周旋淡溶裔。岂意数年来,哲人忽已逝。余复淩沧波,曩怀不可继。既深蒿里悲,还想华亭唳。他时登此楼,眷言申末契。"[2]诗歌描写了南园中的清丽景象,但此清丽更多的是来源于读书人宁静的心境;清丽中又有一种隐隐的萧瑟和感慨,虽然诗人没有明说,却可以感觉到他对往昔的怀念和对朝中时局黑暗下身世的自伤。几社文人交游的时代,距陆氏在朝居高位的时代,过去数十年了,时势又有了变化,几社文人表达的是一种今昔对比之情。

随着晚明的暮日气息越来越浓重,几社文人对政治和"经世之学"的重视度越来越强,如何救国图存成了几社文人之间更重要的议题。据陈子龙《自撰年谱》记载,崇祯十一年(1638 年),他在南园对《皇明经世文编》进行编订,第二年又编纂《农政全书》,前者是他搜集本朝公卿有关政务的文章对于经世致用之学的重要学术著作,后者集徐光启草稿而成,关心的也是实际的国计民

〔1〕 清嘉庆年间编。清代一度从华亭县中分出娄县,后又并入华亭县。笔者转引自朱丽霞:《园林宴游与文学的生态变迁——以明清之际云间几社的文学活动为例》,《文艺理论研究》2007 年第 4 期。

〔2〕 (明)徐孚远:《钓璜堂存稿·叁》。转引自朱丽霞:《园林宴游与文学的生态变迁——以明清之际云间几社的文学活动为例》,《文艺理论研究》2007 年第 4 期。

生问题。[1]虽然陈子龙在这一段时间并没有留下多少诗文回忆，但他和其他几社文人的内心可见都并不轻松。之前的文人在园林中大都是身系公务而想着“隐”，到这里几社士子们倒是身隐而心系着国家安危了，这不得不说是一种耐人寻味的对照。

（二）明代松江园林时代的落幕和园林的意义

5年后，明朝宣告了他的灭亡，不久清军的铁蹄踏入了美丽的江南水乡。陈子龙等一般几社士子组织反清联军，奋起抵抗，不幸抵不住清军的铁蹄，陈子龙、夏允彝、徐孚远等人皆为国而捐躯。因此几社文人故事的终止也就是明代园林故事的终止。到了清代，前文所提到的这些园林大多荒废不存，少部分得到清代人的修缮或被改建。然而即便这样，松江园林的名字还是与晚明抗清志士的名字伴随在一起，成为不朽的记忆。文人与园林，好似同生同死。

如果说陈继儒与东佘山居的例子更适合拿来说明中晚明文人造园的原因，那么几社文人与园林的例子则更好地凸显了园林对于文人群体的意义。晚明松江文人在园林中的结社活动体现了园林的什么意义呢？笔者以为至少有两点。

一是园林给了文人们最后的“诗意的栖居”。之前提过，园林的建造一直是与文人们的心态相适应的。明末的文人们，不能振才于朝堂，就只能发挥于市野，园林给了他们心灵的慰藉。无论园林是否是自己长期居住的地方，它们对于文人们来说终归都是有亲切感的地方，让他们身居乱世犹能潜心研究学问。

二是园林体现出了一种地方凝聚力。试想没有园林，有什么地方足以汇聚偌大一个松江府的这么多文人，又哪来众人优游文

[1] 本段内容主要基于[日]森正夫著，陈玉女译：《陈子龙的江南论》，《明史研究》2013年，第107页。

赏和共同讨论国家大事的机会？随着朝廷控制力的变弱，文人们自主地在地方上发挥影响力便是很自然的事，而园林作为文人自己的地盘与开展文娱活动的地方，显然是最好的地点。松江地区的园林俨然成了松江士子们共同发声的众议厅。就像文社的口号一样，园林好似地方文人势力与思想的一个符号。

三、总　　论

通过前文的梳理与论述，我们看到松江地区的园林一直伴随着松江地区的文人。它们是文人对生活的追求与选择的产物，故它们的兴废实际体现了文人心态的变化。它们是主人耗费财力，精心营造而成，故它们体现了文人的生活处境和财富。它们见证了文人的生活，目睹了文人们的一颦一笑，其实也是松江地方社会乃至大明江山的投影。通过文人与园林之间的各种史料，可窥得松江文人建造园林背后的事实：明代中后期的松江府华亭县，是一个商品经济已得到一定发展、财富已逐渐汇集到一定程度的地区，再加上朝廷政治的愈发昏暗，形成了一个地方性色彩浓厚、互相关系紧密的文人群体，半官半隐的不彻底“隐逸”之风在这里受到推崇，或至少成为人们心中理想生活的一个部分，然而文人又从来没有放弃济世报国的志向与理想，在特殊时期形成一种鲜明的地方势力，借园林宴游与集社表达出社会责任感。从园林这样一个小的角度去看整个中晚明松江地区的士风可能不是特别充分，但至少可以给我们很多的借鉴和启迪。

宋代文学家李格非在他的名篇《书洛阳名园后记》[1]中说

〔1〕（清）吴调侯、吴楚材编：《古文观止》（卷九），上海古籍出版社2010年版，第344页。

到："天下之治乱，候于洛阳之盛衰而知；洛阳之盛衰，候于园囿之兴废而得。"笔者窃以为把这样的说法用在中晚明松江的园林与其盛衰上也十分恰当。松江的古代园林中还有很多历史文化信息有待发掘，笔者此篇文章草草而就，希望它对人们了解明代的上海松江和研究上海从古到今的发展史能有微薄的帮助。昔人已没，此地犹在，也谨以此祭奠那一个时代。

［专家点评］

江南地区园林是我国园林的典型代表，其中松江地区园林别树一帜，在江南地区园林中有着重要地位。众所周知，江南地区园林与文人有着密切关系，究竟有什么关系？特别是松江地区园林和文人活动的关系怎样？本文作了些有益的探索，大致可以给读者以下三点启发：

第一，江南地区园林与文人关系的基础是共存并发达的地区经济。

园林是有一定规模的大宅院，内有建筑、山水、树木、花草。优秀的园林凝聚了能工巧匠的勤劳和智慧，蕴含了多种传统艺术。所以，建设园林需要文化基础和大量资金。

江南地区在"元代发展海运与纺织业后，松江府渐渐成为江南经济最发达的地区之一"；"苏州一府，赢于浙江全省；松属地方，抵苏十分之三"。而松江文人陈继儒，"以贩卖、鉴定书画经营产业"，"著书和卖书画""带来财富"，买地建起园林东佘山居，符合中国古代置地建宅的传统习惯。由此可见，松江地区的经济发达，促进了文化的发展，也给陈继儒等带来了经营文化产业的便利。反过来，陈继儒经营文化产业也会加快松江地区文化和经济的发达。

当然，这种共存地区经济也是随着社会的变化而变化的。

诚如作者在总论中引用的宋代文学家李格非所言,“天下之治乱,候于洛阳之盛衰而知;洛阳之盛衰,候于园囿之兴废而得”,并指出,“把这样的说法用在中晚明松江的园林与其盛衰上也十分恰当”。

第二,松江地区园林和文人活动的关系是立足点与文人交游关系。

文人在衣食无忧的前提下,交游便是一件大事,“活动多为文学集会、出游、共赏书画等”。交游活动需要有立足点,松江地区园林便是最好的立足点。虽然不能说建园林是为了交游,然而客观上松江地区园林为文人活动提供了适合的立足点,“园林作为文人自己的地盘与开展文娱活动的地方,显然是最好的地点”。

至于几社士子利用松江园林组织反清活动,只是一时的,影响不大,并没有发生如嘉定抗清时的“嘉定三屠”事件。

第三,作者的研究视角具有一定的独到性。

讲到松江地区园林,人们往往会从园林艺术的角度来欣赏,较少从历史的维度来考察。本文作者的研究视角具有一定的独到性,表现在:

一是把松江地区园林置于“上海文化的多样性”视角下,认为“关注松江府时期的历史文化,寻找从松江府到上海市的关系”“是必要的”。

二是用历史视角研究了松江地区园林,提出了“中晚明松江文人筑园背后的文人心态”的观点,如“明代士商关系越来越紧密”,他们有着“巨大的交际圈”,“晚明不良的政治生态促成了文人从政意愿的下降和归隐愿望的增强”等,使研究上升了高度。

三是用案例的视角,重点“以陈继儒东佘山居为例”,分析了“士与商”“文人交游”和“文人心理”,以点带面,有说服力。

文章也有一些需要改进的方面，如可以进一步说明“地区园林和文人活动的关系”；部分结论为推论，可以增加相关一手史料，来有效说明相关观点。

——上海市特级教师、原嘉定区教师进修学院院长　凤光宇

从奉贤的城墙残垣漫谈上海城市建设的历史遗憾

倪馨蔚*

［摘要］　在上海的城市现代化发展中，历史上曾建有的36座用以防御的城墙先后被拆毁。目前在上海全境仅存10座古城墙，而其中多半已成为残垣断壁，虽然部分已经被重新保护，但多为仿真修复，鲜少真迹，上海的古城墙正在逐渐消失。本文以奉贤区的奉城、柘林城、南桥土城为例，通过对比三座古城墙的建造历史以及现状，思考以古城墙为代表的历史建筑遗产在上海郊区的城市化发展建设中的保护问题，以及未来城镇建设中历史遗产的合理利用问题。

［关键词］　上海奉贤；古城墙；城市遗迹；历史记忆

上海地处我国东部沿海，为抗击外敌入侵，建造了多座城墙。目前上海还残留10座古城遗址，除了位于市中心的大境阁古城

---

* 倪馨蔚，复旦大学附属中学2018届学生。本文指导教师张敏霞。本文获2017年博学杯历史素养展示活动论文三等奖。

墙[1]外，上海各郊区还存有九座古城。“建成年代先后为：松江城、嘉定城、金山卫城、奉城、南汇城、宝山城、南市上海城、川沙城、柘林城、老宝山城等。”[2]奉贤区是上海古城墙最多的区县，先后建有三座城墙：奉城城墙、柘林城堡、南桥土城。

一、寻找记忆中的城墙印象

古城墙的建造大多是农耕社会时期军事装备落后，为应对外来的攻击，在都邑四周建造的起防御作用的砖石建筑。对于研究一个地区的历史变迁有着重要的意义。

奉城古城墙始建于明代洪武十九年(1386 年)，太祖朱元璋建都南京后，为防海上倭寇入侵，命信国公汤和在今奉贤奉城镇建造城墙，称为“青村堡”。后建有万佛阁，庙的后身即在城墙之上，北门之内，所以当地老百姓认为先有万佛阁而后才有了奉城。奉城古城墙周长 6 里，设有朝阳、镇海、阜成、拱辰四门。[3]清雍正四年(1728 年)，城墙被扩建为奉贤县署。[4]咸丰十一年(1861 年)，为抵御太平军，在南桥建造了南桥土城。城墙长 3 里，环城有壕沟环绕。南桥土城在英法联军攻克太平天国时被拆毁，仅残留土城北城门以及东西城墙。土城北城门建在元代建造的城堡月城城墙上。城门上建有二严寺。[5]这两座城墙因特殊的军事需要而建

〔1〕 马承源主编：《上海文物博物馆志》，上海社会科学院 1997 年版，第 198 页。

〔2〕 冯兰蔺：《上海古城墙尚存 10 座半数古城墙成残垣断壁》，东方网 2013 年 9 月 23 日。

〔3〕 奉贤县文化局《奉贤县文化志》编写组编著：《奉贤县文化志》，1988 年版，第 171 页。

〔4〕 杨汉荣主编：《贤韵水乡——奉贤历史文化印记》，上海人民美术出版社 2011 年版，第 18 页。

〔5〕 冯兰蔺：《上海古城墙尚存 10 座半数古城墙成残垣断壁》，东方网 2013 年 9 月 23 日。

立,但上海地方志办公室所编写的《奉贤县志》载:“县治初设南桥,雍正九年迁青村所城(今奉城)”[1],由此可知南桥和奉城两地曾先后设立奉贤县的地方行政管理机构,地处奉贤区的中心地区,在历史的推进中两者都渐渐丧失了其防御的主要功能,主要承担着地方管理的职责。且奉城和南桥的古城墙都建有寺庙,更多与百姓的日常生活相关。

自古以来奉贤县长期隶属于松江府,直至1958年11月24日被划归为上海市的下属县,受上海市政府管辖。在此期间,奉城和南桥的两座古城墙的建立与变迁是奉贤本土行政历史的重要记录。对当地百姓自主的一些宗教活动也有着重要的影响。

在3座城墙中唯有柘林镇的古城墙始终保持着其军事防御的功能。柘林城堡位处奉贤西南端,地处江浙沿海,军事作战的要地,因而建有多个城堡,如明代成化年间的蔡庙港城堡、漕泾镇南的湖家港堡、明嘉靖三十六年(1577年)的古城堡。历史上柘林城是重要水陆码头,也是重要军事重镇。清同治元年,柘林城堡曾在与英法联军作战中损毁,光绪年又重新修缮城堡。[2]一份奉贤县知县方济益在光绪二年(1876年)十一月初九禀文稿中记载:“督标正营驻扎柘林之樊镇军。镇军允拔营勇三百名轮流更换各令哨官带到督饰开挑。”1937年11月15日,日寇从柘林外海滩登陆后对地面进行了海陆空轰炸,主要作战场地就位于柘林城堡处。[3]古城墙的废墟原汁原味地保留着战争的残酷情状,是对于奉贤本土所经历的大大小小的战争的最真实、直接的反映。

---

〔1〕 参见上海市地方志办公室网站资料。

〔2〕 冯兰蔺:《上海古城墙尚存10座半数古城墙成残垣断壁》,东方网2013年9月23日。

〔3〕 同上。

二、新旧冲突下的城墙命运

当今,古城墙早已经没有了防御外敌的实际功用。由于建造年代、工艺等差别,古城墙所具有的历史价值也各不相同。随着上海郊区城镇化的建设与发展,位于奉贤区的三座古城墙的拆除与保护工作也不尽相同。

1930 年,奉城城墙的西门月城被拆除;1937 年 11 月,在抗日战争中城墙的东门、南门有大半被炸毁。新中国建立后,奉城城墙陆续被拆除,原有朝阳、镇海、阜成、拱辰共四门,四门外又各有月城一座的古城墙,现如今仅留有拱辰门(北门)月城城墙一段,原城墙高 8.33 米,而现今只有高近 4 米、长 30 米、厚 11.84 米。[1]奉城城墙的历史较为悠久,建造的工艺也较奉贤区境内另外两座城墙精细。1997 年,奉城古城墙被公布为奉贤区文物保护单位。2004 年,修建后的万佛阁被正式公布为奉贤区文物保护单位。此时的奉城古城墙已经向北平移了 40 余米,城台上也重建了望楼,奉贤区内唯一的一段古城墙又展现出往日的风姿。奉城城墙具有的宗教色彩虽使其规模减小不少,但依旧得以保留。2017 年 7 月,笔者通过实地走访了解到奉城本地居民仅对万佛阁有着少许了解,却对古城墙知之甚少。

位于远郊的柘林城堡由于抗日战争时期的战乱破坏早已损坏严重,新中国建立初期,城砖已被拆除殆尽。据民间收藏家温举珍调查[2],当时城墙砖用于建造敬老院。由于这处遗址离奉贤区的中心城镇较远,鲜少有人踏足,笔者也仅在一本奉贤区文物

---

〔1〕 参见奉城镇万佛阁景点介绍。
〔2〕 冯兰蔺:《上海古城墙尚存 10 座半数古城墙成残垣断壁》,东方网 2013 年 9 月 23 日。

遗迹书籍〔1〕中看到过几张断墙残壁的照片,并未真正看见过遗址。

南桥土城的城门和城墙拆除的原因主要是城市建设的需要。在旧区改造时(1995年),南桥土城被拆除了北城门。1997年,在北城门东部还残留有古城城垣,长2.9米,高3.35米,城墙厚8.47米。〔2〕但到1998年,随着南桥镇成为奉贤区发展的中心,该段残垣也被彻底夷为平地,如今已成为居民住宅区。

改革开放之后,奉贤区整体布局进行了不同程度的开发、建设等,如在柘林镇建立工业区,在东南的杭州湾畔建起五四农场等,为居民提供了完善的科教文卫等设施。奉贤区从一个经济较为落后、以低端农业生产为主的郊县逐渐向工业和现代化农业生产转型。在奉贤经济不断发展的过程中,历史遗迹与建设之间的矛盾不可避免,南桥土城和柘林城堡就是两个典型的例子。虽然在城市建设中拆除一些旧建筑是无可非议的,但从长远来看,人们对于历史的认知会成为一种遗憾,对于一个城区的精神文化建设也是一种遗憾。

三、寻找着日益消失的城墙记忆

奉贤区位于上海南郊临海,建有的3座古城墙多是用于抵御南方外敌入侵的,自古以来起着防御作用。

以柘林城堡为例,"历史上该城堡曾建有东、西、南三城门,唯独不建北门。在城墙顶建北圣宫一座,以示背水一战、保城护城之志。城中心还建有一座供瞭望海洋的镇海楼,楼顶置大鼓一

〔1〕 杨汉荣主编:《贤韵水乡——奉贤历史文化印记》,第18页。

〔2〕 冯兰蔺:《上海古城墙尚存10座半数古城墙成残垣断壁》,东方网2013年9月23日;奉贤县文化局《奉贤县文化志》编写组编著:《奉贤县文化志》。

架,作报警之用,故又名鼓楼”[1]。2017 年 8 月 3 日,笔者去寻找柘林古城墙的原址时,在柘林镇联业路(在温举珍的调查中这里是柘林城堡的原址)路遇一老人(看似八九十岁),得知:以前这里附近都是墙,后来日本人用炮就打掉了,剩下一点大的石头,但后来也被人搬掉了。

后于 8 月 5 日,笔者在奉贤区江海花园附近(老年人活动聚集区)寻找出生于柘林镇的居民,共找到 16 人(50 岁以上),对于柘林城墙仅有 5 人表示清楚记得当年的样子,3 人表示有模糊的印象,见到过,但不太清楚。后陈老伯伯(他是柘林人)提及他的父母曾经常念叨起当年打仗时有多可怕,城墙都被打烂了,日子过得很苦,全家人躲在屋里不敢出去,外面都是东洋人,也没有东西吃。因此笔者又重新向之前找到的柘林居民了解他们的父母辈(现在都已 90 岁以上)对于以前苦日子的回忆,发现城墙总是和抗日的惨烈联系在一起。

作为防御工程的城墙所起到的保护作用,使得城内居民产生一种安全感。进而在辗转之间,城墙便成了一个地区民众心理的慰藉。[2]也正是如此,即使如今已是断墙残垣,奉贤区柘林镇的古城墙曾经的高大形象仍然存在于奉贤当地一些年迈的老人心里,并且与抗日战争时期当地驻扎的士兵和民众共同浴血奋战的记忆联系在一起。随着曾经的柘林古城墙的拆除和这些遗迹的见证者慢慢老去,越来越多的年轻人很少了解自己生长的地方的历史,不了解曾经在这片土地上发生的战争或是变迁。

2017 年 7 月 23 日,笔者前往奉城城墙,在北街(当地人称老街)随机询问了一些路人,共计 30 人。在被询问的 30 人中有 24

---

[1] 冯兰蔺:《上海古城墙尚存 10 座半数古城墙成残垣断壁》,东方网 2013 年 9 月 23 日。

[2] 《古城墙“虚”与“实”之间的景观记忆》,《中国建筑报》2014 年 8 月 22 日。

人都知道城墙建于明代朱元璋时期,叫做青村堡。但是相比之下,对于万佛阁的了解更多一些,比如组成部分、修建碑记上的故事等。并且通过被访者的回答,笔者发现18位长期居住于奉城老街附近并且超过60周岁的老人在不愿离开当地的原因中都提到了“家”,而南桥和柘林两地居民都没有类似的回答。奉城城墙在除去曾经的保护作用之后,逐渐成为当地标志性的景观,在民众之中形成一股凝聚力。无论是共同的家园、共同的印象还是共同的寄托,这些都成就了古城墙在民众心中的特殊地位。在奉城,高大的城墙和万佛阁是当地民众对于家乡最直接的印象,当地民众对于奉城当地的历史也因为对城墙的好奇而有或多或少的了解,进而对于奉贤区的历史有一个较为概要性的认识。

但这种概要性的认识在南桥镇居民中确实是比较缺乏的。2016年7月,笔者向就读于奉贤中学、曙光中学、致远中学以及格致中学奉贤校区的一些朋友(居住于南桥镇)询问关于奉贤本土历史文化的问题,所有从小出生在奉贤的人中没有一人知道奉贤的历史。2017年7月,当我再次询问上述人员,15人中仅有3人知道关于孔子弟子言偃的传说,来自奉贤中学创新实验班的一个学生还知道奉贤早在吴越时期就已经存在,曾隶属于松江专区,后划归上海市。与奉城相比,南桥镇的居民对于当地的历史了解最为欠缺,所表现出来的家乡认同感也较弱。2017年7月5日和15日,我在对新建路行人的询问中发现,由于奉贤区东西跨度比较大,很多现在居住于南桥镇的居民来自奉贤东部如四团、钱桥,也有西部的庄行、柘林等地,对于曾经的南桥并不了解。但是被询问者虽然对3座古城墙并不了解,对于现存的位于现奉贤区中医医院(近人民路段)的一座古桥以及移建于古华园中的“南桥第一桥”却比较熟悉。在对于南桥历史的感受中,文物遗迹的实物形态往往给予人们最直接的印象。

2017年11月5日，笔者与目前就读于北京大学的徐同学就家乡的记忆展开交流。徐同学说："我的家乡在金汇，所以不管是西乡（青村以西）还是东乡（青村以东）都不算熟悉。要说家乡情怀有点虚。虽然在奉贤15年，而在杨浦区仅仅3年，国庆节回上海之后还是更想先来杨浦区看母校。"而目前就读于华东师范大学的杨同学同样也认为："比起想念奉贤区这个称之为家乡的地方，不如说我仅仅只是想念家人。但奉贤中学给我的印象很深，现在还是会在脑海中浮现校门的样子。"现在许多在外求学、工作的奉贤人已经渐渐没有了老一辈人对于家乡的情怀，对于这个地方的怀念更多的是因为家人，而极少有建筑物所带来的直接的视觉上的怀念。

建筑物是一个地区留下来的重要的历史记忆，而这些历史记忆同时也跟我们的生活密切相关。中国人自古以来都有着强烈的"家"的情结，但缺少对于家乡的共同记忆，缺少对于家乡的"乡愁"渐渐成为一种遗憾。

从20世纪80年代以来的上海各地城镇建设中，许多优秀的历史建筑遗迹遭到不同程度的损坏或者拆除。在人民物质条件还不富足的情况下，大多数人欠缺对历史文化遗产价值的认识和保护意识。为了适应发展需求，拆除旧有的建筑而重新规划城镇布局无可厚非，例如南桥土墙的拆除为解决老百姓的居住问题铺平了道路，也因其便利的地理位置成为当时奉贤县政府所在区域。但拆除之后对于古城墙遗迹的轻视，却对历史文化建筑造成了不可挽回的损失。2000年之后，我国各地开始重视历史文化保护，《关于加强文化遗产保护的通知》《中华人民共和国文物保护法》《历史文化名城名镇名村保护条例》等一系列法律政策的出台，对于历史文化遗迹的保护有着重要意义。对于一个城市而言，历史文化体现了这个城市的文化积淀。在上海，20世纪90年代末就在原老城厢的中心方浜中路上，拆去沿街旧房，建造了两排仿古街楼，开辟了一条“上海老街”。此外这一带的街口还建造了三座钢筋混凝土结构的古式牌楼，又建有古式戏台一座，以增加这一地区的历史气息和历史情调。[1]虹口区的上海犹太人保护区，也同样大大增加了当地乃至上海市的历史厚重感。

通过实地走访，在与一些奉贤当地民众的交流中笔者发现，对于当地民众而言，由于缺少对历史遗迹的真切感受，家乡历史的厚重感变得虚无缥缈。缺少了实物在历史文化传承中所起的重要作用，即使有着悠久的历史，奉贤区的历史文化也显得单薄。这种历史厚重感的削弱不禁让人倍感遗憾。

不仅是在奉贤，上海的其他多座城墙都在20世纪50年代后均被陆续拆除。如果这些城墙在城镇化建设中能够巧妙地保存下来的话，像上海虹口区的犹太人保护区，它们将以古朴沧桑的形象，赋予今日高速发展、现代感极强的上海以清晰的历史印记；将大大增添上海这座城市的历史厚重感。在如今如此重视历史文化和大力打造城市文化之时，随着古城墙的消失而缺少的历史厚重感实在令人痛心和倍感遗憾。

四、让城墙的重生唤醒城市的记忆

“建筑的更新换代在总体上是城市演进中的正常情况，绝大部分旧建筑不可能，也没有必要永久不变”[2]，但是一个城市的每个地区都会有一些属于它特有的历史遗留建筑。城市意象空间的改变会影响市民的感知。随着城市人口结构的丰富，外来人口

〔1〕 郑祖安：《上海城市建设发展的历史遗憾》，《社会科学》2007年第9期。
〔2〕 同上。

的增加，现代生活中的“城”与传统文化中的“家乡”之间已不可避免地出现割裂。而上海作为一座国际化大都市，对于土生土长在上海而后离开的人，他们对于家乡的归属感如何建立的问题以及城市本身的特异性降低的问题凸显。

由此，笔者认为在城市遗迹的保护中可以采取以下措施：

第一，对待这样并不美观但却具有独特意义的城市遗迹，它们不应该因为破旧而被弃之，相反，可以融入城市和社会的发展过程中，我们能不拆的，尽量不拆，同时要赋予它在城市景观中的新功能。上海南市区的中华路和人民路的环城圆形路上保留下来的一小段城墙就十分融洽地与城市道路景观相结合，既不影响城市建设，又充分地展现其历史韵味。不仅如此，在城市建设中将一些历史遗迹融入城市绿地景观建设还有利于增强民众的历史遗迹保护意识。

第二，笔者通过对奉贤区古华园的实地考察发现，园内存在一处依据历史上“吴越争需”的史事所仿造的建筑“三女祠”。2017 年 8 月 12 日，笔者向园内游览、参观的青少年(7—18 岁)共计询问了 60 人，其中 35 人对吴王三女的故事能够较为完整地复述出来，21 人能有个大概的印象，仅有 4 名年龄较小的游客虽不能讲清楚整个故事，但也知道了自己居住的这片土地上曾发生这么一些事，并且向笔者询问了关于吴越战争的历史故事。城市遗迹是比纪录片更加真实的历史，更为生动、真实，更容易被市民了解与接受。奉贤区地处上海市的南部沿海，而柘林城堡位处奉贤西南端，扼江浙沿海咽喉，该处历来属兵家必争之地，此处的残留城墙便是一种必不可少的历史记忆，也是向后人展现鲜“活”历史的重要依托。因此笔者认为，在一些公园可以迁入或再造一些古城墙的遗址，不仅能够使公园展现出古朴、典雅的历史文化风采，而且对于城市居民了解历史、增强文化认同感也有极大的帮助。

第三，2017年8月6日，笔者前往奉贤区博物馆参观。通过参观，发现奉贤区博物馆的馆藏文物中以陶瓷、书画、造像、青铜、江南土布服饰等为主，但存有的建筑类文物较少。博物馆作为一个城市的公共机构，其目的是保存城市的记忆，并通过人类生存及其环境物证的历史价值、科学价值、人文价值等，塑造城市的公众素养和精神。[1]因此建议博物馆可以适当收藏一些古城墙中艺术价值较高的部分以及古城墙的模型、复原图等，使古城墙的存在留下依据，也为后人留下奉贤记忆里的城墙印象。

附录：

一、2017年7月5日和15日两日，笔者走访了南桥镇新建路（据家中祖父说建有二严寺的南桥土城墙曾在附近），并在街道上随机询问了一些路人，共计30人。

询问的问题包括：

1. 您是奉贤本地人吗？

2. 您在1998年之前是否居住在这片区域？（仅针对看上去年纪比较大的中老年人）

3. 这里曾经有过城墙，您是否对有此印象？（针对对象同上）

4. 您知道奉贤哪里有城墙吗？

5. 关于奉城城墙您有什么了解的吗？比如建造缘由。对于万佛阁呢？

6. 您知道奉贤以前经历过的战争吗？

---

〔1〕 曹兵武：《纪要（二）亚太地区都城遗址与历史城市保护研讨会》，见北京大学考古文博学院微信公众号。

7. 您知道奉贤本土有哪些遗迹吗？就是年代比较久的一些老建筑。

二、2017年7月23日，笔者前往奉城城墙，在北街（当地人称老街）随机询问了一些路人，共计30人。

问题包括：

1. 您是奉贤本地人吗？

2. 您是否长期居住在这片区域？（仅针对看上去年纪比较大的中老年人）

追问：您为什么会留在这里而不搬往南桥镇等较为繁华的地方？您愿意告诉我您今年多大了吗？

3. 您是否参观过万佛阁？

4. 您觉得平时生活中看到这段城墙，比较起现代化的楼房，会有什么感觉？

5. 关于奉城城墙您有什么了解的吗？比如建造缘由。对于万佛阁呢？

您知道奉贤以前经历过的战争吗？

6. 您知道奉贤本土有哪些遗迹吗？就是年代比较久的一些老建筑。

三、2017年8月12日，笔者前往古华园。关于园内“三女祠”的相关历史故事，在朋友的帮助下共调查、询问了60人。

问题包括：

1. 您有参观过古华园里的三女祠吗？

2. 在此之前您知道这么一件事吗？

3. 您能复述一下整个故事吗？

4. 您还知道奉贤历史上的一些故事吗？

同时，由于“南桥第一桥”的位置过于显眼，几乎所有人都会关注到，因此并未调查。

[专家点评]

倪馨蔚同学的文章,综合运用文献检索、实地考察、寻访亲历者等历史研究方式,比对奉城、柘林城、南桥土城三座古城墙的建造历史及现状,旨在管中窥豹,反思以古城墙为代表的历史建筑遗产在上海郊区城市化发展建设中面临的困境,寻求在未来城镇建设中历史遗产合理利用的方法、路径,体现了一个高中学生的历史意识、社会责任和家国情怀,立意值得肯定。在具体的行文过程中,渐次提出古城墙对于研究一个地区的历史变迁有着重要意义,在城市建设中的拆除会导致对于家乡历史的认知缺失,作为城市遗迹保护可采取一些措施等观点。文本整体架构基本合理;对于获取口述材料的方式、方法做了比较充分的准备,对于文献史料与口述材料的复合印证也有一定的思考,体现了作者运用史学思想方法的意识及水平。全文在论述环节,如能紧紧围绕古城墙而撇去不必要的枝节话题,更具体、清晰地指出古城墙所承载的历史文化意义,更审慎、周到地设计及运用口述采访的素材,更细致、周密地勾连古城墙的拆除与人们乡土历史知识缺乏、乡土观念趋淡的逻辑关系,更现实、可行地提出保护古城墙的措施或方案,在文字表述的准确、流畅程度上细细打磨,全文的品质将会有更大的提升。

——上海市教育委员会教学研究室中学历史教研员　於以传

浅论近代商务印书馆的经营之道

燕行健*

［摘要］ 早先创建于上海的商务印书馆，在近代能够顺应时代潮流，适时出版具有新时代特色的教科书、学术著作，尤其是西方译著以及丛书和工具书等，不仅在同行竞争中占据优势地位，而且还拥有了自己独特的书籍品牌。与此同时，广聚英才，成功组建高水平编辑队伍，不仅使得书刊质量得到了有力保证，而且使得该企业的社会信誉得到了明显提升。此外，在投资创办企业、书籍销售以及书籍编辑等方面，该企业均遵奉着先进的经营理念，并由此形成了具有特色的经营之道。除抗日战争时期遭受一定损失外，有着自身经营理念的商务印书馆，其经营之道无疑是成功的。

［关键词］ 近代；商务印书馆；经营之道

* 燕行健，复旦大学附属中学2019届学生。本文指导教师刘先维。本文获2017年博学杯历史人文素养展示活动论文三等奖。

1897 年创办于上海的商务印书馆,作为具有悠久历史以及影响巨大的出版机构,不仅在中国出版史上占有极为重要的地位,而且长期以来还是传播中外优秀文化的主阵地。它之所以能够在竞争激烈的出版界享有良好声誉,又能够得到知识阶层的广泛支持和拥戴,这无不与该机构管理者善于利用有利时机,采取成功的经营之道密切相关。因此,本文以近代商务印书馆的经营之道作为论述重点,以便揭示商务印书馆作为出版界常青树的成功秘诀。

由夏瑞芳(1871—1914)等人发起创办的商务印书馆,最先仅限于印刷业务。到 1902 年年初,进士出身的张元济(1867—1959)正式加盟商务印书馆,于是其业务拓展为印刷、发行和编译,从此该机构便逐渐形成了自己独特的经营之道。具体而言:

首先,顺应时代潮流,适时出版多种不同类型的书刊。书籍、期刊作为出版机构的主要产品,承担着为其创收盈利的基本职能。不过,抱有不同目的的出版者与经营者,他们对书刊种类的选择与销售则存在巨大差异。

具体就近代时期的商务印书馆而言,一是它能选择恰当时机,及时印行具有时代特色的教科书。1902 年冬,经张元济推荐,蔡元培担任商务印书馆编译所所长。当时科举制度走到了尽头,清政府已经颁布了新学制,新式教科书的编纂出版成为最大商机。于是商务印书馆便以“扶助教育”为出版方针,于 1903 年起着手编写第一套教科书——“最新教科书”。1904 年 4 月,初等小学《最新国文教科书》第一册出版。1906 年 12 月,高等小学《最新国文教科书》共八册编成出版。对于后者的编写内容,该机构明确规定:本编详列有关宪政之事,以养成立宪国民之资格;本编详列本国要政及世界大势,以养成国民国家之思想;本编采集古今中外名人事迹足为模范者,以引起国民崇拜英雄之观念;本编注重爱国、合群、进化、自立等事，以改良社会之习惯；本编兼采天文、地文、博物、物理、化学等学，以养成国民理科之思想；本编兼采农、工、商、矿等事，以养成国民事业之思想；本编兼采中外游记，以养成国民冒险之精神。[1]由此可见，通过教材培养、塑造具有新时代新思想观念之人，则在该系列教材中有明确体现。也正是因为如此，该系列教材颇受时人欢迎。

二是积极出版高等学术著述，尤其是西方译著。近代知识阶层在西学的强力冲击下，不仅要对我国传统文化进行积极总结、反思，而且还要不断通过阅读西学著述来开拓眼界，更新思想观念。商务印书馆正是在此背景下，及时引进并翻译出版了不少西学著作，以便为知识界服务。对此，1917 年 3 月 21 日，张元济等管理者对于西书所定方针为："一、不必赚钱，但求不亏本。二、派黄秉修充招揽员。三、通信全国习英文各校，调查所用西书。"[2] 1925 年 4 月，张元济在《在商务印书馆董事会第 304 次会议上的发言》中指出："至于扶助教育，更有一种办法，即高等学术之书，他家力量所不能出版者，本馆可以多出。欧美名著现已译成多种，尚应继续进行。现在编译百科全书，一二年后当可出版。"[3]由此可见，此时的商务印书馆在服务教育领域的同时，将业务范围拓展到了学术研究界。尤其是对于西学著述的译介，成为它们图书出版的亮点所在，如及时出版了严复翻译的《群学肄言》《社会通诠》《法意》《名学浅说》等著作。又出版了郑贞文翻译的罗素《原子说发凡》（英文版）、《化学本论》、《化学与量子》和《最新

---

〔1〕《〈高等小学用最新国文教科书〉编辑大意》（1907 年 1 月），张元济著，张人凤、宋丽荣选编：《张元济论出版》，商务印书馆 2011 年版，第 10—11 页。

〔2〕张元济著，张人凤整理：《张元济日记》（上），河北教育出版社 2001 年版，第 252 页。

〔3〕张元济著，张人凤、宋丽荣选编：《张元济论出版》，第 54 页。

物理学概观》(以上三种均属日文版)等。[1]

三是大力印行丛书以及工具书。就丛书以及工具书而言,它们虽在知识普及方面承担着极为重要的角色,但该类图书的出版往往需承担巨大的投资风险,因此,一般的出版机构不愿冒险出版该类图书。不过,当时商务印书馆领导层以其特有的眼光和雄厚的财力,积极从事该类书的编撰、出版,并且收到了极为长远的经济效益。其间,商务印书馆出版的丛书就有《四部丛刊》《续古逸丛书》《国学基本丛书》《学生国学丛书》《国学小丛书》《大学丛书》《世界丛书》《尚志学会丛书》以及《万有文库》等。[2]如1916年3月10日,据张元济记述:"孙星如来信,言《宋元人题跋津逮》有二十种、奇晋斋二种、适园四种,可汇刻。复以可做,但不必先出。请即选《唐宋人说部》一二十种发排。"由此表明,他们对古籍丛刊的选刊颇为看重。又如1918年4月15日,张元济记述道:"印《道藏》事,请核定,全案附。"[3]这是张氏就刊印《道藏》所做的准备。总之,商务管理层以超前眼光坚持刊印大型丛书,不仅在图书选题方面占得了先机,而且赢得了不少经济收益。

同时,在工具书方面,商务编纂、出版有《辞源》《学生字典》《国语字典》《动物学大辞典》《植物学大辞典》《中国人名大辞典》《中国古今地名大辞典》以及《地质矿物学大辞典》等。[4]如1918年2月10日,张元济记述道:"《汉英辞典》应速出版。《植物学大辞典》应速出书。《动物学大辞典》亦宜速出。……《物理化学辞典》应速编。《英语分类辞典》应速编。《日用百科全书》应速

〔1〕 参见张学继:《出版巨擘:张元济传》,浙江人民出版社2003年版,第103—105页。

〔2〕 同上书,第159页。

〔3〕 张元济著,张人凤整理:《张元济日记》(上),第523页。

〔4〕 参见张学继:《出版巨擘:张元济传》,第159页。

排。”[1]这说明以上工具书已成为广大民众急需之物。又如1919年12月1日，张元济记述道：“告编译所，速出《德华大字典》及德文书。”[2]再如早在1918年3月25日，张元济与同事就如何编辑《人名辞典》制定了以下原则：“一、正史人名太多，无重要者拟删。二、排列拟先单姓、次双姓、次非姓。同姓者先单名、后双名。非姓中为方外、别号，及辽、金、元、满及外国人。三、别号择重要者列入，连姓者列入双名内，无姓者列入非姓内。四、女子须加。”[3]由此说明，商务编辑人员在编纂一些工具书时，极为注重编排原则与所记内容。

与以上书籍门类选择与出版形成鲜明对照的是，商务印书馆一般不印行内容较为低俗等迎合市场需要的书籍。如1917年8月14日，张元济指出：“林琴南译稿《学生风月鉴》，不妥，拟不印。《风流孽冤》拟请改名。”这是他对林纾（1852—1924）所译风行作品的严格审核意见。又到同年12月14日，张元济指出：“小说《妻乎财乎》拟改名。”[4]这种不盲目跟风的做法，使得商务的出书品质与社会信誉有了保障。

总而言之，以上主要种类著述的出版、发行甚至编纂，不仅使得商务印书馆在与同行竞争中往往处于优势地位，而且还拥有了自己的独特品牌，并且这些品牌产品时至今日仍具有较高的阅览与收藏价值。

其次，广聚英才，成功组建高水平的编辑队伍。自1902年开始，在张元济主持编译所期间，他先后搜罗了不少学有专长的编、译人员。1916年8月16日，张元济就选聘编辑问题明确指出：

〔1〕 张元济著，张人凤整理：《张元济日记》（上），第477—478页。
〔2〕 张元济著，张人凤整理：《张元济日记》（下），第909页。
〔3〕 张元济著，张人凤整理：《张元济日记》（上），第511—512页。
〔4〕 同上书，第351、429页。

“如有教育编辑之经验、学界之资格者，总宜收罗。”[1]又到1917年8月17日，张元济“致章行严信，托聘留东理科大学或专门学校卒业学生，汉文优长，兼通英文，品行笃实者，理、化、博物三者需擅有一长，而其余亦能兼顾。月薪由一百五十元至一百八十元，请其酌之”[2]。可见他极为看重兼通中英文并学有专长者。相反，对于不合乎以上要求者，则坚决拒收。如1917年2月3日，据张元济言：“邝君（指邝富灼）荐美人哈格罗夫，在开封教授多年，今夏期满，愿来本馆编书。余言专编英文，不解汉文，恐用处太少。”[3]正是按以上标准，他先后搜罗的突出编辑人才就有：杜亚泉（1873—1933）、郑贞文（1891—1969）、颜惠庆（1877—1950）、杨贤江（1895—1931）、邝富灼（1869—1931）、周昌寿（1891—1948）、孙毓修（1871—1923）以及胡愈之（1896—1986）等。

在近代商务印书馆的编辑队伍中，业绩突出者不在少数。如邝富灼先后获得美国加利福尼亚大学学士和哥伦比亚大学硕士学位，1908年应张元济之邀，进入商务印书馆任编译所英文部主任。他在编译所的二十余年间，编著有《新英文典》、《英文法阶梯》（中学适用）、《英语作文教科书》、《英语会话教科书》以及《新世纪英文读本》等，并且销路很好。[4]又如物理学家周昌寿曾在日本东北帝国大学留学，1919年到编译所后，主要从事自然科学方面的编辑工作。他为中学生编写过《物理学（复兴初级中学教科书）》《物理学（现代初中教科书）》《物理学（复兴高级中学教科书）》《物理学实验》（与文元模合编）以及《实用自然科学教科书》（新学制初中，与郑贞文、高铣等编）等教材；翻译过石原纯著《爱因

---

〔1〕 张元济著，张人凤整理：《张元济日记》（上），第139页。

〔2〕 同上书，第353页。

〔3〕 同上书，第213页。

〔4〕 陈应年：《英文专家邝富灼》，《商务印书馆一百一十年（1898—2007）》，商务印书馆2009年版，第230页。

斯坦和相对论原理》(1924 年)和《物理学概论》(1935 年)等。[1]再如孙毓修在主持《少年杂志》前三卷编务时,将刊名由《童话》改成了《少年杂志》。对于其办刊宗旨,他在该刊第 1 卷第 1 册“缘起”中指出:“(该刊)内容大加扩充,如修身、文学、历史、地理、算学、格致、卫生、动物、植物、矿物、实业、手工、习字、图画、体操、音乐、歌谣、游戏、中国时事、外国时事,凡二十余类。皆择其切近易知饶有趣者。……兼采古今中外之新奇故事,讽世寓言,以供谈助。插画丰富,行文浅显,凡入学三四年之生徒,以及粗解文义之人,皆能领会。庶可为教育之补助,而使社会中人,皆晓然知德育、智育、体育之急急焉。”[2]可见该杂志内容涉及面广,目的性强。它在当时之所以颇受读者喜爱,则与主办者的办刊才能不无关系。如胡愈之于 1914 年考入商务印书馆,在编译所理化博物部任练习生。1915 年开始参加《东方杂志》编辑工作。到 1924 年以后,他实际负责《东方杂志》。其间,他极为重视向国内一流学者约稿,从而使该杂志跃升为国内一流的学术刊物。[3]

总之,高水平的编辑队伍不仅使得商务印书馆出版的书刊质量得到了有力保证,而且凭借这些人的学术与社会影响力和感召力,商务的社会信誉得到了明显提升。

最后,善于管理,遵奉先进的经营理念。作为近代著名企业,商务印书馆有许多做法处于当时领先地位。具体而言:在投资创办企业的具体做法上,鉴于最初“资本甚微”,商务印书馆曾与日商合资经营。其间,当时“资本各居半数,即各得十万”。到 1913

---

〔1〕 陈应年:《周寿昌在商务》,《商务印书馆一百一十年(1898—2007)》,第 222—223 页。

〔2〕 柳和城:《孙毓修与〈少年杂志〉》,《商务印书馆一百一十年(1898—2007)》,第 362—363 页。

〔3〕 范岱年:《胡愈之与〈东方杂志〉》,《商务印书馆一百一十年(1898—2007)》,第 390 页。

年,“华人股份已居四分之三,日人股份仅得四分之一”。于是他们便尽力收回了日本股份。[1]这种由合资到独资的转变做法,虽由当时的现实困境所造成,但此种灵活的经营之道,在当时并不多见。

在书籍销售方式上,对于卷帙巨大、书价颇高之书,如《四部丛刊》,商务则采用“预约之法,分期交付”,读者则“先睹为快,以便分年纳价”[2]。又如1916年9月25日,商务管理层商议印行《四部举要》,“拟每部售四百五十元,分三期交。如预约足五百部,即行开印。三百部即印三分之一之书,再不足则还钱,并付息”[3]。以上做法使得售书者与购买者均减轻了经济压力,达到了双赢效果。正因为如此,1926年1月,张元济《在商务印书馆总务处第696次会议上的发言》中指出:“如《四部丛刊》《续藏》《道藏》《学津讨原》《学海类编》《百衲本资治通鉴》《二十四史》《续古逸丛书》等,有数种均已售完。虽有数种销数无多,然从未有不销因而亏本者。此项旧书颇多善本,可以影印者甚属不少。”[4]可见预售方式的确收到了不错的效果。

在承印古籍方式上,商务采取“租印善本”的方式,从而有效地解决了古籍刊印所用底本问题。如在与铁琴铜剑楼签订的租印合同中,双方就明确议定:“宋元本书、宋元人写本书每部在十册以内者,每册赁金贰拾元;在十册以外者,每册赁金拾伍元。明本书、抄本书、校本书每部在十册以内者,每册赁金拾元;在十册

---

〔1〕 参见《在商务印书馆特别股东会上所作关于收回日本股份之报告》(1914年1月31日),张元济著,张人凤、宋丽荣选编:《张元济论出版》,第15页。

〔2〕 《印行〈四部丛刊〉启》,张元济著,张人凤、宋丽荣选编:《张元济论出版》,第34页。

〔3〕 张元济著,张人凤整理:《张元济日记》(上),第172页。

〔4〕 张元济著,张人凤、宋丽荣选编:《张元济论出版》,第55页。

以外者，每册赁金伍元。”〔1〕该做法使得藏有善本的藏书家亦有收益，从而愿意租借出所藏古籍。

在回报读者的方式上，1921 年，商务印书馆专门设立公用图书馆。其缘由正如张元济所言：“本公司以编辑印刷为营业，筹办公益莫善于设立公用图书馆。”〔2〕该做法使得喜好读书而又无力购买的读者受益匪浅。

在出版品牌创新上，据于殿利先生归纳指出：商务屡开风气之先，创造了一个又一个第一：第一部中英文对照英语教科书——《华英初阶》(1898 年)，第一部英汉字典——《商务印书馆华英字典》(1899 年)，第一个现代意义上的编辑部(1902 年)，第一个系统地介绍西方学术著作(1902 年)，第一个创办现代意义上的一系列杂志(1903 年)，第一部由中国学者自己编纂的双语辞典——《英华大辞典》(1908 年)，如此等等。〔3〕均说明商务印书馆管理者与编辑人员不墨守成规，而是善于创新，从而为自己赢得了良好声誉。

总之，正是由于近代商务印书馆在管理、经营等方面做得较为成功，甚至领风气之先，从而使得其早先的经济效益颇为突出。如 1920 年 5 月，张元济《在民国九年商务印书馆股东常会上的报告》中指出：发行所民国八年(1919 年)营业额，“比较七年多销货洋二十六万八千八百余元，约增百分之三十六分，其书籍类因时势之需要，受社会之欢迎者，如《国音字典》《国语教科书》等”。又编译所于民国八年“共计新出、续出二百三十二种，合定价洋三

---

〔1〕《商务印书馆向常熟瞿氏铁琴铜剑楼租印善本书合同》(1927 年 11 月 14 日)，张元济著，张人凤、宋丽荣选编：《张元济论出版》，第 57 页。

〔2〕《在商务印书馆董事会第 256 次会议上的发言》，张元济著，张人凤、宋丽荣选编：《张元济论出版》，第 51 页。

〔3〕于殿利：《百年商务的三维核心经营理念》，《商务印书馆一百一十年》(1898—2007)，第 24 页。

百三十二元五角四分，比上年稍有增加”[1]。不过，1932 年爆发“一·二八”淞沪战役，使得商务印书馆“设于上海宝山路总厂、编译所、东方图书馆、尚公小学校被敌等轰炸，全部焚毁，化为灰烬。所有资产损失，当时估计 16 330 504 元”。此后又经受 1937 年第二次国难。但即便如此，商务“对于图书之出版，更不遗余力。始则日出新书一种，嗣后逐渐增至每日三四种，大部书及教科书尚不与焉”。据统计，1937 年至 1945 年间，共计出版新书、大部书和新教科书6 248 种，9 142 册。[2]与此同时，商务印书馆出版的许多种书刊始终受到读者欢迎。如据张元济言：“《四部丛刊》创行于民国八年。先后两版，数逾五千。越今数载，访求者犹时时不绝。”[3]如此等等。

总体而论，对于商务印书馆在近代时的创立、发展之路，它虽在抗战时期遇到艰难困境，但经过商务全体人员不断努力，逐步恢复了元气并日渐有所发展。这期间，它的成功的经营之道不只是与机构管理者的经营理念与做法有关，而且更与其所处的时代有关。一方面，清王朝灭亡，中华民国建立，新的时代变革为包括图书出版业在内的所有行业带来了巨大的机遇与挑战。商务最先出版的《最新国文教科书》，正是旧式教育向近现代教育转型的标志和产物。此后，新文化运动倡导“民主”与“科学”，这又是知识界和广大民众积极寻求思想解放的重大事件。此时商务主办的《东方杂志》《小说月报》《教育杂志》《妇女杂志》以及《学生杂志》等，正是为满足广大读者对新文化需求的产物。不仅如此，商务作为文化产品的销售者乃至生产者，自身也投身到了新文化运

〔1〕 张元济著，张人凤、宋丽荣选编：《张元济论出版》，第 42 页。

〔2〕 《九年来之报告》(1946 年 9 月)，张元济著，张人凤、宋丽荣选编：《张元济论出版》，第 120、122、126 页。

〔3〕 《辑印〈四部丛刊·续编〉缘起》，张元济著，张人凤、宋丽荣选编：《张元济论出版》，第 75 页。

动中，成为新文化运动的传播者。另一方面，抗日战争的爆发，使得中华民族深处于国破家亡的危难之时。但也由此激发起了全民抗战的斗志。其间，商务也作为受难者中的一员，虽然经济损失严重，但仍然坚强地维持着出版、编辑事业。到1946年抗日战争胜利后，商务学人认识到："唯在抗战期内破坏最大而恢复最难者，当以文化建设为最甚。"[1]因此，他们能够积极迎难而上，继续从事着文化出版与传播事业，更延续着他们保持已久的经营之道。

[专家点评]

论文选题切中热点，也在高中生的能力范围之内。论文最大的优点是思路清晰，结构完整，集中体现了作者围绕选题寻找资料的能力，实属难能可贵。希望今后能进一步拓展原始资料，集中某一时段对商务印书馆的经营之道作更深入的考察。

——华东师范大学历史系教授　瞿　骏

〔1〕《丁氏文化复兴社宣言》，张元济著，张人凤、宋丽荣选编：《张元济论出版》，第104页。

墨海书馆与上海现代化

吴佳怡*

［摘要］ 自1843年上海正式开埠后，西学如潮流般涌入。墨海书馆作为中国首家近代印刷出版机构，在整个西学东渐中起到非常重要的媒介作用。这里引进了第一台新式铅字印刷机，通过聘请中国文人一同翻译西书，培养了一批通晓西学的人才，在传播基督教的同时，传播了西方先进的科学理论、学术思想，进一步扩大西学东渐的影响，为中国维新思想的出现及中国现代化的发展奠定了基础。本文主要论述墨海书馆在引进技术、培养人才、传播西学方面的影响，并以人们当时的立场及现代的立场立体地进行分析。

［关键词］ 墨海书馆；西学东渐；现代化

1843年冬，上海刚刚开埠，英国伦敦教会传教士麦都思从印

* 吴佳怡，上海复兴高级中学2018届学生。本文指导教师付文治。本文获2017年博学杯历史人文素养展示活动论文三等奖。

尼的巴达维亚来到上海，在今山东路一带定居，并在此设立了墨海书馆。熊月之先生认为，“墨海”二字，在中文典籍中，原意是大砚、墨盆，作为出版印刷机构，以此命名，颇为符合。此外，麦都思以“墨海”命名，很可能与他的姓有关。Medhurst 的读音，正是“墨海”的上海话读音[1]。书馆坐落在江海北关附近的麦家圈（今福州路和广东路之间的山东中路西侧）的伦敦会总部。

墨海书馆是上海最早的一个现代化出版社，也是上海最早采用西法铅铸活字印刷的印刷机构，引进了西方先进印刷技术，同时聚集了一批精通西学的传教士，如麦都思、伟烈亚力、艾约瑟、韦廉臣、合信、慕维廉等，也培育了一些如王韬、李善兰等的本土翻译人才，翻译出版了第一批西方近代科学著作，对后世产生了重大影响。即使在 19 世纪 60 年代后因美华书馆进驻而逐渐衰弱的时候，墨海书馆也依然在上海现代化进程中产生了较大影响。

一

印刷的变革是西学东渐重要的助推器，正如文艺复兴时期因为有印刷术而呈现出星火燎原之势一般，墨海书馆铅印技术的引进取代了传统的雕版印刷，印刷效率的提升，使得西学得以在更大范围内传播。

1845 年 12 月 17 日，麦都思由于“迫切需要一台新的印刷机”，致函教会申请“一台构造最好的滚筒式印刷机，也就是考铂（Cowper）氏或纳皮（Napier）氏的双滚筒印刷机”[2]。两年后的秋天，这一滚筒印刷机运抵上海。据麦都思说，一天可以印 5000 印

〔1〕 熊月之：《墨海书馆与〈六合丛谈〉》（未刊）。

〔2〕 叶斌：《上海墨海书馆的运作及其衰落》，《学术月刊》1999 年第 11 期。

张,每印张包括10个中国页。[1]这是第一次将西方现代出版印刷技术传入中国,相比传统的雕版印刷,其效率令时人大开眼界,在当时甚至成为一道景观,吸引众多人去参观。

王韬曾在《瀛壖杂志》中对这一滚筒印刷机的运作过程这样记载:"(墨海书馆)以铁制印书车床,长一丈数尺,广三尺许,旁置有齿重轮二,一旁以二人司理印事,用牛旋转,推送出入。悬大空轴二,以皮条为之经,用以递纸。每转一过,则两面皆印,甚简而速。一日可印四万余纸。字用活版,以铅浇制。墨用明胶、煤油合搅煎成。印床两头有墨槽,以铁轴转之,运墨于平板,旁则联以数墨轴,相间排列,又揩平板之墨,运于字扳,自无浓淡之异。墨匀则字迹清楚,乃非麻沙之本。印书车床,重约一牛之力。其所以用牛者,乃以代水火二气之用耳。"[2]

其中,牛拉机器的组合在当时为人津津乐道:"车翻墨海转轮圆,百种奇编宇内传。忙煞老牛浑未解,不耕禾陇种书田。"[3]

这是一个十分有趣的现象,牛向来都被视为农业社会的象征,而机器则为西方工业革命的主要内容及成果,当代表着中国几千年古老的农耕文明的牛,与代表西方近代新兴工业文明的机器结合在一起,这当中既体现了西学东渐中西方科学技术与本土的结合,同时抽象的文明也在商业竞争中被具象化,落后与先进、传统与新潮的对比也尤为显著。

虽然传教士带来了西方先进的设备与技术,但就中国的现状而言并没有足够的基础设施去支持这样的机器的正常运作。中国自第一次鸦片战争后一落千丈,一下子由盛转衰,不平等条约

---

〔1〕 麦都思1853年12月29日信,C. W. M. 档案。

〔2〕 王韬:《瀛壖杂志》,上海古籍出版社1989年版,第119页。

〔3〕 孙次公:《杨泾浜杂诗》,《瀛壖杂志》,第119页。转引自熊月之:《西学东渐与晚清社会》,上海人民出版社1994年版,第187页。

的签订只是表面原因。西方第二次工业革命后已很好地运用电力解决了生产动力不足的问题。电的广泛运用与机器的结合使生产效率大大提高,资本主义经济得以进一步向世界范围扩张。相比之下,一是中国没有像西方资本原始积累那样强大的经济驱动力去促进生产方面的变革,坐拥前朝积累下的人口和经济红利而安于自给自足的自然经济;二是体现在思想上的不重视,官方长期以来重农抑商,为巩固统治推行八股取士,科举制逐渐僵化禁锢人的思想,不利于创新,且统治者出于控制思想的目的及自大保守的心态把西方的先进科学技术一直视为“奇淫技巧”,外交上也因天朝上国的心态和出于戒备的考虑而一步步收缩,逐渐与世界脱轨,这些都为泱泱大国的落败埋下伏笔。而鸦片战争揭开了中国掩盖在康乾盛世下的光鲜外表,将“败絮”向世人展露无遗。

因此,暴露出的问题便是零星地引进西方技术并不能对整体还处于农业时代的中国产生根本上广泛而深刻的影响,其作用只能是充当一个向外突破的刺激源,但不能完全寄希望于用作解决中国落后现状的解药。

虽然机器印刷扩大了印刷途径、增加了传播效率,但由于当时主流观念对西学仍轻视或呈排斥态度,因而在印刷技术变革中真正获益的乃是一小部分有识之士,面对如此大的人口大国,其面对的受众相对而言仍是极小的。而对于上海当地来说,意义或许更大些。由于和洋人的朝夕相处,虽然也有文明间的冲突,但相较中国其他地区,其对于异质文明的接受度更高,即对西学接受度更高。不管是对于每天前来观看牛拉机器的普通民众,还是进入墨海书馆工作的中国士人,其影响无疑是轰动的。在耳濡目染下,民族出版机构悄悄兴起,而墨海书馆作为首个抵沪的西方现代出版印刷机构,无疑为其提供了经验,培养了人才,起到了示范作用,促进了上海印刷业的现代化,从而带动全国。

二

自利玛窦起,传教士便意识到“入乡随俗”的重要性。之前传教士一致认为佛教占据思想的统治地位,其实不然,相较于宗教,儒学地位在中国更根深蒂固,重人事、轻鬼神的观念使得中国人的宗教观念较为淡薄。一个进入中国 1 000 余年的宗教尚且如此,因此想要让人们接受一向被视为“蛮夷”之人的基督教,更是难上加难。早期书馆的主要任务为翻译出版《圣经》,然而在完成《圣经》的翻译后,并没有取得预期的效果。因此结合前人的经验,墨海书馆 1850 年后开始涉猎翻译出版一些西方科学书籍,迎合了当时中国一批以林则徐、魏源为代表的有识之士在经历鸦片战争后“开眼看世界”“师夷长技以制夷”的需求,希望通过传播西方先进的知识消除敌意,从行动上取得人们的信任,以拉近与中国人的距离,在获得认可之后循序渐进地传播基督教。因此便形成了一种以传播宗教为主、翻译科学书籍为辅的经营模式,在客观上促进了中国近代翻译活动的发展,成为上海开埠早期西学传入的主要据点。

据统计,“从 1844 年至 1860 年,墨海书馆共出版各种书刊 171 种,属于基督教义、教礼等宗教内容的 138 种,占总数 80.7% ,属于数学、物理等科学知识方面的 33 种,占总数 19.3% ”[1]。这些科学书籍内容广泛,涉及医学、数学、天文学、植物学、光学、物理学、地理学等自然科学及部分社会科学,极大地填补了许多学科在中国的空白。

---

〔1〕 熊月之:《西学东渐与晚清社会》,第 188 页。

在数学方面，有伟烈亚力所译的《数学启蒙》《续几何原本》《代数学》和《代微积拾级》，由浅及深地向人们讲授西方的数学知识。《数学启蒙》两卷分别介绍了一些基本的运算，并且在书中以“名异而实同，术异而理同”与中国的数学进行比较以此扩大书籍在中国的接受度。自利玛窦与徐光启合译《几何原本》前六卷后，中国士人一直向往可以阅读全书，因此伟烈亚力与李善兰合译的《续几何原本》一问世便广受好评，王韬也给出了“功当不在徐、利下”的高度评价。而《代数学》引用了如＋、－、×、÷等数学符号，制定了大量专有名词，如“横轴”“纵轴”“限”等，均沿用至今。《代微积拾级》则是中国第一本近代西方高等数学译著，首次将微积分的内容引入中国。

至于其他学科，在物理学方面著有《重学浅说》和《重学》，系统介绍了力学，并首次介绍了牛顿经典力学的三大定律。天文学方面有《谈天》，最早介绍了自日心说后的西方近代天文学；地理学方面有《地理全志》，介绍了近代地理学的总体论；植物学方面有《植物学》，第一次介绍了西方近代植物学中的细胞学说；医学方面有《全体新论》《西医略论》《妇婴新说》《内科新说》等，引起中国人对西医的兴趣；光学方面的《光论》则是我国最早的一本系统的西方光学译著；还有如《格物穷理问答》《博物新编》《格致西学提要》《格致西学提纲》等科学书籍都介绍了西方的科学技术常识及最新的科学成就。

由此可见，墨海书馆所译大部分科学书籍的内容都是首次引进中国，让已对外封闭许久的中国文人能够接触到西方近代各学科的学说与思想，极大地拓宽了当时国人的眼界，在中国深受欢迎，在客观上反映了当时中国人的认知需求，为中国学科近代化奠定了基础。这些西方文化的输入，也为中华文明注入新鲜的血液，避免了因长期封闭而逐渐僵化衰弱。西方的科学技术在中国人眼中也不再是一些无用的“奇淫技巧”，而是系统的知识体系，因此，这些接触西学的文人开始逐渐觉醒，率先走出“天朝上国”的迷梦，转而虚心向西方学习，寻求自强之策。

然而这些译著也存在一定的局限性，一方面碍于翻译者自身素质，翻译西方科学书籍以介绍性为主，缺乏一定的深度，“能知其略，而不能言其详；能明其浅，而不能达其深”〔1〕，且从王韬“惜吾辈未识西文，而西人亦不肯尽言耳”〔2〕的感叹中亦可得知传教士对于西学仍是有所保留。另一方面，墨海书馆所译社会科学书籍较少，有其历史局限性。但反观这样的局限，未尝不为中国知识分子提供了一个新的机遇。正如胡道静所说：“墨海在五十年代译印出许多西方科技著作，至此已在中国知识界产生了影响，开花结果。兴办洋务，自译西书的高潮已经来到。”〔3〕这些科学书籍对于后来的洋务运动起着思想启蒙的作用，为洋务运动的开展打下了群众基础。在洋务运动中洋务派官员先后设立的京师同文馆、广方言馆、江南制造总局译书馆，便能体现出中国在此影响下对西学从被动接受到主动探求的过程。

三

墨海书馆初期，翻译西书的工作全由传教士所承担，但由于对中文不够精通，翻译效果不甚理想，造成“水土不服”，出现了“读而能解之者廖廖无几”的困局。因此，书馆招募了一批中国文人，与传教士合作译书，首创了“西译中述”的方法，即“将所欲译

〔1〕 王韬：《弢园尺牍》，中华书局1959年版，第245页。

〔2〕 《王韬日记》，中华书局1987年版，第136页。

〔3〕 胡道静：《印刷术“反馈”与西方科学第二期东传的头一个据点：上海墨海书馆（下篇）》，《出版史料》总第11期，第114页。

者，西人先熟览胸中而书理已名，则与华士同译，乃以西书之义，逐句读成华语，华士以笔述之；若有难言处，则与华士斟酌何法可明；若华士有不明处，则讲明之。译后，华士将稿改正润色，令合于中国文法”[1]。

“西译中述”使得墨海书馆翻译之书更加符合中国人的阅读习惯，易于接受，大大提高了译书质量。这些负责润色文字的中国知识分子也被称为“秉笔华士”，代表人物有王韬、李善兰、蒋敦复、管嗣复、张福僖等。这些秉笔华士最初入馆时只是中国教育体制中的下层文人，但在与传教士合作译书的过程中，积累了丰富的西学知识和翻译经验。虽然一开始他们被国人视为异类，但随着洋务运动的兴起，他们的社会地位迅速提升，成为中国近代第一批通晓西学的翻译人才。

以王韬为例，1849 年，王韬进入墨海书馆，担任书馆编辑，入馆之初只是一介“秀才”，到后来蜕变为“中国出版第一人”、早期资产阶级维新思想家，这与他在墨海书馆 13 年的工作经历有着密不可分的关系。从协助翻译《圣经》开始，之后与传教士合译一系列西方科学书籍，如《格致西学提要》《格致西学提纲》《华英通商事略》《重学浅说》《泰西著述考》等，逐渐熟悉翻译、出版各方面事务。此外，翻译西书的经历使他极大地开拓了眼界，思想也潜移默化地发生着改变。作为早期资产阶级维新代表人物之一，他变法自强的政治观念早在墨海书馆工作期间就已有所体现。在为《中西通书》撰序时，从比较中西算术、历法的异同而对中国这方面落后的现状进行了分析，“中外算术，古时皆未造其精。而至于今，中法每不如西法之密，何哉？盖用心不专，率皆墨守成法，

[1] 傅兰雅：《江南制造总局翻译西书事略》，《格致汇编》，1880 年版。

未能推陈出新"[1]。只不过当时王韬的思想还仅局限在历法的就事论事上，在之后游历各国，不断丰富阅历的过程中，才将历法上"墨守成法，未能推陈出新"推广至政治方面，并由此推出一套早期资产阶级改良思想。

在墨海书馆倒闭之后，这些原先的秉笔华士作为开埠后第一批与西人打交道的中国文人，肩负起传播西学的重任，成为随后洋务运动中急需的翻译人才。对他们自身而言，西学的精通也为他们另辟了一条不同于科举的置身仕途的道路。如李善兰，曾为曾国藩的幕僚，后经郭嵩焘介绍进同文馆，"充算学总教习、总理衙门章京，授户部郎中、三品卿衔"[2]。这样的机遇，刺激了更多传统科举道路走不通的文人走上西学的道路，扩大了西学的传播与影响。

总而言之，墨海书馆引进西方先进印刷技术，传播西方进步思想，培养维新人才、翻译人才，众多的首创决定了其在西学东渐中的历史地位，虽然墨海书馆也存在一定的局限性，但不必奢求任何事物的发展都能够一步到位，现代化是一个漫长的过程，而墨海书馆在其中扮演的角色，更像是一个领航者，为西学的传入、传入后与当地的融合为后人引导了方向、提供了范本。在中外文化互相结合中，潜移默化地为新思想的出现提供土壤，为中国自身崛起奠定坚实的基础，这也是其更深远的意义所在。

至后来商务印书馆、中华书局纷纷落户四马路；在望平街，美查取经王韬创办《申报》，丹福士开办《新闻报》，及后中国吸取西方办报经验之后维新派、革命派分别创办《苏报》《时务报》……山东路成为名副其实的报馆街，而中国更多的知识分子被翻译、出

---

〔1〕 王韬：《中西通书·序》。另见《王韬日记》，第19页。
〔2〕 赵尔巽撰：《清史稿》卷五〇七《列传·第二九四》，中华书局1977年版，第14013页。

版的发展吸引而聚集于此。麦家圈一带的文化繁荣，无不因墨海书馆所首创的良好风气而兴，上海也因此逐渐成为近代中国的印刷、出版、文化中心。

[专家点评]

该文围绕墨海书馆在引进西方技术、培养人才、传播西学方面对上海近代化的推动这一主题，参阅了相关权威的研究成果，有层次、有逻辑性地进行了描述、归纳和梳理分析。论文着重叙述了墨海书馆对于西方技术的引进及西学的传播，有分寸地分析了引进的西方技术对中国的影响及这种影响的有限性。议论具有一定的思辨性，文字表达通顺而准确，引用规范。

——上海师范大学历史系教授　高红霞

上海市四川北路历史文化寻踪

姜涵章*

[摘要] 20世纪二三十年代,鲁迅等众多文化名人聚居于上海市四川北路一带,从事文学创作和进步活动。笔者通过实地寻访鲁迅等文化名人的住所及相关历史文化遗址,探究当年鲁迅等文化名人集居于四川北路的原因,探寻鲁迅在四川北路的文化踪迹,阐述鲁迅对现代文学的贡献,进而追踪当年的左翼文学活动。

[关键词] 四川北路;鲁迅;左翼文学;文化寻踪

上海从开埠时的沙船渔村,发展为如今的国际化都市,100多年来历经沧桑,不仅留下了诸多有意义的历史建筑,也镌刻了悠久绵长的文化剪影。20世纪二三十年代,一大批从海外留学归来的知识分子,如从日本回国的茅盾、夏衍、田汉、郁达夫等,从欧洲回国的巴金、成仿吾等,纷纷选择在四川北路(原北四川路)附近

* 姜涵章,上海市建平中学2018届学生。本文指导教师田颖城。本文获2017年博学杯历史人文素养展示活动论文三等奖。

落脚。同时,众多进步文人分别从全国各地辗转来到上海,如鲁迅、林语堂、沈尹默、冯雪峰、柔石、丁玲、胡也频、郭沫若等。他们集聚上海,活跃在四川北路及其周边的多伦路(原窦乐安路)、溧阳路、山阴路一带,从事文学创作活动,形成了“多伦路文化名人街”等具有鲜明区域特色的现代文化氛围。

为探寻20世纪二三十年代鲁迅等文化名人的足迹,笔者多次前往四川北路及其周边支马路,实地考察他们的住所,并查阅了相关文献资料,追寻上海市四川北路的历史文化踪迹。

一、探究文化名人聚居上海四川北路的原因

20世纪上半叶,众多文化名人选择在上海市四川北路附近生活,这与当时特定的历史条件和虹口特殊的地理环境密切相关。

(一)租界和越界筑路提供了相对安全的政治环境

鸦片战争后,欧美借助坚船利炮打开了中国的国门,在政治、经济、文化等各方面大肆侵略中国。1845年,英国根据《上海土地章程》首先在上海设立了英租界。1847年,美国人在苏州河以北圈定了美租界。1863年美、英租界合并为公共租界。英、法、美等列强在租界内享有治外法权,拥有独立的立法、司法和行政管理权,租界成为不受中国政府行政管理的国中之国。列强不断扩张租界范围,到1899年,根据修订后的《上海土地章程》扩展的公共租界范围,“自小少渡起,沿苏州河,至接连泥城浜之西约70码处,由此朝北,至上海宝山两县之界线,循此界线至接连虹口河地方,由此处朝东,直至顾家浜口”[1]。

---

[1] 蔡继福:《多伦路文化名人街成因探原》,《上海大学学报(社会科学版)》2003年第4期。

列强持续扩张租界的企图,在遭到时任上海道台的抵死抗争后,他们开始通过"越界筑路"蚕食中国政府的管辖区。越界筑路是英、法、美等侵略者掠夺土地、扩大势力范围的一种手段,他们在租界外修筑道路,借修路行使管理权,进而达到扩大实际统治区域的目的。至1913年,四川北路及附近的溧阳路、多伦路等以越界筑路方式被并入租界。

与此同时,明治维新后的日本国力渐强,其势力也逐步入侵中国。由于英、法、美等国家为保护既得利益,反对日本在上海设立日租界,日本只得在虹口的公共租界建立势力范围,并将日本领事馆迁往虹口。北四川路、吴淞路一带出现了不少日本社区,大量日本侨民居住于此。到1932年"一·二八"事件后,日本借助《淞沪停战协定》,进一步巩固了其在虹口的势力。

夏衍曾这样描述20世纪初的北四川路:"北四川路、史高脱路、窦乐安路一带是所谓'越界筑路'地段,也是日本人集中居住的地区,名义上是公共租界,实质上归日本人统治,这里很少有白人巡捕,也没有印度'三道头',当然,国民党警察也不能在这个地区巡逻。"[1]

当年四川北路属于半租界,既有英美公共租界、越界筑路区,也有日本势力,还有中国政府的华界管辖,多国势力交织,相互制衡,多方共管却又无法独立管理。因此,当时中国的进步文人选择在四川北路附近居住不仅相对安全,而且"空白、悬置"的行政管理也给进步文人的文学活动提供了较为宽松、自由的政治环境。

(二)独特的地理位置提供了相对适宜的生存环境

19世纪末20世纪初,民国中央政府首脑频繁更迭、地方军阀

---

〔1〕 王晓渔:《亭子间、咖啡馆和"野鸡大学"——"第四阶级文学家"的文化空间》,《都市文化研究(第1辑)——都市文化史:回顾与展望》,2005年。

割据，整个中国战火连绵，民不聊生。彼时的上海，因租界的治外法权庇护，享有军政管辖“空白”，政治时局和民众生活相对平稳。

当时的四川北路、多伦路归宝山县管辖，周边较为荒芜僻静，地价较外滩等中心城区便宜，且属中、美、日三不管的公共租界区，行政管理相对宽松，建房无需申批，公寓、别墅、石库门等各式住宅穿插成片，房租便宜，性价比高。另外，四川北路南靠苏州河、黄浦江，西临淞沪铁路，不仅是通往外界的水上门户，也是沿海、内河航运的枢纽，水陆交通便捷，地理位置独特。四川北路便捷的交通带动了商业发展，周边商贩云集，百货、餐饮、娱乐等商铺鳞次栉比、人流密集。

据《上海风土杂记》记载：北四川路跳舞场，中下等影戏院、粤菜馆、粤茶楼、粤妓院、日本菜馆、浴室、妓院、欧人妓院、美容院、按摩院甚多，星罗棋布，全上海除南京路、福州路以外，以北四川路为最繁盛，日夕车辆、行人拥挤。可见当年的四川北路是一个五方杂处、华洋共居，且生活便利、商业繁盛之处。

（三）多元文化的交汇营造了相对自由的创作氛围

鸦片战争后，上海作为五口通商城市之一，被迫打开城门，成为“冒险家的乐园”，外国人蜂拥而至。租界更为西方文化大规模进入上海提供了便利。当时的上海，本土传统文化、西方外来文化、现代新兴文化汇集，外来文学译著、西方文学的引入，使得上海成为“中西方文化交流的中心”。

20 世纪二三十年代的四川北路，“华洋杂居、五方会聚”，不同国家、不同民族的文化意识相互碰撞，相互交汇融合，自然形成了相对开放宽容的文化氛围，也给进步文人提供了相对自由的话语空间。

当时的四川北路拥有发达的出版印刷机构。中国第一本大型综合性画报——《良友画报》、第一份《万国公报》诞生于此，上海最早的文艺沙龙新雅茶室也驻足于此。四川北路开设有最早的公共图书馆——上海通信图书馆。一批进步文人还在四川北路一带开设了10余家书店,如上海商务印书馆分店、良友图书印书公司、春野书店创造出版部、水沫书店、南强书局等,组织建立了创造社、太阳社等进步社团,创办刊物达30余种。四川北路还是中国电影放映业的发祥地,20世纪二三十年代先后开设有上海大戏院、永安电影院、胜利电影院、群众剧场、解放剧场等32家电影院,有47家电影公司建立或迁入。[1]

四川北路发达的文化设施和场所使得各种信息得以便利共享。据统计,1930年上海华人总数为340万,而公共租界和法租界的外侨人数达到49 393人。随着中外人员的接触增多,东西方文化不断交汇融合;报刊、电台、邮局、书店、出版社、图书馆、影院、剧场等新闻媒体和通讯设施不断完善,也加速了各类信息的传播。这些都为文化名人的文学创作提供了源泉和便利。[2]

二、探寻鲁迅先生在四川北路的文化印迹

(一)寻访鲁迅先生在四川北路的住所

1927年至1936年,鲁迅先生在上海度过了人生最后的时光。据查,鲁迅曾在四川北路的3处地方居住过。

1927年10月,鲁迅从广州来到上海。在旅馆小住几日后,鲁迅及家人在四川北路景云里定居(现横浜路35弄,起初落脚于景云里23号,后因邻居太过嘈杂,迁至18号)。景云里,始建于1925年,是砖木结构、青砖三层的石库门里弄房子,位于四川北路

〔1〕 斯静吉:《20世纪30年代上海多伦路的文学现象》,华东师范大学硕士学位论文,2010年。

〔2〕 同上。

西面，靠近现鲁迅公园、多伦路。

1930 年 5 月，经日本友人内山完造介绍，鲁迅携妻儿搬至拉摩斯公寓（又名川北公寓，四川北路 2079 号）。拉摩斯公寓，建于 1928 年，因英国人拉摩斯投资修造而得名，为四层钢混结构，坐南朝北。拉摩斯公寓对面是内山书店（现四川北路 1881 号），而日本海军陆战队司令部（四川北路 2121 号）仅与之一街之隔，这也印证了最危险的地方往往是最安全的。

1933 年 4 月，鲁迅化名周裕斋，以内山书店职员名义租住于大陆新村（山阴路 132 弄 9 号）。大陆新村是大陆银行 1931 年修建的员工宿舍，当时为比较高档的社区。1936 年 10 月 19 日鲁迅在大陆新村逝世。经修复，此处现为鲁迅故居纪念馆。[1]

（二）追踪鲁迅先生在四川北路的活动场所

当年在景云里与鲁迅毗邻而居的，有叶圣陶、茅盾、冯雪峰、柔石等人。同时，郭沫若、瞿秋白、王造时等人，还有郑伯奇、冯乃超等太阳社和创造社成员，也居住在溧阳路、山阴路、多伦路，相互间步行可至。于是，居所以及居所附近的咖啡馆、大学和书店等都成为文人们开展文学创作，以及开会接洽，乃至进行“统战”工作之地。

在上海期间，鲁迅多次在寓所与冯雪峰、萧红等人聊天畅谈，也曾在公寓会见陈毅、陈赓等共产党人，还曾借寓所掩护瞿秋白夫妇。鲁迅经常在内山书店购书、读书和会友。夏衍在其《懒寻旧梦录》中回忆：1934 年 10 月鲁迅在内山书店与周扬、夏衍、田汉、阳翰笙四人会面，相互交换意见。这也是所谓的“四条汉子”的由来。[2]

---

〔1〕 凌月麟、王笃荣：《鲁迅在上海寓居的地方》，《上海师范大学学报》1981 年第 3 期。

〔2〕 刘小清：《鲁迅眼中的“四条汉子”》，《党史博览》2003 年第 11 期。

鲁迅还经常去商务印书馆虹口分店(四川北路856号)看书。关于这点,《鲁迅日记》中多有记载,诸如1928年4月22日的日记中写有“午后同三弟往商务书馆分店”。

位于多伦路的公啡咖啡馆也是鲁迅经常光顾之处。公啡咖啡馆由犹太人所开,地处半租界区,普通中国人、外国巡捕和中国巡警都不会轻易进入,相对比较安全。鲁迅多次在公啡咖啡馆与中共联络人冯雪峰碰头。鲁迅在1930年2月16日的日记中记有“午后与柔石、雪峰出街饮咖啡”。这天,鲁迅正是在公啡咖啡馆参加中国左翼作家联盟(简称“左联”)的筹备会议。据夏衍回忆,“左联筹备会通常一周两次,地点几乎固定在公啡咖啡馆二楼一间可容纳十二三人的小房间”〔1〕。

(三)查寻鲁迅先生在上海生活期间的文化成就

1927年至1936年,鲁迅创作了大量文章,完成了《为了忘却的记念》《论第三种人》《友邦“惊诧”论》《中国无产阶级革命文学和前驱的血》《黑暗中国文艺界的现状》等作品。同时出版了《二心集》《而已集》《三闲集》《伪自由书》《南腔北调集》《且介亭杂文》《且介亭杂文二编》《且介亭杂文末编》《集外集》《集外集拾遗》等专集;并与冯雪峰共同编辑出版《前哨》,以此纪念“左联”五烈士。鲁迅还和文学青年一起创办了“未名社”“朝花社”等文学团体,主编了《国民新报副刊》〔乙种〕、《莽原》、《语丝》、《奔流》、《萌芽》、《译文》等文艺期刊。此外,他搜集、整理了大量的古典文学作品,如编著《中国小说史略》《汉文学史纲要》,整理《嵇康集》,辑录《会稽郡故书杂录》《古小说钩沉》《唐宋传奇录》《小说旧闻钞》等;翻译了《死魂灵》《俄罗斯童话》《竖琴》等外国

〔1〕 王晓渔:《亭子间、咖啡馆和“野鸡大学”——“第四阶级文学家”的文化空间》,《都市文化研究(第1辑)——都市文化史:回顾与展望》,2005年。

名著。诸多的文学作品表明鲁迅对中国近代文化事业的发展作出了巨大的贡献。

1931 年 8 月 17 日至 22 日，鲁迅在四川北路附近的长春路 319 号举办现代木刻讲习会，邀请内山嘉吉主讲，自己亲任翻译。这是中国第一次现代木刻技法讲习会，参加此次讲习会的有陈广、倪焕之、陈铁耕、江丰、胡仲明等 13 人。而后，鲁迅编辑、出版了《凯绥 · 珂勒惠支版画选集》《引玉集》《梅菲尔德木刻士敏土之图》《艺苑朝华》等画集画册，发表木刻作品，连载介绍美术理论书籍，有力地推动了中国新兴木刻艺术的发展。[1]

鲁迅先生在《坟 · 论“睁了眼看”》中说：“文艺是国民精神所发的火光，同时也是引导国民精神的前途的灯火。”在《热风 · 随感录四十一》中，他又说：“愿中国青年都摆脱冷气，只是向上走，不必听自暴自弃者流的话。能做事的做事，能发声的发声。有一分热，发一分光，就令萤火一般，也可以在黑暗里发一点光，不必等候炬火。”可见，鲁迅先生对中国青年寄予了厚望，希望能通过文学唤醒国民，激发国民，尤其青年人的斗志。

三、探寻当年在四川北路上的左翼文学活动

20 世纪二三十年代四川北路特殊的政治、商业和文化环境，为进步文人开展文学创作活动提供了空间，从而推动了中国现代文学的发展。

（一）左翼文化运动的兴起[2]

1927 年大革命失败后，大批知识分子集聚到上海。此时共产

〔1〕 闵靖阳：《论鲁迅对中国新兴木刻运动的引导》，《美育学刊》2015 年第 4 期。

〔2〕 王锡荣：《“左联”与左翼文学运动》，上海人民出版社 2016 年版。

党领导的中国革命急需文化和文学上的配合。以郭沫若为代表的创造社、太阳社与以鲁迅为代表的文学研究会、语丝会等，在文艺理论、文艺观念、创作方法等方面出现了争论。1929年6月，李立三担任中共中央宣传部负责人后，指示创造社和太阳社中止与鲁迅等人的争论，携手组织新的文学团体，展开革命文化活动。

1930年3月2日，“左联”在多伦路201弄2号的中华艺术大学成立，潘汉年、冯乃超、柔石、冯雪峰等50余人到会，鲁迅、沈端先、冯乃超等7人为执委会常委，大会通过了《中国左翼作家联盟理论纲领》，鲁迅在成立大会上发表了题为《对于左翼作家联盟的意见》的演讲，主张左翼作家要成为有胆识、有远见的革命文艺战士，勇于揭露和批判社会黑暗。“左联”的成立标志着以鲁迅为旗手的中国左翼文化运动的蓬勃兴起。

（二）“左联”作家的文学创作

左翼文化运动培养并造就茅盾、丁玲、艾青、夏衍、萧红、张天翼、吴组缃、胡风、沙汀、艾芜、周立波、欧阳山等现代作家。同时，还团结了一批很有才华的外围作家，如郁达夫、巴金、李劼人、端木蕻良、靳以等，他们共同组成了当年中国现代文学最基础的创作队伍。

“左联”作家及文人们深入社会底层，关注社会问题，写作和宣传意识形态、文学理论，并开辟专栏，剖析社会、针砭时政，使得新文化和新文学获得了较为广泛的群众基础。

他们焕发出强烈的创作热情，创作发表了《子夜》《林家铺子》《春蚕》《蚀》《咆哮了的土地》《新梦》《别了，哥哥》《丽莎的哀怨》《莎菲女士的日记》等名篇，且以鲁迅的杂文、茅盾和蒋光慈的小说、蒋光慈和殷夫的诗歌、田汉和夏衍的话剧等最具代表。

“左联”还创办了很多刊物，如《萌芽月刊》、《拓荒者》月刊、《巴尔底山》旬刊、《前哨》（后改名《文学导报》）、《北斗》月刊、

《十字街头》、《文学月报》等。同时，还引进并翻译国外先进思想的文艺著作，如高尔基的《母亲》、法捷耶夫的《毁灭》、绥拉菲摩维支的《铁流》、肖洛霍夫的《被开垦的处女地》、雷马克的《西线无战事》等。

20世纪二三十年代，四川北路因便利的地理位置、宽松的政治环境、多元的文化氛围，为中国进步知识分子提供了相对自由的创作空间，促使左翼文学在此特定历史条件下得以迅猛发展，从而带动了新文化和新文学的日渐繁荣。

附录：上海市四川北路历史文化寻踪记录

序号	探寻时间	探寻遗址	历史简介
1	2017年7月2日	横浜路35弄(景云里)鲁迅旧居	建于1925年的景云里，属石库门里弄，为砖木结构、青砖三层楼房。1927年10月至1930年5月中国文学家、思想家，民主战士，“五四”新文化运动的重要参与者，中国现代文学的奠基人鲁迅及其家人居住于景云里17、18、23号。当年茅盾、叶圣陶、冯雪峰、柔石、陈望道等人也曾在景云里生活过
2	2017年7月2日	溧阳路1269号郭沫若故居	1927年南昌起义失败后，郭沫若隐居于上海虹口多伦路201弄89号。抗战胜利后，郭沫若一家于1946年5月从重庆来沪寄居于溧阳路1269号，此处一度成为进步文人聚会的场所
3	2017年7月2日	溧阳路1335弄5号曹聚仁故居	该楼为坐北朝南二层楼石库门里弄房。1945年抗日战争胜利后至1950年8月间著名记者、作家、教授曹聚仁居住于此。其间，先后编写了反映抗战历史的《大江南线》和《中国抗战画史》。《中国抗战画史》后来成为东京审判日本战犯的重要物证之一
4	2017年7月10日	四川北路2079号(拉摩斯公寓)鲁迅旧居	拉摩斯公寓因英国人拉摩斯建造而得名。1930年5月至1933年4月鲁迅一家居住于此。鲁迅曾在此处会见过来沪治伤的红军将领陈赓；瞿秋白夫妇曾两次避难于此

续表

序号	探寻时间	探寻遗址	历史简介
5	2017年7月10日	四川北路1881弄内山书店	1917年开设于四川北路1881弄(原北四川路魏盛里)的内山书店,由日侨内山美喜、内山完造创办,1929年迁至山阴路11号。当年该店不仅销售进步书籍,还是共产党人和进步人士的联络处。鲁迅常来该店购书、会客,商谈“左联”工作,并一度在此避难
6	2017年7月10日	四川北路2099号冯雪峰旧居	冯雪峰(文学翻译家、作家、诗人、革命文学奠基人之一,“左联”党团书记)曾于1930年5月至1933年6月居住于此
7	2017年7月10日	山阴路132弄9号(大陆新村)鲁迅故居	1931年大陆银行在山阴路修建了大陆新村。1933年4月鲁迅化名周裕斋,以内山书店职员名义租住于此,直至1936年10月19日逝世。经修复,此处现为鲁迅故居纪念馆
8	2017年7月16日	山阴路132弄6号茅盾旧居	20世纪二三十年代,茅盾(著名作家、文学评论家、社会活动家,“五四”新文化运动先驱者之一,中国革命文艺奠基人)曾三次居住于虹口。1927年由武汉回沪隐居于此,以笔名“茅盾”写作。1928年茅盾东渡日本,此处交于冯雪峰居住
9	2017年7月16日	山阴路133弄12号瞿秋白寓所旧址	此建筑为1920年建造的坐南朝北、砖木结构的三层新式里弄住宅。瞿秋白(中国共产党早期领导人之一,曾翻译《国际歌》,参与建立上海大学,中国革命文学事业的奠基者之一)在上海很多地方居住过,此处为其在上海的最后一处寓所
10	2017年7月16日	山阴路145弄6号曾联松旧居	此处为1927年左右建造的三层砖木结构花园里弄。浙江瑞安人曾联松曾居住于此。1949年,曾联松设计的五星红旗被确定为中华人民共和国国旗
11	2017年7月16日	山阴路165弄17号大道剧社旧址	此处为1927年浙江兴业银行建造的员工住所。1931年大道剧社在此成立。大道剧社是左翼戏剧家联盟直接领导的基干剧团。团员有田汉、辛汉文、周伯勋等,演出《洪水》《梁上君子》《街头人》等,开展抗日救亡宣传、慰问演出。大道剧社于1938年停止活动

续表

序号	探寻时间	探寻遗址	历史简介
12	2017年7月20日	多伦路201弄2号中国左翼作家联盟会址	1930年3月2日中国左翼作家联盟(简称“左联”)在此成立。左联是中国共产党领导的、以鲁迅为旗手的革命文学团体,它的成立标志着中国左翼文化运动的蓬勃兴起。左联于1936年春解散。此处为中华艺术大学旧址
13	2017年7月24日	昆山花园路7号丁玲旧居	昆山花园路7号为带阁楼的三层联体式红砖洋房。著名作家、社会活动家丁玲于1933年2月至5月居住于此地,其间创作了《奔》《我的创作生活》等作品。此地是中共地下党联络处
14	2017年7月24日	唐山路685弄41号夏衍旧居	1930年至1932年,夏衍(新文化运动先驱者之一,著名文学、电影、戏剧作家,文艺评论家,翻译家,社会活动家)居住于此
15	2017年7月24日	四川北路1953弄永安里44号	此处为中西合璧式的石库门三层楼寓。1925年至1931年期间,周恩来夫妇曾居住于此,是周恩来早期在沪活动的秘密地点
16	2017年7月24日	海伦路504号沈尹默旧居	此处为坐北朝南三层楼房。1946年沈尹默自重庆来到上海居住于此,直至1971年病逝
17	2017年7月30日	四川北路1811弄41号创造社出版部旧址	创造社是新文化运动初期成立的文学团体,其出版部于1926年4月成立,1928年1月迁此,1929年被国民党当局查封
18	2017年7月30日	多伦路93号王造时旧居	此处为1920年建造的二层砖混结构住宅。1950年至1955年王造时(复旦大学教授、政治学博士、著名社会活动家)曾居于此
19	2017年7月30日	多伦路189号赵世炎旧居	1926年赵世炎来沪居于此,他曾担任中共江浙区委组织部长兼上海总工会党团书记,是上海工人三次武装起义的领导人之一。1927年7月英勇就义
20	2017年7月30日	四川北路1999弄32号太阳社成立旧址	太阳社倡导无产阶级革命文学思想,宣传马克思主义文艺理论,为“左联”的成立奠定了思想基础。太阳社成员均为中共党员

续表

序号	探寻时间	探寻遗址	历史简介
21	2017 年 7 月 30 日	长春路 319 号木刻讲习会旧址	1931 年 8 月 17 日至 22 日，鲁迅在此举办木刻讲习会。他邀请内山嘉吉主讲，亲任翻译，参加木刻讲习会的有陈广、倪焕之、陈铁耕、江丰、胡仲明等 13 人

[专家点评]

文化是一个民族的灵魂，是一个国家的软实力，是支撑民族进步的脊梁。文化根脉养育了人的精神，给人以丰厚的享受和创造启迪，带来文化的自信自尊、感恩意识和爱国情怀，也塑造着一座城市文明的高度。海派文化是上海这座城市生机与活力的源泉。虹口作为“海派文化的发祥地”，有着深厚历史底蕴和丰富文化内涵。20 世纪二三十年代，鲁迅等众多文化名人聚居于上海市四川北路一带，从事文学创作和进步活动。上海市建平中学姜涵章同学通过实地寻访鲁迅等文化名人的住所及相关历史文化遗址，探究当年鲁迅等文化名人集居于四川北路的原因，探寻鲁迅在四川北路的文化踪迹，阐述鲁迅对现代文学的贡献，进而追踪当年的左翼文学活动，对“海派文化的发祥地”，尤其是四川北路的历史文化进行了详尽的追踪。

在论文中姜涵章同学通过对四川北路及其周边支马路的实地考察，在查阅相关文献资料的基础上，对文化名人聚居上海四川北路的原因从“租界和越界筑路提供了相对安全的政治环境、独特的地理位置提供了相对适宜的生存环境、多元文化的交汇营造了相对自由的创作氛围”三个方面进行了丝丝入扣的分析，读来令人信服。

回溯人类的足迹，人们首先看到的总是那些在其各自背景和时点上标志着社会高度和进步里程的伟大人物，他们是历史的丰碑，是后世之鉴。中国现代著名文学家、思想家，“五四”新文化运动的重要参与者，中国现代文学的奠基人鲁迅先生于1927年至1936年在上海度过了人生最后的时光。姜涵章同学通过寻访鲁迅先生在四川北路的住所、活动场所，对鲁迅先生在上海生活期间的文化成就进行了全面梳理，关注到以往被人忽略的鲁迅先生对中国新兴木刻艺术发展的推动作用。资料翔实，分析合理，体现了姜涵章同学敏锐的学术眼光。

多伦路是上海虹口区的一条小街，全长500多米，路虽短却幽深，夹街小楼，栉比鳞次，是卧虎藏龙之地。在中国近现代史上，这条五百米的街道居住着众多的文化名人，中华艺术大学旧址曾经是中国左翼作家联盟成立大会的会场，这里是20世纪二三十年代文化界的大本营。姜涵章同学以“左翼文学活动”为个案，对“左翼文化运动的兴起 、‘左联’作家的文学创作”进行了微型探究，让读者通过他的整理和叙述对当时左翼的文学活动有初步了解，并能激发读者进一步探寻的兴趣。

作者通过实地考察和文献资料的查阅，在分析当时文化名人聚居上海四川北路原因的基础上，对主要代表人物鲁迅和“左翼文学活动”个案的呈现，用以点带面、以人带事的叙史方式让读者对“海派文化的发祥地”有了较为全面和印象深刻的了解。如果能对“左翼文学活动”进行更深层次的挖掘，则论文就更为丰满。

恩格斯曾说过，文化植根于“一个民族或一个时代的一定的经济发展阶段”。一个民族的生命基因，熔铸着文化的力量；一个民族前进的每一行足印，都闪耀着文化的光芒。独特的文化传统、独特的历史命运、独特的基本国情，决定了我们只能走适合自己特点的发展道路。一座城市，离开了文化就失去了灵魂。城市的文化根脉来自历史深处，它是城市的基因、灵魂和特质所在。我们只有知道自己从哪里来，才能明白未来往何处去，否则就会迷失方向、忘记初心、失去灵魂。一个国家和民族,如果说政治是骨骼,经济是血肉,那么文化则是灵魂。今天,实现中华民族伟大复兴的中国梦,必须走中国道路、弘扬中国精神、凝聚中国力量,而文化正是道路、精神和力量之魂。因而姜涵章同学的选题具有重要的现实意义和启发价值,值得广大的中学生在此基础上进一步探究和思考。

——华东师范大学教师教育学院副教授　李月琴

“大上海计划”历史建筑的未来规划之我见

张卓尔*

［摘要］ 谈到杨浦历史，“大上海计划”是一个绕不开的话题。谈论“大上海计划”的人很多，而有关杨浦区域规划的文章也很多。本文以一位高中生的视角，厘清“大上海计划”建设之始终，结合各个优秀历史建筑的现状，企图在特定区域的未来规划上给出一些自己的见解，期冀有助于杨浦区的精神文明建设。

［关键词］ 大上海计划；文化杨浦；历史建筑保护；城市规划

建筑留存下来因为它是艺术，因为它超越实用。

——Bruno Tart

1978 年我的祖父随空军政治学校的成立来到江湾——五角

* 张卓尔，复旦大学附属中学 2019 届学生。本文指导教师李峻。本文获 2017 年博学杯历史人文素养展示活动论文优胜奖。

场地区任教,并定居于此。这以后的40年,我们家庭的命运就与五角场联系在一起。我们家的两代人也都毕业于复旦附中。从我外公那代起,三代人都曾在复旦校园里读书。五角场可以说是我的精神故乡。如今“彩蛋”已经是五角场的地标建筑物了,可是谁又能想到呢? 2007年刚刚建成的时候,我还骑着自行车在上面飙车。

而奇怪的是,我很难感受到五角场,或者杨浦人的文化认同感。她变化得太快了,我都很难看清楚她是什么样的。于是我静下来,想做些找寻杨浦历史的事,从而也找到自己。

一、时　间　线

(一) 1929年,国民党上海特别市政府第一百二十三次会议通过了“大上海计划”

1929年7月,正值国民党取得全国政权的初期。出于对列强盘踞上海核心地区的租界的无奈,只得寄期望于建设中国人自己的华界。

该计划划定了上海市区东北方向的翔殷路以北、闸殷路以南、淞沪路以东及周南十图、衣五图〔1〕(今中原路)以西的土地约7 000余亩,作为上海市新中心区域。而留洋归来的建筑师董大酉被“上海市中心区域建设委员会”聘为顾问兼建筑师办事处主任建筑师,主持“大上海计划”的建设。在经费极其有限的情况下,市政建筑设计方案不得不放弃繁复的传统宫殿的营造方式,而是作出了相应的简化,并掺杂一些西洋的手法与风格,作出了

〔1〕 在《五角场镇志》和《杨浦区志》中都出现了相似的表述,且没有加任何注释。经考证,笔者认为所谓的“图”指的是土地的位置。那么我们可以知道,彼时该土地应该属于私人之田亩。而“衣五图”这样的称谓,可能是写在清代的“田单”上。

巧妙的“中式折中”。这也是“大上海计划”建筑群最有特色的地方。

（二）1930—1937 年，“大上海计划”的建设

前期，国民政府通过“发公债”“卖土地”的办法，已筹集到了资金。

1930 年下半年，“大上海计划”各项工程正式开始建造。完成了一期工程约 5400 亩范围内的道路系统和基础设施，并基本完成了行政中心区。

1932 年，因日军攻打上海，工程被迫中断。后在 3 月签订《淞沪停战协定》，7 月重新开工。

1933 年，市府大厦落成，10 月举行落成典礼。次年，市府由枫林桥迁此正式办公。随后图书馆、博物馆、体育场、游泳池、医院、公园及各式洋房依次落成。1935 年，在江湾体育场举行了旧中国第六届全国运动会。

1936 年，虬江码头第一期竣工，交付使用。

1937 年，“八一三”事变爆发，“大上海计划”全面中止。而日军正是从虬江码头登陆，侵入五角场全境的。

（三）1937—1945 年，“大上海计划”的延续

淞沪抗战后上海沦陷，日本开始了他们 8 年的统治。在日伪政府管辖下的“上海恒产株式会社”，先后提出了《大上海都市建设计划》和《上海市新都市建设计划》，这在很大程度上是“大上海计划”的延续。彼时日军对英、美、法等国在沪利益，尚不敢触犯，因此打算以五角场为中心，建设一个日本殖民地，以期孤立公共租界与法租界。

1941 年，太平洋战争爆发，此后日本开始逐步接管租界，而建设新城也已经失去了意义。

至此，上海城市建设趋于停顿，而江湾五角场地区也逐渐退出了历史舞台。

（四）1945 年，"大上海计划"的末路

1945 年，国民党收回租界，国民党当局也将上海市政府重设在旧市区的繁华地段。"大上海计划"失去了建设意义。而江湾还有长达几十年的被边缘化和逐渐衰败的痛苦在前方等待着。

1947 年，国防医学院迁往上海江湾，江湾旧市博物馆以及上海市航空协会会所——有名的"飞机楼"被划归其下。（后国防医学院改组为第二军医大学，江湾旧市博物馆成为医院影像楼，飞机楼也成为第二军医大学校史馆，延续至今）

1956 年，旧上海特别市政府划归上海体育学院，成为校领导办公楼，延续至今。

1989 年，旧上海特别市政府以及江湾体育场被选入第一批上海优秀历史建筑。

1994 年，江湾旧市图书馆以及博物馆被选入第二批上海优秀历史建筑。

2014 年 4 月 4 日，上海市政府公布"大上海计划"公共建筑群成为上海市文物保护单位。（新中国建立后，虬江码头成为中国人民解放军海军军港，在此不赘述）

计划内的诸多优秀历史建筑，笔者曾多次走访调查，不仅体会到了睥睨四周千篇一律的现代建筑的气势，也有对其至今无人问津的命运的扼腕叹息。这也引起了笔者对这些建筑前景的思考——围起围栏做景点、收门票？抑或是维持现状，做一幢实用性建筑？笔者认为都不一定恰当。对于各建筑之未来，笔者提出一些意见，以供参考。

二、"大上海计划"建筑规划之我见

在南京国民政府上海市政府新厦落成碑上，有这么一段话："此举也，实所以挽回沪市九十年来太阿倒持之局，使之大上海计划，操之自我，非寻常之廨舍废置所得而比拟，宜将上海邑乘所宜大书特书，倘亦他日修国史者所重视也欤？"

整个"大上海计划"留给我们的不仅仅是72条道路、虬江码头、市立医院、音乐专科学校、有5 378平方米建筑面积的36幢花园洋房……[1]它还是一份宝贵的精神遗产，反映了中国从"租界"到"华界"，从半殖民地到决意自立自强的精神。成功与否，我们无法一言以蔽之，从唯物史观的角度，它的兴衰有历史必然性，同样是中国近代史的一个缩影。而我们应当注意到在"大上海计划"之后，中国人已经成功地从原始的"形成城市"走向"科学地规划、制造城市"了。[2]从这样的角度来看，我们应该赞赏孙中山先生在《建国方略》[3]中的先见之明。

杨浦区一直将自己的发展方向定位于知识创新领域，并在2016年被国务院确立为上海唯一的"大众创业万众创新示范基地"。再加之具有得天独厚的教育资源，许多大学生创业基地以及IBM、ORACLE等科技公司都选择设在杨浦。然而杨浦精神是什么？创新示范基地的建设意味着我们有走向未来的决心，而回望历史，我们拥有什么？

---

〔1〕 数据来自《杨浦区志》。

〔2〕 与中国第一份城市规划——1927年国民政府"首都计划"不同的是，南京的建设是建立在南京城的基础上，而"大上海计划"则是从农田上平地而起建成城市。而这两份计划的共同点就是：都没有完成。

〔3〕 孙中山在《建国方略·实业计划》一书中提出，上海"苟长此不变，则无以适合于将来为世界商港之需用与要求"。

如果要刻意研究杨浦历史,"大上海计划"是绕不过去的话题。笔者试图以一个高中生的视野,谈谈对历史建筑的宣传与保存问题。

(一) 江湾体育场

江湾体育场是上海足球的圣地,而杨浦区被称为"上海足球的摇篮"。在"大上海计划"的影响下,上海体育的大众化程度不断提升,而足球是其中最浓墨重彩的一笔。"早期的足球比赛为外侨所垄断,华人运动员由于受到场地的限制无法开展大规模的比赛活动,甚至连日常的训练也得不到保障。因此竞技水平难以提高。上海市体育场建成后华人足球运动有了基本的活动场地,并在此基础上形成了华人足球联赛。据统计,20 世纪 30 年代上海足坛的专业队伍有数十支,其中绝大多数为华人球队。同时,上海体育场良好的设备,以及大规模的场地,使更多的观众有机会进入球场观看比赛。从而使足球成为近代上海最具影响力的大众化体育活动之一。"〔1〕除了足球以外,自 1935 年举办旧中国第六届全国运动会起,江湾体育场还担任过第五届全国人民运动会主体育场、第十二届世界夏季特殊奥林匹克运动会闭幕式主会场等。

之后江湾体育场曾一度被改造为高尔夫球场。2016 年,江湾体育场又变回了足球场,围绕着整个体育场的是一些商业性的健身中心、舞蹈教室。作为一个高中生,我反对利用"江湾体育场"进行过度商业活动的行为,这不是对建筑的保护,而是一种亵渎,对体育精神的亵渎、对历史的亵渎、对艺术的亵渎。

既然江湾体育场重新建成了足球场,笔者提议:应当重新承

〔1〕 徐泽民:《"大上海计划"中的公共体育设施及其影响》,《兰台世界》2014 年第 4 期。

接一些区级、市级乃至国际级的足球赛事,即使是以售票的形式,也应该欢迎市民入场观看。2015 年在江湾体育场举办了极限运动大赛。笔者认为这是一次尝试,然而商业性质依然太浓。社区性、文化性应该成为类似赛事的主题。

对于历史建筑进行商业开发,并冠以所谓的“文化创意产业”,在近些年很流行。我们应当思考,在短暂地利用历史文化效应吸金之后,还能剩下什么?百年之后,希望还会有人在人民广场上喂鸽子。笔者有幸去过位于爱尔兰戈尔韦的西班牙拱门,同样是一栋历史建筑,不加任何护栏,只是静立在那里,旁边就是科里布河,人们坐在河堤上,只是闲聊、看书或者逗海鸥,仿佛 500 年来都是这样。

(二) 旧上海特别市政府

2017 年笔者去实地调查的时候,它还在进行着整修。现被划归上海体育学院。建议对建筑群附近区域进行重新规划。其原先为旧市政府,涉及政治问题,因此,建议维持原状。

(三) 旧上海市航空协会会所 & 上海旧市博物馆

如今的“飞机楼”,即旧上海市航空协会会所,成为上海市第二军医大学的校史馆,然而根据笔者的实地调查,该校史馆大门紧锁,并不对公众开放。笔者的建议是可以考虑改建为上海市“大上海计划”纪念馆并对外开放。在设计“飞机楼”时,董大西“对‘现代建筑’进行试验、倾向于表现主义”[1]。这是一栋相当大胆、超前甚至可以说至今都不落后于时代的建筑——比起工业区的老仓库,这儿显然是更能显示“文化创意产业”特色的地方。

上海旧市博物馆作为长海医院的影像楼,与医院整体建筑风

---

〔1〕 黄元炤、董大西:《面对现实、拥抱“现代建筑”的设计姿态》,《世界建筑导报》2015 年第 2 期。

格是格格不入的,本身也不适合作为医用建筑。比如说影像楼的大门本身很小,而且进出口少,而医院的人流量是很大的。

(四) 江湾旧市图书馆

2017 年 8 月,荒置多年的江湾旧市图书馆被改建为杨浦区图书馆(见图 1)的工程已经开始,预计在 2018 年完工。图书馆标志性的屋顶并没有拆除。

图 1　重建中的杨浦区图书馆

图 2　杨浦区图书馆一隅,展现了现代与古典的结合

从建筑美学的角度讲,新图书馆(见图 2)既保留了建筑的原有风味,又巧妙地糅合一些现代元素。图书馆建成后将对大众开放,可谓是真正接地气的、杨浦人喜闻乐见的公共设施建设项目。期待它能作为一个标杆,唤醒那些沉睡了 80 年的、同样属于"大上海计划"的优秀建筑。

三、结　语

诚然，建筑具有功利价值，但其往往只能带来短暂的收益，而深度挖掘其艺术美感和历史价值，才能源远流长。在意识到这一点后，更重要的是要付诸实际，在以人的生活为核心的基本原则下使建筑重新回到人们的生活里（譬如江湾旧市图书馆的重建与重新开放），同时唤醒人们对那段历史的记忆，才是真正的保护历史建筑，尊重历史。

“不忘初心，方得始终”，今天的杨浦人要依旧怀有那“以华界对抗租界”的独立气象，建设自己的城市，使上海屹立于世界之东方。“锐意创新、自立自强”，这就是笔者所理解的杨浦精神。

[专家点评]

不论是建筑学还是历史学界，对于“大上海计划”的研究成果并不罕见，本文作者对“大上海计划”历史和建筑群的梳理是简单的，并没有多少出彩之处，但本文可贵的地方在于作者不满足于对历史事实的简单梳理，而是用自己的双脚去丈量了这个从小成长的街区，并对“大上海计划建筑规划”在当代的利用提出了自己的意见，从一个高中生的角度，对上海体育场、旧上海特别市政府、上海旧市博物馆、旧上海市航空协会会所、江湾旧市图书馆的保存利用、再开发都有所涉及。这些建筑是杨浦人日常生活的一部分，但是却很少有人将其当作历史建筑在对待，而作者却认为这是一份宝贵的精神遗产，反映了中国从“租界”到“华界”，从半殖民地，到决意自立自强的精神，这个定位值得肯定。历史不只是对时间的研究，更应该关注空间，这一点在近现代地方史的研究中尤其值得提倡。

当然，本文作者目前的研究与建议尚显粗浅，对相关史料的搜集也有待拓展，比如像上海市城市规划设计研究院2014年出版的《大上海计划》就未有关注和使用。

——复旦大学历史系教授 陈 雁

上海早期话剧“新剧”兴起与繁荣的原因解析

张　宸*

［摘要］　自1850年外国侨民组成的业余剧团作了上海首次话剧演出以来，上海早期话剧“新剧”逐渐兴起并繁荣。其原因有四：其一，西方列强的侵略与外交官、游学的学子文人和商人等的日记、游记的出版将西方文化传入上海的同时，也为上海埋下了话剧的种子，其发展初期有学生作为基础；其二，新剧受到改良京剧和日本新剧派的影响，表演形式上具有一定的民族性，易于被清末民众接受；其三，新剧的表演内容满足时代的需求，反映时事，承担了声援革命和满足大众娱乐需求的功能；其四，新剧被先进知识分子赋予启迪民智、传播新思想、培养新民的教育意义，出于政治因素，受到先进知识分子的拥护和推动。

［关键词］　上海；新剧；话剧；原因

---

* 张宸，复旦大学附属中学2019届学生。本文指导教师叶朝良。本文获2017年博学杯历史人文素养展示活动论文优胜奖。

中国话剧先后产生过两种类型:一种是19世纪末20世纪初在上海萌芽,当时被称作“新剧”的文明戏,话剧史上称作早期话剧;另一种是五四新文化运动倡导并延续至今的现代话剧。[1]“新剧”于19世纪末20年代初在上海萌芽,直至1908年中国第一个话剧团体——春柳社,在日本首次演出改编剧《汤姆叔叔的小屋》,标志着中国话剧的诞生;随后,春阳社在上海演出改编剧《黑奴吁天录》[2];“新剧”在上海逐渐兴起并繁荣。

一、西方文化的传入推动新剧兴起和发展

新剧在上海的出现来源于西方文化的涌入,主要来源有两个方面:一是西方列强对上海侵略的同时,也将西方文化传入上海;二是出使外国的外交官、游学欧洲的学子文人和商人们出版了他们的日记、游记,其中零星地记载了他们对于西方戏剧的见闻。

1858年中英《天津条约》第二款载:“大清皇帝、大英君主意存睦好不绝,约定照各大邦和好常规,亦可任意交派秉权大员,分诣大清、大英两国京师。”为此,1861年,清政府设立了总理各国事务衙门。[3]从1875年中国第一次派遣常驻国外的使臣以来,先后派遣使臣前往英国、美国、西班牙和秘鲁等地。作为中国最早的外交官之一的黎庶昌,曾这样描述巴黎的剧院:“巴黎倭必纳,推为海内戏馆第一……正面两层,下层大门七座,上层为散步长厅。后面楼房数十百间,为优伶住处,望之如离宫别馆

---

〔1〕 丁罗男主编:《上海话剧百年史述》,广西师范大学出版社2008年版,第7页。

〔2〕 苏毅谨、胡晓军:《戏出上海——海派戏剧的前世今生》,文汇出版社2007年版,第109页。

〔3〕 汪太伟:《晚清外交官文学创作的一种界定:“使外文学”》,《天府新论》2011年第3期。

也。……中间看楼五层，统共二千一百五十六座。”[1]1877年（光绪三年）十一月，总理各国事务衙门咨行的《具奏出使各国大臣应随时咨送日记》中对出使大臣款定：“凡有关系交涉事件及各国风土人情”，都应“详细记载，随时咨报”[2]。总理各国事务衙门又严令“东西洋出使各国大臣，务将大小事件逐日详细登记，仍按月汇成一册，咨送臣衙门（即总署）备案查核。即翻译外洋书籍、新闻报纸等件，内有关系交涉事宜者，亦即一并随时咨送，以资考证”[3]。由此类规定便可看出清朝政府对于国外事件和风土人情的高度关注。第二次鸦片战争之后，洋务派得到了慈禧太后的扶持，随着洋务运动的进行，西方文化引起了越来越多人的关注，记载着西方话剧的出使游记的刊行，使得新剧也逐渐为人所知，受到了不少有识之士的关注。1898年前曾有10位出使大臣刊行出使日记，即郭嵩焘《使西纪程》、刘锡鸿《英轺私记》、陈兰彬《使美纪略》、何如璋《使东述略》、曾纪泽《出使英法俄国日记》、李凤苞《使德日记》、张荫桓《三洲日记》、刘瑞芬《西轺纪略》、崔国因《出使美日秘国日记》和薛福成《出使英法义比四国日记》等。[4]

西方列强对上海的侵略也将西方戏剧带到了上海，其主要有两个途径：一是西方侨民成立剧团、上演西方戏剧；二是外国人在上海创办的学校组织学生进行西方戏剧表演，由此引发了学生演剧的热潮，后来学生剧走向社会，让更多人能够了解新剧。

目前所知，中国本土最早的西方戏剧演出就是出现在1850年12月12日的上海英租界内[5]，一群西方侨民在被称作“新剧院”

---

〔1〕 丁罗男主编：《上海话剧百年史述》，第7页。

〔2〕 汪太伟：《晚清外交官文学创作的一种界定：“使外文学”》，《天府新论》2011年第3期。

〔3〕 同上。

〔4〕 同上。

〔5〕 丁罗男主编：《上海话剧百年史述》，第8页。

的一个库房内演出了《势均力敌》和《梁上君子》两部独幕剧。西方的侨民还成立了一些业余剧团,其中留下名字的包括1866年合并为A. D. C剧团的"浪子"和"好汉"。起初这些业余剧团多借助库房作为演出场地,后来上海运动事业基金董事会建立了兰心剧院,作为A. D. C剧团的演出场地。上海还有一个名为"东京席"的小剧场专供日本新派剧旅行剧团来沪演出。虽然这两个剧院的观众主要是西方侨民,但是当时一些外语水平较高的中国归国留学生和大中学生常去光顾。[1]根据"新剧"创始人之一的徐半梅回忆,他必定会去看兰心剧院A. D. C剧团每月两三次的演出,也是东京席的常客。[2]

去这些剧场观看外国剧团和西方侨民成立的剧团的演出需要较高的外语水平,所以大多数普通人了解新剧是通过学生们的演出。中国人自己演出话剧的尝试,始于教会学校的学生。[3]外国人在上海兴建的学校中常有外国老师指导学生排演课本短剧[4],这些剧虽然不对外公开演出,但是让许多学生得以接触并了解西方戏剧,同时也吸引了一些学生戏迷,引起他们的效仿。例如当时还是民立中学学生的汪优游在上海圣约翰书院的圣诞演出上,看到了学生编排的课本剧后,萌发了效仿之心。除了用外语演剧外,有些学生也编演中文剧目,如1899年圣约翰书院的中文剧《官场丑闻》、1900年育才学堂的《江西教案》及同年南洋公学的《六君子》和《义和团》等。在1842年到1860年之间,上海有记录的教会学校就有15所之多。据统计,到1877年新教在华兴办的学校已有347所,在校学生约5 917人,其中教会中学约占

[1] 丁罗男主编:《上海话剧百年史述》,第8页。
[2] 同上。
[3] 许敏:《新剧:近代上海一种流行艺术的兴衰》,《史林》1990年第3期。
[4] 丁罗男主编:《上海话剧百年史述》,第12—13页。

7%，从1877年到1890年教会学校数从5 917人增加到16 830人，到19世纪末，教会学校总数增加到2 000所左右，学生数增加到4万人以上，其中高等学校占10%。[1]1860年以后，教会学校的招生对象也逐步发生着改变，从招收“贫苦童稚”转向富有阶层家庭。到19世纪80年代后，有些教会学校成了名副其实的中国贵族学校。[2]教会学校办学规模的扩大、办学层次的提高以及面向上层社会的办学方针使得越来越多的学生逐渐熟悉西方戏剧，并且一定程度上缓和了中国人视优伶为低贱职业的传统观念，为新剧的萌芽与发展打下了基础。1905年文友会成立，此后上海迅速出现了一大批学生新剧团体，如上海沪学会演剧部、上海群学会演剧部、上海学生会演剧部、上海青年会演剧部、上海开明演剧会、上海益友会等。[3]学生剧逐渐从校园走向社会，以赈灾、助学等名义演出募捐，让新剧有了更加广泛的受众。从1907年前后的《申报》上就能找到学生演剧刊登的广告，如1906年12月21日载有《申报·华童公学演剧助赈》，1906年12月31日载有《纪女医学堂学生演剧赈灾事》，1907年4月16日载有《申报·本埠新闻·学生演剧助赈》，1907年4月20日《申报·本埠新闻·学堂演剧助赈》等。主管上海教育事务的江苏省提学使一度以男女混杂、有伤风化为由下令禁止过学生演戏[4]，由此也可以看出当时学生演剧潮的声势之大、影响力之大。

---

[1] 洪厚情：《教会学校与中国近代教育》，江西师范大学硕士学位论文，2001年。

[2] 同上。

[3] 丁罗男主编：《上海话剧百年史述》，第14—15页。

[4] 王凤霞：《重探百年话剧之源——中国话剧不始于春柳社补证》，《艺术百家》2008年第4期。

二、新剧表演形式有助其繁荣

新剧受到改良京剧和日本新剧派的影响，而日本新剧派本身就是一种“改良的歌舞伎”，古老的日本歌舞伎与中国传统戏曲无论在美学原则还是在表现方法上都有惊人的相似之处。[1]1867年京剧传入上海，便在上海极为红火，受到大力的追捧，风靡一时，在此之前上海舞台的主角是昆曲、徽调和各地梆子。[2]最早的学生戏由于接触过西方戏剧的人较少而且当时只有旧戏可作参考，故学生戏也无法跳脱旧剧。汪优游在《我的俳优生活》中提道：“一般的中国人办的学校中所演的戏，并不是学那天主教学校那么用外国语的戏剧，乃是就近抄袭那京班戏院中的时装新戏。……这可以说与京班戏院中所演的新戏，没有什么两样，不过没有锣鼓，不用唱句罢了；但也说不定内中有几个会唱几句皮黄的学生，在剧中加唱几句摇板，弄得非驴非马，也是常有的。”[3]当事人的回忆既提及了学生戏与京剧之间的紧密关系和相似性，也突出了最主要的差异：没有锣鼓，不用唱句。当时的新剧演员中有不少人有着京剧的底子甚至还同时是京剧演员，比如欧阳予倩，而汪优游也在文明戏衰落之后进入京剧界发展。[4]梅兰芳1913年上演的时装京戏《宦海潮》就是改编自王钟声的新剧。其他如《新茶花》《黑奴吁天录》《张汶祥刺马》《珍珠塔》等一大批剧目，也都有话剧与改良京剧两种演出本。[5]这种新剧与改良京剧可以相互改编的情况也有力地证明了当时两者之间的相似性。出于

〔1〕 丁罗男：《论我国早期话剧的形成》，《戏剧艺术》1981年第3期。
〔2〕 苏毅谨、胡晓军：《戏出上海——海派戏剧的前世今生》，第26—27页。
〔3〕 张军：《上海学生剧与“话剧”的浮现》，《戏剧艺术》2006年第6期。
〔4〕 丁罗男主编：《上海话剧百年史述》，第14页。
〔5〕 丁罗男：《论我国早期话剧的形成》，《戏剧艺术》1981年第3期。

这些原因，新剧起初与中国传统戏剧有相似之处，具有民族性，虽然经过改革，但是也仍旧易于被普通民众接受，有利于新剧的繁荣。最初学生们组织表演的学生剧在表演形式上与传统戏剧有着明显的差别，主要表现在仿照西方戏剧写实布景的使用，追求写实而非写意的表演风格，大量使用对白代替了唱词，这一切都显示出新剧与传统戏剧的不同之处：一是新奇，引起了观众的好奇和兴趣；二是对于业余爱好者来说新剧的表演形式相较传统戏剧更加容易，吸引了想过一过戏瘾的爱好者的参与。

三、新剧的表演内容满足时代的需求

新剧的表演内容始终紧随民众的需求，最开始学生以赈灾名义演剧也是契合当时社会热点的体现；武昌起义爆发之后进化团为了配合紧张的革命形势，编写了多部反映革命题材的剧本；随着民众政治热情的减弱，郑正秋以家庭伦理剧《恶家庭》重燃观众对新剧的兴趣，1914 年“甲寅中兴”之后，新剧表演内容转向娱乐，大多改编自社会新闻、旧小说弹词、鸳鸯蝴蝶派小说和当红的京戏等。

辛亥革命时期，推翻君主专制统治、要求民主共和的民众情绪空前高涨，这个时候各新剧团所演剧目大多以抨击、反对清政府统治，宣传支持民主革命为主要目的，通过演剧的方式宣传革命思想、声援革命，其中影响最大的演剧团体，要算任天知领导的进化团。[1]武昌起义以后，任天知编写了以辛亥革命为背景通过记叙失散的调梅一家在为革命劝募的过程中重聚的《黄金赤血》

〔1〕 丁罗男：《为革命洪流推波助澜——辛亥革命前后上海的新剧活动》，《上海戏剧》1981 年第 6 期。

和展现辛亥革命过程中重大历史事件与世态人情的《共和万岁》。当时民众对于进化团所代表的新剧有着浓厚的兴趣，新剧的受欢迎程度甚至一度超过了传统戏曲，对于这种情况，洪深解释道：“在一个政治和社会大变动之后，人民正是极愿听指导，极愿受训练的时候，他们走入剧场，不只是看戏，并且喜欢多晓得一点新的事实，多听见一点新的议论。”〔1〕后来随着革命热情的逐渐减弱，民众渐渐对于夹杂着化妆演说、动不动宣扬革命的剧目感到厌倦，1913 年上半年新剧的萧条局面，更令新剧界人士心悸，惊呼“新剧萌芽，摧残殆尽”〔2〕。后来郑正秋成立新民社，以家庭伦理剧《恶家庭》重新吸引了观众的目光，而后商业性质更为彻底的民鸣社则将清宫的生活内容搬上了舞台，民鸣社上演《李莲英》之后，“继之者为连台三十二本《西太后》，民鸣社遂盛极一时了！……二年零三个月寿命之初期民鸣社，得获利至十万元以上者，完全是《西太后》的力量，故当时社会上不谈民鸣则已，谈到民鸣社，必及《西太后》”〔3〕。可见当时的新剧在转向为观众提供消遣与娱乐之后，在上海大受欢迎，1914 年便迎来了“甲寅中兴”，“不到半年工夫，上海一共出现了五六处长期开演新剧的戏院，真是盛极一时”〔4〕。

四、新剧承担教育作用，受到政治因素的推动

新剧的兴起，与时代背景中的政治因素也存在着密切的关系。新剧一直被赋予教育意义，作为启迪民智、培养新民的重要

〔1〕 丁罗男：《论我国早期话剧的形成》，《戏剧艺术》1981 年第 3 期。
〔2〕 许敏：《新剧：近代上海一种流行艺术的兴衰》，《史林》1990 年第 3 期。
〔3〕 同上。
〔4〕 同上。

途径。梁启超曾经将中国从19世纪70年代到20世纪20年代间向西方学习划分为三个阶段，分别是从器物、制度和文化上学习西方。〔1〕甲午海战的惨败和戊戌变法的流产，使得以梁启超为代表的一批先进知识分子，意识到作为大众传播媒介的小说（包括戏剧）在普及教育、开启民智、改造社会、造就新民方面的重要作用。〔2〕梁启超曾经这样评论说："于日本维新之运有大功者，小说亦其一端也。明治十五六年间，民权自由之声遍满国中。于是西洋小说，言法国、罗马革命之事者，陆续译出……次第登于报中。自是译泰西小说者日新月盛。"〔3〕他肯定了在日本的资产阶级改革运动中，文学的改革对于新思想的传播起到了积极作用。在国内，他宣传并亲自投身于戏曲改良运动，他的戏剧改良思想也引起欧榘甲、蔡元培、柳亚子、陈去病、汪笑侬等人的高度关注并作出回应，为戏剧改良推波助澜。〔4〕而梁启超本人也在《新小说》上发表了《劫灰梦传奇》《新罗马传奇》两个剧本〔5〕，来亲身实践他的理论主张。1904年，中国第一部以戏剧为主的文艺期刊《二十世纪大舞台》在上海创刊，柳亚子在创刊词中说道："……今兹《二十世纪大舞台》，乃为优伶社会之机关，而实行改良之政策……他日民智大开，河山还我，建独立之阁，撞自由之钟，以演光复旧物推倒虏朝之壮剧、快剧。"正如梁启超所言，中国若新民，创造"新宗教""新道德""新政治""新风俗""新学艺""新人心""新人格"首先必须"新小说"〔6〕。小说（包括戏剧在内）在开启民智、培养新民方面的重要作用，新剧被赋予了教育意义和政治使命。1907

〔1〕张福海：《晚清戏剧改良思潮的形成及其演变》，《中华戏曲》2009年第1期。
〔2〕丁罗男主编：《上海话剧百年史述》，第8页。
〔3〕张福海：《晚清戏剧改良思潮的形成及其演变》，《中华戏曲》2009年第1期。
〔4〕同上。
〔5〕许敏：《新剧：近代上海一种流行艺术的兴衰》，《史林》1990年第3期。
〔6〕张福海：《晚清戏剧改良思潮的形成及其演变》，《中华戏曲》2009年第1期。

年,王钟声在上海创办了上海、也是中国第一所话剧学校——通鉴学校,对于创办学校的目的,他表示:"中国要富强,必须革命;革命要靠宣传,宣传办法,一是办报,二是改良戏剧。"[1]此番言论也证明了当时知识分子希望以新剧这种通俗易懂、男女老少皆可的形式作为宣扬革命、传播新思想的载体。出于这种目的创办的通鉴学校培养出后来新剧的著名演员萧天呆、陈镜花等,学生们也与一些京剧票友共同成立春阳社,他们在兰心剧院演出的《黑奴吁天录》,首次将有别于传统戏剧的写实背景和舞台灯光展现给观众,引起了上海新剧界建筑新式舞台和添用背景的风气。[2]据记载,1912 年演出《爱国妇女》时,辛亥革命的主要领导人黄兴还亲自登台,现身说法,连孙中山也对自由剧团大加鼓励,曾书写"改良新剧"四字赠予自由剧团的组织者黄喃喃。[3]所以说新剧作为传播革命精神,反抗压迫剥削的教育工具,起到教育百姓、培养新民以及鼓舞士气的作用,时代赋予了新剧这些使命,使得最初的爱国志士们关注新剧、利用新剧,让新剧得到了大力发展。

[专家点评]

该文为我们简单描述了从 19 世纪中期以来,外国侨民业余剧团在沪首演话剧开始,"新剧"肇始并逐渐走向繁荣的历史轨迹。在查阅了大量资料——包括期刊、著述、档案等文献,结合中国近代西学东渐和社会渐变,尤其是上海经济、政治和城市文化,以及市民生活时尚的变化,着重从上海开埠以来在西方文化传入过程中,"新剧"随波而来;"新剧"受本土改良京剧范式影响而融入民族性特征;"新剧"在内容选择上适应时代、反映时局;加之在表演

---

〔1〕 许敏:《新剧:近代上海一种流行艺术的兴衰》,《史林》1990 年第 3 期。
〔2〕 丁罗男主编:《上海话剧百年史述》,第 17—19 页。
〔3〕 同上书,第 25 页。

艺术上满足城市大众娱乐生活等方面，翔实分析了“新剧”在沪落地、生根和开放的诸多原因。

从文章引文注释和参考文献看，作者充分查阅了有关历史材料，阅读了相关的专业文论；从文章的核心内容——“兴起并繁荣的原因的研究”看，作者关注到了“新剧”在上海兴起的多方面的历史原因，特别注意到了上海作为西学东渐的交集之地，以及中国近代政治、经济的变化给社会思潮和文化时尚带来的影响。从文章的论述和分析的方法看，作者基本上能够遵循“论从史出”“史论结合”的逻辑和规范。

如果能够进一步从19世纪中期以来全球经济文化的交互与碰撞，中国历史在屈辱—阵痛—选择中艰难的现代化进程，特别是近代以来海派文化在中西融合中的包容性特征，来分析“新剧”发展与繁荣的原因，那么本文将更具历史格局和情怀。

——上海市晋元高级中学历史特级教师　李惠君

森森兮千丈之松：浅谈商务印书馆与上海近代历史文化的联系

黄琪雯*

[摘要] 1897年在上海创办的商务印书馆是一所拥有120年历史的出版机构，与北京大学并称为“中国近代文化的双子星”。本文主要通过分类、分析与之相关的资料，整理出其与上海近代历史文化的联系。

[关键词] 上海；商务印书馆；文化地图

1897年，外强入侵，内乱纷起，中国社会动荡不安，清王朝的统治摇摇欲坠。若非商务印书馆创立，这一年也许也只是动荡岁月中无足轻重的一年。

《小说月报》《新华字典》、拥有120年历史的出版机构、“中国近代文化的双子星”之一……提起这些，人们一定会立刻联想到那棵“千丈之松”——商务印书馆。

---

* 黄琪雯，复旦大学附属中学2020届学生。本文指导教师王雯。本文获2017年博学杯历史人文素养展示活动论文优胜奖。

是的，1897 年，夏瑞芳、鲍咸恩、鲍咸昌、高凤池等人将这棵幼小的松树苗栽进了上海的土地。自此，商务印书馆（以下简称为"商务"）便成了上海近代历史文化变迁的见证者与代言人。

一、海纳百川：创始人的身份所折射出的上海近代历史文化

"商务四位创办人夏瑞芳、鲍咸恩、鲍咸昌和高凤池既不属于文人或知识分子圈，亦无显赫的家世，跟上层名门家族或累世藏书家更沾不上半点关系。相反，他们的背景平凡，几代之前因家贫而移居上海，自小投靠外国传教士才有机会接受教育。毕业后，他们加入了由洋人开办的美华书局当印刷学徒。四人的出身和所走的路，是当时社会上的一种'异途'，是被知识分子所普遍厌弃的。他们对于现状深感不满，不甘一生替洋人工作，一直渴求上进。后来把握了一次偶然而来的机会，合伙创办了商务。"[1]这是一名"老商务人"对商务创始人的身份直白而笃定的概括。

"1897 年'西学东渐'早已拉开了中西文化交流、冲突的序幕，在这样的交流与冲突中，中国开始了近代化的历程，维新思想促进了国人的思想解放，并出现文化革新的要求，这给中国的出版业带来了巨大的发展空间。19 世纪中后期到 20 世纪初，除了教会出版业和官书局，向近代化迈进的民营出版业已经登上了历史舞台。"[2]曾在商务工作过的陈叔通说："在商务诞生之前有书商无文化价值。"——加之进入近代以后，上海因租界的存在，并

〔1〕 李家驹：《商务印书馆与近代知识文化的传播》，商务印书馆 2005 年版，第 119 页。

〔2〕 蔡丽丽：《传统与现代的交汇——论张元济时期商务印书馆的出版理念与中国近代文化转向》，《安徽农业大学学报》2008 年第 3 期。

未受到战火波及的同时，也享有着实际独立的地位和充分的国际联系，这促成了近代上海的繁荣。近代上海历史文化也因受西方多国的影响而带有极大的包容性。

在这样的时代大背景下，夏瑞芳、鲍咸恩、鲍咸昌和高凤池选择在上海创立商务这样的民营出版业；同时放眼当时的中国，也只有在上海才能创立商务这样的民营出版社。从某种角度来说，商务的创立折射出的是上海“海纳百川”的近代历史文化。而这种文化，即使到了今天的上海也仍旧存在着。

二、开明睿智：张元济时期商务印书馆的出版理念所折射出的上海近代历史文化

近代中国杰出的出版家、教育家、爱国实业家——张元济先生为中国文化出版事业的繁荣、优秀民族文化遗产传承、西方先进文化的引进，都作出了卓越的贡献。在他主持工作时期，商务印书馆从一个普普通通的印书作坊发展成为中国近代史上最具影响力的出版企业。

自 1902 年进馆后，在张元济的主持下，商务发展迅速，然而却也碰到过不小的波折。《新青年》的创刊，标志着新文化运动的开始。在那个新文化运动勃兴的年代，商务印书馆却显得有些落伍了。陈独秀、罗家伦等新文化的干将都在报刊上点名批评商务的保守，商务的业绩也日见衰退，1919 年积压和滞销的书刊多达 60 万册。对张元济来说，他考虑更多的是，曾经引以为豪的商务还能否担当起传播新学新知的责任？当时商务的老人很多，用的都是文言文，于是张元济主持了“大换血”计划，主张用新人、办新事，首先就从受新文化界猛烈抨击的刊物开始。1920 年，茅盾走进了著名的《小说月报》，起草《改革宣言》：不仅要译述西洋名家

小说、介绍世界文学的潮流，更要创造中国的新文艺。

革新后的《小说月报》不但完全除去了过去男女情爱的闲适浮躁之风格，更是倡导起了“为人生的文学”，迅速成为新文化运动中最有影响力的刊物之一。现在诸多为人们熟知的文学大家(譬如老舍、巴金、丁玲等)都是通过《小说月报》真正走上文坛的。

张元济以一种开明开放、兼容并包、海纳百川的胸怀和学术情趣，广集人才。仅1920年到1922年间，郑振铎、竺可桢、顾颉刚、谢六逸、周予同、李石岑、王云五、任鸿隽、陶孟和等后来在中国近现代文化、科学等领域留下浓墨重彩的人陆续进馆。商务印书馆也因为这样的人才齐聚而开始攀爬另一个辉煌的山巅，正如“中国文化的双子星”中的另一颗星——“五四”时期在蔡元培先生主持下的北京大学一样，商务也成为“各方知识分子汇集的中心”。到1926年，商务已经成为远东最大的出版商。分馆不仅遍及中国，而且开到了香港、南洋。

而张元济时期商务的转变还远不止于此——更重要的便是“中日合资”。在上海受到各国文化影响与冲击时，商务也大胆与日本出版业人进行交流并接受帮助。这一切多要归功为张元济的开明与睿智，而这样的开明、睿智除了因为张元济本人希望传播新学、新知的强烈愿望，上海当时多元的文化也对其产生了一定的影响。

中日合资对商务的其中一个贡献，是在印刷小学教科书时，日本一方给予商务的建议与帮助。最后商务编印出版的小学教科书很成功，对中国教育事业的发展是一大贡献。商务印书馆“最新小学教科书”出版后，清政府学部(相当于日后的教育部)所编小学教科书也以商务的体例为体例了。商务印书馆不仅获得了荣誉，更取得了可观的经济利益。至1910年，商务的资本已扩大到100万元。

中日合资对商务的另一个贡献，是印刷能力的扩充和印刷质量的提高。它是与编辑水平的提高相配合的。如果没有印刷能力的扩充和印刷质量的提高，教科书编得再好也不能精美地、及时地、大量地印刷出来。[1]这段合资共赢延续了11年。[2]

表1　中译日书籍统计表(1660—1978)

类别 年代	0 总类	1 哲学	2 宗教	3 自然科学	4 应用科学	5 社会科学	6 中国史地	7 世界史地	8 语文	9 美术	合计	每年平均书数
1660—1867	0	0	0	0	2	0	0	0	2	0	4	0
1868—1895	1	0	1	0	2	1	0	2	1	0	8	0.29
1896—1911	8	32	6	83	89	366	63	175	133	3	958	63.86
1912—1937	20	62	19	249	243	660	86	75	312	33	1 759	70.36
1938—1945	2	3	1	23	18	42	8	9	32	2	140	20.00
1946—1978	34	159	95	227	1 051	459	51	122	535	163	2 896	90.50
合　　计	65	256	122	582	1 405	1 528	208	383	1 015	201	5 765	*
占总数%	1.13	4.44	2.12	10.09	24.37	26.50	3.61	6.64	17.61	3.49	100.00	*

*每年平均书数：1868—1978：52.36　　1912—1978：72.65
1896—1978：70.15　　1938—1978：75.90

如表1所示，从1896年起中译日书籍数量出现了大幅度上升，其中展现的是中日出版业的友好交流。商务受到近代上海开明睿智的文化影响，其中自然也出了很大一分力。试问当时全中国除了上海，还有哪个地区的出版社可以如此开明睿智，走出合资的一步？

同样，这种近代上海独有的文化也一直保持到了现在。

〔1〕 王益：《中日出版印刷文化的交流和商务印书馆》，《编辑学刊》1994年第1期。
〔2〕 实藤惠秀、Hiroshi Ogawa：《中国译日本书综合目录》，香港中文大学出版社1980年版。

三、追求卓越："一·二八"后重起炉灶所折射出的上海近代历史文化

1932年1月28日，日本海军陆战队突然袭击上海闸北，"一·二八"事变爆发。次日上午，日军飞机轰炸商务，位于宝山路的总管理处、编译所、四个印刷厂、仓库、尚公小学等皆中弹起火，全部焚毁。1932年2月1日，日本浪人又潜入未被殃及的商务印书馆所属的东方图书馆纵火，全部藏书化为灰烬，五层大楼成了空壳，其状惨不忍睹。

据统计，商务印书馆资产损失1 630万元以上，占总资产的80%。最令人痛惜的是东方图书馆的全部藏书46万册，包括善本古籍3 700多种，共35 000多册；中国最为齐备的各地方志2 600多种，共25 000册，悉数烧毁，当时号称东亚第一的图书馆一夜之间突然消失，价值连城的善本、孤本图书从此绝迹人寰，这不能不说是中国文化史上的一大劫难。有学者认为：火烧圆明园和商务印书馆被炸，是中国近代史上最令人痛心的文明悲剧。

关于日军为何要炸毁商务印书馆，时日军海军陆战队司令盐泽幸一讲道："烧毁闸北几条街，一年半年就可恢复。只有把商务印书馆这个中国最重要的文化机关焚毁了，它则永远不能恢复。"1933年，商务也曾收到过一封日本浪人的恐吓信，信中说："尔中国败孔道，立学堂，读些国语三民主义与立共和，打倒帝国主义，恶劣之道行天下……尔馆独销学校之书，印些腐败之物。上海毁尔书馆，尔书馆还是恶习不改，仍印三民之书、党部之语。中国不忍傍观，所以毁尔书馆，今若不速改恶习，我军到处，是商务印书馆尽烧毁。"恶劣之至，更是令人万分唾弃！

日本浪人的所作所为，对于呕心沥血发展商务的张元济无疑

是晴天霹雳。然而他并没有就此放弃商务，而是重起炉灶，而且重做就要做到最好！

那是第一次上海事变，长达一个月的武装冲突使闸北华界的商号被毁达 4 204 家，房屋被毁 1.97 万户，损失惨重。同济大学（吴淞）、复旦大学（江湾）、上海法学院等均遭轰炸。之后，闸北区发展也逐渐落后于同等城区。同样，上海人民也重起炉灶，而且也要做到最好！

“一·二八”受到重创后，董事会成立复兴委员会，开始复兴活动。在张元济“为国难而牺牲，为文化而奋斗”的口号的激励下，商务印书馆于当年 8 月正式复业了！因第五印刷所在轰炸中得以幸存，商务实现了“日出一书”的承诺。之后，商务又经历了“八一三”事变，在香港设立总管理处，将主要力量迁往香港，1941 年香港沦陷后总管理处随之迁往重庆。商务总管理处在动荡岁月中辗转各地，终于在 1946 年迁回了上海。

在受过重创后要想攀回曾经的顶峰显得那样困难，但是商务的众人却为自己定下了目标，并且实现了它！1948 年设置台湾分馆，1950 年成为新华书店以外的中国第二个图书发行系统，1957 年出版《新华词典》，1958 年承担了翻译出版国外哲学社会科学和编纂出版中外语文辞书等出版任务……如今的商务印书馆第五印刷所（见图 1）经过重建，洋溢着浓厚的新时代气息。

图 1　如今的商务第五印刷所遗址

纵使此时商务总管理处已经迁向北京，但是商务最艰难坎坷、一步一步向上攀爬的那段岁月是在上海度过的。在商务人喊着“追求卓越”的口号，为了光复商务而辗转迁徙时，受到重创的上海（尤其是闸北区）也做着同样的事情。

现如今它们都已做到了，也在继续将这种海纳百川、开明睿智、追求卓越的文化不断传承下去，使辉煌从苦涩中脱胎而出。

四、大气谦和：以商务印书馆为中心的上海近代文化地图

商务印书馆堪称中国近代史上的文化丰碑。从初创时期的三间小厂房到极盛时期媲美世界的文化输出机构，汇聚了无数先贤们的奋斗，也孕育了众多文化巨匠。他们从这里出发，影响中国的各行各业，对中国近代历史格局产生了重大影响。

20世纪初的上海，正是中国现代文化启蒙的中心之一，汇聚着鲁迅、巴金、丁玲、郑振铎等许许多多的著名文学家（包括著名的多伦路文化街）。加之近代上海与商务印书馆共同具有的大气谦和的城市文化，商务接纳了许多文学家的文本，也印刷出了一份又一份如雷贯耳的书刊——于是一张以商务印书馆为中心的上海近代文化地图便悄然形成了。

著名的文学家老舍先生的儿子舒乙说过：商务印书馆对于老舍来说，非同小可，是绝顶重要的阵地。老舍先生头四部长篇小说——《老张的哲学》《赵子日》《二马》《小坡的生日》全是发表在商务办的《小说月报》上的，奠定了老舍先生在文坛的地位，他也成为中国现代白话文体长篇小说的奠基人之一。

被誉为“20世纪中国文学的良心”的巴金先生生于四川成都一个官僚地主家庭，1927年3月至1928年8月初赴法留学时，写成了处女作中篇小说《灭亡》，发表时使用笔名“巴金”，载1929年

1月至4月《小说月刊》第20卷第1号至第4号。《灭亡》是巴金漫长的文学生涯的起点，这部作品被看作是当时文坛的重要收获，有人在回顾1932年的文坛时认为："在怠惰和疲惫的状态下支持着的文坛上，近年来只有巴金可以算是尽了最大努力的一个。"巴金先生曾感慨，"我是五四的产儿，我通过商务印书馆的《小说月报》走上文坛"。

著名的文学家冰心曾经回忆，她和商务印书馆有一段很长的学习和文字的姻缘。她的第一本启蒙书籍，就是商务印书馆出版的国文教科书第一册。商务出版的《说部丛书》中的许多小说，对少年时的她都有很大的帮助。商务出版的《东方杂志》《妇女杂志》等，也为少年时的冰心所喜爱。她的第一本小说《超人》和第一部诗集《繁星》都是商务印书馆出版的。

鲁迅是中国新文化运动的先驱。他和商务印书馆有着长久的合作。他的第一篇文言文小说《怀旧》是在商务的《小说月报》上发表的；他的代表作《阿Q正传》的第一个外文译本是在商务出版的。1921年到1925年间，鲁迅在商务发表和出版的译著最多。后来收入《呐喊》和《彷徨》的《白光》《端午节》《鸭的喜剧》《社戏》《祝福》《幸福的家庭》《在酒楼上》七篇小说，分别发表在这个时期的《小说月报》《东方杂志》和《妇女杂志》上。这三种杂志还刊登了鲁迅翻译的作品如《鱼的悲哀》《小鸡的悲剧》，以及收于《文学研究会丛书》第一种的译作《爱罗先珂童话集》等。商务印书馆是鲁迅早年从事文学活动的阵地之一，这从一个侧面反映了商务在思想界和学术界的影响，也反映了商务与许多著名学者建立的良好关系。[1]而商务若是没有"大气谦和"的气质与馆内文化，又怎么能吸引如此之多的文学家，又怎能实现如此辉煌的成就？

---

〔1〕 摘自商务印书馆120年专题展上所写的话。

图2　商务印书馆120年专题展(之一)

图3　商务印书馆120年专题展(之二)

海纳百川、追求卓越、开明睿智、大气谦和——这是当代的上海精神,也是近代中国上海独有的历史文化。而商务印书馆尽管已迁至北京,仍可被称为是上海近代历史文化地图的中心,也是上海近代历史文化最典型的“代言人”。

商务印书馆的大功臣张元济先生曾写下这样的歌词:

昌明教育平生愿,故向书林努力来;
此是良田好耕植,有秋收获仗群才。

世事白云苍狗，风涛荡激，
顺潮流左右应付，稳渡过，滩险浪急。
论传天演，木铎启路。
日新无已，望如朝曙。
敢云有志竟成，总算楼台平地。
从今以后更艰难，努力还需再试。
森森兮千丈之松，矫矫兮云中之龙。
言满天下兮，百龄之躬！[1]

可以说，是近代上海的文化造就了商务印书馆的辉煌，而商务印书馆的辉煌最终也成为近代上海历史文化的一部分。

“从今以后更艰难，努力还需再试。森森兮千丈之松，矫矫兮云中之龙。”商务印书馆这棵千丈之松一定会继续生长下去，一定会继续将近代以来的上海历史文化与精神传承下去、发扬下去！

［专家点评］

这是一篇文笔优美、具有一定思辨性的近代史论文。作者以历时性的视角，探讨了商务印书馆与中国近代历史（特别是上海近代历史）发展不同时间阶段之间的关联性，从中概括出两者之间的辩证特质。作者的笔触如同纪录片那样，按照时间顺序，从几个侧面，梳理了商务印书馆的发展脉络，重点突出了其中的人、事及其背后的文化精神。这一点恰好是同本次论文大奖赛的主旨相合拍的。作者的语言能力值得赞赏，文字功底不错，层次分明，结构合理。

当然，这篇论文也有一些地方值得好好修改：(1) 摘要不清

〔1〕 摘自商务印书馆官网：http://www.cp.com.cn。

楚。论文的摘要是为了让读者迅速知晓文章的观点，而不是一种简单的概述。作者的看法需要十分清楚地在摘要中表现出来。(2)历史论文与一般叙事性或者议论性散文不同，它需要言必有出，必要的注释应该出现，以保证引言的权威性。(3)结尾处更像语文的文章，而非历史小论文。可以值得讨论的是，商务印书馆在当下的发展(目前总部在北京，上海也有分公司)，在多大程度上、在哪些方面可以同当代上海文化发展结合在一起？这是把历史与当下结合起来的问题，应该值得作者在结尾处予以讨论和延伸。

——华东师范大学历史系教授　孟钟捷

土山湾与当代海派文化的渊源

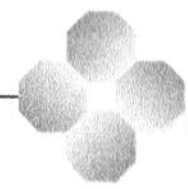

徐玎玥[*]

［**摘要**］ 本文尝试介绍土山湾的概况，同时从多个角度审视土山湾孤儿院的工艺院对海派文化乃至中国现当代艺术和工艺的影响。

［**关键词**］ 土山湾；画馆；工场；海派艺术文化

有谚曰："桃李不言，下自成蹊。"有人指出，上海之所以为海派文化重镇，土山湾居功至伟。没有土山湾，海派文化就不成其为海派文化。

近年来，就土山湾与海派文化乃至中国西式美术教育的关系，不同的学者有着不同的论点。《中国最早的西洋美术摇篮》一文认为："中国最早的西洋美术摇篮是 1840 年后建立在上海徐家汇的土山湾孤儿院的工艺院。它培养了许多精通西方绘画的中

[*] 徐玎玥，复旦大学附属中学 2020 届学生。本文指导教师王雯。本文获 2017 年博学杯历史人文素养展示活动论文优胜奖。

国青年,是上海乃至中国现代艺术的前哨。”[1]

《土山湾美术工艺所的历史价值探析》一文认为:“土山湾工艺美术所,客观上对中国早期的工艺教育起了启蒙和催化作用,促进了当时工艺技术的多样化。”“土山湾美术工艺所教学体系中‘工作间’教学模式、重视体验的教学方法、重视技能养成的教学内容等方面,客观上切合了现代工艺美术教学的诸多原则,为同时代洋务学堂的工艺教育提供了全新的思路。从土山湾美术工艺所毕业的很多学生成为当时社会私立美术学校的领军人物,在一定程度上为后来出现的新美术运动奠定了基础。”[2]

一、土山湾孤儿院、画馆与工艺院的概况

土山湾,位于上海徐家汇南部半里许。1832 年至 1837 年,民族英雄林则徐出任江苏巡抚,府衙在苏州,在做好各项工作的同时,率领官员民众,全力治理太湖水系河流,疏浚河道,促进漕运与经济繁荣。在疏浚漕溪、肇嘉浜、蒲汇塘的同时,用淤泥堆积出一高地,当地人称之为土山湾,其名沿用至今。

19 世纪中叶以后,上海徐家汇成为耶稣会在中国传教的总部所在地,周围云集了天文台、藏书楼等 21 个机构,一度被称为“徐家汇教堂区”。土山湾工场就是这些教会机构所办的一所孤儿院下设的学艺与制作场所。

2010 年,土山湾博物馆重新挂牌开馆。2010 年 6 月 12 日,在中国第五个“文化遗产日”之际,上海土山湾博物馆宣告开馆,以实物、图文等多种展示形式,叙述“中国西洋画摇篮”土山湾与上

〔1〕 张弘星:《中国最早的西洋美术摇篮》,《东南文化》1991 年第 5 期。
〔2〕 张爱红:《土山湾美术工艺所的历史价值探析》,山东大学硕士学位论文,2007 年。

海之间的百年渊源。

另外,2015 年,正值旧金山世博会百年庆典之际,旧金山机场展出“土山湾的宝塔”,84 件饱经风霜的宝塔重现江湖,再度大放异彩。精美的细节、精湛的工艺将人们带回了 100 年前的土山湾工场,也让人们对以古塔为代表的中国传统文化有了更深刻的认知。

本文所述土山湾主要是指在上海乃至中国近现代美术史上曾书写了浓重一笔的土山湾孤儿院、土山湾画馆和土山湾工场。

土山湾孤儿院由教会所办,1864 年开建。数年后,慈母堂落成,孤儿们正式从青浦县迁入。孤儿们入教会小学读书,优秀的学生可以升入徐汇中学等进一步深造,另外一些学生则可以选择当学徒。孤儿院的工艺坊包括裁缝、制鞋、木工、绘画、雕塑、玻璃工、印刷等工作室。目的是教孤儿们一门手艺,这样他们成人后能够谋生。学徒满师后有些离开孤儿院到社会上谋生,但是多数留在工艺厂做工人。就是这些工坊和画馆,开风气之先,将西方的绘画技巧传入上海,也将西方的雕刻技艺与中国本土的材料和技艺结合起来。在绘画、印刷、雕刻等多方面对海派文化的发展起到了重要的作用。

虽然当初只是为了接纳孤儿工作、习艺而设立的工场,却无意间掀开了中国近代文化史上的重要一页,为封闭的中国开辟了一条通往世界的渠道,给无缘涉足西方的普通中国人提供了一扇观察、了解和学习西方的窗户。

二、土山湾孤儿院画馆是海派文化和中国早期西式绘画教育的发端

土山湾画馆将西画贯穿多种技术因素,构成了继北方清宫油

画、南方外销油画之后近代中国“西画东渐”又一处重要的样板和典型。这种艺术与中国人聪颖、勤奋、吃苦耐劳的精神以及中国数千年的传统艺术相融合，产生了诸如刘德斋、周湘、徐咏清、张充仁等一批享誉海内外的中国艺术大师。

唯其人众，影响也远。有人统计，单在土山湾画馆接受素描、写生、水彩和油画的严格训练的有300人之多，很多人后来成为一代名家。在土山湾工艺坊画馆学画的人并不全是孤儿，有些是慕名把孩子送来，有些甚至是成人，如任伯年也曾通过土山湾画馆的友人学习过西洋画素描。刘海粟、徐悲鸿等人据说也在这里教过画。

唯其源正，其流也清。传教士的本意虽然主要是为教堂提供绘画、建筑之用，因而采用的是相对纯粹的西式绘画雕刻及印刷技艺。在画馆任教的多数是有着纯熟绘画技艺的西方职业画家，例如孤儿院的教师范廷佐、马义谷。范廷佐（Joannes Ferrer，1817—1856），字尽臣，西班牙人，是一名修士。范廷佐擅长雕塑，包括立雕、浮雕作品。在学校里，范廷佐教素描和雕塑课程。马义谷（Nicolas Massa，1815—1876），字仲甫，教授油画，是一位神父。在土山湾画馆正式成立之时，范廷佐和马义谷虽然都已经先后故世，但是他们为此事业起到了重要的奠基作用。

土山湾画馆的绘画作品大致分为主体性的宗教作品和非主体性的商业作品。随着事业的发展，这两大类作品前后不同程度地体现了其专业特色，为其带来了较大的知名度。“图画间在孤儿院开办时已粗具雏形，最初是画圣像，以后分铅笔画、水彩画、油画等部门。也有一些临摹欧洲名画的作品，售价昂贵。”而此事业发展的基础，正是铅笔画、水彩画、油画等部门的西画传习。[1]

〔1〕 秋实：《中国西洋画摇篮：土山湾画馆》，《东方早报》2012年9月25日。

《上海土山湾画馆的美术教学初探》一文介绍“当时除从欧洲带入的少量绘画用品外，颜色及画布涂底材料都要在当地自制，所以学徒要从研磨调制颜色学起”；“学徒们则通过临摹复制圣像的过程，从马义谷学习油画技术”。这种西画的传习，构成了土山湾画馆最明显的专业特色，中国的学徒们系统地掌握了西画造型能力，由于他们的实践，西方圣像艺术，从以前舶来的印刷品变成了自制的原作。[1]同时，这些学徒们被称为中国早期深谙西画技艺的一批人。

三、土山湾孤儿院画馆的发展兼收并蓄，是海派文化的重要特点

唯其兼蓄，其成也丰。虽然工场创立之初主要为教堂提供西式作品，但是土山湾并没有完全被禁锢在西式的框架之下。在很多方面，与中国传统文化和技艺发生了重要的交叉，从而产生了更为深远的影响。像本文开始所述的参展 1915 年旧金山世博会的 84 座宝塔，以及现今土山湾博物馆的镇馆之宝——“黄杨木中国牌楼”，都是将西方的雕刻工艺与中国的建筑文化联系在一起，才产生了更加璀璨的成果。

“博采名家”和“培植成技”，在一定程度上体现了土山湾画馆圣像绘制的特征。这类特征在其他的“印刷图像”中同样得到反映。方殿华从 1886 年开始“负责印刷图像的生产”。另一位法国传教士范世熙（Adiphus Vasseur，1828—1902）是“绘画工场中制作印刷品画稿的先驱”。他的画作如《末日审判图》《天堂图》《炼狱

〔1〕 洪霞：《上海土山湾画馆的美术教学初探》，《南京艺术学院学报（美术与设计）》2009 年第 3 期。

图》《地狱图》等，吸收了中国绘画线条造型的某种技法，他“也许是土山湾第一位运用中国技法表现基督教主题的艺术家”[1]。

这种特色，同样也体现在20世纪初期土山湾画馆出现的“花草人物”的样式传承和发展过程中。曾经有一帧徐光启与利玛窦谈道的巨幅油画，用西洋油画的色彩结合中国工笔画的笔法和格调制成，恢弘巨大，栩栩如生，闻名于国际美术界，被视为稀世珍品。

有别于中国当代许多国画家在作品中部分采用西式绘画技巧的是，上述的画作属于中技西用，其明暗和透视的画法体现，以及人物投影和空间景深方面，保留着西画固有的处理方法。二者的出发点和主旨是不同的，而且在材料方面，也是依据西画传统的油画、水彩等传统格式，纳入西画传习的教育和传播轨道之中，同样淡化了中国式材料引用的特色。然而，正是这种融合，才是在新的时代环境下的一种创新，使得土山湾的一些作品最终既有别于纯粹的西式传统，又与传统的东方绘画不同，为西式绘画和雕刻在中国推广和更高层次上的融合起到了重要的推动作用。

四、土山湾工场在雕塑、印刷、玻璃制造等许多方面都是新工艺肇源

唯其开阔，其作也广。土山湾不仅在绘画方面有海派绘画开山之影响，画馆之外，对近代艺术影响深远的还有雕刻和印刷方面。

《土山湾美术工艺所的历史价值探析》一文认为：“土山湾美术工艺所的历史价值也在于它引进的西方工艺技术。为了满足

---

[1] 李超：《土山湾画馆——中国早期优化研究之一》，《美术研究》2005年第3期。

自己的需要，土山湾美术工艺所从成立之初就积极地引进各种新技术。许多新技术发明不久，就被引进了中国，并开始广泛应用。如石印技术、珂罗版印刷技术被运用到‘月份牌广告画’的制作中，更好地表现了擦笔水彩的特点，作品色泽鲜艳，着色均匀。”[1]

珂罗版印刷、照相制版等技术的运用使土山湾美术工艺所印刷部成为当时极具影响的印刷单位。

土山湾美术工艺所的彩绘玻璃技术更是当时的孤范，当时教堂、银行、饭店等公共设施都把装饰彩绘玻璃作为时尚。自1842年开埠后的海上绘画，如同建筑、饮食、服饰等其他海派文化的发展一样，既承传着传统绘画的精髓，也接纳了外来文化的营养，更引领着近代中国绘画，义无反顾地走上了通古今、融中西的自新之路。

土山湾画馆或许本意是培养绘画人才，为满足传播教义所需服务，却同时也建构了具有划时代意义的西方美术教育体系。土山湾画馆在中国从无到有地发展起来，其独有的、纯粹的西式美术教育在时间、空间上有着明显的前瞻性。在中国近代美术史及美术教育史上有着重要影响的周湘、刘海粟、徐悲鸿都与土山湾有着很深的渊源。

木工部是土山湾孤儿工艺坊中最早设立的工场，或许木工部没有画馆名气响亮，但在艺术上的成就却一点都不逊色。土山湾木工部以制造教堂工艺品著称。当时中国各地教堂的祭台、圣像、圣器等装饰用品，多由土山湾制作。尤以各种雕刻作品驰誉中外，出品的人物雕刻和宝塔造像，曾在罗马、巴黎、旧金山等世博会上多次获奖。

---

〔1〕 张爱红：《土山湾美术工艺所的历史价值探析》，山东大学硕士学位论文，2007年。

土山湾的印刷部和发行所，即土山湾印书馆，先以活体铅字印刷，后成为中国最早采用拓印术的场所之一，它的铜版、珂罗版和三色版等制版技术在当时都居领先地位。此外还有彩绘玻璃，将人物鸟兽彩画于玻璃上，后置炉中煨炙，彩色深入玻璃内，永久不褪。中国彩绘玻璃，此为第一出品处。有人说，土山湾相当于中国的霍格沃茨，它为上海培养了各行各业的人才。

五、土山湾是海派文化发展的肇源

《浅析土山湾与中国近代工艺美术教育》一文认为："土山湾文化土壤丰饶，曾被徐悲鸿先生称为'中国西洋画之摇篮'。它不仅对中国近代绘画影响深远，也对中国近代的摄影、印刷、建筑、天文、航空等方面产生了重要影响。土山湾孤儿院的整个职业教育模式，即使在今天，仍然值得我们研究和借鉴。"[1]

海派文化兼收并蓄，在国内也是非常重要的流派。在西风东渐的年代，以土山湾为代表的艺术、工艺教育和实践为海派文化奠定了根基，因此很多人认为土山湾可以称得上是海派文化的重要肇源。

在了解土山湾的过程中，笔者更注意到与中国近代教育有着莫大关系的一个人——马相伯先生——与徐家汇天主堂和土山湾更有着深刻的渊源。马相伯先生一生毁家兴学，矢志家国，声闻于时，学留于世。曾创立震旦学院、复旦公学（复旦大学前身），也曾参与辅仁大学创设。

1864 年，土山湾孤儿院创立，至 1960 年结束。历时近百年。

〔1〕 朱慧敏：《浅析土山湾与中国近代工艺美术教育》，《教育界：高等教育研究》2014 年第 4 期。

土山湾是上海近代工艺和近代艺术的渊源,创造了上海美术工艺史上的诸多第一。土山湾是中国西式绘画的摇篮,造就了一代代的名家。2010 年,蒲汇塘路 55 号的土山湾博物馆开馆。虽其体量不大,却承载着一段沉甸甸的记忆。虽其新闻不多,却引起很多人的关注。近年来,研究土山湾的文章不时见于报刊。对上海来说,这是一段不该忘却的记忆。近年来,工匠技艺方兴未艾,那些埋头在土山湾工厂里的普通学徒,或许他们没有很高的声望,但他们精心于工作,精湛于技艺,群策群力地制作出的一批精品也值得我们后人敬佩。土山湾属于他们,也属于上海。

[专家点评]

论文考察土山湾与当代海派文化的关系,此为一既有历史价值又有现实意义的选题。论文查考了不少先行研究,同时也配合自己的实际考察,可以说用功较深,论文的文字也相当舒展通畅。希望今后能阅读更多的一手史料,将二者的关系揭示得更为清楚妥帖。

——华东师范大学历史系教授　瞿　骏

浅析港口对上海城市精神形成的推动作用

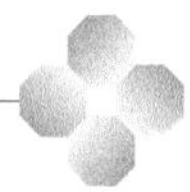

黄深泷　周至昊　石　现[1]

[摘要]　本文以港口为切入点,论述了在不同历史时期港口对于上海城市精神的形成和发展的推动作用。论证港口与城市精神之间密切联系的同时,针对不同案例分别提出建设性意见。

[关键词]　上海;港口;城市精神

本文主要研究上海四大历史时期的四个港口:青龙镇、苏州河港、十六铺和吴淞国际邮轮港,在每个历史阶段对于上海城市精神的影响。对于上海城市精神,以往学者或从直接论述的角度,或从近现代发展的角度来加以解析,本文则试从上海港口的角度,对于城市精神的塑造和发展方面做一些探究。

在对上海港口在不同历史时期的地位与角色进行探究,并结合上海各个时代城市精神的发展后,本文得出了如下结论:上海

[1]　黄深泷、周至昊、石现,上海市复兴高级中学2018届学生。本文指导教师付文治。本文获2017年博学杯历史人文素养展示活动论文优胜奖。

的港口在国内外的地位以及角色的变化是导致上海城市精神逐步形成及发展的重要驱动力。

一、“小杭州”青龙镇，舞动吴淞江

上海，背靠长江，面向东海，自古以来便以渔猎作为主要经济形态。河姆渡文化、崧泽文化、吴越文化等都对上海有过重大影响。上海的渔村、码头、港汊很多，然而直到唐代才出现了真正意义上的港口——青龙港。青龙港的出现填补了上海港口历史的空白，更带动了上海地区贸易的全方位升级。南宋末年吴淞江淤塞之后，青龙镇才逐渐淡出了历史舞台。400 余年的繁荣，青龙港见证了上海城市精神的初步形成，也反映出上海城市精神在这一阶段发展中的不足之处。

“上海不是一两天变成一个国际港口的，在这里也能找到历史脉络和依据。”在我们的实地考察中一位相关负责人说道。青龙港便是其中极其重要的一个节点。青龙港古属青龙镇，位于今上海市青浦区白鹤镇，相传建于唐天宝五年（746 年），是目前已知的最早的上海大港。唐宋时期的青龙镇，北临吴淞江，东濒大海，地处江海要冲，逐渐发展成为上海地区最早的贸易港口。南宋时期，青龙镇还专设市舶务管理对外贸易，贸易发展促进了青龙镇的繁荣。

“因为当时江面很宽，很多到青龙镇停泊的商船找不到地方靠岸，所以提议在这里建一个灯塔。”另一位负责人如是说。在实地考察中，我们也成功地找到了隆平寺的遗址发掘处（见图 1）。文献记载隆平寺塔兼具航标塔的功能，因此它也是青龙镇作为海上贸易港口的重要实证。

南宋时期，青龙镇因海上贸易的兴盛，市镇规模越发可观，镇上有“二十二桥、三十六坊、三亭、七塔、十三寺，烟火万家”[1]，时人誉之为“小杭州”。近年的考古发掘发现了唐宋时期的佛塔、铸造作坊、水井、灰坑、墓葬、炉灶等多种遗迹，体现出青龙镇的市镇布局已有相当大的规模，反映了当时青龙镇人口繁盛、贸易发达的情形。

图1　隆平寺基址发掘处（小组成员现场拍摄）

我们习惯上将上海的文化称为“海派文化”。所谓“海派”，就是从别处汲取，逐渐发展，形成自己的风格。海派文化最重要的特征就是：海纳百川、兼容并蓄和多元化。而今上海城市精神中的海纳百川和追求卓越的精神于青龙港的开放和贸易中体现得淋漓尽致。其面向海洋、通向海外、走向世界的特征，是青龙镇富有活力的源泉，更是上海海派文化发生、发展、繁荣的源头。[2]

南宋后期，因吴淞江下游逐渐淤浅，海舶难以继续上溯青龙镇，遂就近集泊于新崛起的上海镇（今黄浦区小东门一带）。在元代，青龙镇已完全失去港口的功能。在近代陆上交通工具尚未出现时，市镇的兴衰存废都与水道的畅通阻塞、流徙变迁有着不可分割的联系，青龙镇的变迁真可谓：盛也吴淞江，衰也吴淞江！

青龙港的繁荣一度带动了上海地区对外贸易经济的蓬勃发展，但因其地理位置居于内陆，加之上海海岸线的持续外扩，青龙港终究展现出了其局限性。虽然背靠淀山湖和太湖水系，但由于

---

〔1〕 梅尧章：《青龙杂记》。

〔2〕 陈杰：《青龙镇的历史及考古发现的意义》，见中国考古网，2016年12月。

交通的不发达和水路联运的不成熟,青龙港的影响始终只能局限于上海范围内,甚至只是青浦地区。吴淞江的淤塞导致其迅速没落,可见青龙港发展的不稳定性。在为上海城市精神奠基和增色的同时,青龙港也抑制了上海城市精神的进一步发展。也正是青龙港的没落给上海贸易带来的巨大冲击和影响,间接滋生了近代上海人的投机思想。

在如今“一带一路”的大背景下,“海上丝绸之路”考古的历史与文化价值愈显突出。青龙镇遗址考古发现与文献记载相吻合,证明了它作为唐宋时期海上贸易港口的重要地位,为海上丝绸之路考古提供了新的材料。其以港兴市的特点,也为如今作为国际贸易中心的上海城市发展,寻找到了历史脉络和文化根基。[1]

如今的“旧青浦”,离吴淞江已有一段距离。近旁的吴淞江岔流青龙江,也早就淤成一条小河。临河远望,很难想象昔日江面樯桅如林的情景。现如今的世界第一大港发轫于此,而这段上海最早的对外贸易港口的历史却只能尘封于老旧的黄纸堆中吗?在保护性开发的基础上,更有必要大力弘扬这段上海的港口史,从而使人们能够了解上海城市精神的真正发端,以期从中获取港口发展的经验。

二、水路辐辏苏州河,通津达海历沧桑

人们普遍认为上海城市是近代从外滩口黄浦江发展起来的,因此在许多人的眼里黄浦江是上海的母亲河,学术界也有很多学者赞同这一观点。但是在查阅了许多典籍、经过数次的实地考察以后,我们越来越相信苏州河,也即吴淞江,才是上海真正的母亲

〔1〕 曹伟明:《上海的历史从青龙镇出发》,《探索与争鸣》2005 年第 12 期。

河。从唐朝的青龙镇伊始，苏州河有过没落，也有过辉煌，可以说是古代上海的半部兴衰史。到了近代，上海开埠，苏州河沿岸民族工业兴起，港口贸易繁荣，更促进了上海城市精神的再一次进化，同时也为城市精神埋下了不稳定的因素。

上海的历史源头可以追溯到青浦的青龙镇。当时苏州河流经青龙镇的一段支流被称为青龙江。青龙镇北临青龙江，东濒大海，“依海枕江，襟湖带浦”，依托于苏州河优越的航运条件而成为江南地区内外贸易的最早港口。康熙二十三年（1684 年），清政府开海禁，促进了对外贸易，也使上海内河航运有极大的发展。各地与上海航运关系紧密，通过苏州河南北物资往来，从而造就了苏州河无可替代的枢纽地位。19 世纪中叶上海刚刚开埠的时候，苏州河还发挥着巨大的作用，丝绸、茶叶、瓷器借以在长三角地区流通，使上海成为“水路辐辏”“万商云集”之所。

从 19 世纪 60 年代起，外商开始在中国开设工厂，这极大地激发了有识之士振兴民族工业的愿望。在“实业救国”的理想下，上海的民族资本开始发展起来。依靠“通江达海、连接腹地”的航运优势，苏州河成为我国早期民族工业最为集中的地区。在西藏路以西苏州河沿岸，大量的厂房拔地而起。[1]至 20 世纪 20 年代，两岸有较大规模的纺织、面粉、榨油、机械制造等工厂数十家；至 1949 年，沪西工业区内工厂密布，各类工厂企业 1 914 家，许多企业在国内有着十分重要的地位。直至改革开放前，沪西工业区依然是上海重要的老工业基地、上海最重要的纺织工业集中区。在参观梦清馆——上海苏州河展示中心的过程中，我们多次感受到苏州河上工厂、码头曾经的繁华。可见，苏州河不仅是上海民族工业的发祥地，更见证、推动了上海在成为如今的国际现代大都

〔1〕 陈汶鑫：《苏州河老厂房讲述民族工业历史》，《解放日报》2007 年 3 月 11 日。

市的坎坷路途中,面对所有外在、内在的挑战,所迸发出的顽强不息、进步不止的精神和展现出的开明睿智、大气谦和的姿态。可以说,在一代代上海人追求卓越的路上,苏州河始终在上海工业乃至经济发展路上扮演着极其重要的角色。相比青龙镇带给上海人的追求卓越的精神,苏州河无疑又前进了一大步。

但我们也需看到,在近代租界和苏州河中成长起来的上海城市精神,也有不利于城市长远发展的因素。[1]上海在 20 世纪一度被称为"冒险家的乐园",港口带来了巨大的人口流动,进而产生投机现象、恶意商业操作等。这样的现象为上海的城市精神注入了投机的因素。当投机的思想在中国近现代化的浪潮中转化为敢为人先、敢于拼搏的精神时,上海的城市精神亦从中诞生出精华,由挫折中焕发出新生。而纠缠苏州河数十余年的河道污染问题,也在新世纪得到了完美解决。现在的苏州河,不再是过去那条弥漫着生活垃圾、散发着腐臭和化工有毒气体的苏州河,而成为市民休闲生活的新去处。曾经的急功近利导致的环境污染等难题,而今都在上海人开明睿智的可持续发展的眼光中,得到了一定程度的根治,并与此同时发掘出了更大的旅游、文化价值。

历经岁月的洗礼,对于苏州河文化遗产的保护与传承,我们做出了许多努力。目前普遍采取的方法便是将苏州河两岸的老仓库、老厂房改造成创意园区;将河边原先的旧厂区改造成为绿地、公园、亲水平台(见图 2)。不仅为市民提供了平时休憩、娱乐的场所,更为城市环境的净化、旅游价值的发掘、历史建筑的保留作出了贡献。

然而目前这样的做法,依旧有其局限性。虽然一定程度上保

〔1〕 章银杰、金雪妹:《略论上海租界的城市化效应》,《邢台学院学报》2006 年第 21 卷第 1 期。

证了苏州河沿岸的外观完整性，但其历史文化价值尚未得到更深度的发掘、研究和弘扬。我们可以将散落在苏州河沿岸的历史文化遗迹串联起来，由政府部门统筹，依托教育、建筑、旅游等各行业部门的合作，综合开发苏州河的文化价值，大力弘扬苏州河的历史文化和精神内涵。苏州河，是上海城市发展的见证，更是上海这座城市的文化的根。我们不仅会铭记民族工业发展中的先驱者，更能理解上海城市精神在这条母亲河上的蜕变和成熟。我希望，几十年后，像我们一样的年轻人，看到这条河流所历经的沧桑之时，心中依然会对这段历史充满感动。

图 2　苏州河沿岸绿地景观（小组成员现场拍摄）

三、孤帆远去十六铺，上海老街存记忆

上海作为一个港口城市，其海纳百川、追求卓越的城市精神，与在19—20世纪作为江海通津、江南都会的角色脱不开干系。据《上海名街志》记载，地理意义上的十六铺始于北宋天圣元年（1023年）。当时，吴淞江下游有一条支流名上海浦（即今十六铺处），是商贩集会之处。鸦片战争前，十六铺地区的航运体系已经有一定规模，上海老街也在其带动下一步步由形成走向兴盛。《上海名街志》记载："凡远近贸迁皆由吴淞口进泊黄浦。"当时的十六铺主要作为仓储的中转站而存在着，中外商品通过十六铺的仓储而相互来往。从中我们发现，十六铺与上海老街的繁盛，与

当时上海的城市精神有着密不可分的关系。

作为一个港口城市,十六铺地区只是上海港口文化的一个缩影。从中可以发现,当时的上海已经是“江海之通津,东南之都会”。于是,不同身份角色、社会阶层的人涌入上海,尤以商人为主,他们带来了各种异质文化。

于是,在上海,彼此独立甚至对立的各种文化相互碰撞、交汇,演化成上海“海纳百川”的城市精神。《上海城市精神述论》称:“在城市公共事务中,商人担当主要角色,因此在开埠之前,上海已经形成了宽容的城市精神。上海开埠以后,西人来沪,能在上海打开局面,与上海居民比较宽容有很大关系。”这里说的宽容也就是海纳百川,有两层意思:其一,对内开放。根据上述,早在古代上海就已是漕运中心,在商贾往来中必定伴随着不同地域文化的融合,上海文化正是在吸收了各地文化之后才最终形成。其二,对外开放。上海自开埠以来,往来西人不断增多,其中有许多移民常住于此。上海文化依靠着其继承自昔日繁荣港口所造就的强大的包容能力,吸收了来自不同国家的文化与精神,博采众长,融会贯通,才有了现在的国际大都市。

十六铺的发展也带动了上海老街的兴盛。《黄浦十二记》中说:“当年的南市小东门外(即上海老街),黄浦江水翻滚,带出了舟楫往来,财源茂达的十六铺繁华盛景;而今的黄埔老码头边,江水依旧拍案,拍出了名士往来,摩登精致的桃园美景。”足见当时上海老街贸易往来之频繁连英国商人也大吃一惊,称之为“远东第一大港”。早在百年以前,小东门地区就是上海的小商品集散中心,之所以在这里形成了小商品的集散地,与其地理位置密切相关。上海老街位于十六铺老码头附近,正因为有如此有利的地理位置,上海老街形成了发达的贸易往来。

处在老街之中,会不禁觉得这里处处充满了生活的气息。这也正是海派文化的一大特色，上海人的身上总是充满生活，说他们“市井”并不是贬义，相反，正是这种气质使得他们更接地气。

《走进上海老街 在上海的旧时光里穿梭》中说：“由西到东的建筑风格和业态布局展示了老上海从明清向民国直至西洋文化涌入时期的一段历史文化的演变。”[1]随着时代的进步，上海老街逐渐吸收了不同的文化，从而显出了这样的格局。这正是上海海纳百川的城市精神的体现之一。其不仅指横向地吸收不同地域的文化，也指纵向地接受当地文化的演进。上海之所以是现在的上海，与其“江海通津，东南都会”的历史地位和港口行业的发达密不可分。只有一个对内博采众长、对外兼容并包的城市，才能像如今的上海一样发达。

随着时代发展，十六铺与老码头赖以生存的仓储货运功能地位逐渐降低，城市精神不足的一面被放大，造成了十六铺的逐渐衰落。上海人的智慧是无可否认的，在振兴十六铺的过程中，上海人给出了满意的答卷。

其实近代以来，上海一直走在历史前沿。《上海城市精神述论》中提道：“洋务运动时期，上海是洋务企业集中的地区；戊戌变法时期，上海是变法的宣传中心；辛亥革命时期，上海是革命的策源地之一；新文化运动时，上海是《新青年》的发刊地；抗日战争时期，淞沪抗战悲壮激烈；改革开放时代，上海处于先锋地位。”上海作为中国走向世界的先锋，在不断的改革与进步、失败与努力中，追求着属于自身的完善。正因为上海的与时俱进，不断学习，力求完美，才使得十六铺与老码头焕发新春，也让人们感到这座城市的历史文化温度。

---

〔1〕 伍振：《走进上海老街　在上海的旧时光里穿梭》，《资源与人居环境》2015年第2期。

《十六铺古今谈》中提道:“十六铺是西方列强进入上海的见证。”“十六铺地区有深厚的人文底蕴。宋末元初在上海浦滩建顺济庙(天后宫),祈妈祖庇佑海船。”[1]十六铺作为自古以来上海城及其文化的形成、发展、遭到重击、涅槃重生的见证者,赋予了这里的人们长远的目光、开阔的胸襟。

《黄浦十二记》中有这么一段话:“老上海人口中嘲笑乡土气息的俚语‘从十六铺上来的’,令新上海人摸不着头脑;而新上海人口中十六铺的阳光沙滩又让老上海们一头雾水。‘十六铺’和‘老码头’在时空中交错,映出一段前世今生的缘分。”通过书中对曾经的十六铺和现在的老码头的描写可知,无论是十六铺还是老码头,它们都已经成为上海城市记忆的一角。这里作为一个古老海港城市的标志——港口,早已不是货运和客运的中心,但正是在这里,新老上海人发生碰撞;老上海文化和外来文化擦出火花。最终,人与人、文化与文化相互理解,相互融合。上海是长江的入海口,与此同时,成千上万的人曾通过这个老码头来到上海。他们与他们携带的文化基因与上海相互渗透,取长补短,最终演变为如今的海派文化。上海以其大海一般的包容力、大气的胸怀接纳了无数外来者,也为自身注入了全新的活力。

所谓“心有猛虎,细嗅蔷薇”,海纳百川,兼容并包固然是上海的特点,但上海依然于每一个细节处做到最好,其追求卓越的城市精神一览无余。

然而,上海的精神面貌同样存在一定的问题,值得我们反思。由于长期作为中外的物流贸易中心,直到 19 世纪末,上海依然处于以外贸为主导的经济模式中,长期在经济上领先于国内其他地区,使得一些上海人有以自我为中心的倾向。推究其本源,应当

〔1〕 景智宇:《十六铺古今谈》,《档案与史学》2002 年第 3 期。

看到以港口为中心的外贸经济的副作用，可以说“成也港口，败也港口”。

建设世界城市需要以城市精神鼓舞士气，动员全民参与；需要加强引导，提升居民素质。如今的我们应当发扬十六铺成功模式中的可取之处，更应以史为鉴。

四、游轮频现吴淞口，直挂云帆济沧海

吴淞国际邮轮港的建成，可以说是上海步入新时期的一大标志。作为现代上海的一个特异点，我们可以从中全方位地看见上海的城市百态，体现了当代上海城市精神。

吴淞国际邮轮港，是目前亚洲最大、最繁忙、名列世界第八的国际邮轮母港。在这成功的背后，我们可以一窥其对于城市精神的深远影响。邮轮港带动了宝山地区的基础设施、就业机会的改善，加强了上海人的自信；同时又集聚全国文化，促成了上海人敢为人先、心怀天下的精神，是一个由点及面、由面到体的过程。吴淞港作为一个“点”，它首先带动的就是上海之东北角——宝山区，这一个“面”的焕发光彩。

作为一个港口，吴淞港有着非凡的地理优势。数据表明，港口前沿航道水深常年保持在9—13米，距离长江主航道仅有1—2千米。相比较货物大港——上海港而言，这里的交通也很便利，同时又处在黄浦江至长江的入口处，再加上上海港没有大型的、专供游轮航行的港口，因此，在吴淞地区建立邮轮港实在是明智之选。至此，从地理环境的特殊性出发，邮轮港真正改变了宝山区的样貌。

宝山区政府在2013年提出了将宝山区建立成“游轮之城”的计划，2015年提出了“区港联动”的方案。可以说，宝山区已经将

邮轮港作为一种核心竞争力来发挥其效用了。在这种政策的引导下，各种配套设施开始建设。在基础设施方面，紧靠吴淞港旁的公交车站进行了翻新工作（见图3）。一方面加强了邮轮港周边的观赏价值，另一方面能够更好地与现有的快速干道、交通网络相结合，加强其运输效率，从而形成了便利的海陆联运模式，为乘客的出行提供了极大便利。

图3　吴淞港旁翻新后的公交车站（小组成员现场拍摄）

在就业方面，由于游轮的停靠，对于游轮的燃油添加，以及对于游客的食品供应行业变得需求大旺，加之近来对于邮轮港的扩建工程，无不加大了邮轮港周边的就业机会。

表1　2016年1—11月宝山区主要经济指标状况

对　象	总收入（亿元）	同比增长（%）
增加值	949.9	3.2
税收总收入	345.5	13.9
消费品销售总额	3 298.5	10.3
社会消费品销售总额	576.7	7.3
商品房销售额	406.7	18.6

从表1可以看出，在确立了“区港联动”后的第一年，首先，宝山区的经济就得到了很好的发展，其中从消费品以及商品房的增长可以看出外来就业人群在宝山的定居以及日常生活消费的增长，可以极大推动总体的经济交往；其次，这两项指标的增速远超其他，可以说明外来人口的数量也在逐渐增长；同时全区的增加值也比2015年有所增长，体现了政策的扶持对于经济的更强推动力。

这样的急速增长带来的是整个城市的自信，提升了上海人民对于自身潜力，以及上海本身的信心。这时的邮轮港起到了上海先锋的作用。

上海之邮轮港又在促进宝山这一“面”的发展之上，发展了上海与其他城市的联系，是对“体”的发展。

“体”的发展强调了上海作为国际都市的辐射与集聚效应。但我们认为这里的情况有所不同，辐射体现在经济层面，而集聚更加体现在文化的角度。

首先在经济上的辐射，与十六铺的对外货仓存储不同，吴淞口的现代化由于其更进一层的海陆联运，可以不通过十六铺，直接经由吴淞口的货轮港进入内地。

其次在文化上的集聚，我们认为上海是全国的先驱，是将历史责任集聚到了上海，进而内化为城市精神。

上海，作为中国的一线城市，在发展过程中已经奠定了其历史责任，它带动的是全国的发展。从改革开放时上海获得了发展的优先权起，到上海超过厦门等第一批率先改革开放的城市，成为中国第一大城市，再到国务院对于上海的发展提出“四个率先”与“四个中心”，这才有了邮轮港这一“特异点”的前提。这些无处不在地透露出上海的根本责任：承载全国的意志，在国际上代表中国发声，与全球各大城市同台竞争。这是爱国主义与全球目光的融合。

由吴淞港的发展,我们可以看出,在近现代上海港口向着国际化趋势发展的同时,它对城市的影响表现为自信心的加强以及心怀天下、敢为人先的品质。身为新一代上海人的我们,也应汲取吴淞港发展中的思想精华,为上海港口的发展和国际化大都市的再升级作出自己的贡献。

五、结　　语

在今天,东海中的洋山深水港拔地而起,使上海在港口城市升级的道路上又迈进了一大步。2005 年 12 月 10 日洋山深水港区顺利开港,成为中国最大的集装箱深水港。国际港口协会会长皮特斯特·鲁伊斯先后三次来洋山港,感叹:“我走过世界上所有大港,也见过一些建在海岛的港口,但像依托洋山这样的孤岛,在离大陆如此远的地方,建规模如此大的现代化港口,殊为罕见。”由于洋山深水港的加入,2010 年,上海港完成集装箱吞吐量 2 907 万标准箱,首次超越新加坡成为全球最繁忙的集装箱港口。这里的贸易、航运、流通空前繁荣,是上海作为新时代港口城市最亮眼的一张名片。在这里,上海人积极进取、复兴中华的梦想正在一步一个脚印地实现着。

经历了四大港口发展的上海,逐步从每一个港口的形成、演变、转型中培养着属于自己的城市精神:海纳百川、追求卓越、开明睿智、大气谦和。它们见证了上海,一步步从传统的外贸城市,走向一座代表了社会主义时尚标杆的城市,在社会主义现代化的进程中,逐渐成为世界文化的一个标杆,成为中国第一批历史文化名城。在新时代背景下,上海的城市发展必然会更加繁荣,而其中所孕育的城市精神也必然会走向新的高度。

[专家点评]

古往今来，探讨地理环境对人类心理、民族性格施加影响的研究有不少。本文则试图通过梳理上海四大历史时期的四个港口（青龙镇、苏州河港、十六铺和吴淞国际邮轮港）的演进过程，来探讨其对构造上海城市精神的影响，从而将历史与现实紧密结合，由此提出：上海的港口在国内外地位以及角色的变化是导致上海城市精神逐步形成及发展的重要驱动力。

全文意旨明确，视野开阔；文字流畅，分析较为缜密；资料翔实，引征亦比较规范；在尊重前人成果的基础上，整个论证过程分门别类，循序渐进，对于理解上海的发展史有相当的说服力。对今天上海现代化大都市建设尤具有一定的参考意义。

——上海社会科学院历史所研究员　马　军

从食品包装看上海社会的时代变迁
——从上海益民食品厂为例

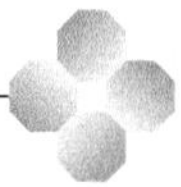

吕宛蔓[*]

[摘要] 上海益民食品厂历史悠久,代表上海地域企业文化特点,展现食品企业历史进程,折射所经历时代的政治、经济、文化。通过资料的查找,结合笔者所学知识,笔者发现不同时期的益民食品厂的食品包装可以反映当时的时代特征。根据不同时代的历史背景,笔者对不同时代的益民食品厂的食品包装进行了分析。

[关键词] 益民食品厂;食品包装;上海

一、上海益民食品厂概况

上海益民食品集团是一个以综合食品制造、食品商贸服务为

---

* 吕宛蔓,湖南省长沙市第一中学2019届学生。本文指导教师朱真。本文获2017年博学杯历史人文素养展示活动论文优胜奖。

主体，国有控股经营管理的大型企业集团。上海益民食品一厂的前身是1913年成立的美商海宁洋行，解放战争前期更名，创立了合资企业的商标“蔓登琳”。新中国建立后，在华东军政委员会下属的华东工业部主导和组织下，更名为上海益民食品一厂。在驻厂军代表及该厂原地下党员的倡议下，创建了中国自己的冷饮品牌——光明牌，其来源是当时的一首革命歌曲中的歌词“走向光明，走向胜利”（当时中国的部分地区还没有解放）。1951年6月“光明牌”商标正式注册成功。“光明牌”，不但开创了中国冷饮民族品牌的先河，还开创了一个“光明”食品工业的新时代。从冷饮开始，“光明牌”逐步扩展到罐头、代乳粉、奶粉、糖果、巧克力、饮料等，成为国内第一家具有较大生产规模的综合性食品工业企业。如今在食品领域中使用的“光明”商标，几乎都是从当年上海益民食品一厂的“光明牌”中衍生而来。[1]

二、20世纪50—70年代：政治色彩明显，宣传功能突出

益民食品一厂的前身在解放战争前期就创立了合资企业的商标“蔓登琳”。“合资”，在当时可以说是走在时代的前沿了。“1984年以后，城市经济体制改革全面展开。在所有制上，变单一的公有制经济为以公有制经济为主体，多种所有制经济共同发展。”[2]上海的益民食品厂，在20世纪四五十年代就率先成为合资企业，不仅如此，第一家公私合营的企业也是诞生在上海。这正体现了上海经济一开始就走在了全国的前列。同样，笔者从益

〔1〕 参考百度百科“上海益民食品一厂（集团）有限公司”词条。
〔2〕《历史·2》，人民教育出版社2016年版，第55页。

民食品厂的食品包装上也可以发现它的图案具有当时时代的明显特征,并且满足当时时代的一些需要。

图 1　光明牌紫冰糕包装纸图片

图 2　友谊夹心糖包装纸图片(湖南省长沙市李炳梅女士收藏)

图 3　奶油奶糖包装纸图片(湖南省长沙市李炳梅女士收藏)

图 1 是"文革"时期的。图上的青年抱着一捆稻草,脖子上挂着汗巾,看得出来是在田间耕作。类比当时的历史背景,大批知识青年下乡劳作。毛主席说过:"农村是一个广阔的天地,在那里是可以大有作为的。"这张图就是体现知识青年上山下乡的背景,也折射出"文化大革命"中的某些社会特征。

图 2 是 20 世纪 50 年代末 60 年代初益民食品厂推出的夹心

糖罐。图中的小孩眼睛大大的，系着红头巾，手上拿着一颗大大的红色糖果。红色，向来是中国人民所喜爱的代表吉祥、美好的颜色。此图内容与时代背景契合紧密。

图3的时间为20世纪60年代。图上是知识青年学习的图案，与“文革”的主题就不谋而合，而且整张糖纸，是以红色为底色，红色也是60年代的年代色，所以构色方面也有年代的考究。

这三幅图都表明食品包装带有当时的政治特征。

图4可以看到上面的女孩正在进行锻炼，同时主要构色也是红、白色。这是对运动的一种宣扬赞赏，鼓励人们积极参加体育运动。

图4　奶油香兰奶糖包装纸图片

（湖南省长沙市李炳梅女士收藏）

在大街小巷打上政治宣传标语是中国特殊时期的产物。20世纪70年代初，由于中美关系还未改善，街头常见的标语是“打倒美帝”等，不但墙体上，一些画报、书籍、包装纸等上面也有类似的标语。从图5这张糖纸，可以看出当时的益民食品厂也体现着当时中国的整体政治形势，在包装纸上印有“痛打美帝”四字，表现出对六七十年代中国政治形势的密切跟进，在作为食品包装的同时，政治宣传功能也凸显

图5　香蕉糖包装纸图片

出来。

图 6　水果奶糖包装纸图片

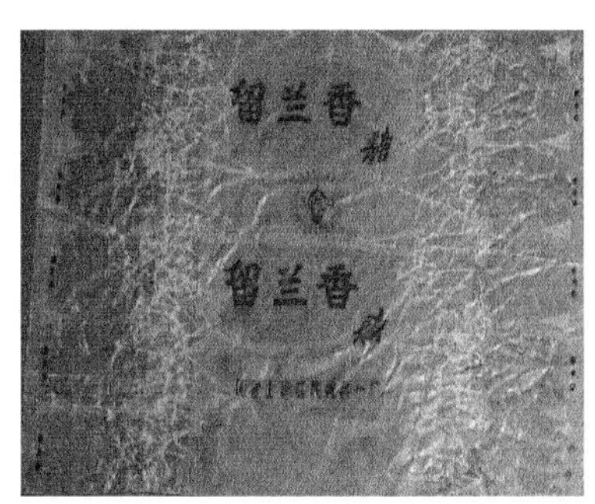

图 7　留兰香包装纸图片

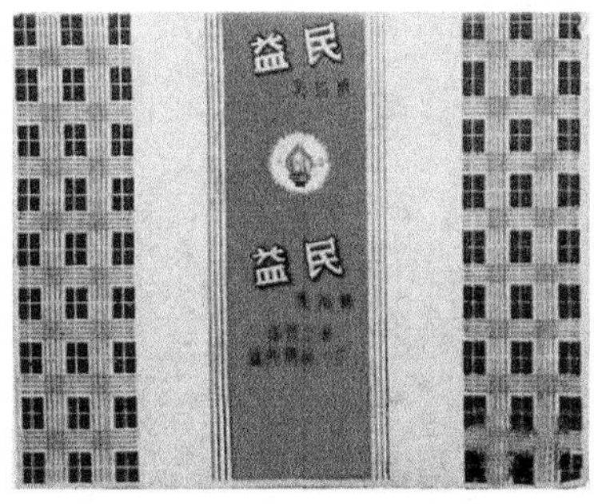

图 8　益民乳脂糖包装纸图片
（湖南省长沙市李炳梅女士收藏）

食品包装材质也在一定程度上反映出当时的社会经济情况。可从图 1、图 3—图 8 发现这些食品包装的材质基本上都是蜡纸和硬纸。当时中国在政治、经济、军事、文化等方面都存在很大的困难，国民经济落后，民族资本主义企业发展缓慢，当时的工业水平，尤其是材料工业水平较低。而新中国成立后，政府着力恢复战后的经济，所以依然是用廉价的蜡纸或硬纸片来做糖纸。可见，食品包装的材质也是当时上海社会经济的一种体现。

三、20 世纪 70—90 年代：审美色彩浓烈，开放意识增强

我国的改革开放从 1978 年 2 月中国共产党十一届三中全会

图 9　小鹿乳脂糖包装纸图片

图 10　朱古力糖包装纸图片

图 11　心糖包装纸图片（湖南省长沙市李炳梅女士收藏）

图 12　爱心糖包装纸图片（湖南省长沙市李炳梅女士收藏）

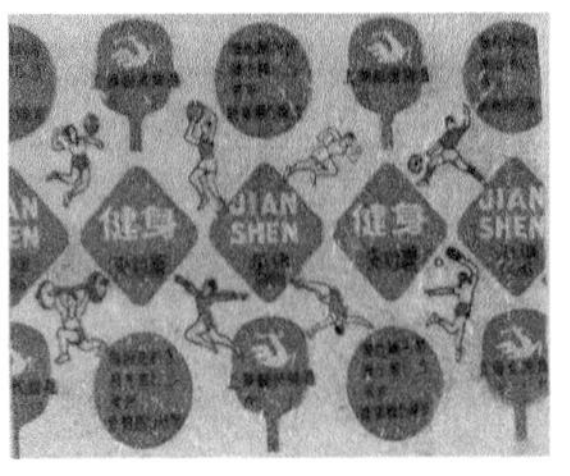

图 13　健身夹心糖包装纸图片（湖南省长沙市李炳梅女士收藏）

图 14　中华奶糖包装纸图片

拉开序幕。而上海,作为中国最早成为通商口岸的城市之一,在实行改革开放的政策之后,更加全面地吸收外来优秀文化,在中国传统的审美基础上融入了西方的审美,人们的审美需求日益凸显。“从50年代以来我国一直实行高度集中的计划经济体制。计划经济体制曾经推动国家社会经济的发展,但长期实行,会造成企业缺乏自主权,严重压抑企业职工主动性、积极性和创造性,使本应该生机盎然的社会主义经济在很大程度上失去了活力。”[1]而此时上海已经开始摆脱计划经济体制的影响,实行城市经济体制改革。上海之前有较好的经济基础,改革中发挥出更大的作用,上海的国民经济飞速发展,位于中国的前列。经济的发展必然推动人民文化生活的发展、审美需求的发展。

20世纪中后期汉字拼音的普及以及英语的学习让益民食品厂的包装纸上又多出了一些新鲜的元素。上海的艺术文化慢慢走在全中国前列,逐渐走向开放,这也在一个小小的益民食品厂的食品包装上得到了表现。正如图9,除用了一些比较多的颜色,在食品的名称上也有一些新的创新,除了中文标识,还有艺术的拼音文字。图10则都是英译的表达。

随着上海经济慢慢走向国际,人们在追求物质生活的同时,国家也在加强对人们的思想道德修养的培养。食品包装上也开始进行一些积极的宣传。图11的“三心”,图12的“爱心”糖纸特写,这样的思想道德宣传,反映出上海20世纪70—90年代对道德的追求,而且每个心都有相对应的小人物,更加富有感染力。

仔细观察图9—图12,还可以发现包装纸上的内容趋向将左右或者上下留白,或者只做简单的装饰,而主题部分则留在中心,

---

〔1〕 人民教育出版社、课程教材研究所、历史课程教材研究开发中心编著:《历史·2》,人民教育出版社2016年版,第56页。

可以直接吸引消费者的眼球。图案也不仅仅是单独的写实，更多地将一些实体图像艺术化、夸张化、国际化了，整个画面看起来更加灵动一些。不管是上海的企业家还是老百姓，他们的开放学习意识更加增强了。学习西方的艺术，满足当时人们的审美需求，这也正是上海对外来优秀文化包容的一种表现。

1980 年，新中国第一次派队出席了在美国普莱西德湖举行的第 13 届冬季奥运会。男女运动员共 28 人，参加了滑冰、滑雪和现代冬季两项等 18 个单项的比赛。中国于 1984 年重返奥运会参加洛杉矶奥运会，并实现了中国在奥运会历史上金牌零的突破。可以得知，至少在 20 世纪 80 年代之后，中国在奥运赛事上开始有质的飞跃，而且“全民健身”的风潮让人们意识到健身也应该是生活的一部分。图 13，时间为 80 年代，上面都是人们健身的图案，并且有营养成分的标注。益民食品厂这张食品包装是表达“全民健身”、强身健体的概念，也表明当时的人们已经开始注重个人身体素质的提高。

图 14 中的“经济区”则明确告诉我们，20 世纪 80 年代以后上海也是经济区之一，经济走上了快速发展的道路。这同时表示出，在国家政策的鼓励之下上海的经济在原有的良好基础上有了更加进一步的发展。

从材质上来看，图 11、图 12 用的是现在的塑料彩色糖纸包装，图 10、图 13、图 14 是用玻璃纸进行包装的。玻璃纸和塑料彩色糖纸都是在 20 世纪 80 年代之后普遍使用的糖纸材料。可见，当时人们的生活水平在逐渐提高，越来越注重生活品质和食品包装的美感。这也是工业文明不断发展、科学生产不断进步的表现。上海经济已经迅速发展，正在赶上国际的步伐，所以糖纸也用上了国际上通用的彩色塑料包装纸。

总体来说，上海在 20 世纪 70—90 年代，审美意识和水平都有增强,因为开放,所以能融合西方的优秀商品艺术文化。

四、20 世纪 90 年代以后:中西交流密切,传承意识加强

2006 年 8 月,光明食品(集团)有限公司成立,益民食品一厂(集团)有限公司成为其核心企业之一,并有了更好的发展平台。"自 2014 年起,光明食品集团连续承办中国国际食品博览会,并在食博会期间举办食品产业论坛。""近年来,光明食品集团在国家'一带一路'建设的引领下,积极实施'走出去'战略,致力于全球资源的整合配置,打造全球食品集成分销体系。"可见上海的先进食品企业与国外交流十分密切,同时紧跟"一带一路"的政策。与上海益民食品厂类似的还有冠生园(老字号企业)。"上海冠生园食品有限公司是由光明食品集团所属上海梅林正广和股份有限公司 100% 控股。""与逾 100 家国外经销商建立长期业务往来关系,并在五十多个国家和地区注册了商标。"其最著名的产品便是大白兔奶糖(见图 15)。"大白兔"诞生于 1959 年,到今天已经有 50 多年的历史,可它的包装并没有太大的改观,而是沿用了之前的传统包装。但它在传承传统包装的同时也在寻求包装上的创新。梅林股份的上海冠生园食品公司和法国"agnes b."公司达成合作协议,推出一款中西文化交融、经典与时尚完美结合的跨界产品——"大白兔——agnes b."糖果礼盒。(见图 16)这体现了冠生园与西方交流密切,同时也创新、传承原有的食品文化。益民食品厂在发展的同时,也慢慢树立了食品文化传承的意识,建立了上海益民食品一厂历史展示馆(见图 17)。这是对益民食品厂自身内在食品文化的一种传承方式,十分新颖。

图 15　大白兔奶糖图片

图 16　大白兔与法国 agnes b. 合作的珍藏礼盒

图 17　上海益民食品一厂历史展示馆网页图

五、结　　语

“由于海派的艺术文化是现代都市中产生的以科学和民主为底蕴的开放文化，因此它是一种与时俱进、不断创新、勇于建设先进文化的文化。糖纸的兴盛历史充分说明了它的与时俱进和不断创新。糖纸从单纯的广告性到设计的艺术化，开始于商业繁荣的 20 世纪三四十年代，它先是从西方糖果产品中延伸学来的。但是,它的艺术性到了50年代有了长足的进步。”[1]必须要承认,上海的食品包装文化受到海派艺术文化的影响,并且海派艺术文化也是上海食品包装文化发展的重要推力之一。而上海的海派艺术文化的丰富也正是上海开放社会的体现。

企业是国民经济的细胞,企业的发展史就是一个地方、一个国家经济政治、文化发展历史的缩影。笔者认为益民食品厂作为上海比较有代表性而且历史悠久的食品企业,它的历史是有研究价值的。而关注到它的食品包装是因为笔者意外地发现它在不同的时代基本上都体现了当时历史时代的特点。每一个文字图案都对当时的历史特点或多或少地有所反映,说明了上海的食品包装紧随时代步伐。而益民食品厂是上海的老牌食品企业,透过它的食品包装,笔者发现无论是企业还是企业家,他们都是将企业的发展与当时国民社会的发展联系起来,或许这就是上海走在我国其他城市前面的原因。

[专家点评]

这是一篇由一场参观引发的研究论文,“吃货”作者关注到了我们日常生活中最常接触到的“食品包装”,尤其是一家上海的国营食品厂的糖果包装,突发奇想,对其展开收集与分析。论文选题新颖,又接地气。不管是自觉还是非自觉,作者借助于新史学对于图像研究的方法与理论,从政治、宣传、审美、改革开放甚至中西交流的角度来分析从“友谊牌”夹心糖纸到“大白兔”奶糖纸的变化,从食物包装的政治到食品文化的传承,以小见大,引人入胜。虽然文章篇幅不长,但胜在图文并茂,颇能吸引读者。尤其

---

〔1〕 钱乃荣:《糖纸头——海派文化的童年情结》,上海大学出版社2011年版,第118页。

有意思的是，作者并非上海学生，而是来自湖南长沙，这充分说明，只要有一双善于发现的眼睛，只要有一位善于启发学生的好老师，高中生开展学术研究的天地宽广。此文虽然获奖，但从行文看来还是比较单薄的，有些材料的分析也显得“简单粗暴”，希望假以时日，作者能够搜寻更多的材料，将这项研究做得更加立体而丰富。

——复旦大学历史系教授　陈　雁

历纸媒变迁　踏近代之路观申城风云

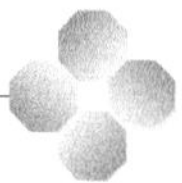

张韫琳　王滢宇*

［摘要］　诞生于上海的《申报》是中国近代历史最长、影响最大的一份报纸。历经了100余年，多场革命活动，是中国现代报纸的开端。陈独秀创办的《新青年》杂志催生了新文化运动，推动了新文化、新思想在上海的传播。1921年中国共产党在上海召开一大，上海也由此成为中共各类机关刊物的发源地，上海的纸媒发展史也有了传奇的革命色彩。本文旨在从现实状况出发，追溯不同历史阶段与当时的报刊，研究纸媒与时代发展的关系与规律，从而提出我们对于纸媒未来发展方向的态度与建议。

［关键词］　纸质媒体；近代；上海

随着网络的不断发展，人们越来越习惯于从各大网站上查看当天的新闻趣事；与此同时，手机、手持电脑等移动设备的普遍化

*　张韫琳、王滢宇，上海市复兴高级中学2018届学生。本文指导教师徐宁。本文获2017年博学杯历史人文素养展示活动论文优胜奖。

也使得信息获取变得越来越便利，过往以电视、广播为代表的电子媒体在互联网的帮助下获得了新生，构成了当今社会“新媒体”的大环境。在这样的背景下，以报纸杂志等纸质材料为载体，以印刷、手写为记录手段的纸质传统媒体，在受到一定程度的冲击之后，屹立不倒，乃至未来仍旧会熠熠生辉。

本文旨在探索纸媒在不同时代自身的价值定位，以及内在的发展规律。本文将从中国近代开始，以上海作为着眼点，研究纸媒与时代的关系。

一、历史变迁的见证者

在近代中国形形色色的报刊中，1872 年创办、诞生于上海的《申报》是中国近代历时最长、影响最大的报纸。《申报》历经了清朝末期，又经历了辛亥革命、“五四”运动、北伐战争、抗日战争和解放战争等各个历史阶段，至上海解放时因历史原因停刊。

《申报》可以说是中国，更是上海历史的参与者、见证者。它较为翔实地记载了中国近代社会的曲折历程，保存了大量的当时、当地的文字和影像资料，为后世的历史研究提供了大量一手史料，堪称是中国近代史的史料宝库。《申报》的发展是上海报业从效仿到自兴的缩影，其记载的历史也使其成为特定历史时期的见证。

《申报》于 1872 年由英国商人美查、伍华特、普莱亚和麦洛基合资创办，由中国人主执笔政。尽管《申报》最初的创办宗旨是以赢利为主要目的的商业报纸，但其对新闻业务进行了改革：一是发表政论文章；二是改革新闻报道，重视新闻的真实性；三是注重反映社会实际生活，关乎民生。作为当时国内大众传媒的领军者，《申报》与读者间的紧密互动使其发展紧密联系百姓生活，在获得了更广泛的社会认可的同时,也扩大了群众基础。《申报》前后刊行78年之久,影响广泛而深远。[1]

在特定历史时期,《申报》都秉承着内容丰富的特色,不仅涉及面广,而且针对性强。

早在“五四”运动前几个月,《申报》便以广阔的视野连续报道巴黎和会与山东问题。在这些问题的报道中,《申报》全面地报道国内外各方的主张,对顾维钧在和会中的发言、政府曾试图以退出和会相逼等情况都有所呈现。《申报》的观点是全面而客观的,集各家之言,为读者从不同角度还原事实真相。[2]作为媒体,报道内容要“新”,更要“全”,《申报》秉持这两点,采用更全面的视角发挥了新闻媒体的重要作用。“由于运动中《益世报》被查封,《晨报》遭到监视,当时三大报纸中只有上海的《申报》完整地见证了这个事件爆发的全过程。”[3]所以说,《申报》对“五四”运动在民众中的传播有重要影响。

《申报》除了客观阐述事件进展外,还发布多篇时评,表达了对政府处置此次事件策略的不满。如该报5月7日的时评曾称:“此次北京之事,绝非发始者之本意。政府中人,苟能平心静气以处置之,断不致因一时之激动,而有解散大学以军法处置学生之说。何则事有轻重,法有界限,不能径情而直行也。苟其不然,后祸尚有穷期哉?政府其深思之。”随后在5月16日的时评中,该报进一步警告政府:“虽然政府不顾人民之意则人民之意激发也愈甚,今后中国国事之日趋险恶意中事也。北京政府其预备以国为牺牲欤?我人今日实不能不为之大声而警告也。”[4]该报敢于在

---

〔1〕　沂源:《〈申报〉与五四运动》,《团结报》2016年5月6日。

〔2〕　《〈申报〉介绍》,见华文库,2013年10月18日。

〔3〕　王晓林:《近代国家危机中的政府、社会与外交——以五四学生运动中的〈申报〉报道为中心》,《华中师范大学研究生学报》2013年第3期。

〔4〕　浙江大学《〈上海画报〉与〈申报〉》,2013年5月14日。

舆论的风口浪尖，代表民众发声，直指矛盾焦点，起到了震慑政府的作用。

此外，《申报》还具有全球视角。不仅关注留学生及海外华人对此次事件的态度，也对日本、英国、法国、美国、俄国的想法予以揭露，点明他国的别有用心，转让山东给日本背后是列强无视中国，一心达成自己“利益均沾”的门户开放政策。

1919年5月15日，《申报》还联合《新闻报》《时报》《神州日报》《时事新报》《中华新报》《民国日报》共七家在上海的报纸发布公告，公开声明拒登日商广告，并在头版头条发布此公告称：“敝报等公决：自五月十四起不收日商广告并日本船期进市商情等，特此公告。”

在国家动荡为难之际，《申报》时刻清醒自己觉醒民众的责任，“举天下之新理论、新主义于国民”，它不仅是承载信息的媒介，更是有气血的发声者。媒体的存在价值不仅限于记录事实、还原真相，更应坚定价值定位，传递正确的价值导向，服务于正确价值观。

二、思想文化的传播者

在中华民国建立之初的10年，社会陷入军阀割据混战和种种社会危机的黑暗之中，一批先进的知识分子逐渐认识到，为了实现政治上真正的变革，必须彻底地批判旧思想、旧文化，引进新道德、新观念。由此，新文化运动的开展与推进是这个时期的主旋律。

在一场变革中，尤其是思想文化领域的变革，必然有舆论阵地来进行宣传，这就是《新青年》(原名《青年杂志》)之于新文化运动的价值，包括在之后的中西文化论战之中，各派学者也通过其各自的报刊或杂志进行学术交流。这个时期的报刊是思想文化的传播者。

《新青年》1915 年 9 月 15 日由陈独秀在上海创刊。第二卷第一号由《青年杂志》改名为《新青年》,突出对新文化、新思想的大力推崇。初期的《新青年》以驳斥封建意识形态为宗旨,在哲学、文学、教育、法律、伦理等领域发起了猛烈的进攻。

1917 年年初,以陈独秀调任北京大学文科学长为契机,《新青年》迁至北京,在李大钊、胡适、钱玄同等人先后加入撰稿之后,《新青年》首次改用白话文,使用新式标点,其中鲁迅的《狂人日记》具有里程碑的意义。俄国十月革命后,《新青年》积极宣传马克思主义,吹响“五四”运动的号角。

接下来 3 余年,《新青年》不断蓬勃发展,直至 1922 年 7 月休刊。之后《新青年》成为中共中央正式的理论性机关刊物。后期则介绍了大量马列主义著作和国际无产阶级革命运动的经验。

《新青年》在这一时期倡导个性青年,宣扬体育精神,驳斥守旧派,呼吁解放妇女和儿童,并对外国文学的各种流派和作家采取了包容的态度。对于先进的民主、科学精神的宣扬,使时值黑暗时期的人民重又看到了希望,指导和激励中国人民经过长期奋斗,实现真正的民族独立和现代民主,推进了中国政治民主化的历史进程。[1]

新文化运动中,除了《新青年》这一极负盛名的刊物,在其引发的中西文化论战中,也有闪着不同流派思维光芒的刊物。

在第一阶段,《新青年》中激烈批判旧文化、全盘否定旧文化的态度,引起一些人的强烈不满,杜亚泉通过其主编的《东方杂

〔1〕 王奇生:《新文化是如何“运动”起来的——以〈新青年〉为视点》,《近代史研究》2007 年第 1 期。

志》连续发表文章，《东方杂志》是商务印书馆创办的第二种杂志，被誉为“中国近代史的资料库”，本身就具有极大的历史价值和社会影响力，此番被主张以中国固有之文明“救西洋文明之弊，济西洋文明之穷”的守旧派利用，作为他们宣传思想的舆论阵地，先后发表《迷乱之现代人心》《答〈新青年〉杂志记者之质问》等文章，与陈独秀、李大钊等人进行针锋相对的辩论。

至第二阶段，章士钊、梁启超等人为了缓和中西文化论战，先后提出“新旧调和”论、中西文化“化合”论，新文化运动主将将《每周评论》这一周刊报纸也纳入舆论阵地，积极参加论战，试图证明新文化运动的历史必然性，尽管后期因为裸露的言论而遭到封禁和停刊，但其在论战中宣扬思想的作用无疑是巨大的。

新文化运动是中国近代广泛吸纳新兴思想的时期，是中国向前迈出巨大一步的时期，这一时期的报纸杂志等纸媒不仅仅是历史的见证者，更是推动革命的先行者，知识分子将纸媒作为自己的舆论阵地，在那个没有网络的时代，报纸杂志是人们了解新事物的唯一途径，借助纸媒来宣传新的思想，其影响面无疑是广的，对中国社会产生了深远的影响。[1]这一时期的纸媒以推动变革、传播新知的使命而实现了其价值。

三、共产主义的实践者

20 世纪初，北京的政治氛围越发紧张，而上海共产国际小组的工作则进行得相对平稳，加之上海工人阶级数量相对庞大，为日后成为中国共产党诞生地奠定政治基础。

〔1〕 陈平原：《思想史视野中的文学——〈新青年〉研究（上）》，《中国现代文学研究丛刊》2002 年第 3 期。

1920年3月,“共产国际代表维金斯基来到中国,帮助建党。他先在北京找到李大钊,又经李大钊介绍到上海会见了陈独秀,双方共同讨论建立中国共产党的问题。在共产国际的帮助下,陈独秀展开了积极的建党筹备活动。5月,陈独秀在上海组织‘马克思主义研究会’,为建党作了思想上和组织上的准备。经过一段时间的酝酿,中国第一个共产主义小组——上海发起组(后称上海共产主义小组)于1920年8月正式成立。陈独秀主编的《新青年》杂志作为它的机关刊物。11月,又制定了《中国共产党宣言》,创办了理论性的机关刊物《共产党》月刊,由李大钊主编”[1]。与此同时,还翻译出版《〈资本论〉入门》《社会主义史》《阶级斗争》《共产党宣言》等一批马列著作,加大马克思主义在中国的进一步传播,创办《劳动者》以加强对工人的宣传教育,宣传和动员群众,将马列主义思想与工人运动的政治实践相结合。

这一时期,上海成为中国共产党许多思想刊物和秘密报刊的发行阵地。中国共产党筹建时期的理论机关刊物《共产党》是半公开的秘密刊物,一般随《新青年》一起附赠,社会影响似乎不大,但它的历史意义却不容忽视。《中国共产党史的发展(提纲)》中指出:“党的出版物,除《新青年》外还有《共产党》,销数很广,宣传亦很有力量。”《共产党》月刊于1920年11月7日在上海创刊,这一天也是俄国十月革命胜利3周年纪念日,于1927年中国共产党成立同年停办,完成了它的历史使命。该刊由中国共产党上海发起组创办,主编李达,主要介绍俄国共产党的经验和马克思主义学说,阐明中国共产党人的主张,刊载第三国际的重要文件,报道共产主义运动在各国的发展,同时批判了修正主义和无政府主

〔1〕 杨月芳:《中共一大为何在上海召开》,《中学政史地:初中历史》2006年第Z2期。

义思想。它对促进国内工人运动的发展，统一各地共产主义小组的建党思想，以及中国共产党的诞生，作出了积极的贡献。

中国共产党一大的召开使上海也由此成为中共各类机关刊物的发源地，上海的纸媒发展史也有了传奇的革命色彩。上海发起组担负着全国各地建党的指导工作，成为党组织成立之初的思想和政治中心。[1]

网络时代，新媒体的崛起使上海的两大报业集团遭遇了与国内外纸媒同样的挑战，现有的体制在相当程度上制约了纸媒的发展。上海的选择是：撤二并一，加快转型。21世纪初，上海的纸媒业合并形成两大集团——上海文汇新民报业集团和解放日报报业集团。[2]集团化的纸媒业将更有效地整合资源，发展纸媒自身优势，迎合读者个性化阅读需求，找准新媒体时代下的市场定位。拥有百余年历史的上海纸媒业，就此掀开新的篇章。

历经岁月沧桑，上海纸媒的变迁与发展正是这座城市历史的缩影，纸媒从无到有，从外商投资到独立创办，得益于上海兼容并包的城市气魄，上海纸媒在不同时期的价值定位和使命，让它在中国近代动荡的岁月中依旧生生不息。这无疑可以给当代纸媒的发展带来启示，不论是在刚引入网络媒体的小城，还是北上广这样信息爆炸的大都市，饱受网络媒体冲击的纸媒应该在时代的潮流中坚持个性化的东西，它对于信息保留的永恒性，它在中老年群体中的受众性，一天一度，甚至一周一度的信息整合使得它传达的东西更为精准和凝练。

这就是独属于当代纸媒的价值，它将继续这样，不卑不亢、不慌不忙地走向属于它的光明未来。

---

〔1〕 马光仁：《〈东方杂志〉与新闻学研究》，《马光仁文集》，上海社会科学院出版社2013年版。

〔2〕 《新闻界》2016年第7期。

［专家点评］

此文饱含着对现代社会纸媒的现状和前景的忧思，以沪上纸媒为线索，以近代“五四”运动、共产党成立等重要事件为中心，探讨纸媒与近现代社会之关系。通过考察，作者认为，近代的《申报》和《新青年》等重要纸媒之成功，在于其始终立于时代之潮头，以传播新思想和发表新见解为己任，持论公允，开启民智，成为近现代历史的重要见证者，其本身亦成为后人了解近代历史的重要史料。因此，尽管当下受互联网等新技术的影响，纸媒受到一定的冲击，但新科技影响的只是媒体的形式，真正使媒体立足的是内容。只要纸媒能够如近现代重要媒体那样，坚持自己的独特风格，始终引领新时代潮流，能够阐发独到见解，一定会在未来有自己的发展空间和重要地位。

此文具有一定的问题意识和现实关照，寓论于史，逻辑分明，前后呼应，很好地阐释了纸媒自身的历史性以及纸媒反映历史的功能。

——复旦大学法学院教授　赵立行

后　记

博学杯活动最初的发起与复旦附中2004届校友张之源先生有关。张之源先生认为在复旦附中求学过程中，历史学科的学习对自己的成长有莫大帮助，从而希望出资支持举办博学杯，以提供一个平台，鼓励复旦附中学生培养对历史的学习热情，提高自身历史素养。后来又加入陈惠和女士的支持。在学校领导的关怀下，历史组老师带领学生成功地在复旦附中举办了2013年和2014年两届博学杯历史素养展示活动。在前两届活动中，我们深感学生在参与过程中不仅仅能感受到历史的独特之美，激发了他们学习、研究历史的兴趣，更令人欣喜的是不少学生通过准备、参与活动而一定程度上提高了自己的史学素养，尤其体现在历史阅读与写作能力方面。因此，我们感受到这项活动有着深远的意义。适逢上海市教委实施上海市首届中小学（幼儿园）中青年骨干教师团队发展计划项目，提供资金，支持各学科进行教育教学科研，其中由特级教师李峻领衔开展的“历史学科教学模式转换：以阅读与写作为中心的建构”团队认为类似博学杯的活动是推动高中历史教学模式转变的良好助力，有着推广的价值和意义，因此，在该团队成员的联系与沟通下，复旦大学历史系、复旦附中、复旦附中海外基金会共同主办了2015年博学杯历史人文素养展示活动。2015年博学杯的成功举办让我们得到了各校师生、专家学者、媒体的关注与认可。在团队成员的进一步联络下,上海市历史教育教学研究基地给予博学杯大力支持,2016 年、2017 年的博学杯在复旦大学历史系、上海市历史教育教学研究基地、复旦附中、复旦附中海外基金会共同主办下成功举行。2016 年活动的主题是“中国近代历史上的个人:行为、作用和影响”,2017 年活动的主题是“寻踪:上海历史文化地图”。

2016 年、2017 年博学杯活动邀请到(按姓氏拼音排序)复旦大学历史系副主任陈雁教授;复旦大学历史系戴鞍钢教授;上海市中学历史特级教师、正高级教师、前嘉定区教师进修学院党总支书记兼常务副院长、上海市“双名工程”基地主持人凤光宇老师;上海师范大学历史系主任高红霞教授;复旦大学历史系李宏图教授;华东师范大学教师教育学院李月琴副教授;上海社会科学院历史研究所马军研究员;华东师范大学历史系主任孟钟捷教授;华东师范大学课程与教学系聂幼犁教授;华东师范大学历史系瞿骏教授;上海市中学历史特级教师、上海市教委教研室历史教研员於以传老师;复旦大学历史系章清教授;复旦大学法学院赵立行教授等诸多学科专家作为专业指导与评审团。

本书能够出版也得到复旦大学出版社领导的大力支持,以及上海市教委实施的首届中小学(幼儿园)中青年骨干教师团队发展计划项目的支持。此外,我们也衷心感谢参与本届博学杯展示活动评审工作的老师,他们是鲍丽倩、陈洁、陈建玲、黄青涛、刘先维、栾思源、唐向东、吴广伦、王钊、王雯、卫佳琪、徐洁、叶朝良、张敏霞、张禄佳、左卫星(以上名单按姓氏拼音排序)。关春巧编辑在论文规范化方面对学生提出了具体的要求,并给予了细致的指导,也一并给予感谢。

我们希望通过此项活动让越来越多的中学生能够体会到历

史之美，能够不断增长自己的史学素养。我们特别感谢上海市教委人事处、上海市师资培训中心、上海市历史教育教学研究基地、杨浦区教育局对本书出版工作的大力支持。

博学杯历史人文素养展示活动组委会

2018年8月

图书在版编目(CIP)数据

博学杯·2016—2017:海上的记忆与寻踪/李峻,叶朝良,张敏霞主编.
—上海:复旦大学出版社,2018.10
(中学生看历史丛书)
ISBN 978-7-309-13815-3

Ⅰ.①博… Ⅱ.①李…②叶…③张… Ⅲ.①中国历史-近代史-文集
Ⅳ.①K250.7-53

中国版本图书馆 CIP 数据核字(2018)第 172959 号

博学杯·2016—2017:海上的记忆与寻踪
李 峻 叶朝良 张敏霞 主编
责任编辑/关春巧

复旦大学出版社有限公司出版发行
上海市国权路 579 号 邮编:200433
网址:fupnet@fudanpress.com http://www.fudanpress.com
门市零售:86-21-65642857 团体订购:86-21-65118853
外埠邮购:86-21-65109143 出版部电话:86-21-65642845
江苏凤凰数码印务有限公司

开本 890×1240 1/32 印张 13.25 字数 293 千
2018 年 10 月第 1 版第 1 次印刷

ISBN 978-7-309-13815-3/K·667
定价:48.00 元
